Martin Straube · Renate Hasselberg

Schwellenerlebnisse – Grenzerfahrungen

Martin Straube · Renate Hasselberg

Schwellenerlebnisse – Grenzerfahrungen

Pathologie des Schwellenübertritts
Lebensprozesse in sozialen Beziehungen
Vertrauen und Loslassen
Sexueller Mißbrauch und die Folgen
Erleben der Angst
Biographie in der Partnerschaft
Grenzgänger – Brückenbauer
Krise – Ausblick – Wandlung

Urachhaus

Die Deutsche Bibliothek – CIP-Einheitsaufnahme

Schwellenerlebnisse – Grenzerfahrungen: Pathologie des Schwellenübertritts, Lebensprozesse in sozialen Beziehungen, Vertrauen und Loslassen, sexueller Mißbrauch und die Folgen, Erleben der Angst, Biographie in der Partnerschaft, Grenzgänger – Brückenbauer, Krise – Ausblick – Wandlung /
Martin Straube; Renate Hasselberg. –
Stuttgart: Urachhaus, 1994
ISBN 3–8251-7016-0

Satz: F. Kröner, Heidelberg
Druck: Paderborner Druckzentrum

Inhalt

Vorwort

In Geburt und Tod zeigt sich urbildhaft der Schwellenübergang von einer rein geistigen zu einer materiellen, sinnlich erfaßbaren Welt und umgekehrt. Will man jenseits dieser Schwelle gelangen, bedarf es intensiver geistiger Schulung. Dennoch durchdringen sich beide Bereiche, und wir können sie mehr oder weniger bewußt erleben: beim Übergang vom Wachen zum Schlafen, beim Erschaffen von Kunst, beim Erleben von Religion, in Situationen der Erschütterung. All dies sind »Schwellenerlebnisse«, und es hängt von unserem Bewußtsein ab, inwieweit wir »Botschaften« von jenseits der Schwelle erfassen können. Heute haben wir das Phänomen, daß diese beiden Grenzen für das menschliche Erleben immer durchsichtiger werden. Viele Menschen zeigen Lockerungserscheinungen in ihrem Seelengefüge oder haben übersinnliche Erlebnisse. Womit hängt das zusammen?

Schon immer gab es Schulungswege und Einweihungsriten, deren Ziel es war, bewußt über die Schwelle zu gehen. Rudolf Steiner weist darauf hin, daß heute die Menschheit im ganzen an dieser Schwelle angelangt ist und vielfach unbewußt und somit unvorbereitet den Übergang vollzieht. Viele heutige Phänomene wie das Suchtproblem, die Suche und Sehnsucht nach esoterischen Inhalten, aber auch die zunehmende Gewalttätigkeit sind unter dem Aspekt des unbewußten Schwellenübergangs zu verstehen, weil sich dadurch die Seelenkräfte von Denken, Fühlen und Wollen verselbständigen.

Im Zusammenhang mit diesem gesamtmenschheitlichen Ereignis geschehen Schwellenerlebnisse aber auch mitten im Leben und oft mit äußerster Dramatik. Sie zeigen sich vor allem in Krisensituationen wie Trennung, Krankheit, Heimatlosigkeit, Begegnungen mit dem Tod und in seelischen Erschütterungen. Dieses »Überschreiten der Schwelle darf eigentlich nicht im Unbewußten bleiben«, so Rudolf Steiner, »dieses Überschreiten der Schwelle muß den Menschen bekannt werden, sonst verschlafen oder mindestens verträumen die Menschen dasjenige, was eigentlich als wichtigstes Ereignis mit ihnen vorgeht... Wir können mit Bezug auf das Wichtigste, was mit der Menschheit vorgeht, nicht das Bewußtsein anders ausbilden als durch Aufsteigen von der bloßen Sinneswissenschaft zur Geisteswissenschaft.«[1]

Das vorliegende Buch entstand im Anschluß an eine Podiumsdiskussion im Dezember 1992 in Pforzheim unter dem Thema »Die Krise als Schwellensituation«. Der Besucherandrang war so groß, daß deutlich wurde, wie stark die Aktualität dieser Frage empfunden wird. Auf den ersten Blick mag die Zusammenstellung der hier vorgelegten Beiträge heterogen erscheinen, aber gerade die Themenvielfalt zeigt, wie auf allen Lebensgebieten die problematische Situation des unbewußten Schwellenübergangs sichtbar wird. Dazu gehört auch die Begegnung mit den Abgründen des Seelenlebens, die die Menschen im Umgang miteinander und in ihren Taten und Handlungen offenbaren können. Die Auseinandersetzung mit diesen oft verdrängten und nicht bearbeiteten Schattenseiten des Menschen muß stattfinden, um den Durchbruch zu schaffen.

Das Buch möchte anhand von markanten Lebenssituationen den Blick für biographische Krisen als Schwellenerfahrungen schärfen, die dann auch als Chance und als Übergänge von einer Entwicklungsperiode in eine nächste begriffen werden können.

Durch eine übergreifende Darstellung, wie sich die angedeutete Disharmonie von Denken, Fühlen und Wollen heute bis in psychische Krankheitssituationen hinein äußert, werden Grundlagen für den Leser geschaffen, wie Konflikte und Krisensituationen in das leibliche und seelische Geschehen einzuordnen sind. In den folgenden Beiträgen werden dann konkrete Beispiele bearbeitet. So zeigt sich der sexuelle Mißbrauch von Kindern als eines der schwersten Individualverbrechen unserer Zeit, weil das Opfer insofern ein Leben an der Schwelle führt, als es schon im Ansatz daran gehindert wird, mit seinem Ich über die Schwelle zu treten, d. h. sich richtig zu inkarnieren.

Ein Beispiel aus der Eheberatung macht deutlich, wie die Betroffenen ihre Erlebnisse rückblickend als Gratwanderung erkennen. Eine Krise führt den Menschen immer an eine Belastungsgrenze. Der Zusammenbruch der alten Welt bedeutet, am Abgrund zu stehen und durch den Nullpunkt hindurchzumüssen. Diese Schwellenerfahrung, auf sich selbst verwiesen zu sein, zeigt sich besonders auch in dem Beitrag einer alleinerziehenden Mutter in ihrem Ringen um die Bewältigung des Alltags. Auch sie erlebt ihr Leid, ihre Widerstände, Konflikte und Katastrophen als Grenzsituation an der Schwelle und begreift, daß sie diese in ihr Schicksal integrieren muß. Die folgende Biographie der Liliane von Rönn ist in vielen Punkten ein beeindruckendes Beispiel dafür, wie Schwellenerlebnisse heute im Alltag auftreten und wie stark sich der individuelle Wesenskern eines Menschen durchsetzt.

Schließlich wird auch die religiös-theologische Dimension in die Betrachtungen einbezogen, ist der Mensch doch als Grenzgänger in das Leben hineingestellt und kann sich bewußt der Spannung zwischen Geist und Materie, Auferstehungskraft und Naturgesetzlichkeit aussetzen. Der letzte Beitrag weist auf die zahllosen Schwellensituationen hin, die sich täglich unbewußt im Seelenleben des Menschen abspielen.

Die Autoren werden alle in der tagtäglichen Arbeit mit den Problemen konfrontiert, über die sie schreiben. Aus den Begegnungen mit Menschen in Not, die den Arzt, den Lebensberater, die Psychotherapeutin oder den Priester ratsuchend ansprechen, oder aus den eigenen Erfahrungen und Überlegungen ergibt sich die Vielfalt der Beiträge, die aber auch zeigt, daß das Schwellenphänomen in allen Lebensbereichen auftritt.

Das bisherige Echo auf die Zusammenarbeit der Autoren, die Aktualität des Themas und die gemeinsame innere Anteilnahme an der beschriebenen Problematik gibt uns den Mut, das vorliegende Buch als Diskussionsbeitrag der Öffentlichkeit zu übergeben.

Renate Hasselberg   *Martin Straube*

MARTIN STRAUBE

Anatomie der Schwelle

Zur Einführung ein Märchen

In dem Märchen »Rotkäppchen« von den Brüdern Grimm wird ein Thema angeschlagen, um das es in diesem Buch gehen soll. Es werden drei Frauengestalten beschrieben: die Großmutter, die Mutter und die Tochter. Die Großmutter ist alt, schwach und krank und lebt mitten im Wald bei den drei Eichen hinter der Haselnußhecke. Die drei Eichen bezeichnen einen Ort. Es gibt heute noch Orte, die, wie »Dreieich«, dort stehen, wo früher Druiden wirkten. Druiden hatten die Fähigkeit, aus der unmittelbaren Anschauung der Natur ein instinktives Wissen beispielsweise über die Heilungskräfte von Pflanzen zu haben. Diese Fähigkeit der unmittelbaren Wahrnehmungen von Naturvorgängen ist eine Seelenqualität, die heute nur noch selten anzutreffen ist. Man könnte sagen, sie ist schwach geworden, vielleicht sogar krank. Die alte, schwache, kranke Großmutter ist daher ein Bild für denjenigen Teil der Seele, der eben charakterisiert worden ist.

Die Mutter ist im mittleren Alter. Sie weiß genau Bescheid. Sie kann organisieren, sie nimmt wahr, daß die Großmutter Mangel hat und schickt die Tochter los, der Großmutter Essen zu bringen, fordert sie auf, nicht vom Weg abzuweichen., Grüß Gott zu sagen, die Tür hinter sich zuzumachen. Sie ist umsichtig, beherrscht die Benimmregeln und steht voll im praktischen Leben. Dies ist eine Seelenqualität, die bei uns gut ausgebildet ist. Auch die Mutter ist das Bild eines Teils unserer Seele, und zwar des Teiles, der bei uns in seinem Zenit angelangt ist.

Rotkäppchen selbst, die Tochter, ist noch sehr jung. Sie hat den Weg noch vor sich. Sie wird nicht beschrieben als jemand der –

wie die Großmutter – mit der Wahrnehmungswelt der Natur verbunden ist, auch nicht als jemand der – wie die Mutter – einen Bezug hat zur Welt der Instrumentalisierbarkeit, der Kultur, sondern sie wird beschrieben als jemand, der eine rote Kappe auf dem Kopf trägt. Nun spielt die Farbe Rot im Märchen immer eine herausragende Rolle – rot wie das Blut. Und dies Blut erscheint im Kopf. Die rote Kappe bezieht sich auf das Mädchen selbst und nicht auf die umgebende Natur- und Kulturwelt. In den Wallungen des Blutes erlebt man eine tief verborgene Seite der eigenen Innenwelt, der Triebe und Begierden. Auch der Wille ist hier zu Hause. Der Kopf hingegen ist der Ort der klaren und kühlen Gedanken. Im Blut und Kopf sind die Gegensätze beschrieben, die im Grunde unvereinbar sind, aber im Bild der roten Mütze auf dem Kopf vereint scheinen. Hier ist auf eine Seelenkraft hingewiesen, die Denken und Willen in Einklang zu bringen vermag, etwas, was so unendlich schwer ist. Diese Qualität, die eine Harmonie zwischen den widersprechenden Seiten des Menschen erzeugt, ist eine ganz innerliche Seite der Seele. Es ist eine Seelenfähigkeit, die wir noch nicht haben, die in uns noch ganz jung ist, erst noch entwickelt werden will und ihren Weg vor sich hat. Von diesem Weg handelt das Märchen.

Bis hierhin ist angedeutet, daß die menschliche Seele drei Schichten hat: eine Wahrnehmungs- und Naturseite, eine Organisations- oder Kulturseite und eine Seite, die sich auf sich selbst bezieht, durch die der Mensch sich als ein Ich erlebt. Im weiteren werden für diese drei Seelenschichten die Namen verwendet, die Rudolf Steiner ihnen gibt: Die Wahrnehmungsseite der Seele, die mit dem Leib am intensivsten verbunden ist, heißt »Empfindungsseele«; der Teil der Seele, der die Welt gestaltet und ordnet, also Verstand entwickelt, aber auch das Innenleben gestaltet, ordnet und dadurch vertieft, wird »Verstandes- und Gemütsseele« genannt; die Seelenschicht, die sich der individuellen Geistigkeit öffnet, in der die Seelenwerkzeuge Denken, Fühlen und Wollen veredelt zum Werkzeug und zur Offenbarung des Ich werden, ist die »Bewußtseinsseele«.[1]

In »Rotkäppchen« ist insbesondere von dieser letzten Seite der Seele die Rede. Da sie aber als Fähigkeit erst im Begriffe ist, sich zu entwickeln, erscheint die Problematik, die im weiteren geschildert wird, modern. Es ist ein Phänomen, das in unser Jahrhundert hineingehört und damit zu den brennendsten Konflikten zählt, die der Mensch zu erleben in der Lage ist.

Auf ihrem Weg begegnet Rotkäppchen zweimal dem Wolf. Das erste Mal sagt er ihr: »Mach doch deine Augen auf, du siehst ja gar nicht die Blumen am Wegrand wachsen. Mach doch deine Ohren auf, du hörst ja gar nicht die Vögel singen!« Er macht sie auf die Sinneswelt aufmerksam. In der Tat hat Rotkäppchen offensichtlich diese Sinneswelt bis dahin noch gar nicht entdeckt, nun erblickt sie sie und verliert sich gleich darin. Sie gerät vom Weg ab, pflückt so viele Blumen, bis sie keine mehr fassen kann. Sie vergißt dabei das eigentliche Ziel ihrer Wanderung, nämlich die Großmutter. Nun ist das Bild vom Blumenpflücken zwar naiv-kindlich, aber dennoch deutlich: das Sich-Verlieren in die Sinneswelt. Man kann die Entwicklung der genannten Seelenqualität von Rotkäppchen in der Bewußtseinsgeschichte der Menschheit zurückverfolgen bis zum Beginn der Neuzeit. Ein ganz neuer Einschlag war damals tatsächlich das Erleben der Sinneswelt, ihre Entdeckung und Erforschung. Heute erleben wir in der modernen Naturwissenschaft zum Teil das Gehen bis an die Grenzen der technischen und natürlichen Machbarkeit: In dem Moment, da keine Blumen von Rotkäppchen mehr gefaßt werden können, hält sie inne. Sie besinnt sich auf die Großmutter. Dieses Sich-Verlieren in die Sinneswelt geschieht oft außerordentlich dramatisch und tragisch. Es folgt dann oft eine Gegenbewegung, ein Suchen nach einer neuen Innerlichkeit.

Auf dem Weg dorthin, nämlich in der Behausung der Großmutter, begegnet Rotkäppchen dem Wolf das zweite Mal. Hier täuscht er sie. Sie kann sich nur verwundern. »Großmutter, was hast du für einen großen Mund, Großmutter, was hast du für große Ohren ...!« Sie kennt doch eigentlich die Großmutter, erlebt hier aber den Wolf, als wäre er die Großmutter. Auf dem Weg nach innen kann es geschehen, daß man die Droge, den Urschrei, einen falschen Guru oder das eigene extatische Triebleben tatsächlich für den Künder der eigenen Innenwelt hält. Man kann sich hier täuschen. Im Fall von Rotkäppchen findet eine Beendigung des Entwicklungsweges statt: Sie wird verschluckt.

Erst das Auftreten des Jägers, der auf der Suche nach dem Wolf vorbeikommt und sich über das laute Schnarchen der Großmutter wundert, löst die Situation. Der Jäger kann zielen und treffen, er hat ein punktuelles Bewußtsein. Ein solches punktuelles Bewußtsein erleben wir im Gewahrwerden unseres eigenen Ich. Das Ich ist immer nur im Moment anwesend, es lebt im Moment der Intention, der Geistesgegenwart. Es hat für sich genommen im Leben der Seele keinen Dauercharakter, sondern diesen des fruchtbaren Moments. Ein Bild für dieses Ich ist der Jäger. Das menschliche Ich greift ein. Großmutter und Rotkäppchen werden befreit, alle erhalten ihren Lohn: Großmutter bekommt Brot und Wein, Rotkäppchen hat etwas gelernt, und der Jäger bekommt das Fell des Wolfes. Denn tatsächlich gehört der Wolf dem Jäger, nicht nur, weil dieser auf der Suche nach ihm war, sondern weil der Wolf eine tiefe Verwandtschaft zu ihm hat. Er weist Rotkäppchen auf die Sinneswelt hin, erscheint zugleich in der eigenen Innenwelt. Er wirkt dort, wo Kopf und Blut, Sinne und Wille auftreten. Auch der Jäger im Zielen und Treffen, im Wahrnehmen und Handeln belegt diese zwei Seiten. Der Jäger, indem er sie in Verbindung bringt, der Wolf, indem er sie auseinandertreibt. Der Wolf ist der Schatten des Ich. Die Bewußtseinsseele, die sich zu einer neuen Innerlichkeit entwickeln möchte, begegnet im Gewahrwerden der individuellen Geistigkeit des menschlichen Ich einem Wesen, einem Tier, einem Raubtier, das die wunden Punkte der Seele aufzeigt und von dem eingeschlagenen Weg ablenken möchte. An der Schwelle der Seele zu seiner eigenen individuellen Geistigkeit, an der Schwelle zur geistigen Welt begegnet der Mensch einem realen geistigen Wesen, seinem eigenen höheren Ich, aber gleichzeitig oder vorher – diese Begegnung komplizierend, verhindernd oder steigernd – seinem Doppelgänger, seinem Schatten, einem Zerrbild, einem wilden Tier.

Das ist die Problematik der Schwellensituation. Dieser wichtigste, vielleicht empfindlichste Moment innerhalb einer menschlichen Entwicklung birgt in sich die Gefahr, daß der weitere Weg verhindert wird, zugleich aber auch die Chance, zu ermöglichen, daß der Mensch er selbst werde. Die Schwellensituation ist ein Ringen der Seele um Autonomie, es ist ein Kampf um Scheinautonomie und Ichfindung. Das Gleichgewicht zwischen einer ablenkenden Außenwelt und einer saugenden, vielleicht vernebelnden Innenwelt muß gesucht werden. Diese Gratwanderung soll im weiteren Schwellenbegegnung genannt werden.

Schwellen sind überall

Wer über eine Türschwelle geht, begibt sich von einem Raum in einen anderen. Wer eine Schwelle in dem oben charakterisierten Sinne überschreitet, betritt eine Welt, die in vieler Hinsicht anders ist als die gewohnte. Das Erleben dieser völlig andersgearteten Welt ist davon abhängig, wie weit der Betreffende darauf vorbereitet ist.

Wird ein neuer Raum zwar neu erlebt, aber mit den im alten Raum erworbenen Kriterien beurteilt, kann allergrößte Verwirrung entstehen. Tiefste Zweifel an einem selbst und tiefste Zweifel an der Welt können daraus resultieren. Im vorliegenden Buch soll darum anhand einiger markanter Lebenserfahrungen überprüft werden, ob besonders Verwirrung stiftende Ereignisse unter dem Gesichtspunkt der Schwellensituation erhellt werden können.

Auf die Bedeutung der Schwellensituation in unserem Jahrhundert hat Rudolf Steiner hingewiesen. Immer wieder betont er in seinem vorliegenden Werk, daß hinter der uns umgebenden Sinneswelt eine geistige Welt vorhanden ist, der der Mensch als ein geistiges Wesen ebenso angehört wie der physischen Welt. Nur ist ihm die Zugehörigkeit zu dieser geistigen Welt zum Teil verborgen. Aber immer hat die Menschheit eine Ahnung davon gehabt, was in allen Kulturen durch verschiedene religiöse Riten oder Mysterienpraktiken zum Ausdruck kommt und gepflegt worden ist. Rudolf Steiner beschreibt, daß der Mensch sich mit seiner Intellektualität ganz in der physischen Welt zu Hause fühlt. Er kann diese durchschauen, handhaben und nutzen. Er hat sich diese Fähigkeit dadurch erworben, daß er die Gegenstände der sinnlichen Welt zum Inhalt seines Denkens machte. Das Auftreten des Denkens innerhalb der menschlichen Seele ist aber nicht nur dadurch charakterisiert, daß Inhalte in der Seele auftauchen. Es ist vielmehr die Kraft des Denkens selbst, die ja erst den Inhalt der Gedanken hervorbringt. Diese »Denkkraft« ist uns nicht bewußt, um so mehr dafür der Inhalt des Gedachten. Rudolf Steiner gibt einen Übungsweg an, in dem wir vom Inhalt des Gedachten absehen lernen und immer stärker uns dieser die Gedanken hervorbringenden Kraft bewußt werden. Damit erreicht unser inneres Anschauen die Wahrnehmung der geistigen Welt, der wir als denkende Menschen angehören. Dieser Schritt vom Gedanken zum Denken, vom Abbilden zum Hervorbringen, ist bewußt und wach erübbar und erlernbar. Hier begegnet der so übende Mensch der vorher genannten Schwelle. Die hier zu machenden Erfahrungen und Erlebnisse sind ausführlich von Rudolf Steiner beschrieben.[2] Er weist aber auch darauf hin, daß sich dieses Verhältnis zu dieser geistigen Welt im Laufe der Zeit dramatisch verändert hat. Während vorher zwischen der Welt der Sinne und der geistigen Welt für das bewußte Erleben eine undurchdringliche Grenze vorhanden war, ist diese Schwelle seit dem letzten Jahrhundert durchlässig geworden, nicht nur für das wache vorbereitete Erleben, sondern auch unbewußt durch das Hereintreten von zunächst nicht interpretierbaren Erlebnissen, Begebenheiten oder gar Krankheiten. Es ist nicht mehr nur der gezielten und gebündelten Intentionalität des einzelnen anheim gestellt, zu einer solchen Schwellenbegegnung zu kommen, sondern ohne eigenes bewußtes Zutun wird diese zunehmend zu einem ungewollten Erlebnis für die ganze Menschheit. Durch bewußtes Vorbereiten auf diese Situation erwirbt sich der Übende eine innere Stärkung, mit deren Hilfe er die Erlebnisse aushalten und in der

Regel auch die Begrifflichkeit, mit der er diese Erlebnisse interpretieren kann. Ohne solche Vorbereitung kann das Schwellenerlebnis zu großen biographischen Krisen führen. Darum scheint es uns, daß viele der heute zu beobachtenden sozialen, seelischen und auch medizinischen Probleme unter diesem Gesichtspunkt neu angeschaut werden müssen. Grundsätzlich gibt es drei Arten der Schwellenbegegnung.

Bei der Geburt tritt die Individualität aus der geistigen Welt und sucht sich ihre Inkarnation, indem sie sich mit dem Leib verbindet, der ihr von den Eltern zur Verfügung gestellt wird. Hier wird diese Schwelle überschritten, ohne daß im weiteren Verlauf des Lebens eine Erinnerung daran besteht. Die zweite physiologische Schwellenbegegnung ist der Tod. Dabei wird diese Schwelle in die andere Richtung überschritten.

Die dritte Möglichkeit ergibt sich während der Biographie: entweder durch ein bewußtes übendes und intentioniertes Heranarbeiten an die Schwelle zur geistigen Welt oder – wie oben beschrieben – durch eine unfreiwillige Begegnung, also in der Regel durch eine schwere biographische Krise. Diese dritte Art der Schwellenbegegnung bildet den Hauptinhalt des vorliegenden Buches. Bevor ausführlich darauf eingegangen wird, soll eine kurze Synopsis versucht werden, wie diese drei Arten von Schwellenbegegnungen die gesamte Biographie durchziehen.

Der Vorgang der Geburt ist mit dem ersten Atemzug keinesfalls beendet. Das Ergreifen des Leibes durch die inkarnierte Individualität hat viele weitere Stufen. Es darf keinesfalls davon ausgegangen werden, daß der von den Eltern zur Verfügung gestellte physische Leib dieser Individualität »paßt«. Entsprechend muß er umgearbeitet werden. Dafür stehen dem Kind im Verlauf seiner Entwicklung verschiedene Instrumente zur Verfügung, zu denen in erster Linie die oft hochfieberhaften Kinderkrankheiten zu rechnen sind. Durch diese »immunologischen Gewitter« werden nicht nur fremde Keime abgewehrt. Im Kampf mit ihnen wird vielmehr gleichzeitig der Leib immer weiter erobert. Wir wissen heute, daß ein großer Teil der Aufgaben des menschlichen Immunsystems darin besteht, jedes Organ, jedes Gewebe, jede

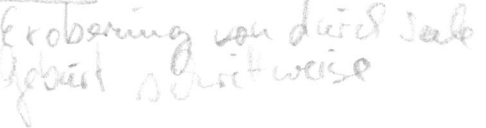

19

einzelne Zelle in Besitz zu nehmen und individuell zu markieren. Diese Seite des Immunsystems ist abhängig von derjenigen, die nach außen kämpft. So entwickelt sich z. B. die menschliche Blutgruppe, wenn der Darm sich mit Bakterien besiedelt. Einem Neugeborenen kann man prinzipiell noch jedes Blut transfundieren, in dem Moment aber, wo der Darm mit Bakterien besiedelt und die individuelle Blutgruppe ausgebildet wird, ist dieses nicht mehr möglich. In dem Maße, wie der Leib stärker durchgestaltet wird, wird durch die Individualität Besitz von ihm ergriffen. So kann immer wieder erlebt werden, daß nach einer durchgestandenen Kinderkrankheit in der körperlichen und seelischen Entwicklung des Kindes ein großer Schritt geleistet wird.[3]

So sind die hochfieberhaften Erkrankungen, die bevorzugt im ersten Drittel der Biographie auftreten, Ausdruck einer verlängerten Geburt und somit einer Schwellenbegegnung, die allerdings nicht neu ist, aber der Vollständigkeit halber an dieser Stelle erwähnt werden muß. Insbesondere im Fieber zeigt sich das Hereinwirken des geistigen Wesenskernes des Menschen, es ist leibbildend.

Auch der Tod ist nicht mit einem Moment abgetan. Er bereitet sich schon lange vor. Der geistige Wesenskern des Menschen verläßt den physischen Leib und tut dies schrittweise. Insbesondere die chronisch verlaufenden und fortschreitenden Erkrankungen des letzten Lebensdrittels, in denen der Mensch unter Schmerzen immer mehr Funktionen des physischen Lebens einbüßt, zeigen schon ein Hereingreifen der Todesschwelle in die Biographie. Der menschliche Geist lernt dabei immer unabhängiger von der physischen Leiblichkeit zu werden. Sind die hochfieberhaften Kinderkrankheiten des ersten Lebensdrittels ein fortgesetztes »Leibwerden«, so dienen die chronischen Erkrankungen des letzten Lebensdrittels einem zunehmenden »Geistwerden«.

Im mittleren Drittel der Biographie erwirbt die Seele dem Leib gegenüber eine Autonomie. Beim Kind sind leibliche und seelische Faktoren kaum voneinander zu trennen. Es brüllt, wenn es Hunger hat, genauso, wie wenn es alleingelassen ist. Diese starke Verbindung der Seele mit dem Leib löst sich im Verlauf der Bio-

20

graphie. Prinzipiell ist es möglich für jemanden, der eine starke Autonomie erworben hat, sogar bei Zahnschmerzen zu lächeln. Dieses Loslösen der Seele vom Leib gilt nicht für alle Organe. Zum Beispiel bleibt im Sexualtrakt die Seele immer sehr stark mit dem Leib verbunden, was den Sinn der Sexualität ja auch, zumindest vom Erlebensaspekt her, bedeutsam macht. Dieser Prozeß der Herauslösung der Seele aus dem Leib bis zur Unabhängigkeit von ihm kann vielfältig gestört und aufgehalten werden. Wenn die Seele in nicht altersgemäßer Weise zu stark mit dem Leib verbunden bleibt, entstehen die sogenannten psychosomatischen Erkrankungen. Da sie sich in dem Maße aus dem Leib herauslösen kann, wie sie sich der individuellen Geistigkeit zuwendet, erscheint in den hier auftretenden Erkrankungen ein Schattenwurf jener Schwellensituationen, um die es im vorliegenden Buch in allererster Linie geht. Kann diese Schwellenbegegnung nicht nachvollzogen werden, entstehen solche seelisch-leiblichen Komplexe, die als psychosomatische Erkrankungen dominieren. Sie betreffen vorwiegend das mittlere Drittel der Biographie. So gehören wohl vordergründig auch in dieses Lebensalter die direkten Schwellenbewegungen, um die es geht.

Der obengenannte »Schulungsweg«, den Rudolf Steiner beschrieben hat[4], kann in einem direkten Erkenntnisstreben zu dieser Schwellenbegegnung führen. Dies kann auch das religiöse und das künstlerische Leben.

Als quasi »normale« Form des Schwellenerlebnisses sind aber auch Menschenbegegnungen zu bezeichnen. Dabei nehme ich ein anders Ich wahr. Dies ist jedoch nur mit Hilfe meines eigenen Ich möglich. Im Vollzug einer solchen Begegnung kann daher prinzipiell die eigene Schwelle zur individuellen Geistigkeit und zur anderen individuellen Geistigkeit überschritten werden. Natürlich wird eine solche Begegnung zumindest in ihrem wachen Vollzug eher zu den seltenen gehören. Nehme ich den anderen als einen Sinneseindruck auf, als ein anderes natürliches Wesen, das mir bekannt oder unbekannt, schön oder nicht schön, verärgert, bösartig, freundlich oder dienstbereit erscheint, dann erlebe ich ihn mit meiner »Empfindungsseele« (Großmutter). Eine Begegnung ist oft funktionalisiert. Der Patient begegnet dem Therapeuten, der Kunde dem Verkäufer, der Theaterbesucher dem Schauspieler, der Schüler dem Lehrer, der Verkehrsteilnehmer dem anderen, der Mann der Frau und so fort. Hier begegnet nicht die Individualität der anderen Individualität, sondern es begegnen sich deren instrumentalisierte Anteile, die in die soziale Gemeinschaft eingebetteten Funktionalitäten, die die Menschen auf einer bestimmten Ebene miteinander verbindet. Dazu gehören auch alle Problemseiten wie Macht und Unterdrückung, Erniedrigung oder Benachteiligung durch Minorisierung. Genauso gehören dazu aber auch die Vorteile der Bevorzugung aufgrund von Beruf, Titel, Schönheit, Alter, Blaulicht, Prestige und Reichtum. Dies ist die Ebene der Verstandesseele, der Mutter im Märchen von Rotkäppchen. Hier erscheint der Mensch als eingebunden und eingeflochten in ein System von Beziehungen, aus denen heraus die Individualität nicht erklärt werden kann. Sie erscheint hier vielmehr im Kostüm der Zeit, des Bildungsganges, des Alters, der Nationalität, des Geschlechtes und des Zustandes. Die Individualität ist von alldem unabhängig. Sie ist ein schillerndes, schwer zu erhaschendes Licht. Der Teil der Seele, der in der Lage ist, den Schattenwurf dieses Lichtes zu erkennen, ist die Bewußtseinsseele (Rotkäppchen selber). In einem Brief hat sich Rudolf Steiner einmal über die Treue geäußert. Nicht was er über die Treue sagt, ist für den Moment an dieser Stelle wichtig, sondern der erwähnte Ausblick auf das menschliche Ich:

»Schaffen sie sich eine starkmütige Anschauung von Treue an. Was die Menschen sonst Treue nennen vergeht schnell. Das aber machen sie zu ihrer Treue: bei dem anderen Menschen werden sie Augenblicke erleben – schnell dahingehende: da wird er ihnen erscheinen wie erfüllt, wie durchleuchtet von dem Urbild seines Geistes. Und dann können – ja werden – andere Augenblicke, lange Zeiten kommen, da verdüstern sich die Menschen. Sie aber sollen lernen in solchen Zeiten zu sagen: der Geist macht mich stark, ich denke an das Urbild – ich sah es doch einmal. Kein Trug, kein Schein raubt es mir. – Ringen sie immer um dieses Bild, das sie sahen. Dieses Ringen ist Treue. Und nach Treue strebend wird der Mensch dem Menschen wie mit Engel-Hüterkräften nahe sein«.[5]

Um was für eine Menschenbegegnung es sich auch immer handelt, durch das Bild seiner Erscheinung, durch das Netz seiner Funktionalität leuchtet etwas durch. Dies kann wahrgenommen werden, kann auch gepflegt werden. Es ist völlig unabhängig von Sympathie und Antipathie, von Abhängigkeitsverhältnissen, Geschlechtlichkeit, Nationalität usw. Dies zu pflegen könnte zum Beispiel Aufgabe der Ehe sein. Lebt in einer verbindlichen längerdauernden Beziehung auch nicht der stille Umgang – und vielleicht unbewußte – damit, kann es zu einer chronischen oder plötzlichen Aufwallung negativster Kräfte kommen. Hier erscheint dann plötzlich nicht das Ich (der Jäger), sondern sein Schattenbild (der Wolf), der sich im Sozialen zerstörerisch äußern kann. Interessant ist, daß man auch diese negative Seite konditionieren kann. Geht nicht von dem anderen eine außergewöhnliche Stärke aus, so ist die Erwartung des Negativen in der Regel eine sich selbst erfüllende Prophezeihung. Was in der Erziehung immer wieder erlebt werden kann, gilt in abgewandelter Form auch für den Erwachsenen: Hat der andere in vergleichbaren Situationen immer negativ, destruktiv oder ähnlich reagiert und forme ich daraus mein Bild von ihm, so habe ich negative Erwartungen an ihn. Diese zu erfüllen fällt dann nicht schwer. Hat man jedoch des anderen Urbild durchblitzen sehen und bildet daran seine Erwartungen, bedarf es der Bereitschaft, oft enttäuscht zu werden.

Und dennoch ist diese Enttäuschung im sozialen Miteinander fruchtbarer als die sich immer wieder bestätigende negative Erwartung. Es gehört zur Kultur der Bewußtseinsseele, dieses Durchblitzen der Individualität wesentlich höher zu werten als alles andere. In unserem Zusammenhang aber ist wichtig, zu wissen, daß es zur Mobilisation negativer Kräfte und zu erheblichen Konflikten kommen kann, wenn die Bewußtseinsebene der Begegnung auf Dauer vernachlässigt wird. Diese mögliche, aber nicht stattfindende Bewußtseinsseelenbegegnung wird zum Vakuum, zur Mißachtung, umgekehrt zur Enttäuschung oder Rebellion. Wird einer solchen rebellischen Verhaltensweise (Protest, Flucht in eine andere Welt durch Drogen, Gewalt, Terrorismus) mit Sanktionen und Gesetzen begegnet, so funktionalisiert man sie wieder, aus dem Bedürfnis der Verstandesseele heraus. So ergreift die Verstandesseele ein Feld, das mehr oder weniger bewußt in der Bewußtseinsseele urständet. Die Ebenen verwirren sich und werden unlösbar.

Jede Rebellion, die um so gewaltiger sein kann, je gestauter die enttäuschende Mißachtung ist, ist eine solche Mobilisation von Doppelgängerstrukturen. Was auf diese Weise in manchen Menschenbegegnungen zu einem Entweder-Oder wird, hängt mit der Schwelle zusammen.

Ein ganz anderes Thema ist die Sexualität. Dazu eine Vorbemerkung. Was wir Individualität nennen, ist nicht zu verwechseln mit dem, was wir als Ich-Empfindung im alltäglichen Umgang miteinander in uns tragen. Dieses Ich-Empfinden erleben wir in uns selber, von unserem inneren Mittelpunkt, zum Beispiel dem Kopfe ausgehend. Im Rückblick auf die Biographie kann man jedoch z. B. einmal folgende Frage stellen: Welche meiner wichtigsten Lebensentscheidungen ist die, in der ich mich am allermeisten wiederfinde, die am allerstärksten meine eigene Handschrift trägt? Dabei wird sich zeigen, daß dies nicht immer die wach entschiedenen Dinge sind. Oft muß im Nachhinein festgestellt werden, daß hier aus dem falschen Grund das Richtige getan wurde. So kann z. B. ein Ortswechsel wegen eines Menschen durchgeführt worden sein, mit dem man zusammenleben wollte. Kaum war der Umzug vollzogen, brach die Beziehung jedoch auseinander. Dafür ergab sich aber an dem neuen Ort eine Lebenssituation, die für die Fortführung der eigenen Biographie von der förderlichsten Wirkung war. Hier hat ein anderes »Ich« gewirkt, das Entscheidungen fällt, Begegnungen hervorbringt, Aufgaben entstehen läßt, mit denen man sich anschließend stark identifizieren kann. Es ist eine Seite des menschlichen Ich, die mit dem, was wir Schicksal nennen, aufs allerengste verbunden ist. Diese Seite ist uns in der Regel nicht bewußt. Sie ist es, die in der Kindheit am Leibe baut, die Eltern aussucht, die Gegebenheiten der Biographie stellt. Um überhaupt Schicksal haben zu können, ins Leben hereingeworfen werden zu können, dafür bedarf es der Sexualität unserer Eltern. Ohne Sexualität gibt es, so gesehen, überhaupt kein Ich-Bewußtsein. So hat Sexualität im Prinzip immer diese Qualität, Schicksal zu ermöglichen. Nun ist die Befruchtung, eine darauffolgende Schwangerschaft und die Geburt eines Kindes sicherlich eher die Ausnahme bei der Sexualität. Aber diese Potenz und Möglichkeit liegt dennoch darin. Zum einen ist die Sexualität dadurch gekennzeichnet, daß dieses wache Ich-Empfinden und Selbstbewußtsein, was uns nüchtern und klar den Tag strukturieren läßt, schwindet. Dies geschieht genauso wie in der Nacht, in der dieses Selbstbewußtsein erlischt. Aber gerade während des Schlafes wird unser Leib wieder neu aufgebaut, er regeneriert für den nächsten Tag. In diesem nächtlichen Prozeß baut das Ich von der Peripherie her an unserem Leib. In der Sexualität begegnen sich zwei Iche. Die Bezeichnung »Schlafen« für Geschlechtsverkehr hat möglicherweise den Ursprung im Wissen um diesen Zusammenhang, ebenso wie man früher die heute nicht mehr gängige Formel benutzte: und sie erkannten sich. Entsteht hier nicht ein neues Schicksal durch die Konzeption eines Kindes, so entsteht doch eine Beziehungsmöglichkeit der zwei liebenden Menschen, die immer ein Anfang ist. *So wor es in der Weihna chtsnacht....*

Wird aber die Sexualität nur als instrumentierbarer Anteil des Menschen gesehen, als Funktion der Person insofern diese Person männlich oder weiblich ist, so wird etwas, das seiner Möglichkeit nach Bewußtseinsseelen-Qualität hat, gehandhabt, als würde es der Verstandesseelen-Kultur angehören. Daraus entstehen immer Verwirrungen. Es entsteht Schicksal, was ausgelebt sein will. Mögliche Defizite, nicht gelebtes Schicksal, Begonnenes und nicht Fortgeführtes sind Schulden, die nicht eingelöst werden. Es entstehen schicksalsmäßige Defizite, die, wie in unserem Märchen vom Rotkäppchen, nicht in der Gestalt der Ich-Begegnung, sondern in der Gestalt der Wolfsbegegnung imponieren können.

Sonst wäre kaum verständlich, daß größte Konflikte, tödlicher Haß, größte Verzweiflung und größte Trauer gerade dort möglich sind, wo vorher die größte Anziehung aufeinander gewesen ist. Was mit Menschenbegegnung und Sexualität beschrieben ist, ist potentiell etwas, das Bewußtseinsseelenqualität hat, aber nicht von allein bekommt. Diese Qualität kann genauso in einer kurzen, punktuellen Begegnung, auch Liebesbeziehung enthalten sein, wie sie einer lebenslangen Beziehung auf Dauer fehlen kann. Bewußtseinsseele drängt immer danach zu entstehen, wird aber daran gehindert, wenn die Beteiligten es nicht aktiv wollen. Wenn man so will, ist weder die Menschenbegegnung als solche, noch die Sexualität im besonderen etwas, das frei macht. Im Gegenteil, es wird ein Kapitel aufgeschlagen, in dem ein gewisses Maß an Verbindlichkeit entsteht, eine Verbindlichkeit, die in Verantwortung nimmt. Schwelle bedeutet, dieses neue Kapitel der Erlebnismöglichkeit anzunehmen und aufzugreifen, dann ist es fruchtbar. Oder es nicht aufzunehmen, dann wird es nur allzuleicht dämonisch. Eine Schwellenbegegnung ist dabei nicht rückgängig zu machen. Sie verändert das Leben, so oder so. Es kommt immer zu einem verbindlichen Entweder-Oder.

Das Entweder-Oder an der Schwelle

In einem in Berlin gehaltenen Vortrag führt Rudolf Steiner dieses Thema am breitesten aus.[6] Es wird beschrieben, wie die Menschheit, die sich bis vor wenigen Jahrhunderten durch Götter oder andere geistige Wesenheiten geführt und getragen fühlen konnte, sich nun alleingelassen fühlen kann, weil diese Arbeit und diese Begleitung der geistigen Welt am menschlichen Schicksal tatsächlich nachgelassen hat. Es läge jetzt am Menschen selbst, inwieweit er von sich aus diesen Kontakt wieder herstellt. Auf drei Wegen sei das Herstellen dieses Kontaktes wieder möglich: durch eine gezielte und voll bewußte Entwicklung der Bewußtseinsseele; durch das Hereintragen des Schicksals- oder Karma-Gedankens in die Kultur und durch eine bestimmte Ausgestaltung des sozialen

Lebens. Und hier taucht das Entweder-Oder auf: Wenn dies nicht gelingt, so Rudolf Steiner, wird mit einer Art Naturgesetzlichkeit anstelle dessen eine »Mechanisierung des Geistes«, eine »Vegetabilisierung der Seele« und eine »Animalisierung des Leibes« eintreten. Die Mechanisierung des Geistes ist ein Abtöten von geistigen Funktionen, so, wie die unbelebte Natur, das Mineralreich, tot ist, so würde es der menschliche Geist in seiner Extremform im Materialismus werden. Die vegetabilisierte Seele hätte dann so wenig Bewußtsein von sich selbst wie das Pflanzenreich. Der animalisierte Leib wäre ebenfalls entmenschlicht. Menschliche Qualitäten wären dann in Leib, Seele und Geist im Verlauf der Zeit irgendwann nicht mehr vorhanden. Hier entsteht das Bild einer Wasserscheide, die für die Entwicklung der gesamten Kultur von ausschlaggebender Bedeutung ist.

Es darf hier sogar gefragt werden, inwieweit manche Erscheinungen, die jetzt zu beobachten sind, nicht in diesem Sinne interpretiert werden können: eine materialistische Weltanschauung, die das Bild vom Menschen bis in die Medizin, bis in die Psychologie, bis in die Pädagogik hinein prägt, eine auf Gewinnmaximierung orientierte Gesellschaftsstruktur, deren Wohlstandsstreben lebensfeindliche Konsequenzen trägt und Waldsterben, verheerende Umweltkatastrophen aufgrund der Industrialisierung mit Klimaveränderung und andere Katastrophen nach sich zieht, nicht zuletzt die Atomenergie und Gentechnologie. Ist dies nicht bereits eine Mechanisierung des Geistes? Ist eine schläfrig werdende Seele, eine Vegetabilisierung derselben nicht überall dort zu beobachten, wo die Seele als solche angesprochen wird? Dabei soll keinesfalls nur an die Rauschmittel gedacht werden, sondern auch an die Medientechnologie, in der mit der zunehmenden Fülle von Informationen die aufdeckende Recherche, die einfühlsame Berichterstattung über die Lebensverhältnisse, die Aufdeckung von wirklich interessierenden Fragen proportional mit Informationszunahme abnimmt! Genauso ist die Werbung, die Reizüberflutung und damit ständige Ablenkung der Sinne zu nennen, die bei allgemeiner Schnellebigkeit von seelischer Seite viel Kraft erfordert und den gezielten Willen, an irgendeiner Stelle seelisch stärker in die Tiefe zu gelangen. Sind dies nicht bereits ebenso Schwellenerlebnisse? In seinem Werk »Wie erlangt man Erkenntnisse höherer Welten?«[7] führt Rudolf Steiner an, daß sich jenseits der Schwelle die Seeleneigenschaften von Denken, Fühlen und Wollen voneinander unabhängig machen. Er macht darauf aufmerksam, daß wir, solange wir nicht an der Schwelle stehen, die Seeleneigenschaften von Denken, Fühlen und Wollen aufeinander abgestimmt, gleichzeitig in uns erleben können. Eine bestimmte Vorstellung ruft ein bestimmtes Gefühl und vielleicht einen bestimmten Handlungsimpuls hervor. Traumhaft spielen diese drei Seeleneigenschaften zusammen. Es sei ein Geheimnis des menschlichen Ich, daß dies ohne große Schwierigkeiten in dieser Weise geschieht. Beim Überschreiten der Schwelle aber ist ein durch entsprechende Schulung vorbereitetes, in seinen inneren Kräften wesentlich gestärktes Ich notwendig, da nun die Beziehung, die Denken, Fühlen und Wollen zueinander haben, vom Ich aus selber gestaltet werden muß. Denn diese drei Seelenkräfte werden nun im Verhältnis zueinander autonom, und ein Gedanke, der ein bestimmtes Gefühl erzeugen soll, muß deshalb jetzt vom menschlichen Ich aus bewußt zum Gefühlsleben in Beziehung gebracht werden. Erreicht der Mensch nun die Schwelle, ohne eine solche Vorbereitung genossen zu haben, so findet auch hier eine Verwandlung in diesen drei Seelengliedern statt. Rudolf Steiner spricht davon, daß dann Denken, Fühlen und Wollen ineinander »purzeln« würden.[8] Eine Vorstufe dazu wird im sogenannten pädagogischen Jugendkurs beschrieben.[9] Denken Fühlen und Wollen beginnen zunehmend eigene Wege zu gehen. Das Denken denkt sich selbst, das Gefühl geht eigene Wege, und das Wollen verselbständigt sich. Für das Denken bedeutet das inhaltsleere Phrase, für das Gefühl die Konvention und für den Willen die Routine. Teile von Denken, Fühlen und Wollen spalten sich gleichsam ab und stehen nicht mehr im Dienste des menschlichen Ich. Als Äußerung geistiger Inhalte werden sie toter, als Seelenerlebnisse so eigenständig, daß ich ein Bewußtsein ihres eigendynamischen Charakters verliere, die

Seele wird schlafend. Der nächste Schritt wäre das »Ineinanderpurzeln«. Nicht mehr vom Ich gelenkt, bekommen sie eine Eigendynamik und nehmen untereinander inadäquate Beziehungen zueinander auf.

Ein solches Ineinanderpurzeln kann folgendermaßen vorgestellt werden: Eine gefaßte fixe Idee kann sich mit einem Gefühl verbinden, z. B. im Falle von einem jungen Mann, der um die Pubertät herum einen unstillbaren Drang zum Onanieren hat und gleichzeitig eine schwere Akne im Gesicht, worunter er sehr litt. Als seine Mutter ihm gesagt hatte, daß er vom Onanieren Akne bekommt, war diese fixe Idee geboren, die zwei Dinge miteinander in Verbindung brachte. Da es sich nun aber auf ein Gebiet bezog, das mit intensivsten Gefühlen besetzt war, jetzt aber in die Welt der positiven Gefühle im Zusammenhang mit dem Onanieren und der negativen Gefühle im Zusammenhang mit der Akne diese Idee hineingepurzelt war, bestand ein untrennbarer Knoten, den man *Komplex* nennt. Durch den Gedanken werden zwei Gefühle miteinander verbunden: das unangenehme Gefühl der Akne wird als Strafe mit dem angenehmen Gefühl der sexuellen Erregung verbunden. Eine normale Entwicklung der Sexualität war von diesem Moment ab nachhaltig gestört.

Purzelt eine fixe Idee in den Bereich des Willens hinein, so nennen wir es *Zwang*. Wenn nämlich eine bestimmte Idee eine Handlung nach sich zieht und beide, Idee und Handlung, nicht vom Ich intendiert sind, so folgen sie zwangsläufig aufeinander.

Purzelt das Gefühl in den Willen, wird also, um ein bestimmtes Gefühl zu erzeugen, eine bestimmte Handlung notwendig, so ist dies die Geburt der *Sucht*. Es ist gleich, ob zum Erfüllen dieser Sucht ein Stoff oder eine Handlung oder dergleichen notwendig ist. Purzelt das Gefühl in das Denken, so entsteht noch eine andere Seelenpathologie. In der Orientierungslosigkeit des Gedankenlebens begegnet es einem zunehmend häufiger, daß als ein Kriterium für Wahrheit nicht die logische Stringenz des Gedankens, die Schönheit des Gedankens wie im alten Griechenland, nicht die moralische Aussage des Gedachten, nicht die Übereinstimmung mit irgendeinem anderen Gedankensystem gilt, sondern ob es *Spaß* macht, das Gedachte zu denken. Es ist ein Phänomen, das besonders auch bei Intellektuellen zu beobachten ist, daß das Gedankenleben eine spielerische Qualität bekommt, aber nicht seinen Sinn in sich hat, sondern in der Emotionalität, die dadurch erzeugt wird. Purzelt der Wille in das Gefühl, so wird das Gefühl zu eng an die Triebnatur gebunden. Dies ist nicht nur im Groben, sondern ganz im Subtilen der Fall und wird insbesondere von der Werbung konditioniert. Purzelt der Wille ins Denken, wird die Gedankenbildung von der Triebnatur des Menschen abhängig, auch wenn diese nicht bewußt ist, sondern aus Untergründen des Organismus auftaucht, so ist dies das klassische Bild der *Hysterie*.

Durch diese Aufzählung wird anschaulich, inwiefern die Darstellung von den Seeleneigenschaften Denken, Fühlen und Wollen im Begegnen der Schwelle etwas beschreibt, womit wir fast die gesamte Neurosenlehre umgreifen können. Die Verknotungen und Bindungen der Seelenkräfte aneinander führen zu einer Verstrickung und zu einer Verwebung, die es dem Ich verwehren, aktiv gestaltend ins eigene Seelenleben einzugreifen. Das nicht vorgeschulte Ich wird so an der Schwelle geschwächt.

Anstatt die Schwelle zur individuellen Geistigkeit so zu überschreiten, daß es zu einem wachen Erleben dieses Ich kommt, verfängt sich die Seele so in einem Netz, daß sie dem Ich den Eintritt verwehrt. Das Gegenteil von dem Erstrebten tritt ein. Dem Auftreten des Ich zum Trotz ergibt sich eine seelische Konfiguration, die anstelle dieses Ich wie sein Gegenbild erscheint. Es ist auch hier der Schatten des Ich.

Durch die genannten Folgen – Komplex, Sucht, Zwang, Hysterie usw. – treten Winkel und Nischen innerhalb der Seele auf, in denen sich Verknüpfungen zeigen, deren sich die Seele selbst nicht bewußt ist. Es wird die Seele schläfrig. Dies ist ein Beitrag zu ihrer Vegetabilisierung. Taucht ein solchermaßen vom Ich und vom wachen Gedankenleben nicht mehr geführtes Seelenleben auf, nimmt es keinen Bezug mehr zur individuellen Geistigkeit, dafür aber um so stärkeren zur Leiblichkeit. Dieses Eintauchen der Seele in den Leib bewirkt auf der einen Seite jenes Schläfrigwerden, die Vegetabilisierung der Seele, andererseits bewirkt es durch das zu starke Eingreifen in den Leib eine »Animalisierung des Leibes«. Gerade die zu starke und direkte Verbindung der Seele mit dem Leib ist aber das, was der Mensch dem Tier gegenüber überwindet. Diese Animalisierung beginnt dort, wo durch Streß, Hektik, Suchtverhalten und andere heute so aktuelle Probleme das seelische Leben unmittelbar physiologische Folgen hat. Jeder vermehrte Herzschlag, jeder gesteigerte Blutdruck aufgrund von Angst und Streß sind ein zu stark durch die Seele in Anspruch genommenes Leibliches. Alles was in diese Richtung geht, und die genannten Faktoren gehören dazu, bedeutet eine Animalisierung des Leibes. Somit sind auch diese Phänomene ein Charakteristikum der Schwellensituation.

Zwei weitere Grundphänomene gehören an diese Stelle. Ihnen sollen aber zwei weitere Kapitel gewidmet werden.

Vom Erleben der Angst – die Begegnung mit dem Hüter der Schwelle

»Wer es gelernt hat, sich recht zu ängsten,
der hat das Höchste erlernt.«
Sören Kierkegaard

Die Angst ist ein relativ neues Phänomen. In der Literatur der Psychologie und Psychiatrie taucht sie zur Mitte des letzten Jahrhunderts nicht einmal als Stichwort auf. Daß sich die Menschheit für dieses Thema interessiert, ist neu. Sören Kierkegaard war der erste Autor, der sich in seinem Buch »Der Begriff der Angst« im Jahre 1844 damit beschäftigte. Auch die Romangattung des Gruselromans findet keine Vorläufer bis 1764, als Sir Horace Walpoole seinen ersten Gruselroman veröffentlichte. Sicher fordert es einige Widersprüche hervor, wenn behauptet wird, daß das Thema Angst neu ist. Da soll zunächst eine Unterscheidung gemacht werden, nämlich die Unterscheidung zwischen Angst und Furcht. Furcht hat es immer gegeben: Furcht vor dem furchtbaren Ereignis, sei es Krieg, Hungersnot, Unwetterkatastrophen, Schicksalsschläge. Die Furcht ist in der Regel benennbar und auf ein konkretes, außerhalb von mir liegendes Ereignis zu beziehen. Furcht hatte natürlich auch der Mensch des klassischen Altertums, aber auch das Tier, z. B. die Maus vor der Katze, die Katze vor dem Hund, der Hund vor dem Gewitter usf. Das sind Seelenreaktionen, die es schon immer gab. Die Angst aber bezieht sich nicht auf ein furchtbares Ereignis, sondern Angst hat die »ängstliche Seele«. Die Angst taucht unbestimmbar aus dem Innern auf, ist nicht auf ein bestimmtes Ereignis zu beziehen, sondern hat mit einem selbst zu tun. Es ist ein viel intimeres Erleben und wegen der Unbestimmbarkeit und der Schwierigkeit, es auf irgend etwas zu fixieren, auch wesentlich schwerer auszuhalten.

Die Angst hat zwei Geschwister in der Seele: die Schuld und den Schmerz. Die Schuld empfinde ich in bezug auf Ereignisse, die hinter mir liegen. Eine frühere Verfehlung macht mir jetzt Schuldgefühle. Den Schmerz empfinde ich durch ein gegenwärtiges schmerzendes Ereignis nicht nur leiblicher, sondern hier insbesondere seelischer Art. Angst aber kann ich immer nur vor der Zukunft haben, nicht vor der Vergangenheit. Habe ich Angst, daß sich die Vergangenheit wiederholt, so liegt diese Wiederholung auch in der Zukunft. Tatsächlich reagiert die Seele in bezug auf Vergangenheit, Gegenwart und Zukunft mit diesen drei verschiedenen Reaktionen: Schuld, Schmerz und Angst. Jedesmal bezieht sich eine solche Seelenregung auf ein Ereignis oder eine Seelenbewegung, die vom Ich nicht voll ergriffen und gestaltet werden kann. Mein Ich sagt mir, ich hätte es damals besser machen können, dann würde ich jetzt nicht schuldig sein. Meine Verletzlichkeit ruft in mir den Schmerz wach, ich erleide z. B. den Schmerz an einem Verlust da, wo ich noch nicht verzichten kann. Die Angst empfinde ich in bezug auf eine Zukunft, von der ich nicht weiß, ob ich stark genug sein werden, in voller Geistesgegenwart eine Situation meistern zu können. Ich habe Angst, eventuell selbst nicht »dabeisein« zu können. Durch Schuld, Schmerz und Angst engt sich der Lebensraum der Seele ein. Diese drei Phänomene ziehen ein Grenze, die gekennzeichnet ist dadurch, daß sie eine Defizitgrenze, eine Defizitgrenze meines eigenen Ich ist. Es handelt sich auch hier um Schwellenerlebnisse.

In der Literatur des klassischen Griechentums spielt die Schuld eine herausragende Rolle. Das griechische Drama variiert dieses Thema ständig. Aber im Schuldig-Werden findet der Mensch sich, insofern er sich eigenständig und unabhängig von den Göttern erleben kann. Dennoch bleibt das Schuldgefühl an ihm haften und verkörpert sich in Wesenheiten, in den Rachegöttinnen, den Erynnien. In der Literatur des Mittelalters, im klassischen Heldenepos, dominiert das Thema Schmerz. Hier geht es darum, den Schmerz auszuhalten. Der ist der starke Held, der die meisten Schmerzen aushält, nicht nur körperlicher, sondern auch seelischer Art; der von seiner Tugend nicht abweicht, mag er noch so viele Enttäuschungen erlebt haben. Auch hier erscheint der Schmerz als ein Pädagoge des Ichs.

In der modernen Literatur, nicht zuletzt im Horrorfilm, dominiert das Thema Angst. Nicht nur wird gezeigt, wie Menschen Angst haben, es soll beim Leser selbst Angst erzeugt werden.

Es liegt im Gang der Menschheitsgeschichte, daß die Seele zum Erfühlen der Angst »reif geworden« ist. Dabei sind es nicht nur äußere Bedingungen, die ängstigen, die hat es immer gegeben. Es sind vielmehr innere Entwicklungsbedingungen, die diese Schicht der Seele aufbrechen lassen. Furcht hat auch das Tier empfunden. Angst ist eine ganz menschliche Geste. Es ist, als ob sich diese Seite des Menschseins erst jetzt zu einer Blüte entfalten würde, die vorher noch eine Knospe war. In der Angst nimmt der Mensch wahr, daß er Mensch ist. Er nimmt aber auch wahr, daß er Zukunft hat. Seine Zukunft aber ist ein Voranschreiten über das Erwerben der Bewußtseinsseele hinaus zum Gewahrwerden des eigenen Ich, das lebensgestaltend, entwicklungsgestaltend, biographiegestaltend ist. Angst ist der Ausdruck dafür, daß der Mensch entwicklungsfähig ist. Auch dieses Thema der Entwicklungsfähigkeit ist in der Literatur neu. Von ganz wenigen Ausnahmen abgesehen (z. B. Parzival) erscheint in der Literatur kaum eine Gestalt, die sich entwickelt. Selbst die verwickelte Geschichte eines Odysseus ist keine Entwicklungsgeschichte. Odysseus ist und bleibt vom Anfang bis zum Ende dieselbe Person, die sich nur unter wechselnden Bedingungen mit denselben Eigenschaften bewähren muß. Mit Ausnahme von Parzival erscheinen Entwicklungsgeschichten erst im 19. Jahrhundert in der Literatur, so bei Goethes »Wilhelm Meister« oder »Faust«. Es treten also in der Literatur die Thematisierung der Angst und die Thematisierung der Entwicklung gleichzeitig auf. Angst und Entwicklung sind aneinander gekoppelt.

Ist Angst also die moderne Form vom Schwellenerlebnis? Wir haben nicht nur gesehen, daß die Angst ein neues Phänomen ist, sondern auch, daß sie ein menschliches und zukunftsweisendes Phänomen ist. Dadurch ist sie aber nicht voll erklärt. Dennoch soll zunächst einiges zu ihrer positiven Erläuterung dargestellt werden:

Sören Kierkegaard geht in seinem Hauptwerk »Der Begriff der Angst« von folgender Grundempfindung aus: »Man steckt den Finger in die Erde, um zu riechen, in welchem Land man ist. Ich stecke den Finger ins Dasein; es riecht nach gar nichts. Wo bin ich? Was will das heißen: Welt? Wer hat mich in das Ganze hineingelockt und läßt mich nun da stecken? Warum werde ich nicht gefragt, sondern ins Glied gestellt, als sei ich von einem Seelenverkäufer verkauft?«[10] Er erlebt sich in der Welt allein. Damit schließt er an eine der wenigen Stellen im Neuen Testament an, wo Angst erwähnt wird: »In der Welt habt ihr Angst. Aber seid getrost: ich habe die Welt überwunden« (Joh. 16). In der Welt habt ihr Angst. Im Gegensatz zum alten Griechenland, wo der Mensch sich von Göttern umgeben fühlte, wo er, wenn er wissen wollte, was zu tun sei, im Zweifelsfall den Seher fragen konnte, der den Vogelflug interpretierte oder ähnliches, erlebt sich der moderne Mensch nicht mehr von den Göttern getragen. In der Welt ist er allein. In der Welt hat er Angst. Kierkegaard interpretiert dies als den Ursprung der menschlichen Freiheit. Der Mensch ist nicht frei, wenn er sich als »Marionette in Gottes Hand« empfindet. Damit erscheint die Angst in einem doppelten Antlitz: Sie ist positiv und deswegen sympathisch, aber eben auch schrecklich, weil man sich so allein fühlt, und damit antipathisch. Darum bestimmt Kierkegaard sie als sympathische Antipathie oder als antipathische Sympathie. Sie erscheint ihm genauso schrecklich wie verlockend,

34

in einem widersprüchlichen Antlitz. Dieses verzerrte, hinter dem Schrecklichen aber auch seine Schönheit zeigende Antlitz erlebt er als das Antlitz der Freiheit. In der Angst ahne ich allerdings die Freiheit nur, habe sie nicht realisiert. Diese Freiheit bestimmt das menschliche Fähigkeitsspektrum. Dies bringt Kierkegaard auf die knappe Formel:»Je weniger Geist, desto weniger Angst.« Er erlebt aber auch, daß diese Schrecklichkeit ausgehalten werden muß um der dahinterliegenden Schönheit willen.

Heidegger[11] führt das Problem noch um ein kleines weiter. Auch er nimmt Bezug darauf, daß Angst mit dem »In-der-Welt-sein-Müssen« zu tun hat. Er nennt die Angst das »Dasein-Müssen«. Ich als Mensch erlebe mich als ein Individuum, als ein Ich, wenn ich mich ohne Illusionen ins Dasein stelle. Dieses Dasein ist unbestimmt und unsicher, darum habe ich vor ihm Angst. Die Angst ist die Geburtsstunde der Individualität. Dennoch ist dieses Dasein viel wirklicher als die Illusion des Nicht-alleinsein-Müssens. Darum bedürfe es des Mutes zur Angst. Sind Mut und Angst sonst Gegensätze, so ist das Erleben der Individualität daran gebunden, daß ich diesen Mut zur Angst habe. Auch Heidegger beschreibt so das Widersprüchliche der Angst. Das Gegenteil, die Furcht vor der Angst vernichtet diese Individualität.

Sartre[12] deckt eine weitere Schattierung der Angst auf. Er meint, es gibt keine vorgegebenen Werte. Der ethische Wert, den sich der Mensch selbst gibt, liegt darin, daß er schaut, ob seine Handlung dem Wohl der anderen dient. Indem er sich handelnd in die Welt stellt, übernimmt der Mensch Verantwortung. Angst ist darum angesichts des anderen Menschen Angst vor der Verantwortung. Im Wahrnehmen des anderen und im Handeln erlebe ich das Herausgefordertsein als Individuum. Ich muß Verantwortung übernehmen, indem ich handle. Dabei schaffe ich die Werte, an denen ich mich orientieren kann. Auch Sartre kommt zu dem Widerspruch:»Die Angst ist nicht ein Vorhang, der uns von der Tat trennt, sondern sie macht einen Teil der Handlung selber aus.«

Zu guter Letzt weist Jaspers[13] noch eine letzte Seite der Angst auf: Die Angst ist etwas Unbestimmtes und nicht Objektives, weil nur jeder sie für sich selber spüren kann. Die Objektivität erlebt jeder gleich, so z. B. kann sich jeder denselben Begriff von Tod machen. Aber was ist mein Tod? Mein Tod ist völlig unbestimmt, ich weiß nicht, wann er stattfindet, nicht weswegen, nicht unter welchen Bedingungen, ob ich Schmerzen dabei habe, was ich dabei fühle etc. Mein Tod ist viel realer als »der Tod«. Gerade diese Realität ängstigt mich. Jaspers meint, »der Tod« sei objektiv, mein Tod nicht. Angst zerstört die objektive Gewißheit. Die wirkliche Gewißheit vom Dasein ist aber ungewiß, weil individuell. Er formuliert den Widerspruch, daß die wirkliche Gewißheit des wirklichen Daseins eben ungewiß ist.

Mit Kierkegaard, Heidegger, Sartre und Jaspers lernen wir das Phänomen Angst kennen als bezogen auf die menschliche Freiheit, auf das menschliche Individuum in seiner Handlungsfähigkeit und seinem Erkenntnisvermögen. Alles dies sind urmenschliche Qualitäten. Sie bestimmen den Menschen. Jedesmal erscheint die Definition aber widersprüchlich: sympathische Antipathie, antipathische Sympathie, ich brauche Mut zur Angst, ich habe nicht nur Angst vor der Handlung, sondern die Angst gehört zum Handeln dazu, oder zuletzt bei Jaspers: die Gewißheit ist ungewiß. Dieses jeweilige Doppelantlitz scheint zum Menschen dazuzugehören. Das Gewahrwerden seiner individuellen Geistigkeit, seines Ich erscheint zunächst als positive Aussicht und zugleich in der Feststellung, daß ich diese Erkenntnis noch nicht habe. Dieses Defiziterleben ist furchtbar und schrecklich. Das erste Gewahrwerden des Geistes ist ein negatives Erleben, indem ich spüre, daß ich es noch nicht habe, aber ahne, daß ich es haben könnte, und damit erlebe ich es in bezug auf mich selbst. Diese Kluft zwischen Ich und noch nicht Ich, die die Seele erlebt, ist so bezeichnend für die Angst. Madame Deffand, eine Brieffreundin des ersten Gruselromanautors Sir Horace Walpoole und eine Freundin des aufklärerischen Philosophen Voltaire, eine Frau, die also gleichzeitig befreundet war mit einem Mann, der alle Gespenster abgeschafft hat, und einem anderen, der sie gerade wieder einführte, wurde gefragt, ob sie an Gespenster glaube. Sie gab zur Antwort: »Je n'y crois pas, mais j'en ai peur«, ich weiß, daß es sie nicht gibt, aber ich habe Angst vor ihnen. Die Angst bezeichnet einen Abgrund, der offenlegt, daß unser abstraktes Wissen – »ich weiß, daß es sie nicht gibt« – nicht die notwendige Kraft hat. Es besteht nicht das wirkliche geistige Wissen, das der Seele die Angst nimmt, sondern nur ein Schatten, eine hohle Formel. Das Thema taucht deutlich in dem Gedicht »Erlkönig« von Goethe auf:

Wer reitet so spät durch Nacht und Wind?
Es ist der Vater mit seinem Kind;
Er hat den Knaben wohl in dem Arm
er faßt ihn sicher er hält ihn warm.

Mein Sohn, was birgst du so bang dein Gesicht? –
Siehst, Vater, du den Erlkönig nicht?
Den Erlkönig mit Krone und Schweif?
Mein Sohn, es ist ein Nebelstreif. –

Hier sind Seele und Verstand auf zwei Personen verteilt, auf den Sohn und den Vater. Der Verstand hält die Seele wohl in dem Arm, faßt sie sicher und hält sie warm. Aber jetzt taucht Bangigkeit, Angst auf. Die Seele sieht ein Gespenst, der Verstand weiß, es ist nur ein Nebelstreif.

»Du liebes Kind, komm geht mit mir!
Gar schöne Spiele spiel ich mit dir;
Manch bunte Blumen sind an dem Strand,
Meine Mutter hat manch gülden Gewand.«

Mein Vater, mein Vater, und hörest du nicht,
was Erlenkönig mir leise verspricht? –
Sei ruhig, bleibe ruhig, mein Kind;
in dürren Blättern säuselt der Wind. –

Der Knabe – die Seele – hört Erlkönig sprechen, und auch hier weiß der Verstand Bescheid: in dürren Blättern säuselt der Wind. Ein beliebiges gleichgültiges Naturereignis, ein Nebelstreif, das Säuseln des Windes in dürren Blättern erlebt die Seele als auf sich selbst bezogen. Diese Subjektzentriertheit kennt die Psychologie als zur Angst dazugehörig. Alles wird auf den Ängstlichen bezogen. Die Angst ist innerhalb der eigenen Seele infektiös. Ist die Angst einmal eingekehrt, wird sie einmal auf sich bezogen, kann fast alles diese Angst hervorrufen. Ich werde getroffen und das macht Angst.

»Willst, feiner Knabe, du mit mir gehn?
Meine Töchter sollen dich warten schön;
meine Töchter führen den nächtlichen Reihn,
und wiegen und tanzen und singen dich ein.«
Mein Vater, mein Vater, und siehst du nicht dort
Erlkönigs Töchter am düstern Ort? –
Mein Sohn, mein Sohn, ich seh es genau:
es scheinen die alten Weiden so grau. –

»Ich liebe dich, mich reizt deine schöne Gestalt;
und bist du nicht willig, so brauch ich Gewalt.«
Mein Vater, mein Vater, jetzt faßt er mich an!
Erlkönig hat mir ein Leids getan! –

Dem Vater grausets, er reitet geschwind,
er hält in den Armen das ächzende Kind,
erreicht den Hof mit Müh und Not;
in seinen Armen das Kind war tot.

Hat der Verstand die Seele zunächst wohl im Arm, sie sicher haltend und warmhaltend, so grausts' ihm auch, wenn die Seele erlischt. Die beste Erklärung nutzt dann nichts. Der Verstand wird weggefegt. Die alte Hegelsche Festlegung: »Was wirklich ist, das ist vernünftig, was vernünftig ist, das ist wirklich« wird umgedreht. Hier wird das Unvernünftige wirklich. Die Vernunft, der Verstand sind machtlos. Der Verstand als eine zunächst geistig erscheinende Tätigkeit der Seele macht einem als noch geistiger Erlebten, aber noch nicht Wirklichen Platz, vor dem die Seele erbebt. Es reißt wie einen Abgrund auf zwischen diesem Seelenempfinden und dem, was als Individualität geistig geahnt wird. Dieser Abgrund, diese Gespenstigkeit, die einem aus diesem Abgrund entgegenkommt, ist die Quelle der Angst. Und dennoch werden sowohl die Gespenster, die Wölfe, die Schatten, die Ängste erlebt als mit mir in einem Zusammenhang stehend. Mit einem Ich, das mir dennoch noch nicht greifbar erscheint.

Es ist in diesem Zusammenhang interessant, daß Patienten, die unter Angst leiden und diese schildern sollen, dann oft nur körperliche Beschwerden benennen: Engegefühl um die Brust, Kloßgefühl im Hals, Herzklopfen, Atemnot, Blässe, Schweißausbruch usw. Auf die Rückfrage, ob Angst denn ein leibliches Ereignis wäre, kommt dann die prompte Antwort: Nein, ein seelisches. Aber gerade diese Seele kann nicht beschrieben werden. Eine Patientin äußerte nach längerem Überlegen: Angst ist, wenn man nicht weiß, was kommt, wenn man etwas nicht beurteilen kann und wenn man keine Sicherheit hat.

Hatte sie vorher in den leiblichen Beschwerden ein leibliches Zuviel beschrieben, beschrieb sie jetzt ein geistiges Zuwenig. Die Seele konnte sie immer noch nicht beschreiben. Erst als ihr im Gespräch verschiedene Möglichkeiten zur Erklärung angeboten wurden, wie »bei sich sein«, »bei der Sache sein«, Sympathie – Antipathie, Wachen – Schlafen, Freude – Haß, sich zuwenden – sich abwenden, lösen und ballen, da fällt der Patientin ein: »Ja, Angst ist Übergeballt-Sein.« Die Seele als Bindeglied zwischen der Geistigkeit und der Leiblichkeit des Menschen, zwischen beiden hin und her pendelnd, erscheint in einer solchen Schilderung in einer merkwürdigen Form. Das, was die Seele erlebt, dieses Übergeballt-Sein, dieses Zusammengeschnürt-Sein teilt sie dem Leib mit, denn dieser erlebt den Krampf in der Mitte, den Reif um die Brust, indem das Herz nicht genügend Raum hat und darum von innen an die Brustwand schlägt, der Atem nicht mehr hineingeht, weil die Brust zu voll ist, der Kloß im Hals den Weg versperrt usw. Die Mitte ist zu eng, der Kopf als Ort des Wissens und Beurteilens ist wie abgeschnitten, und ich weiß nicht, ich kann nicht beurteilen, die Seele hat den Kontakt zu der Geistigkeit verloren und teilt sich voll und ganz dem Leib mit. Die Seele ist zu stark in den Leib gerutscht. Der Leib ist animalisiert, die Seele ist sich ihrer selbst nicht bewußt, sie ist vegetabil geworden, und der Geist ergreift die Situation nicht, er ist mechanisch geworden. In diesem Bild erscheint die Angst, und indem sich die Seele dem Leib, nicht aber dem Geist mitteilt, reißt gleichzeitig eine Kluft, reißt ein Abgrund, eine Schwelle auf zwischen Seele und Geist. Hier wird innerhalb des Menschen die Schwelle erlebt, um die es geht.

Tatsächlich hat, wenn man als Dokument das Neue Testament nimmt, selten eine Wahrnehmung stattgefunden von einer Geistigkeit, die nicht Angst erzeugt hat. So hatte jeder Engel, der einem Menschen erschien, es nötig, zu sagen: »Fürchte dich nicht!« Rilke[14] formuliert das folgendermaßen:

Wer, wenn ich schrie, hörte mich denn aus der Engel
Ordnungen? und gesetzt selbst, es nähme
einer mich plötzlich ans Herz: ich verginge von seinem
stärkeren Dasein. Denn das Schöne ist nichts
als des Schrecklichen Anfang, den wir noch grade ertragen,
und wir bewundern es so, weil es gelassen verschmäht,
uns zu zerstören. Ein jeder Engel ist schrecklich.

Hier taucht diese Doppelheit auf. Das Schöne und das Schreckliche, wir bewundern es so, weil es gerade noch nicht zerstört. In der zweiten Duineser Elegie heißt es:

Jeder Engel ist schrecklich. Und dennoch weh mir,
ansing ich euch, fast tödliche Vögel der Seele,
wissend um euch. Wohin sind die Tage Tobiae,
da der Strahlendsten einer stand an der einfachen Haustür,
zur Reise ein wenig verkleidet und schon nicht mehr furchtbar;
...
Träte der Erzengel jetzt, der gefährliche, hinter den Sternen
eines Schrittes nur nieder und herwärts: hochauf –
schlagend erschlüg uns das eigene Herz. Wer seid ihr?

Angst ist die Regung der Seele im Gewahrwerden eines höheren Geistigen. Und diese Angst, diese seelische Reaktion beschreibt Rilke hier als: »hochaufschlagend erschlüg uns das eigene Herz«. Dies ist eine treffende Beschreibung der Angst und zugleich der

Schwelle. Was uns hier begegnet als Zerrbild, als Negativbild, als noch nicht Erleben des menschlichen Ich, ist zunächst Bild der noch nicht bearbeiteten Seele. In der Angst wird dieses Phänomen häufig wesenhaft erlebt. Beschreibungen, die Patienten von der Angst geben, enthalten z. B. folgende Formulierungen:

Die Angst lauert überall.
Sie springt mich an.
Sie packt wieder zu.
Sie sitzt mir im Nacken.
Sie schnürt mir den Hals zu.
Sie sitzt mir auf der Brust.
Sie wühlt in mir.
Sie lähmt mich.
Sie macht mich Zittern.
Sie läßt mich nicht mehr los.

Die Angst ist etwas, das von außen auf mich zukommt und dennoch zu mir gehört. Es ist ein Teil meiner Selbst, der sich von mir losgelöst hat und in dieser häßlichen Gestalt sich darbietet – und dennoch, wenn man auf sie schaut, wie wir es oben getan haben, winkt sie gleichsam zwischendrin, als wollte sie sagen: Ich führe dich zu einer Ahnung deines Ich.

Dieses Phänomen hat Rudolf Steiner ausführlich als ein Erlebnis an der Schwelle zur geistigen Welt beschrieben.[15] Er nennt diese Wesenheit, die da von außen auf einen zukommt und zunächst häßliche Gestalt hat, den »kleinen Hüter der Schwelle«. – »Ein allerdings schreckliches, gespenstisches Wesen steht vor dem Schüler. Dieser hat alle Geistesgegenwart und alles Vertrauen in die Sicherheit seines Erkenntnisweges notwendig, die er sich während seiner bisherigen Geheimschülerschaft aber hinlänglich aneignen konnte.«

Findet diese Begegnung aber ohne eine vorherige Schulung statt, muß sie erdrückend wirken. Der Hüter beschreibt, wie das, was schicksalsbildende Potenz gewesen ist, aus der Verborgenheit heraustritt und dem Menschen offenbar wird, der an der Schwelle steht. Schicksal wird jetzt nicht mehr erlitten, sondern muß durch das Durchschauen selber vollzogen werden. Der Mensch ist auf der Welt allein. Die Götter helfen ihm nicht mehr. Die guten und die schlimmen Seiten des Lebenslaufes waren bis zu diesem Zeitpunkt nicht offenbar. Sie waren nicht zu sehen, sowenig, wie das physische Gehirn selber gesehen werden kann. »Jetzt aber lösen sie sich los, sie treten aus der Persönlichkeit heraus. Sie nehmen eine selbständige Gestalt an, die man sehen kann wie die Steine und die Pflanzen der Außenwelt.« Es löst sich etwas, das von außen auf einen zukommt. Der Hüter sagt: »Und – ich bin es selbst, die Wesenheit, die sich einen Leib gebildet hat aus deinen edlen und deinen üblen Verrichtungen. Meine gespenstische Gestalt ist aus dem Kontobuche deines eigenen Lebens gewoben.« Der Hüter beschreibt, wie seine häßliche Gestalt bedingt ist durch das, was innerhalb der menschlichen Seele noch nicht verwandelt ist. Der Mensch, der ihn sieht, hat nun die Möglichkeit, ihn schön zu machen. Dies Doppelantlitz zwischen Fratze und Schönheit ist tatsächlich in die Hand desjenigen gelegt, der es erlebt.

»Meine Schwelle aber ist gezimmert aus einem jeglichen Furchtgefühl, das noch in dir ist, und aus einer jeglichen Scheu vor der Kraft, die volle Verantwortung für all dein Tun und Denken selbst zu übernehmen. Solange du noch irgendeine Furcht vor der selbsteigenen Lenkung deines Geschickes hast, solange ist in diese Schwelle nicht alles hineingebaut, was sie erhalten muß. Und solange ihr ein einiger Baustein noch fehlt, solange müßtest du wie gebannt an dieser Schwelle stehenbleiben oder stolpern.« Der Mensch erlebt hier angesichts dieses Hüters die Freiheit, von der Kierkegaard schreibt.

Rudolf Steiner schildert, wie der Hüter früher erst im Moment des Todes zum Vorschein kam, jetzt aber eher. »So stehe ich heute sichtbar vor dir, wie ich stets unsichtbar neben dir in der Sterbestunde gestanden habe. Wenn du meine Schwelle überschritten haben wirst, so betrittst du die Reiche, die du sonst nach dem physischen Tode betreten hast. Du betrittst sie mit vollem Wissen und wirst fortan, indem du äußerlich sichtbar auf Erden wandelst, zugleich im Reiche des Todes, das ist aber im Reiche des ewigen

Lebens, wandeln. Ich bin wirklich auch der Todesengel.« Hier wird das Schwellenerlebnis zu dem, woran Jaspers seinen Angstbegriff entwickelt: Zum Todeserlebnis. Es wird zu der wirklichen Gewißheit des bislang Ungewissen. Der Hüter fordert auf, zu handeln, die häßliche Gestalt zu wandeln (wie es Sartre auf seine Art beschreibt). Indem der Mensch durch Freiheit sein Schicksal in die Hände nimmt, wird er zu der Individualität, von der Heidegger spricht. Diese Wesenheit in ihrer häßlichen Form wird wesenhaft in der Angst erlebt.

Rudolf Steiner beschreibt das Auftauchen des Hüters der Schwelle als unabdingbaren Bestandteil einer Schwellenbegegnung. Ob nun dieser Hüter der Schwelle wie bei Rudolf Steiner »Doppelgänger« genannt wird oder wie bei C. G. Jung »der Schatten« oder wie in Rotkäppchen »der Wolf«, ist einerlei. Es handelt sich immer um dieselbe Gestalt.

Das Auftreten von Schuld, Schmerz und Angst war, so neu und bedeutend die Angst zwar für die Neuzeit ist, doch tendenziell immer bekannt. So wie man erlebte, daß die Schuld nur zu ertragen ist durch den Glauben an ein Ausgleichs des Schicksals, den der fromme Mensch hatte, so wurde erlebt, daß der Schmerz nur durch Liebe auszuhalten ist. Man kann das an einem einfachen Beispiel nachvollziehen: Wenn ein heranwachsender Präpubertärer auf der empfindlichen Stelle seiner Eltern herumreitet und die Eltern bis zur Weißglut treibt und bis ins innerste Mark verletzt, so kann doch nur helfen, daß der Erzieher sich deutlich macht, daß der Jugendliche in einem Alter ist, in dem alle Facetten des Seelenlebens ausprobiert werden müssen, bevor er seine eigene Individualität überhaupt entwickeln kann. Die Individualität entwickelt sich dann im Dirigieren des sturmumtobten Seelenmeeres. Dirigieren kann ich ein Meer nur, wenn es da ist. Und dazu müssen sich erst einmal die Fluten ergießen. Aus einem solchen Gesichtspunkt heraus kann ich es bejahen, daß mich ein Heranwachsender verletzt. Er muß dies machen, um zu seiner eigenen Ich-Findung zu kommen. Die Anfänge dieses Ich-Erlebens hat er nur, indem er verneint, was andere sagen. Das verletzt und tut weh. Diesen Schmerz halte ich nur aus, wenn ich diesen überblickenden Gesichtspunkt haben kann, und aus Liebe zur Individualität, nicht zur stürmischen Seele, kann ich dem anderen dann weiter begegnen.

Das Erleben der Angst konnte nur überwunden oder toleriert werden durch die Hoffnung, daß das, was mir durch die Zukunft entgegenkommt, mich nicht zerstört, sondern mir letzten Endes dient. Dem, was die Zukunft bringt, mußte begegnet werden in der Demut, die jemand hat, der zwar nicht durchschaut, aber hofft, daß seine Einstellung letzten Endes nützlich ist. Die drei großen religiösen Tugenden von Glaube, Liebe und Hoffnung oder Frömmigkeit, Liebe und Demut waren immer die Seelenqualitäten, die als Bollwerk gegen dieses Schwellenerlebnis gepflegt wurden.

Rudolf Steiner hat dies in einem Spruch verstärkt.[16] Nicht um ein Schwellenerlebnis zu verhindern, sondern um es überstehen zu können:

Was früher Frömmigkeit war,
heißt heute unbedingte Wahrhaftigkeit.
Was früher Liebe hieß,
ist heute Verantwortung für den anderen.
Was früher Demut war,
ist heute Schicksalsmut.

Mit dem Doppelgesicht der Angst ist angedeutet, daß Angst nicht nur das hohe, den Menschen seinem Ideal nahebringende Phänomen ist. Es muß aber gesagt werden, daß das, was in der Regel Angst genannt wird, doch zumeist eine starke Verknotung darstellt und oft nur in der Ferne mit dem Genannten zu tun hat. Meistens tritt sie als Furcht vor der Angst auf. Diese Furcht vor der Angst stellt eine Verknotung dar, die den Blick auf die Angst unmöglich macht. Hier verwirren sich wieder zwei der Seelenglieder. Ist das von Kierkegaard, Heidegger, Sartre und Jaspers gemeinte Angsterleben im Anschauen der geistigen Realität ein reiner Bewußtseinsseelenprozeß, so entsteht das Schreckliche daran in der Reaktion der Verstandesseele auf dieses Bewußtseinseelenerlebnis, was die Verstandesseele nicht ein-

ordnen kann. Die Furcht vor einem furchtbaren Ereignis ist die
Reaktion der Empfindungsseele auf die Verstandesseele, die als
eine Bedrohung erlebt, was die Verstandesseele an Veränderun-
gen im voraus weiß, plant oder für möglich hält. Die klassischen
Angstkrankheiten jedoch sind ein Gemisch. Sie stellen eine
Furcht vor der Angst dar und damit verknoten sich sämtliche
Seelenglieder dergestalt, daß der Schritt der Seele auf das
menschliche Ich zu behindert wird.

Sehr häufig ist es auch, daß die empfundene Angst weniger erträglich ist als eine Furcht, durch die ich diese Angst ersetze. Die
Phobien gehören in diese Kategorie. Die Klaustrophobie, Agora-
phobie und Astrophobie sind Beispiele dafür: Die Platzangst, die
Angst vor geschlossenen Räumen, die Angst unter Sternen zu
sein. Eine tiefe und riesige Angst taucht aus dem Innern auf. Ein
Rumoren und Gewahrwerden der geistigen Welt in einem selber
führt zu solchen Ängsten, wie uns Rudolf Steiner dies ausführt.[17]
Wer in seiner Seele die Möglichkeit hat, innerhalb seiner Biographie wesentliche Fortschritte in Richtung auf ein Erleben der geistigen Welt jenseits der Schwelle zu machen und diese Fähigkeit
brachliegen läßt, der kommt zu einer solchen Schauung der geistigen Welt, aber in einer paradoxen und verkehrten Form. Es erscheint ihm in einer bedrängenden Bildhaftigkeit als scheinbar
Äußerliches, vor dem er Furcht entwickelt: als Furcht vor der Einengung im geschlossenen Raum, als Furcht vor der Weite des
Platzes, der Menschenmenge oder dem Sternenhimmel. Es ist
eine Angst, aber sie erscheint in Gestalt der Furcht. Ein positiver,
geistiger Impuls, der hier nicht ergriffen, sondern als Defizit erlebt wird, nimmt solche schwerlösbaren und oft nahezu therapie-
resistenten Formen an.

Die Verwirrung der Lebenssphäre – Die Sieben Raben

Der Mensch hat nicht nur sein Ich, das ihm als geistiges Wesens-
glied in einer geistigen Sphäre erscheint, sowie eine Seele und einen Leib. Die Wirklichkeit ist wesentlich komplizierter. Alle so-

genannten geistigen Wesensglieder (Ich und Seele) haben auch leibliche Anteile. Das Tier, das gegenüber der Pflanze beseelt ist, hat darüber hinaus ein Nervensystem entwickelt, das Träger abbauender, seelentragender und wahrnehmender Funktionen ist. Damit hat es auch einen ganz anderen Stoffwechsel als die Pflanzen, der viel stärker die Abbauseite als die Aufbauseite betont. Außerdem hat ein solcher Leib Ausscheidungswege, über die die Pflanze in der Regel nicht verfügt. Der Mensch, der gegenüber dem Tier ein Ich hat, entwickelt darüber hinaus wieder eine ganz andere Leiblichkeit. Die »Anatomie der Freiheit«, die leiblichen Bedingungen für das Auftreten eines menschlichen Ich, sind vielfältig. Der aufrechte Gang, die Umkehrung der Proportionen der Gliedmaßen, die z. B. von der Schulter bis zu den Fingerspitzen immer gestauchter werden im Gegensatz zum Tier, das mit dem Bau seiner Gliedmaßen nahezu in die Umgebung »hineinwächst« und dadurch mit Flügel, Flosse, Hufe, Kralle, Schaufel etc. Organe bildet, die sich für die Umgebung gebildet haben, dadurch aber auch mit dieser »verwachsen«, da sie für kaum einen anderen Lebenshorizont taugen. Der Mensch hat, im Vergleich zum Tier, eine embryonale Gestalt. Diese Hemmung in der Ausgestaltung einer Differenzierung ermöglicht die Einwohnung eines menschlichen Ich. Dadurch bildet er eine Leibesgestalt aus, die neben der Aufrechte auch eine besondere Proportionalisierung der drei wichtigsten Organgebiete hat: Das Nerven–Sinnessystem, das vom Haupt den Organismus durchzieht, das rhythmische System, das von den Brustorganen aus den gesamten Körper durchpulst, und das Stoffwechsel–Gliedmaßensystem, das vom Bauch aus den Organismus ernährt, kommen bei ihm zu einer Harmonie, die im Tierreich nicht zu finden ist. Dort wird entweder das Nerven-Sinnessystem betont, dann haben wir ein nervöses, zittriges Nagetier vor uns. Oder es besteht eine Betonung des rhythmischen Systems, dann haben wir Raubtiere, die mit einem phantastischen Herz-Kreislaufsystem über Stunden laufen können, oder mit der Betonung des Stoffwechsels Huftiere, die wie die Kuh mit einem Minimum an Nahrungsaufnahme riesige Leiber aufbauen können und über den ausgeschiedenen Dung noch Lebenskräfte verschenken. Dies alles kommt beim Menschen in eine Harmonie und zu einer Überhöhung: Das Nerven-Sinnessystem bildet eine Großhirnrinde, der Stoffwechsel einen Dickdarm und eine menschliche Form der Gliedmaßen aus. Das Ich ist also auch leibbildend, die Seele (in der anthroposophischen Terminologie: Astralleib) ebenfalls. Dazu ist der Organismus von Lebenskräften durchzogen, die den physischen Leib über seine anatomische Konfiguration beleben, ohne ihn jedoch zu beseelen. Diese Lebenskräfte, in der anthroposophischen Terminologie Ätherleib genannt, finden wir bereits im Pflanzenreich. Sie sind insbesondere aufbauend tätig und im Wachstum, in Ernährungs- und in Regenerationsvorgängen, dann vor allem nachts zu beobachten. Aber im Gegensatz zur Pflanze, bei der sich diese Lebenskräfte vollkommen in die Ausbildung der Pflanzengestalt hinein verausgaben, hat der menschliche Organismus die Fähigkeit, die im Leibe nicht mehr benötigten Lebenskräfte, wenn das Wachstum dieses Leibes abgeschlossen ist, partiell aus dem Leib zu befreien und der Seele zur Verfügung zu stellen. Denn auch die Seele lebt! Das Hervorbringen der Gedanken hat diese Struktur. Es sind Lebensvorgänge, ein Gedanke wächst genauso, wie der Organismus wächst. Es gehört zu einer der bedeutendsten Entdeckungen Rudolf Steiners, die im folgenden Zitat formuliert sind:

»Diese im Ätherleibe wirksamen Kräfte betätigen sich im Beginne des menschlichen Erdenlebens – am deutlichsten während der Embryonalzeit – als Gestaltungs- und Wachstumskräfte. Im Verlaufe des Erdenlebens emanzipiert sich ein Teil dieser Kräfte von der Betätigung in Gestaltung und Wachstum und wird Denkkräfte, eben jene Kräfte, die für das gewöhnliche Bewußtsein die schattenhafte Gedankenwelt hervorbringen. Es ist von der allergrößten Bedeutung zu wissen, daß die gewöhnlichen Denkkräfte des Menschen die verfeinerten Gestaltungs- und Wachstumskräfte sind. Im Gestalten und Wachsen des menschlichen Organismus offenbart sich ein Geistiges. Denn dieses Geistige erscheint dann im Lebensverlaufe als die geistige Denkkraft. Und diese Denkkraft ist nur ein Teil der im

Ätherischen webenden Gestaltungs- und Wachstumskraft. Der andere Teil bleibt seiner im menschlichen Lebensbeginne innegehabten Aufgabe treu. Nur weil der Mensch, wenn seine Gestaltung und sein Wachstum vorgerückt, d. h. bis zu einem gewissen Grade abgeschlossen sind, sich noch weiter entwickelt, kann das Ätherisch-Geistige, das im Organismus webt und lebt, im weiteren Leben als Denkkraft auftreten.[18]

Beim Erwachsenen ist es also so, daß das, was am Tage sein Gedankenleben hervorbringt, in der Nacht im Leibe wirkt. Kann es daher ohne Bedeutung sein, was am Tag in der Seele vor sich geht? Wird es, wenn es in der Nacht gestaltet, möglicherweise Erkrankungen hervorrufen? Hier öffnet sich ein riesiges Feld einer Psychosomatik. Einiges davon soll im folgenden dargestellt werden. Es ist von allergrößter Wichtigkeit, an dieser Stelle festzustellen, daß das erste, was jenseits der Schwelle dem Menschen als geistige Wahrnehmung entgegentritt, eben gerade die Natur dieses Ätherleibes ist, jenes Wesensgliedes, das als erstes, nicht sinnliches an den physischen Leib angrenzt. Die erste geistige Wahrnehmung ist also die Wahrnehmung dieses Ätherleibes. Er ist »gelockert« an der Schwelle. Entsprechend führt jede Lockerung dieses Ätherleibes, auch wenn es sich nicht um reguläre geistige Wahrnehmungen handelt, zu einer Veränderung dieser »Lebenssphäre«. Diese äußert sich nicht nur im leiblichen und in der seelischen Hervorbringung der Gedankenwelt, sondern im Leben allgemein. Meine Biographie ist mein Leben, in dem sich die äußere Kultur, die Herkunft, aber auch meine Seele und das menschliche Ich abdrücken können. Aber es ist gelebte Zeit. Insofern schauen wir hier auch auf den Lebensorganismus. Er bringt die Gesetze der Biographie hervor. Der Mensch hat aber auch ein soziales Leben. Auch diesen sozialen Lernprozessen soll in der vorliegenden Schrift nachgegangen werden, da die hier auftretenden Verwirrungen zum Teil zu den allergrößten Konfusionen führen.

Die leibgerichteten Lebensprozesse

Rudolf Steiner beschreibt die Lebensprozesse als Atmen, Wärmung, Ernährung, Absonderung, Erhaltung, Wachstum, Hervorbringung.[19] Er bezeichnet damit Tätigkeiten des Ätherleibes, mit denen dieser sich in zwei verschiedene Richtungen wendet. Einerseits nach außen, wo er mit der Außenwelt in Kontakt tritt, und zum anderen nach innen, wo er drei Prozesse im eigenen Leib unterhält:

– Im ersten Prozeß »berührt sich das Leibesleben mit der äußeren Welt; es stellt sich gewissermaßen in eine Art, in welcher es nicht weiter bestehen kann, der Außenwelt gegenüber, um von dieser die Kraft zu empfangen, sich fortzusetzen«.

– Im zweiten Prozeß wird ein Vorgang beschrieben, in dem der Ätherleib sich von den Schwankungen der Bedingungen der Außenwelt unabhängig macht.

– Im dritten Prozeß setzt sich der Ätherleib ganz innen am intensivsten mit der Außenwelt auseinander.
Dabei wird der Fremdcharakter der aufgenommenen Substanzen vernichtet. Dieses Vernichten ist gemeint.

Mit diesen drei Vorgängen wird etwas Charakteristisches beschrieben: beim Atmen die Aufnahme von Luft, bei der Wärmung das Eigenständig-Werden gegenüber Schwankungen der Außenweltsbedingungen – also das Verinnerlichen und Angleichen von Qualitäten – und bei der Ernährung die Vernichtung von festen und flüssigen Substanzen. Dieses Charakteristische läßt sich auch auf andere Gebiete übertragen. Wir nehmen bei der *Aufnahme* durch die Atmung Substanzen aus der Umgebung auf, unabhängig von dem Charakter, den diese Substanzen in der Außenwelt haben. Bei der Wärmung gleichen wir alles Aufgenommene den Bedingungen unseres inneren Milieus an, relativ unabhängig von den Schwankungen der Außenwelt *(Angleichung)*. Im dritten Vorgang, der Verdauung, vernichten wir, denn nur das vorher Vernichtete kann uns ernähren *(Zerstörung)*.

So sind die genannten Vorgänge als Prozeßabfolge zu begreifen, bei der wir Fremdes aufnehmen, es dann unseren Bedingungen unterwerfen, also angleichen, und es schließlich in unserem Innern vernichten, z. B. verdauen. Wir schauen dabei auf den Stufengang, wie der Ätherleib mit Fremdsubstanzen umgeht.

Es ist das Aufnehmen von Fremdem aus der Außenwelt, dann die schon teilweise Zerstörung nach den Bedingungen des Innern unter Beibehaltung des Fremdcharakters. Als drittes die vollständige Zerstörung, auch chemisch. Dabei wird der Außenweltcharakter der Substanz beraubt. Hunger, Appetit und Bedürfnis haben wir nach Substanzen, sofern sie Außenweltcharakter haben. Wir wollen etwas Feuchtes, Kaltes, etwas Deftiges, Festes, etwas Warmes, Salziges oder ähnliches aufnehmen. Damit charakterisieren wir die Substanz, wie sie draußen ist – darauf wendet sich unser Aufnahmevorgang. Im Angleichungsprozeß zerkauen, zerbeißen wir es, speicheln es ein und schlucken es portionsweise herunter. Damit bringen wir es in die Form, mit der wir etwas anfangen können. Als drittes wird es chemisch zerstört, würde dies nicht ablaufen, so wären wir vergiftet.

Es ist das Schicksal jeder Substanz, daß in diesen drei Schritten etwas zu einem Ende kommt, das vorher aufwendig und langfristig zubereitet wurde. Vergangenheit hört hier auf. Diese Schrittabfolge ist eine Dreiheit. Während wir uns zunächst ganz nach außen wenden, richten wir uns im dritten Vorgang ganz nach innen, wo der Fremdcharakter der aufgenommenen Substanz um der Gesetze des Innern, des Leibes Willen ganz zerstört wird. Dieser Gegensatz wird ausgeglichen von dem zweiten Prozeß, der beide miteinander verbindet: Die Aufnahme wird nach innen fortgesetzt, dabei findet jedoch eine Veränderung statt, die schon im Sinne der Zerstörung ist. Dieser Dreischritt zeigt eine gewisse Vollständigkeit. Der erste hat *Sinnescharakter,* der zweite – im Kauen und portionierten Schlucken – hat *rhythmischen Charakter,* der dritte schließlich ist als Zerstörungsvorgang ein *Stoffwechselprozeß.* Dabei kann das Leben jedoch nicht stehenbleiben, es werden die Schritte nach innen notwendig:

Erstens muß der eigene Leib erhalten bleiben. In bezug auf den Menschen heißt das, daß der ständige Abbau, der über Tag vonstatten geht, ausgeglichen werden muß, wobei der Leib wieder in den Zustand gebracht wird, in dem er am Tag zuvor gewesen ist. Dies ist ein Erhaltungsvorgang. Es wird ein Status quo aufrechterhalten, was jedoch im lebendigen Organismus immer auf einem rhythmischen Vorgang basiert, z. B. dem Tag-Nacht-Rhythmus. Das *Wiederherstellen* des Zerstörten ist der Vorgang, dessen Effekt die Erhaltung ist.

Es bleibt jedoch kein Organismus in dem Zustand, in dem er einmal gewesen ist. Durch neue Erfordernisse von außen oder bedingt durch innere Entwicklungsgesetzmäßigkeiten wächst jeder Organismus über den einmal gewonnenen Status quo hinaus. So werden beispielsweise in der Geschlechtsreife des Menschen Fähigkeiten entwickelt, Organe ausgebildet, mit denen er sich nochmals neu und anders in die Welt hineinstellt. Es ist ein Reifungsvorgang, ein *Wachstumsvorgang*.

Die Betätigung von Fähigkeiten ist dabei etwas anderes als das Reifwerden dafür. In der Geschlechtsreife wächst der Mensch, und im Rahmen einer Schwangerschaft, wo ein neues Leben vorbereitet wird, indem ein Reproduktionsvorgang eingeleitet wird, wird die erlernte Fähigkeit ausgeübt. Damit wird ein weiterer Lernprozeß ergriffen: die Hervorbringung, die *Reproduktion*.

In diesen drei Vorgängen – Erhaltung, Wachstum und Reproduktion – beschreibt Rudolf Steiner die nach innen gerichtete Lebensprozesse, die sich auf den eigenen Leib beziehen. Im Gegensatz zur Erhaltung des Leibes geht der Reproduktionsvorgang weit darüber hinaus, indem er sich nun nicht mehr auf sich selbst bezieht, sondern sich souverän einem Neuen zuwendet, jedoch nach dem eigenen Bilde. Der Erhaltungsrhythmus kann durch den Reproduktionsrhythmus sogar zum Teil in Frage gestellt werden. Zwischen beiden vermittelt der Wachstumsvorgang. Wachsend erweitert sich der erhaltene Status quo, um für den Reproduktionsvorgang fähig zu werden. Wachsen tue ich insbesondere in der Auseinandersetzung mit der Außenwelt. Ich werde fähig für sie. Bezieht sich der Erhaltungsvorgang ganz auf mich, der Reproduktionsvorgang auf ein Neues, so der Wachstumsvorgang zwar auf mich, aber in Auseinandersetzung mit der Umwelt. Er bildet so eine Mitte.

Ohne diese zweite Dreiheit, die sich auf den inneren Ablauf der Lebensvorgänge bezieht, wäre Leben nicht möglich. Während sich zunächst der Organismus nach außen wendet, bedürftig sich zu ernähren, wendet er sich zugleich nach innen, um diese Eigenheit, dieses Eigensein zu bilden und zu entfalten, das sich dann in der Welt behaupten muß.

Hat beim ersten Dreiklang der Lebensprozesse eine Vernichtung von der Außenwelt, ein Zu-Ende-Kommen von etwas stattgefunden, was Vergangenheit hat, so beginnt hier immer Zukunft. Das Wiederherstellen bezieht sich auf den nächsten Tag, das Wachsen auf den Erwerb von Fähigkeiten, die ich dann anwenden kann. Die Reproduktion, zum Beispiel bei einer Schwangerschaft (auch jedes Organ im Innern des Leibes reproduziert sich ständig), bekommt dadurch erst einen Sinn, daß sie abgeschlossen wird, wenn ein neues Leben beginnt.

Der Abschluß von Vergangenem und das Beginnen von Zukunft bedingen einander, sie werden jedoch durch einen mittleren Prozeß gehalten: dies ist der Prozeß der *Sonderung,* in dem nun der Austausch von innen nach außen stattfindet und umgekehrt.

Dies drückt sich in den vielen Drüsen aus, die große Sekretmengen nach außen (z.B. in den Darm) oder winzige Mengen nach innen (als Hormondrüsen in das Blut) aussondern. Auch das Hereinnehmen der zerstörten Nahrung aus dem Darm ins Blut gehört dazu.

Es ist der Vorgang, in dem die anderen Lebensprozesse überhaupt erst ablaufen können. Hier werden die gegensätzlichsten Prozesse unterhalten, wobei der Sonderungsvorgang eine Mittelstellung hat.

Aufnahme:	Von außen Fremdes ganz hereinnehmen
Angleichung:	Schon innen Fremdes teilweise vernichten
Verdauung:	Im inneren Fremdes ganz vernichten

Sondern:	Drüsensekret nach außen aussondern
	Drüsensekret nach innen (Hormone)
Erhaltung:	Innen eigenes Ganzes wiederherstellen
Wachstum:	Am Äußeren neues Eigenes aufbauen
Reproduktion:	Nach außen neues Ganzes
	(nicht Fremdes) abgeben

Diese Prozeßvielfalt ist als Prozeßeinheit begreifbar. Dann werden die sieben Begriffe zu einer Idee. Sie soll nur mit wenigen Strichen skizziert werden. Es wurde dargestellt, daß zunächst Fremdes, Äußeres, Vergangenes zu Ende gebracht wird und in der anderen Hälfte immer Neues, nicht Fremdes, Zukünftiges entsteht. Die zwei Hälften sind polar, die Sonderung hält sie zusammen. Es stoßen dabei zwei gegensätzliche Zeitströme aufeinander, die vom gegenwärtigen Sondern verbunden werden. Aber auch im einzelnen zeigt sich das Gesetz: Das Hereinnehmen von Fremden bei der Aufnahme findet seinen polaren Ausgleich bei dem Heraussetzen nach außen von nicht Fremdem in der Reproduktion. Das Angleichen der Substanz an das Milieu meines Innern findet die Polarität im Wachsen, ohne Angleichung an die veränderten Außenweltsbedingungen, wodurch ich mich individualisiere und stärke, um mich gegenüber der Außenwelt zu behaupten. Im Vernichten von Fremdem bei der Verdauung ist die Polarität zum Wiederherstellen des eigenen nicht Fremden, deutlich zu erleben. Auch die zeitliche Abfolge der Prozesse ist deutlich. Die Atmung geht in Sekunden, die Wärmung in Minuten, die Verdauung in Stunden. Der Erhaltungsvorgang ist der Tag-Nacht-Rhythmus, der Wachstumsrythmus der Monatsrhythmus, der Reproduktionsrhythmus der Jahresrhythmus. So sind diese sieben Lebensprozesse aufeinander bezogen. Es gibt keine physiologischen Vorgänge, die nicht damit umschrieben werden können. Sind die sieben Lebensprozesse zunächst als eine Aufzählung von sieben verschiedenen Tätigkeiten erschienen, können sie durch die Beziehung, die sie zueinander haben, als eine Ganzheit begriffen werden, die die Idee des Lebensorganismus ausdrückt.

Es ist ein geordnetes Ganzes, eine Einheit, die mit den aufgeführten Gesetzmäßigkeiten erfaßt werden kann. Diese Idee des Lebensorganismus deutlich vor der Seele zu haben, sich die Ganzheit immer wieder aufzubauen und in sich zu bewegen, schafft die Grundlage für die weitere Darstellung. Wir haben den tätigen Ätherleib einerseits als einen aggressiven Vernichter dessen kennengelernt, was nicht zu uns gehört, und andererseits als eine aufbauende, wachsende und reproduzierende Kraft, die ungeheure Entwicklungsschritte in leiblicher Hinsicht bewirkt. Dieser Ätherleib hat Januskopfcharakter. Er ist destruktiv und konstruktiv. Solange er menschengemäß tätig ist, ist er die Grundlage des Lebens, die Grundlage der Gesundheit.

Die Lebensprozesse in der Seele

Der Hinweis von Rudolf Steiner, wonach die Wachstumskräfte der Kindheit im späteren Alter Denkkräfte werden, läßt vermuten, daß diejenigen Tätigkeiten, die der Ätherleib im Leibe vollzieht, auch in der Seele nachvollziehbar sind.[20] Da die Tätigkeiten des Ätherleibes im Leibe die vorgenannten Lebensprozesse sind, so ist der Frage nachzugehen, ob wir diese als seelische Tätigkeiten wiederfinden.

Auch die Seele hat eine nach außen gerichtete und eine nach innen gerichtete Seite ihrer Tätigkeit. Von außen empfängt sie Wahrnehmungen, Sinneseindrücke, Erlebnisse, Gespräche und vieles andere mehr. Dennoch, genauso wie ich nicht aus Tomaten bestehe, wenn ich Tomaten gegessen habe, kann ich ein eigenständiges Seelenleben entwickeln, das über die Differenziertheit der Wahrnehmung hinausgeht.

Mit dem Wahrgenommenen in der Seele in Beziehung zu treten ist ein weiterer Schritt, durch den wir das Wahrgenommene wie seelisch umhüllen, es hereinnehmen, es uns merken. Dies ist zu trennen von dem Prozeß der bloßen Wahrnehmung.

Ein weiteres geschieht dann, wenn wir einmal beobachten, was für völlig unterschiedliche Eindrücke Menschen haben, die ein und dieselbe Sache sehen. Dasselbe Stück Wiese wird von dem Künstler, dem Grundstücksspekulanten, dem Landwirt, dem Botaniker und dem Spaziergänger völlig unterschiedlich erlebt. Dieser individuelle Zugriff, der aus der Gesamtheit den Teil herausnimmt, der dem jeweiligen Bedarf entspricht, ist auch derjenige, den der forschende Mensch hat, der sich auseinandersetzen will, der analysieren will und seinen ganz individuellen Blick und Standpunkt auf die Ganzheit anwendet und sie damit gleichsam zerstört, man könnte auch sagen: individualisiert. Damit ist wieder ein Dreischritt beschrieben von Wahrnehmen, Sich-in-Beziehung-Bringen (merken) und Sich-Auseinandersetzen (individualisieren).

Ähnlich wie bei den Vorgängen im Leib, ist es zunächst die Außenwelt um ihrer selbst willen, worauf sich meine Tätigkeit bezieht, dann geschieht der Kontakt mit dem Milieu meines Innern, zuletzt wird das Wahrgenommene zergliedert und zerstückelt. Es ist ein destruktiver Ablauf, der bei jeder Erlebnisverarbeitung, bei jeder gedanklichen Auseinandersetzung stattfindet. Aber auch die Seele entwickelt ein Innenleben in relativer Unabhängigkeit von einzelnen wahrgenommenen Begriffen. Genauso wie ich nicht aus Tomaten bestehe, wenn ich Tomaten esse – um bei diesem Beispiel zu bleiben – sondern einen ganz individuellen Leib aufbaue, kann ich durch das Aufnehmen individueller Inhalte ein eigenständiges Seelenleben entwickeln.

Ein erster Schritt wird uns deutlich, wenn wir uns noch einmal vergegenwärtigen, wie wir bei den Lebensprozessen des Leibes verfahren sind. Zunächst schien es eine Auflistung von sieben verschiedenen Termini und Begriffen. Solange wir die Aufmerksamkeit auf die einzelnen Begriffe lenken, haben sie den Charakter der Auflistung. Wir hatten dann aber gesehen, daß sie in einem bestimmten Zusammenhang stehen. Sie sind gesetzmäßig miteinander verbunden. Zwei in sich gegliederte Dreiergruppen stehen sich polar gegenüber, gehalten durch eine Mitte. Die einzelnen Begriffe der Dreierordnung stehen wiederum in einem polaren Verhältnis zu den gegenüberliegenden. Die Gesamtheit der sieben Prozesse ist durch diese Verbindungen organisch gegliedert.

Es ist ein feiner Unterschied der Aufmerksamkeit, ob ich auf den einzelnen Begriff schaue oder auf das Dazwischen. Diese Blickrichtung entscheidet, ob ich am Erlebnisinhalt bleibe oder eine Eigenständigkeit erwerbe, eine Gesetzmäßigkeit aufbaue, die ich nicht wahrnehme als Erlebnisinhalt, aber erfasse als das, was die Wahrnehmung hervorbringt. Diese Idee des Lebensorganismus kann ich denken und habe sie um so intensiver vor Augen, je mehr ich ein Denken zur Anwendung bringe, das hier *verwebendes Denken* genannt sein will und ideenschaffenden Charakter hat. Die so gewonnene Idee (in diesem Fall der Lebensorganismus) ist nicht erinnerbar. Es sind die einzelnen Termini erinnerbar, daraus ist die Idee wieder aufzubauen. Sie muß immer wieder hergestellt werden, ähnlich wie der Leib, der schlafen muß, um wieder erquickt zu sein. Eines solchen Rhythmus bedarf auch das Seelenleben, insofern es mit Ideen umgeht. Sie schwächen sich von alleine und bedürfen der immer wieder neuen Herstellung durch innere Aktivität.

Anders ist es, wenn diese Idee wächst. Die einmal gefundene Idee der Lebensprozesse kann sich in der Medizin als fruchtbar erweisen, z. B. in der Diagnostik. Da Pflanzen lebendige Organismen sind und auch mit diesen Lebensprozessen arbeiten, kann man herausfinden, welche Pflanze welchen Prozeß betont, und hat so eine Heilmittelratio. Die positiven und negativen Beobachtungen korrigieren dabei die Idee, reichern sie mit der Erfahrung an, und sie wächst. Darüber hinaus merken wir jetzt, daß dieselben Lebensprozesse auch in der Seele auftauchen. Wir werden im weiteren Verlauf auseinandersetzen, daß dies nach und nach geschieht, und wir gewinnen Gesichtspunkte einer Biographik. So läßt sich darstellen, wie in diesem biographischen System seelische Störungen in einem bestimmten Alter zu entsprechenden leiblichen Störungen in einem anderen Alter führen können. Wenn so die Idee andere Anwendungsfelder findet, ergeben sich neue Erfahrungshorizonte. So lassen sich diese Lebensprozesse auch im sozialen Organismus wiederfinden, wo sie zur Grundlage einer Gruppenprozeßbeurteilung gemacht werden können. Wir können sie sogar zur Grundlage der Eheberatung machen. Dies alles ist Wachstum: Wir haben eine Idee und arbeiten damit, sammeln Erfahrungen. Sie erweist sich als fruchtbar, bestätigt sich, und wir gewinnen neue Anwendungsfelder. Dem liegt zugrunde, daß wir die Idee als Werkzeug benutzen. In dem Verhältnis zu dem vorherigen Schritt, den wir verwebendes Denken genannt haben, können wir dies nun *Werkzeug-Denken* nennen.

Ein so geübtes Seelenleben, das mit Ideen umgehen lernt, wird immer mehr das Bedürfnis haben, der Welt mit Ideen zu begegnen und, wie Goethe sagt,»die Erfahrung mit Ideen zu durchtränken«. Unweigerlich wird der Punkt kommen, wo eine gefaßte Idee einer Erfahrung nicht gerecht wird. Hier müssen wir eine neue schöpfen. Wir können erfinderisch sein, wir können, wenn der Umgang mit Ideen geübt ist und Fähigkeiten daraus geworden sind (Werkzeug-Denken!) intuitiv neue Ideen entwickeln. Diese *Intuitionsfähigkeit* ist der letzte dieses Dreierschrittes. Jede Erfindung gehört hierher, jeder fruchtbare Moment im Bildungsprozeß.

Die Pflege einer Idee durch immerfort neues Herstellen in der Seele, das Konfrontieren der Idee mit der Außenwelt, sowie das Erfassen neuer Ideen in der Intuition ist hier der Dreischritt. Das erste bewahrt durch pflegenden Umgang und Hinwendung, das dritte schafft Neues aus der Anwendung heraus, das zweite konfrontiert, es ist der Widerspruch.

An den bislang beschriebenen sechs Lebensprozessen der Seele erleben wir, wie die Seele eingespannt ist zwischen Innenraum und der uns umgebenden Außenwelt, die uns durch die Sinne vermittelt wird. Hier ist die Seele leiboffen, denn der Leib vermittelt die Wahrnehmung. In den letzten drei Prozessen begegnen wir einer Innenwelt, die sich zur Erfahrung eines konkreten Geistigen steigern läßt. Auch hier hat der Ätherleib Januskopfcharakter, indem er in beide Bereiche hineindringt, in den ersten Komplex destruierend verarbeitend, in den zweiten Bereich langsam wachsend aufbauend, wenn er die entsprechende Pflege bekommt. Wiederum gibt es eine Mitte. Es ist deutlich, wie wir zwar vieles wahrnehmen, weniger uns merken, noch viel weniger

Gegenstand unserer Auseinandersetzung wird oder gar unsere Ideenbildung fördert. Was ist die Voraussetzung, daß dies geschieht? Es ist die fragende Aufmerksamkeit. Die *Frage* hält dieses lebendige System der Seele überhaupt im Gang. Wir können nach der Außenwelt fragen, indem wir wissen wollen, was wir wahrnehmen. Wir können aber auch in die andere Richtung fragen, indem wir den Ideenzusammenhang wissen möchten zwischen der Wahrnehmung und anderen Wahrnehmungen und Erfahrungen etc. »Was ist das«? ist die eine Seite, »in welchem Zusammenhang ist dies begreifbar?« ist die andere Frage. In der Medizin sind wir es gewohnt, solche Fragen zu stellen, sind uns des Wortinhaltes aber nicht bewußt. Die Frage an den Patienten: »Was hast du?« fragt nach der Diagnose, nach dem, was vorliegt, nach dem, wie es entstanden ist. Die Frage: »Was fehlt dir?« ist eine Frage in die entgegengesetzte Richtung. Der jetzige Zustand wird als einer aufgefaßt, der es nicht bleiben soll, die Hoffnung liegt dem zugrunde, daß mehr möglich ist. Nach dem, was zu diesem »Mehr« fehlt, wird gefragt, es ist nicht so sehr eine Erkenntnisfrage, sondern eine, der die Handlung folgen soll. Was hast du? ist die Frage in die Vergangenheit. Ich begreife die Erkrankung, wenn ich weiß, wie sie entstanden ist. Die Frage: Was fehlt dir? geht in die Zukunft, weil sie überhaupt keinen Sinn hat, wenn ich das Fehlende nicht ergänzen kann. Die fragende Intention verbindet zwei Dreiergruppen der seelengerichteten Lebensprozesse miteinander.

So haben wir die sieben Lebensprozesse, die wir im Leibe gefunden haben, auch in der Seele wiedergefunden. Damit ist der eigentliche Januskopfcharakter des Ätherleibes beschrieben. Er ragt zum einen Teil in den Leib hinein, dort gestaltend, umgestaltend, zum anderen Teil vollzieht er dieselben Tätigkeiten, aber in der Seele.

Es ist jedoch deutlich, daß die Wirksamkeit im Leibe viel zwanghafter und notwendiger ist und sich ihren Rhythmus selber sucht, während sie in der Seele viel freier ist und nur gedeiht, wenn wir dies intentional aufgreifen und pflegen. Der am Anfang zitierte Grundsatz: »Und diese Denkkraft ist nur ein Teil der im

Ätherischen lebenden menschlichen Gestaltungs- und Wachstumskraft« wäre so im Detail nachvollziehbar.

Die sieben Raben

In dem Märchen von den Brüdern Grimm »Die sieben Raben« wird von Eltern berichtet, die sieben Söhne haben und sich so sehr eine Tochter wünschen. Eines glücklichen Tages wurde diese Tochter geboren, war aber noch sehr zart, so daß Sorge um das Überleben bestand. Da sandte der Vater einen der sieben Söhne, das Taufwasser zu schöpfen, alle Brüder wollten aber der Schwester den Dienst tun und rannten zugleich los, so daß es zu einem Gerangel am Brunnen kam und der Krug in den Brunnen fiel und zerbrach. Der Vater wartete vergebens auf die Söhne, bis er den Fluch aussprach: »Ach diese gottlosen Knaben, wären sie doch alle Raben.« Kaum hatte er dies ausgesprochen, da hörte er ein Rauschen über seinem Kopf, und sieben Raben flogen fort und waren nicht mehr gesehen. Soweit der erste Teil des Märchens.

Von unseren Eltern haben wir den Leib, sie sind Bild des physischen Leibes. Wie schon bei Rotkäppchen zeigen sich in den Frauengestalten die Seelenkräfte. Hier taucht das Mädchen auf als Geburt der Seele. Zwischen Leib und Seele sind sieben Söhne, die nicht nur Söhne der Eltern, sondern auch Brüder der Schwester sind. Wir können dieses Märchenbild als Bild für die genannten Lebensprozesse nehmen. Der Leib ist belebt mit sieben Lebensprozessen. So tritt er uns vor Augen. Wenn die Seele auftaucht, werden die Söhne zu Brüdern der Schwester. Sie werden Lebensprozesse in der Seele. Hier aber beim Schwellenübertritt von leibgerichteten zu seelengerichteten Prozessen kommt es offensichtlich zur Komplikation. Die Lebenskräfte verlieren ihre menschlichen Gestalt und werden zu schwarzen Vögeln. Was liegt vor? Das Freiwerden für die Seele geschieht beim Ätherleib nicht ruckartig, sondern schrittweise. In den ersten sieben Jahren möchte das Kind wahrnehmen. Diese Wahrnehmung ist um so ungestörter, je unproblematischer die Wahrnehmung ist. Dies kann sie nur sein, wenn das Kind der Wahrnehmungswelt ohne Einschränkung vertrauen kann und es das Erlebnis hat:»Die Welt ist gut.« Wird die Wahrnehmung brutal oder problematisch oder böse oder ähnliches, so setzen gleich ganz andere Vorgänge ein. Das Kind muß wach unterscheiden und differenzieren und sich merken, daß der Vater, wenn er eine grimmige Stirnfalte hat, losbrüllt oder schlägt. Es muß Strategien entwickeln. Das entspricht gar nicht dem Bedürfnis eines Alters, in dem das Kind nur wahrnehmen möchte und eine Sehnsucht nach dem Guten hat. Dieses Sich-Merken, was der Vater tut, ist bereits der zweite Seelenprozeß, das Differenzieren, das Strategie-Entwickeln der dritte. Diese Lebensprozesse sind aber noch nicht in der Seele frei geworden, sind noch leiblich gebunden. Sie werden so zu früh in die Seele gezerrt. Dies ist für die leibliche Entwicklung kränkend. Die Gesundheit im späteren Alter hängt mit davon ab, daß das Kind als Resultat seiner Erlebnisse erfahren hat:»Die Welt ist gut«, eben weil gerade in diesem ersten Jahrsiebt nur der erste Seelenprozeß frei und bewußt gehandhabt werden darf.

Rudolf Steiner weist mehrfach darauf hin, welche Wirkungen z. B. mechanische Spielzeuge haben können, wenn sie im ersten Jahrsiebt zur Anwendung kommen. Ein mechanisches Spielzeug, das zu früh gedankliches Verständnis erfordert, könnte dazu führen, daß im späteren Alter eine Cerebralsklerose auftritt.

In den zweiten sieben Jahren vom Zahnwechsel bis zur Geschlechtsreife wollen die Kinder lernen und auch auswendiglernen. Man kann beobachten, wie es teilweise eine sportliche Leistung ist, wenn z. B. das kleine Einmaleins oder ein Gedicht oder eine Geschichte auswendiggelernt oder nacherzählt wird. Dieser zweite Seelenprozeß hat auch in der Seele, wie der entsprechende Lebensprozeß im Leib, einen rhythmischen Charakter. Das Lernen wird erleichtert durch Rhythmus, durch Versmaß, durch Schönheit, so daß sich in dem zweiten Jahrsiebt das Erlebnisresultat herausbildet:»Die Welt ist schön.« Entsprechend macht Rudolf Steiner immer wieder darauf aufmerksam, daß, wer bis zur Pubertät nicht Rücksicht auf dieses rhythmische System nimmt, für das spätere Alter die Disposition zu Herz-Kreislaufer-krankungen und zu Problemen der Atemwege veranlagt.

Im dritten Jahrsiebt taucht die Kraft des Verstandes und der Unterscheidung auf. Die Individualisierung ist nun angesagt. Derjenige Schüler ist nicht mehr der gefragteste, der am häufig-sten wahrnehmen will (erstes Jahrsiebt) oder am schnellsten et-was auswendiglernen kann (zweites Jahrsiebt), sondern der, der den Lehrer am doofsten findet. Die Kritikfähigkeit paart sich da-bei mit Sympathie und Antipathie. In diesem wogenden Meer geht das, was entwickelt werden will, leicht unter. Die Nöte und Kämpfe, die da entstehen, haben das Ziel, daß sich die Individua-lität gegenüber der Emotionalität behaupten lernt. Dann ist das Erlebnisresultat dieses Jahrsiebtes: »Die Welt ist wahr.« Das Un-terscheidungsvermögen wird benutzt, um Wahres und Unwah-res zu scheiden. Dazu hilft die Begeisterung. Auch hier ein Hin-weis Rudolf Steiners: Wer es nicht bis Anfang zwanzig gelernt hat, durch das Ideal der Wahrheit vor Begeisterung rote Wangen zu bekommen, der würde im späteren Alter zu Rheuma, Diabe-tes usw. neigen. Das *Ideal,* das Vorbild, ist hier das Erziehungs-mittel.

Die ersten drei Lebensprozesse tauchen nacheinander in der Seele auf, und zwar zeitlich geordnet. Im Bild des Märchens heißt es, einer wird geschickt, denn tatsächlich müssen im Verlauf der kindlichen Entwicklung nach und nach die Lebenskräfte aus dem Leib der Seele zur Verfügung gestellt werden. Aber dies dauert lange. Doch auch die weiteren Prozesse treten nach und nach auf, nur werden die zeitlichen Grenzen hier verwaschener.

Mit dem vierten Jahrsiebt beginnt diejenige Zeit, in der sich aus dem Lebensrhythmus heraus die Empfindungsseele gestalten möchte. Hier käme es darauf an, das Gelernte nach innen zu ho-len, im Sinne von: »Was du erlernt von deinen Vätern, erwirb es, um es zu besitzen.« Es in die Seele zu holen und einen denkerischen Zugang des Ich dazu zu schaffen, heißt, sich den Erlebnischarakter der Welt zu einem seelischen Eigentum zu ma-chen. Das eigentliche Erziehungsmittel (ab hier müßte es heißen

Selbsterziehungsmittel) ist das *Interesse*. Das Interesse, das fragende Interesse, um die Welt erleben zu lernen. Im dritten Jahrsiebt kommt das alles von außen. Es ist Erziehung und nicht Selbsterziehung. Hierfür ein Interesse zu gewinnen ist Arbeit des Ich. Es ist Interesse und Liebesfähigkeit. Jetzt ist ein Verhältnis zum eigenen Schicksal zu gewinnen. Der junge Mensch muß das bis dahin Erfahrene, Erlebte, Wahrgenommene lieben lernen, sich damit identifizieren. Die Erlebnisfähigkeit der Welt wird entwickelt durch die Frage:»Wie erlebe ich die Welt? und: Wie erlebe ich mich selber?«

In den Jahren von Ende zwanzig bis Mitte dreißig liegt das Hauptaugenmerk auf der Verstandes- und Gemütsseele. Das äußert sich in der Frage:»Wie ordne ich die Welt?« und »Wie ordne ich mich selbst?«, die jetzt aktuell wird. Dies erfordert Mut. Es will nun die Umgebung lebensmäßig gestaltet werden aus Gesichtspunkten, die man ganz aus sich holt und zu denen man sich selber stellen kann.

Kann man einem Menschen dieses Alters, der in einer seelischen Konfliktsituation steht, dadurch helfen, daß man in ihm Interesse weckt für irgend etwas, das außerhalb von ihm ist, so müssen zunächst seine Mutkräfte angeregt werden, z. B. der Mut, einfach etwas anderes zu tun, eine Kraft aufzubringen, eine gestaltende Kraft, die über das Lamentieren hinausgeht. Die ordnungschaffende Kraft bildet auch Strukturen. Die potentielle Unfreiheit, die darin liegt, wird nur ausgeglichen durch das Gemüt, das erlebt und erkennt, wo die Gefahren liegen. Insofern ist die Verstandesseelenzeit auch eine Zeit des Widerspruchs. In diesem Widerspruch wird das Ich wach. Es erlebt, daß es mutvoll selber handeln muß, wo es von außen keine oder ihm widerstrebende Gesichtspunkte bekommt. Es muß sich entscheiden.

Zwischen Ende zwanzig und Anfang dreißig, im fünften Lebensjahrsiebt, entwickelt sich aus dem Lebensrhythmus heraus die Bewußtseinsseele. Hier findet nun das eigentliche Seelendrama statt. Es ist die konfliktreichste Zeit, insofern nun in der Seele die wirklichen Kräfte der Individualität auftreten und vielen Fesseln begegnen. Denn bislang hat eine starke Kulturprägung in der Seele stattgefunden, so wie im Leib eine starke Naturprägung. Jetzt sind die Kräfte der Individualität in Widerstreit mit beiden gekommen. Hat es der Pubertierende noch einfach, indem er Fesseln einfach zerschneidet, steht der Mensch, der die Bewußtseinsseele entwickelt, in einer anderen Situation. Er fühlt vielleicht sogar die Verantwortung auch der Fessel gegenüber. Er versucht nicht, sich statt des Bestehenden zu verwirklichen, sondern in dem Bestehenden. Der Welt gegenüber, dem anderen Menschen gegenüber und sich selbst gegenüber fühlt er sich verantwortlich. Dies ist als Fessel zu erleben, ist Krise der Selbstfindung. Sich in der, scheinbar der eigenen Intention widerstrebenden Außenwelt gegenüber dem Partner oder der Schicksalssituation doch selbst zu finden, bedeutet immer einen zumindest teilweisen Verzicht auf einen eigenen Standpunkt, um einen höheren zu gewinnen. Dies heißt, sich nicht im eigenen Seelenmilieu, in dem Fortdauernden und Trägen der eigenen Seelenstimmung wiederzufinden, sondern einen Sprung über die Schattenlinie zu tun und sich in der scheinbaren Selbstaufgabe erst wirklich zu finden. Das bedeutet vielfach todähnliche Erlebnisse zu haben, die ausgestanden werden wollen. Sie sind hier ein Werkmittel. Dies ist, was Goethe »Stirb und werde« nannte. Dies muß keine Anpassung sein, kann aber als solche verstanden werden. Es ist in diesem Sinne möglicherweise eine größere Leistung, in einer unbefriedigenden Schicksalssituation auszuharren und sie befriedigend zu gestalten, als sie aufzugeben und Neues zu suchen, wenn dies aus einer von innen kommenden Verantwortung heraus möglich ist. Solche Konflikte z. B. in menschlichen Beziehungen, im Hinblick auf den Beruf, im Hinblick auf die gesamte Lebenssituation, in der man sich vorfindet, sind Inhalt der sogenannten »Midlife crisis«. Der Appell an die Verantwortlichkeit ist hier ein therapeutisches Mittel, das vernünftigerweise nur verlangt werden kann, wenn im therapeutischen Prozeß eine Verbindlichkeit geboten wird. Auch dies sind Schwellenerlebnisse, die insbesondere in das Alter der Bewußtseinsseele hineinfallen und auch den Charakter tragen, den wir bei »Rotkäppchen« gesehen haben.

Die Lebensalter von Anfang zwanzig bis Anfang vierzig werden von drei Seelengliedern, der Empfindungsseele, der Verstandesseele und der Bewußtseinsseele geprägt. Diese erhalten ihre Belebungen durch freiwerdende Kräfte von Lebensprozessen, die im vorangegangenen mit Sondern oder Fragen bezeichnet wurden. Die nun folgenden drei Glieder sind nicht so deutlich zu beschreiben, da sie ihre eigentlichen Entwicklungsmomente noch in der Zukunft haben. Schattenhaft erlebbar sind ihre Motive in den Qualitäten von Verständnis, Milde und Güte. Hier wird wichtig, daß nicht aus dem Gewordenen (Leib) und dem Verarbeiteten (Seele) heraus gehandelt wird, sondern aus völlig neuen Impulsen, die sich aus dem Bisherigen nicht erklären. Sie kommen ganz anderswoher. Sie hängen mit der zunehmend sich im Leben realisieren wollenden Individualität zusammen. Diese behauptet sich (oder behauptet sich eben nicht) gegenüber einem Leib, der an Vitalität verliert. So kann sich beispielsweise am Konflikt einer chronischen Erkrankung erweisen, wie weit sich das Geistesleben des Menschen dennoch behauptet und zu einer leibesunabhängigen Instanz aufbaut. Was in diesem dritten Lebensdrittel entwickelt wird, sind ausschließlich Überschußkräfte. Fehlt dazu die Kraft, läuft die seelisch-geistige Entwicklung mit der des Leibes parallel, das heißt sie nimmt zum Alter hin ab. Das zeigt, daß sich Überschußkräfte nicht von allein entwickeln, sondern nur, wenn ein Impuls da ist, der sich den Lebenstatsachen zum Trotz entwickelt. Es geht immer nur durch Verzicht, Gleichmut oder Gelassenheit. Der schönste Ausdruck einer solchen Überschußkraft ist der Humor. Das Maß der möglichen Lebensfreude, des Humors im Alter, kann aber in der ersten Lebenshälfte durch bestimmte Einflüsse gemindert werden, z. B. durch einen phlegmatischen Lehrer usw.

Im Märchen haben wir gesehen, daß die sich entwickeln wollende Seele es als Nahrung benötigt, daß einer der Söhne nach dem anderen zum Bruder der Schwester wird. Dies ist nur möglich, wenn im ersten Lebensdrittel von außen, durch die Intention des Erziehers (abgesehen von der nicht änderbaren Schicksalssituation) nur solche Impulse an das Kind herangetragen werden, die für die Entwicklungsbedingungen notwendig sind. Alles, was dem nicht entspricht, hindert die Entwicklung und fordert gleichzeitig immer schon Seelenkräfte, die eigentlich noch nicht dafür zur Verfügung stehen. Dies gilt für jeden Konflikt, der zu früh mit Seelenkräften gelöst werden will, die eben einfach noch nicht da sind. Die vorzeitig in die Seele hineingesonderten Lebensprozesse fehlen dem Leib, dieser wird später krank. Die zu früh beanspruchten Seelenkräfte bleiben dann auf lange Sicht rudimentär. Sie verändern sich auch qualitativ. Im Beispiel des bösartigen Vaters im ersten Jahrsiebt bedeutet dies: die Wahrnehmungswelt soll gut sein – hier wirkt sie böse. Das Merken bedarf im zweiten Jahrsiebt der Schönheit – jetzt, zu früh, wird das Häßliche gemerkt. Der dritte Prozeß will zur Erfahrung kommen: die Welt ist wahr; jetzt bringt dieser Prozeß – zu früh – die Unwahrheit, das Lügen hervor. Die Lebensprozesse werden zum dämonischen Gegenbild ihres ursprünglichen Urbildes. Das heißt, der Lebensorganismus verläßt zwar den Leib, kommt aber in der Seele nicht an. Der Entwicklungsprozeß bleibt dazwischen stecken. Diese Lockerung der Lebenskräfte aus dem Leiblichen, aber auch aus dem seelischen Zusammenhang heraus ist eine typische Schwellensituation. Sie vagabundieren nun, ohne eine Aufgabe zu haben, die dem menschlichen Entwicklungsprozeß angemessen ist. Damit verliert der Lebensorganismus seine menschliche Qualität und wird zum »Tier«. Die sieben Lebensprozesse werden zu sieben Raben und fliegen fort.

Die zu früh als Seelenprozeß wachgewordenen und dem Leibe zu früh geraubten Lebensprozesse können zu einer leiblichen Irritation führen, wie es von Rudolf Steiner vielfältig beschrieben wird.[21] Es ist untersucht worden, daß Mädchen, die eine Erziehung genossen haben, bei der nicht darauf geachtet wurde, intellektuelle Fähigkeiten vor der Pubertät nicht zu fördern, eine andere leibliche Entwicklung aufweisen, als eine Kontrollgruppe, bei der dies berücksichtigt wurde.[22] Das frühe Erüben von intellektuellen Fähigkeiten, die in der Seele eigentlich erst nach der Pubertät auftreten, bewirkt eine »Notreife«, so daß bei einer größer angelegten Untersuchung Staatsschülerinnen die erste Regelblutung um einige Monate früher hatten als Waldorfschülerinnen in ein und derselben Stadt bei vergleichbaren sozialen Schichten. Wo aber bleiben die Lebensprozesse, wenn sie sich nicht mehr sinnvoll im Leib, aber auch nicht sinnvoll in der Seele engagieren? Sind sie einfach nur schwächer oder sind sie woanders? Im Leib sind Lebensprozesse von der leibgerichteten Seite unseres Ich und vom Seelenorganismus gelenkt. Dadurch bildet der Lebensorganismus den menschlichen Organismus und nicht irgendeinen. Auch in der Seele ist der entsprechende Seelenprozeß nicht Inhalt, sondern Werkzeug. Er wird benutzt von dem in der Seele frei agierenden Ich und dem Seelenorganismus. Die Lebensprozesse selber sind primär inhaltslos. Ich richte sie nur auf einen Inhalt. Das heißt in beiden Fällen werden sie vom Ich und vom Seelenorganismus benutzt und sind damit gebunden. Treten sie aber weder im Leib, noch in der Seele voll in Erscheinung, weil sie nicht in dieser Weise tätig sind, so sind sie frei und damit nicht im Sinne des Menschen tätig. Die ungeheure Zerstörungskraft der ersten drei außenweltsgerichteten Prozesse kann nun gegen den Menschen gerichtet werden, während die drei nach innen gerichteten Lebensprozesse völlig ungelenkt ihre Produktivität am falschen Ort ausüben können.

Es ist also denkbar, daß wir diese sinnvollen und am richtigen Ort und zur richtigen Zeit gesunden Prozesse zur unrechten Zeit am falschen Ort als Krankheit wiederfinden. Fassen wir die leib- und seelengerichteten Lebensprozesse der Einfachheit halber als zweimal zwei Gruppen zusammen. Das wären auf leiblicher Ebene die drei abbauenden, außenweltsgerichteten, als Verdauungsprozesse und die drei aufbauenden, zukunftsgerichteten, im Leibe produktiven. In der Seele sind die drei erlebnisverarbeitenden von den drei kreativen zu unterscheiden.

Ist es nicht denkbar, daß die drei verdauenden, zerstörenden Kräfte statt ihr Zerstörungswerk sinnvoll im Leib (z. B. im Darm) an der aufgenommenen Nahrung auszuüben, diese Zerstörung am eigenen Leib vollziehen? Es könnte statt der Verdauung im

Darm eine chronische Darmentzündung (Morbus crohn, Collitis ulcerosa) auftreten oder am Gelenk ein Rheumatismus, an der Lunge ein Morbus Boeck, am Herzen eine Endocarditis und vieles andere mehr. Beim Studium der pathologischen Vorgänge wird jedenfalls deutlich, daß die Vorgänge der chronischen Entzündung denen der Verdauung sehr ähneln.

Ist es nicht denkbar, daß die erlebnisverarbeitenden, in der Seele destruierenden Prozesse nicht das Erlebnis, sondern die Seele selber verarbeiten, wie dies z. B. in einer Neurose geschieht? Die wühlende und quälende Selbstzermürbung einer Schuld-, Angst- oder Zwangsneurose bieten dafür eindrucksvolle Beispiele. Es wäre die Lebensseite im Vergleich zu der in dem Kapitel über das Purzeln von Denken und Fühlen und Wollen beschriebenen Seelenseite.

Die in der Seele produktiven Seelenkräfte des verwebenden Denkens, des Werkzeugdenkens, der Intuition können ungelenkt in der Seele auftauchen und als Halluzination oder ähnliches freie Bilder in die Seele zaubern. Die halluzinative Psychose wäre eine erste Folge, der sich selbst bestätigende Zwang oder Wahn, der als Psychose auftreten kann und immer mehr Nahrung für seine Wahnvorstellungen findet, eine weitere und die sich immer wieder selbst gebärende manisch-depressive Erkrankung eine dritte.

Die aufbauenden, kreativen und produktiven Lebensprozesse, die den Leib erhalten, wachsen und sich reproduzieren lassen, können statt im Leibe am Leibe tätig werden und einen Tumor erzeugen, der sich selbst auf Kosten des Gesamtorganismus erhält, Organgrenzen sprengend wächst und sich selbst in Metastasen reproduziert.

Da viele Tumore auf dem Boden einer chronischen Entzündung entstehen, wie das Magenkarzinom auf dem Boden eines chronischen Magengeschwürs, das Bronchialkarzinom auf dem Boden z. B. einer chronischen Raucherbronchitis, das Dickdarm- karzinom auf dem Boden einer Colitis etc., dürfen wir als Arbeits- hypothese nehmen, daß sich am Leib Lebensprozesse in der chro- nischen Entzündung und im Tumor vollziehen, die auf dem

Wege gewesen sind, sich aber nicht in der Seele entfalten. Es bliebe zu prüfen, inwieweit wir ihren Mangel in der Seele nachvollziehen können. Erst wenn wir mit dieser Hypothese zu einem Ergebnis kommen, ist diese Idee fruchtbar.

Eine Fülle von Publikationen hat in den letzten Jahren einen Zusammenhang zwischen Seelenleben bzw. Biographie und dem Auftreten von Tumoren nahegelegt. In seinem Buch »Psychotherapie gegen den Krebs« beschreibt Lawrence LeShan[23] die Seelenstruktur Tumorkranker. Er hat in großangelegten Untersuchungen und vielen detaillierten psychotherapeutischen Explorationen eine sehr hohe statistische Korrelation von bestimmten seelischen Merkmalen mit dem Auftreten einer Tumorerkrankung gefunden. Je nach Intensität der Exploration erreicht er eine Aussagegenauigkeit von bis zu 80 %, auch prognostisch, was extrem hoch ist.

Als ein erstes wäre zu nennen, daß der »typische Krebspatient« die ihn umgebende Welt verändert wahrnimmt. Sie erscheint ihm als fremd und feindlich, ohne Bezug zu ihm. Als ein kaltes Uhrwerk, das ohne ihn unverändert Bestand hätte. Während sich das Kind ganz verbunden fühlt mit der Wahrnehmungswelt, seine Phantasie ständig Brücken baut und es sich zu Hause fühlen kann in der es umgebenden Welt, tritt spätestens mit der Pubertät ein Riß auf, durch den der Jugendliche der Umwelt gegenüber opponiert. Gemäß dem, was in der Kindheit an Bezug zur Welt aufgebaut werden konnte, erscheint diese jetzt mehr oder minder fremd, gesteigert sogar als feindlich. Diese Feindlichkeiten, die im Erwachsenenalter aufgelöst sein sollte, wird als ein Lebensmerkmal des Krebspatienten beschrieben, das wir als Wahrnehmungsstörung bezeichnen können.

Weiter wird beschrieben, daß der Tumorkranke Beziehungsstörungen hat. Es wird als ein Element der Biographie geschildert, daß z. B. ein Tumorkranker der Liebling von Eltern, Onkeln und Tanten war, bis plötzlich ein jüngeres Geschwisterchen geboren wurde und die gesamte Aufmerksamkeit und Liebe nun ihm zufloß, so daß der betreffende Patient sich als Kind damals ausgestoßen fühlte und der Liebe und Zuwendung verlustig ging. Vielleicht hat dann der unachtsame Vater auch noch den scheinbaren Lumpenknäuel weggeworfen, der die liebste Puppe gewesen ist, und kurze Zeit später ist die Großmutter verstorben, die als einzige zu dem Kind gehalten hatte. Solche Konstellationen können unterbewußte Stimmungen hervorrufen, die dazu führen, daß ein Heranwachsender sich sagt, es lohnt sich nicht, sich mit einer Sache zu sehr zu verbinden, da die mögliche Freude an der Verbindung nicht den Schmerz aufwiegt, den der wahrscheinlich folgende Verlust bereitet. Dadurch wird in keine Beziehung mehr eingetreten, ganz gleich, ob es sich um einen anderen Menschen (Partner), ein Ideal, den Beruf oder ein Instrument oder ähnliches handelt. Sich mit der Welt in Beziehung zu setzen, gerade das ist dem Tumorpatienten erschwert.

Als drittes wäre der Aggressionsstau zu nennen. Die potentiell aggressiven Elemente der Erlebnisverarbeitung, die wir Sich-Auseinandersetzen und Individualisieren genannt haben, finden beim Tumorkranken keinen Weg nach draußen. Es wird da beschrieben, der Tumorpatient sei zwar nicht empfindungsärmer, könnte aber seine Empfindungen nicht zum Ausdruck bringen. Gerade darum wirkt er im Umgang so angenehm, es verbirgt sich dahinter aber eine Tragik. Die Fähigkeit, sich auseinanderzusetzen, findet keine Anwendung, sondern staut sich nach innen. Treffend hat dies Fritz Zorn in seinem Buch »Mars« ausgedrückt: »Mein Tumor, das sind meine nicht geweinten Tränen.«

Die Ideen, die durch ein verwebendes Denken hervorgebracht werden, sind eigene Leistung. Zu ihnen habe ich ein tieferes Vertrauen als zur Wahrnehmungswelt, weil ich an ihrem Entstehen selbst beteiligt bin. Von solchen Ideen kann man wie Martin Luther sagen: »Hier stehe ich, ich kann nicht anders, Gott helfe mir, amen.« Dieses Standvermögen basiert auf einem Vertrauen zur eigenen Kraft, auf einer Hoffnung, die die Seele ihren geistigen Fähigkeiten gegenüber empfindet. Demgegenüber empfindet der Krebspatient große Hoffnungslosigkeit, wobei nicht Hoffnungslosigkeit gemeint ist, die sich auf die Prognose der Erkrankung bezieht, sondern dem Leben überhaupt gegenüber.

Gemeint ist dieses mangelnde Zutrauen zu sich selber, diese fehlende Fähigkeit, zu sagen: »Hier stehe ich, ich kann nicht anders.« Das Werkzeugdenken, das Wachsen mit und an Ideen durch den Erwerb von Fähigkeiten, ist eine Wandlung. Der Mensch, der diese Seite der Seele entwickelt, ist in Wandlung, ist in Entwicklung begriffen. Es wird häufig beschrieben, daß jemand sagt: »Ich müßte mich aufgeben, um ein anderer zu werden«. Er sieht nicht, daß das eine sich ins andere verwandelt, sondern meint, daß es sich um Zustände handelt, zwischen denen Abgründe sind. Zerbrechen oder Beugen sind da die Möglichkeiten, nicht aber der Prozeß, die Wandlung. Dies könnte man als ein Entwicklungshemmnis beschreiben, das über der Seele eines solchen Menschen liegt.

Mit dem siebten Seelenprozeß hing zusammen, daß man Ideale fassen kann, Zukunftspläne, Moralvorstellungen. Nicht, daß Krebspatienten dies nicht hätten, sondern es wird beschrieben, daß sie ihre Ideale zu hoch in den Himmel hängen und sie darum nicht realisieren können.

Es erscheint so die Seelenkonfiguration des Tumorkranken nicht als nicht vorhanden, sondern als gestaut. Die Öffnungen und Tore der Seele nach draußen sind vorhanden, aber es legt sich als Mauer ein Schatten darauf, der nicht überwunden werden kann. Die Seele findet keinen Weg nach draußen. Die aus dem Leib befreiten Lebensprozesse sind nicht in der Seele angekommen, sie sind dazwischen und lassen den Tumor wachsen. Es ist dabei ergreifend wahrzunehmen, daß man alles sehr positiv beschreiben kann. Gerade alte christliche Ideale sind dem zum Verwechseln ähnlich. Sich als kleines Staubkorn gegenüber einem übermächtigen Gott zu empfinden, tritt säkularisiert im Wahrnehmen der Welt als fremd und feindlich auf. Als Ideal wäre es die Duldsamkeit. Das zweite, die Beziehungsstörung aufgrund der Verluste, könnte sich positiv als Verzicht beschreiben lassen, ist hier beim Tumorkranken aber der Verlust. Das dritte, die Aggressionshemmung, wirkt sich aus wie das Ideal der Gelassenheit, ist hier aber Unfähigkeit. Nicht sagen zu können: »Hier stehe ich, ich kann nicht anders« könnte auch eine Bescheidenheit sein. Sich nicht verwandeln zu wollen, könnte eine Stetigkeit sein. Daß man Ideale hat, die zu hoch angelegt sind, so daß man sie nicht verwirklichen kann, kann sich auswirken wie die religiöse Grundhaltung: »Ich bin klein, aber mein Herz ist rein – ich habe Ideale, aber ich bin nichts.«

Darum ist dies als Schwellensituation zu diagnostizieren: Jenseits der Schwelle könnt es als hohes Ideal genauso aussehen, nur wäre es ein Verzicht gewesen. Diesseits der Schwelle ist es ein Verlust von Seelenfähigkeiten, die nach innen gestaut sind und Krankheiten schaffen. Verzicht und Verlust sind von außen dasselbe, von innen sind sie durch Welten getrennt. Natürlich handelt es sich hier nicht um die typische Beschreibung eines Krebskranken. Aber in unterschiedlicher Mischung tragen Tumorpatienten oft wesentliche der genannten Merkmale und sind dadurch in einem psychologischen Test von Lawrence LeShan identifiziert worden. Die Lockerung der Lebenskräfte wirkt sich hier fatal aus. Das aus der Biographie ausgeklinkte Ich kann die Lebensprozesse nicht in die Seele ziehen. Sie stauen sich leibnah und wuchern dort. Die Lebensorganisation hat sich aus dem Zusammenhang der anderen Wesensglieder gelockert und ist eigensinnig tätig. Hier wird etwas zu einem physischen Leib als Tumor, was seine Lebensvorgänge in der beschriebenen Art hat. Das Ich des Kranken ist gekennzeichnet dadurch, daß es selber nicht in Erscheinung tritt. Hier »inkarniert« sich der Hüter der Schwelle und bildet Leib. Das Schwellenerlebnis ist nicht seelisches Erlebnis, sondern ist leiblich anschaubar geworden. Soweit kann Schwelle gehen!

Hier taucht ein wichtiges Motiv auf. Mit den vier Krankheitsmöglichkeiten chronische Entzündung, Neurose, Psychose und Tumor verwandeln sich die sieben Raben, die sieben Lebensprozesse in vier absterbende Prozesse. Diese prinzipiell in Richtung Tod weisenden Krankheitsprozesse können dem darauf ruhenden meditativen Blick als ein schwarzes Kreuz zum Bild werden, aus dem die sieben Seelenprozesse, wenn sie aus dem kranken leiblichen Vorgang befreit werden, als erblühende Rosen herausbrechen. Denn genauso, wie die medikamentöse Therapie bei solchen Erkrankungen einsetzen muß, kann die aktive Seele sich auf der Ebene der Seelenprozesse übend an der Heilung beteiligen. Diese Kraft der Übung ist eine Willensleistung, die das rote Blut als leibliche Grundlage hat. Was sich so übend den absterbenden Kräften des Krankheitsprozesses entringt, wurde früher oft in diesem Bild des Rosenkreuzes erlebt. Auch Rudolf Steiner hat dieses Bild vom Rosenkreuz oft als Meditationsbild empfohlen. Die ganze Dramatik der Schwellensituation zeigt sich in diesem Bild, eine Dramatik in die sich der Meditant durch dieses Bild hineinversetzt: Das Kreuz als Schwelle, als Stehen am Abgrund von Leben und Tod, die roten, aus dem schwarzen Holz schlagenden Rosen als Kräfte des erfrischten Blutes, des menschlichen Willens, das über die Schwelle herüberführt.

Das Märchen setzt sich damit fort, daß die heranwachsende Tochter hört, daß sie Brüder hat. Sie macht sich auf die Suche nach ihnen. Sie kommt zur Sonne, aber die Sonne frißt kleine Kinder, sie läuft zum Mond, aber schon von ferne hört sie ihn rufen:»Ich rieche Menschenfleisch«, woraufhin sie zu den Sternen kommt, die sind gut, und der Morgenstern hilft ihr weiter: Er verrät ihr, wo die Brüder sind, nämlich im Glasberg. Er gibt ihr auch ein Hinkelbeinchen mit, mit dem sie den Glasberg aufschließen kann, um ihre Brüder zu befreien. Dort angekommen, hat sie das Hinkelbeinchen verloren und kann den Glasberg nur aufschließen, indem sie sich einen Finger abschneidet und diesen als Schlüssel benutzt. So können die Brüder befreit werden.

Ist eine solche Unordnung in die gelockerten Lebenskräfte gekommen, daß sie vagabundieren und Krankheiten bilden, kann es ein therapeutischer Schritt sein, wenn sich die Seele auf die Suche danach macht. Sucht sie die Lebensprozesse in der Seele, in der sie nicht angekommen sind, so findet sie sie nicht. Die Seele entfaltet sich am Tag. Das Gestirn des Tages ist die Sonne. Dort sind die Brüder nicht zu finden. Im Leib sind sie auch nicht zu finden, der Regent der Nacht, der Mond, ist auch abweisend. Nur der Morgenstern ist gut. Der Morgenstern scheint in der Dämmerung, in der zarten Farbenwelt zwischen Tag und Nacht. Er kann dem

Mädchen weiterhelfen, da er in dem Bereich leuchtet, in dem die Brüder sich aufhalten, in der Region zwischen Tag und Nacht, zwischen Leib und Seele, im Zwischenraum, in der Dämmerung zwischen dem verbergenden Leib und dem durchlichteten Seelenleben. Ein Bild für diesen verbergenden Leib und dem Durchleuchtetsein der Seele ist der Glasberg. Morgenstern und Glasberg sind zwei Bilder für das, was Goethe immer das »offenbare Geheimnis« nannte. In diesem Bereich des offenbaren Geheimnisses sind die Lebenskräfte verschwunden: zwischen Leib und Seele. Und dort sind sie aber nur durch ein Opfer zu befreien, der Finger geht verloren, es fließt Blut. Die rote Farbe taucht auf, so wie der Glasberg in seiner Kühle auch ein Bild für den Kopf sein kann. Im Opfer des Verzichts aber wirkt die Bewußtseinsseele und das hilft weiter.

Die Lebensprozesse in den sozialen Beziehungen

Ein erstes Erlebnis jenseits der Schwelle ist das Gewahrwerden der eigenen Lebenskräfte, die vorher im verborgenen waren. Was sich so aus den leiblichen Zusammenhängen an Lebenskräften lockert, kann ein zweifaches Schicksal haben: Entweder es lockert sich eigensinnig und wird »Rabe«, verliert also seine menschliche Gestalt und vagabundiert zwischen Leib und Seele kränkend und vernichtend umher, oder es wird wiederum Werkzeug des Ich – diesmal eines Ich, das sich im Erleben der Schwelle gestärkt hat und von Jenseits der Schwelle Kräfte der eigentlichen höheren Individualität aufgenommen hat. Bislang waren diese Lebenskräfte nur den Instinkten zugänglich. Sie haben sich ihnen entzogen, um freier ergriffen werden zu können. Dieses zu ergreifen und in ein erstarktes Bewußtsein zu nehmen, was früher den träumenden Instinkten oblag, ist Gefahr, aber auch Chance an der Schwelle. Das Ich von Jenseits der Schwelle begegnet dem Lebensorganismus von Diesseits der Schwelle. Diese Instinktwelt nannten wir eingangs der Ausführungen im Märchenbild von »Rotkäppchen« die Großmutter. Diese bekommt, nachdem sie vom Wolf verschluckt war, durch ein todesähnliches Erleben durchgehen mußte, Brot und Wein überreicht und erholt sich daran. Brot und Wein sind die Substanzen, in denen man im Kultus seit Melchisedek die Anwesenheit desjenigen göttlichen Wesens verehrte, mit dem diese höhere Individualität des Menschen innerlich verwandt ist. Wenn die Großmutter Brot und Wein bekommt, so ist auf einen Vorgang aufmerksam gemacht, durch den diese Kräfte, mit denen früher der Instinkt umging, eine höhere Zugriffsmöglichkeit bekommen haben: daß wach das durch die Schwelle erstarkte Ich einen Zugriff dort haben kann, wo früher der träumende Instinkt lenkte.

Eine Form des Umgangs mit den Lebensprozessen ist ein solcher, der lange von Instinkten getragen war, dann zunehmend »verschluckt« wurde, aber den wir mit den bislang gewonnenen Begriffen gut neu ergreifen können und intentional pflegen können: im sozialen Organismus. Denn auch im sozialen Organismus pflegen wir die Lebensprozesse.

Dies ist immer gefühlt worden, sei es im Postulat vom Sozialdarwinismus bis hin zu kybernetischen Regelungsvorgängen in sozialen Strukturen. Rudolf Steiner spricht vom »sozialen Organismus« und weist dem sozialen Miteinander so etwas wie »Leben« zu.

Auch Goethe hat dies im Hinblick auf die Zweierbeziehung postuliert. In einem Gedicht an seine Lebensgefährtin Christiane Vulpius beschreibt er ihr die Metamorphose der Pflanze als ein Naturphänomen, in dem ausschließlich Lebensvorgänge in Betracht kommen.[24]

Nachdem er ihr alles gründlich geschildert hat, setzt er fort:

Wende nun, oh Geliebte den Blick zum bunten Gewimmel,
das verwirrend nicht mehr sich vor deinem Geiste bewegt.
Jede Pflanze verkündet dir nun die ew'gen Gesetze,
jede Blume, sie spricht lauter und lauter mit dir.

Es ist also nicht an einer einzelnen Pflanze ein Gesetz gefunden, sondern eins, was für alle Pflanzen gilt. Er fährt fort:

Aber entzifferst du hier der Göttin heilige Lettern,
überall siehst du sie dann, auch in verändertem Zug.
Kriechend zaudert die Raupe, der Schmetterling eilet
geschäftig...

Überall, wo es sonst Lebensvorgänge gibt, sind diese nun auch zu
entdecken, weil die Pflanze mit denselben Kräften arbeitet wie
jede andere lebendige Natur. Jetzt bezieht er es auf die Gemeinsamkeit mit seiner Freundin:

Oh, gedenke denn auch, wie aus dem Keim der Bekanntschaft
nach und nach in uns holde Gewohnheit entsproß,
Freundschaft sich mit Macht aus unserem Innern enthüllte,
und wie Amor zuletzt Blüten und Früchte gezeugt.
Bedenke, wie mannigfach bald die, und jene Gestalten,
still entfaltend, Natur unseren Gefühlen geliehn!
Freue dich auch des heutigen Tages! Die heilige Liebe
strebt zu der höchsten Frucht gleicher Gesinnungen auf,
gleicher Ansicht der Dinge, damit in harmonischem Anschauen
sich verbinde das Paar, finde die höhere Welt.

Hier wird deutlich, daß sich auch die menschlichen Beziehung
durch Lebensprozesse gestaltet. Dies kann sich jedwede Menschenbegegnung beziehen, die über ein flüchtiges Kennenlernen
hinausgeht. Es kann sich aber auch auf Konferenzen und ähnliches beziehen. Hier soll exemplarisch versucht werden, das Gemeinsame an der Ehe zu beschreiben.

Zunächst einmal muß man sich kennenlernen. Dies entspricht
in der Menschenbegegnung der Wahrnehmung. Ist man ver-
liebt, plant man vielleicht den ersten Urlaub, so werden die ersten gemeinsamen Erfahrungen gesammelt, man freut sich über
die vielen Gemeinsamkeiten, die man hat, und setzt sich in
Beziehung zueinander. Der darauffolgende Entschluß, zusam-
menzuziehen, bringt mit der Zeit vielleicht ein Problem herbei:
man merkt, wie anders der andere doch ist, wie sehr der Lebens-
stil nicht harmoniert mit dem eigenen. Dennoch kommt irgendwann die Frage: Wer bist du? Und: was wollen wir zusammen?

Allem zum Trotz wird eine Lebensgemeinsamkeit beschlossen. Bis zu dieser Frage ist es Vorfeld, bezieht sich auf äußeres. Schwieriger wird es bei den drei nach innen gerichteten Lebensprozessen.

Wann auch immer in einer Ehe Momente entstehen, in dem man die Gemeinsamkeit spürt, zeigt sich, daß man gemeinsam mehr kann als jeder einzelne für sich. Dies kann in einer Krise auftreten, in einer Beratungssituation oder wo auch immer. Für einen Moment scheint die Erkenntnis auf: wir sind zusammengewachsen, wir haben etwas gemeinsames. Es ist ein Erlebnis, an das man sich gut auch noch am nächsten Tag erinnern kann, am übernächsten vielleicht auch noch, aber spätestens nach einer Woche ist der letzte Rest des Erlebens dieser Gemeinsamkeit verflogen. Jetzt müßte es erfrischt werden an einer ähnlichen oder anderen Situation. So wie der Leib schlafen muß, die Ideen neu hergestellt werden müssen, so muß die Gemeinsamkeit einer Ehe immer wieder neu erzeugt werden. Es hat sich herausgestellt, daß dies etwa in einem Wochenrhythmus geschehen muß. Diese Arbeit an der Gemeinsamkeit kann viele Gestalten haben – in der Hinwendung an etwas Drittes, im Gespräch, im gemeinsamen Lesen mit anschließendem Gedankenaustausch oder in der Sexualität. Diese Pflege der Gemeinsamkeit hat aber nur Relevanz, wenn sie regelmäßig und immer wieder geschieht. Dies entspricht dem fünften Lebensprozeß.

Auf jede Ehe kommen von außen Anforderungen zu. Von der Steuererklärung, über die Sorgen mit den Kindern in der Schule bis hin zum Umgang mit dem Haushaltsgeld entstehen ständig Anforderungen, denen sich die Ehe stellt oder nicht. Meistens ist für die Steuererklärung er, für die Kindererziehung sie zuständig. Dann findet dieser Prozeß der Auseinandersetzung mit der Umgebung, wie es beim Wachstum oder dem »Werkzeugdenken« der Fall ist, nicht statt. Ein letztes wäre die Initiative aus Überschußkräften heraus. Nicht erst nach der Pensionsgrenze, sondern im Geben von Festen, im Arbeiten an einem gemeinsamen »Werk« oder ähnlichem kann etwas stattfinden, was von außen nicht gefordert, sondern der Außenwelt geschenkt wird.

Oft nimmt dies eine Gestalt an, in der dieser Prozeß nicht voll zum Tragen kommt, z. B. im Hausbauen und ähnlichem.

Diese Vorgänge sind nicht nacheinander, sondern jederzeit gleichzeitig anzuschauen. Hat man deren Wahrnehmung ein wenig geübt und in Gesprächen gepflegt, so fällt es nicht schwer, zu einem Eindruck, einer direkten Imagination vom Zustand des Lebensorganismus einer Ehe zu kommen. Sehr rasch ist man in der Lage, wahrzunehmen, ob dieser Lebensorganismus einer welken Pflanze, einem ins Kraut schießenden Gemüse, einer schönen Blume oder einer Wüste gleicht.

Die Differenzierung in sieben einzelne Vorgänge, die in dem Vollzug einer Ehe beobachtet werden können, erleichtert die Diagnose, weil man checklistenartig vorgehen kann, entweder in der Ehetherapie oder im Gespräch der Ehepartner untereinander. Aus der Diagnose ergibt sich aber auch eine Therapie insofern, als die einzelnen Schritte auch übbar sind.

Der erste Vorgang des Kennenlernens ist nicht einer, der einmal zu Beginn der Beziehung vollzogen wurde und dann nicht mehr. Man kann sich fragen, ob man sich weiterhin kennenlernt. Es gehört zu den erschütterndsten Erlebnissen einer Jahre bestehenden Ehe, wenn sie ihm seine und er ihr ihre Biographie erzählt.

Die Erkenntnis, daß man den anderen eigentlich gar nicht kennt, ist für das in Rede stehende Problem außerordentlich fruchtbar. Nicht selten wird deutlich, daß es eine Reihe von Strategien gibt, den anderen gar nicht mehr kennenlernen zu wollen. »Wenn ich das sage, dann antwortet sie dies, also sage ich es gar nicht mehr«, ist eine solcher Strategien. Aber nicht nur die Frage: »Nehme ich den anderen noch wahr?«, sondern genauso die Frage: »Mache ich mich für den anderen wahrnehmbar?« gehört hierhin. Im Verlauf einer länger bestehenden Beziehung tritt oft eine erstaunliche Vereinsamung ein, an der der Partner nicht mehr teilhaben kann. Es könnte also ein Übungsschritt sein für eine Ehe, sich wieder wahrzunehmen, einander die Biographie zu erzählen, sich mitzuteilen, was man erlebt hat, was man vorhat, wo man gescheitert ist, wo man sich gefreut hat. Es ist aber genauso eine Übung, dies den anderen zu fragen. In der Betrachtung der seelischen Lebensprozesse haben wir gesehen, daß die Fähigkeit der Wahrnehmungen im ersten Jahrsiebt in der Seele auftaucht. Wir sahen, daß das Erlebnisresultat »Die Welt ist gut« das Erziehungsmittel für das erste Jahrsiebt ist.

Dies gilt genauso in der Wahrnehmung des anderen Partners. Ein Kanon von Joseph Haydn beschreibt dies deutlich:

> Ein einzig böses Weib
> lebt höchstens auf der Welt
> Nur schlimm, daß jeder Seins
> für dieses Einz'ge hält.

Je negativer mein wahrgenommenes Bild vom anderen ist, desto mehr täusche ich mich. Erst dann weiß ich, daß ich ihn wirklich wahrnehme, wenn er in meiner Seele dadurch größer wird. Dies sieht in der ersten Zeit einer Beziehung sicher anders aus als nach dem Ablauf von einigen Jahren.

In der ersten Zeit kann es sogar gefährlich werden, wenn ich den anderen zu groß sehe. Denn wie leicht ist es meine Wunschvorstellung von dem geliebten Menschen, die ihn so groß, so schön, so bedeutend erscheinen läßt. Es braucht dann in der Regel nicht allzulange, bis die Enttäuschung einsetzt, daß der andere dieser Vorstellung nicht entspricht. Nur gehört viel kritische Selbstdistanz dazu wahrzunehmen, daß es die eigene Vorstellung war, die nicht den Realitäten entsprach. Viel öfter wird der andere dafür verantwortlich gemacht, daß er sich gegenüber der ersten Zeit des Verliebtseins so negativ verändert hat. So ist es in der ersten Zeit einer Beziehung oft die mangelnde Wahrnehmung, die den anderen so großartig erscheinen läßt – in späteren Zeiten gehört ein gesteigertes Wahrnehmen dazu, ihn in seinem individuellen Gestus, in seiner Idealgestalt noch zu erleben.

Der zweite Prozeß ist der der Gewöhnung, der Gewohnheiten, der Gestaltung des Alltags. Der Alltag hat eine zeitliche und eine räumliche Komponente. Die zeitliche ist die, wie ich den Tagesablauf, Wochenablauf und Jahresablauf mit Jahresfesten gestalte. Der räumliche Aspekt ist die Räumlichkeit, in der man sich begegnet, wie die Wohnung. Dieser Alltagsraum ist ein Bild in dem Ehegarten, der all zu leicht ein erntemaschinengerechter Nutzgarten ist oder wird, wenn er sich funktionalisiert. Die Gestaltung des Alltags unter dem Gesichtspunkt der Rationalität ist ein tödliches Element für eine Ehe. So wie im zweiten Lebensjahrsiebt sich die Erinnerung und Gewohnheitsbildung in der Seele ermöglicht und hier das Erziehungsmittel heißt: »Die Welt ist schön«, so ist auch die Schönheit für den hier in Rede stehenden Lebensprozeß innerhalb einer Ehe das Zauberwort. Der Umgang miteinander entscheidet sich ja, wenn es krisenhaft wird, nicht selten an den Kleinigkeiten des Lebens. Und das sind die Alltäglichkeiten. Hier kann man inventurmäßig hinterfragen, wo der Alltag zur Quelle der Freude des anderen wird. Wo kommt es zu Begegnungen, wo entstehen schöne Ecken in der Wohnung, freundliche Gesten usw.? So kann man es zu einer Übungsaufgabe machen, Gewohnheiten zu hinterfragen: »Wie feiern wir Weihnachten?« Vieles, was sich für die kleinen Kinder als Tradition eingebürgert hat, wird merkwürdig, wenn die Kinder größer geworden sind oder aus dem Hause sind. Traditionen müssen sich wandeln. Sie müssen hinterfragt und neu gelebt werden. Genauso kann man sich vornehmen, dem anderen Freude zu bereiten. Nur muß man aufpassen, daß das regelmäßige Mitbringen von Blumen eher ein Sichloskaufen bedeuten kann, als daß es Quelle der Freude für den anderen wird.

Der dritte Vorgang ist die Streitkultur. Hier begegnet man dem anderen Menschen als einem Fremden und bringt die Andersartigkeit, die man aneinander erlebt, in einen Prozeß zueinander. Wann wird der Streit fruchtbar, wann verletzt er? So wie im dritten Lebensjahrsiebt als Bedürfnis der Auseinandersetzung die Diskussion auftaucht, erscheint hier derselbe Vorgang innerhalb der Partnerschaft. Wie aber nach der Pubertät das Erziehungsmittel ist, die neu entstandene Fähigkeit zu dem Erlebnisresultat »Die Welt ist wahr« zu führen, so hat ein Streit jetzt eine fruchtbare Komponente, wenn er ein Werkzeug wird für die Wahrheit und nicht zur Verteidigung der Unwahrheit eingesetzt wird. Der Streit kann aus dem Interesse am anderen entstehen. Auffällig ist, daß der spontane Streit oft unter dem Zeichen der Rechthaberei oder der emotionalen Reaktion steht. Gewöhnt man sich an, sich einmal in der Woche mitzuteilen, worüber man sich am anderen geärgert, aber auch, worüber man sich am anderen gefreut hat, so geschieht dies aus einer gewissen Distanz zum eigenen Ärger, selten in derselben Emotionalität, und oft wird einem schon dann deutlich, daß man sich eigentlich mehr darüber ärgert, daß der andere nicht den Vorstellungen entspricht, die man von ihm hat, was zeigt, daß man sich im Grunde mehr über sich selbst als über den anderen geärgert hat. So wird aus dem Streiten eine Streitkultur, die fruchtbar sein kann.

Was wir als fünften Vorgang beschrieben haben, das Erlebnis der Gemeinsamkeit, hat etwa einen Wochenrhythmus. Nach einer Woche ist das Erlebnis der Gemeinsamkeit verflogen. Diese »Gemeinsamkeit« lebt nur, wenn sie regelmäßig erfrischt wird, wenn z. B. einmal in der Woche ein Abend gestaltet wird, an dem man diese Gemeinsamkeit pflegt. Man kann dies richtig zu einer Kultur werden lassen, indem man sich dies fest vornimmt und Hindernisse ausräumt (z. B. einen automatischen Anrufbeantworter einschaltet oder auf die Tagesschau verzichtet, um ganz füreinander da sein zu können).

Der sechste Vorgang, in dem man gemeinsam auf Anforderungen von außen reagiert, kann durch Delegation gestört werden (sie ist für die Kindererziehung, er für die Steuererklärung zuständig) oder dadurch, daß man alles und jede Kleinigkeit miteinander bespricht. Das eine läßt diesen Vorgang ersterben, das andere macht ihn unfruchtbar durch Überfrachtung. Wichtige, insbesondere problematische Dinge sind hier belebend. Es wird ja häufig erlebt, daß eine gemeinsame Aufgabe etwas stark Zusammenführendes hat. Manches Mal wird versucht, eine Ehe dadurch zu retten, daß ein weiteres Kind gezeugt oder ein Haus gebaut wird. Ist das Haus fertig, zieht die Ödheit, die man überwinden wollte, dann in die neue Wohnung ein. Hier wird zwar etwas Gemeinsames gebaut, aber, um im Bilde zu bleiben: manchmal wird ein drittes Stockwerk gebaut, bevor das Erdgeschoß fertig ist. Diese

Form der Gemeinsamkeit leidet, wenn die vorher genannten Lebensprozesse nicht stattfinden.

Der siebte Vorgang, die Pflege von Überschußkräften, wird als eine Notwendigkeit erlebt, wenn es um Ehen geht, die gemeinsame Kinder zum Hauptinhalt haben. Kaum ist das letzte Kind aus dem Haus, hat oft eine Ehe ihre Aufgabe erfüllt und kann dann innerlich leer sein. Deswegen gilt es, frühzeitig die Pflege der Überschußkräfte zu üben. Seien es Feste, Gründungen oder Werke. Die Erfahrung, die man bei schönen Partnerschaften machen kann, daß nämlich die Atmosphäre, die von zwei Menschen ausgeht, für andere belebend und erfrischend ist, zeigt nicht nur, wie wohltuend das, was in einer Ehe entsteht, für andere sein kann. Es tut auch der Ehe selber gut, zu erleben, daß andere an ihr partizipieren können.

Der mittlere Prozeß, der der Frage, ist nun derjenige, der die genannten Vorgänge belebt. Die Frage nach dem Du, das wache Interesse am anderen Menschen, fördert die ersten drei genannten Prozesse. Die Frage nach dem Wir die letzten drei. Die Frage nach dem Du hat Empfindungs-Seelen-Charakter. Erziehungsmittel der Empfindungs-Seele ist das Interesse. Dies kann der einzelne für sich pflegen, indem er sich in der abendlichen Rückschau fragt, wie wach sein Interesse am anderen wirklich ist. Hat es wirklich die Qualität von Hunger und Durst? Die erschütternde Erkenntnis, daß dies nicht so ist, fördert dieses wache Interesse.

Die Frage nach dem Wir ist eine Frage der Verantwortlichkeit. Sie hat Bewußtseins-Seelen-Charakter. Das regelmäßige Mitteilen, wie man die Ehe erlebt, ob sie eine welke Pflanze oder ein fruchtbarer satter Garten ist, gehört hierher. Man kann ja an der Gesamtheit der Erlebnisprozesse einer Ehe diese ätherische Ebene des Eheorganismus wahrnehmen. Die Ehe hat darüber hinaus aber auch eine seelische Qualität und eine Ich-Qualität. Etwas weiteres hat sie auch: Das Erleben, daß zwei mehr sind als eins und eins, macht darauf aufmerksam. »Wenn zwei in meinem Namen versammelt sind, dann bin ich unter ihnen«, ist ja eine Erlebniswirklichkeit. Man kann also wahrnehmen, daß die Ehe eine ätherische Lebensebene, eine Seelenebene, eine Ich-Ebene und eine nächst höhere Wesensgliederebene (Geist-Selbst-Qualität) hat. Somit entsteht ein Zwischenwesen zwischen zwei Menschen, das Martin Buber »den Zwischen« genannt hat. Dieses Wesenhafte, das zwischen zwei Menschen entstehen kann, hat entweder Engelcharakter oder Dämoncharakter. Und für dieses Wesen kann man sich verantwortlich fühlen. Die Frage, ob dieses »Zwischen« ein Engel ist, der dann auch heilsam ist für andere Menschen, oder ob es ein Dämon ist, der einem die Kraft aussaugt kann nicht nur egoistisch gestellt werden, weil ich darunter leide oder davon befruchtet bin, sondern kann auch so erlebt werden, daß ich frage, ob die Ehe für andere fruchtbar ist oder nicht. Im Trausakrament der Christengemeinschaft wird die Ehe »zu der ganzen Menschheit Heil und Glück« gestiftet. Dafür trägt man eine Verantwortlichkeit, und nach diesem Wohlergehen oder Nichtwohlergehen kann man ständig fragen. Dies kann man in der Gemeinsamkeit tun.

Durch Partnerschaft und Ehe wird man so hingeführt an das Erlebnis einer direkten geistigen Wesenhaftigkeit. Wir überschreiten hier eine Schwelle in der Wahrnehmung des anderen Menschen, und im Erleben der Gemeinsamkeit überschreiten wir eine Schwelle über den eigenen Egoismus hinaus. Ein solcher bewußter Umgang mit den Elementen der Ehe wird meistens aus der Krise heraus geboren. Diese erweist sich dann als eine Schwelle zu einem Neubeginn, der ganz spirituellen Charakter hat. Das wichtigste Übungselement aber liegt darin, daß die Dinge, die früher instinktartig abgelaufen sind – nämlich die Lebensvorgänge der Ehe, die durch Tradition, Kirche etc. geprägt wurden – jetzt bewußt gehandhabt werden, indem die Schwelle vom Instinkt zur bewußten Handhabung wach gegangen wird. Und dies ist die Schwelle vom Automatismus zur Übung.

Die aus dem Zusammenhang des Menschen ausscherenden Lebensprozesse werden gestaltende Kräfte einer Krise, einer Krankheit oder eines sozialen Dämon. An der Schwelle lockern sich die Wesensglieder des Menschen. Für den Lebensorganismus ist dies exemplarisch dargestellt worden. Es ist eine stärkere Kraft des Ich notwendiger als zuvor, die eigensinnig werdenden Wesensglieder zu integrieren und sie nicht zu Wesensgliedern eines Doppelgängers werden zu lassen, der sich an die Stelle des Ich setzt, zu Wesensgliedern eines Wolfes, der die Seele verschlingt.

Die Pathologie des Schwellenübertrittes

»Derjenige, der die Schwelle zur geistigen Welt überschreitet, der macht die folgende Erfahrung: es gibt kein Verbrechen in der Welt, zu dem nicht jeder Mensch in seinem Unterbewußtsein die Neigung hat. Ob in dem einen oder anderen Fall die Neigung zum Bösen äußerlich zu einer bösen Handlung wird, das hängt von ganz anderen Verhältnissen ab als von dieser Neigung.«[25]

In der physischen Welt gibt es ein Entweder – Oder. Entweder meine Geldbörse ist in meinem Besitz, oder jemand anderes besitzt sie; zwei Leute können sie nicht besitzen. In der geistigen Welt ist das anders: Den Gedanken, den ich gedacht habe, behalte ich bei mir, auch wenn jemand anderes ihn übernimmt. Auf geistigem Gebiet ist jeder Egoismus berechtigt, in bezug auf die geistige Welt ist jeder Imperialismus berechtigt. Wird das, was in der geistigen Welt berechtigt ist, auf die physische Welt übertragen, so entstehen furchtbare Verwirrungen.

»Denn würden die Kräfte, die in Dieben, Räubern und Mördern leben, nicht hier in der Sinneswelt ausgelebt, sondern würde der Mensch dasjenige, was er in der Sinneswelt unrechtmäßig auslebt, metamorphosiert, umgewandelt auf dem höheren Plane ausleben, so wäre es da voll berechtigt. Dahin gehört es. Das Böse ist ein versetztes Gutes. Nur dadurch, daß die ahrimanischen Kräfte das, was in eine ganz andere Welt gehört, in unsere Welt hineindrücken, entsteht die Artung des Bösen«.[26]

»Sehen Sie, diese Liebe, die man eine egoistische Liebe nennen könnte, muß auch da sein. Sie darf nicht etwa fehlen in der Menschheit. Denn alles, was wir in der geistigen Welt lieben können, die geistigen Tatsachen, alles das, was in uns durch Liebe als Sehnsucht, als Drang hinaus in die geistige Welt leben kann, zu umfassen die Wesenheiten der geistigen Welt, die geistige Welt zu erkennen: es entspringt natürlich auch der sinnlichen Liebe zur geistigen Welt. Aber diese Liebe zum Geistigen, die muß, nicht etwa darf, sondern *muß* notwendigerweise um unseretwillen geschehen. Wir sind Wesen, die ihre Wurzeln in der geistigen Welt haben. Es ist unsere Pflicht, uns so vollkommen als möglich zu gestalten. Um unseretwillen müssen wir die geistige Welt lieben, daß wir soviel Kräfte als möglich in unsere eigene Wesenheit aus der geistigen Welt hereinbringen. ... Nun gibt es ein Gesetz, daß, wenn etwas auf der einen Seite durch Betäubung zurückgedrängt wird, es auf der entgegengesetzten Seite herauskommt. Die Folge davon ist, daß der egoistische Trieb sich in die sinnlichen Triebe hineinschlägt. Es schlägt aus der geistigen Welt die Art von Liebe, die nur für sie berechtigt ist, in die sinnlichen Triebe, Leidenschaften, Begierden usw. hinein, und da werden diese sinnlichen Triebe pervers. Die Perversitäten der sinnlichen Liebe, alle abscheulichen Abnormitäten der sinnlichen Triebe sind das Gegenbild von dem, was hohe Tugenden in der geistigen Welt wären, wenn man die Kräfte, die dann in die physische Welt gegossen werden, in der geistigen Welt verwenden würde. Darüber muß man nachdenken, daß dasjenige, was in verabscheuungswürdigen Trieben in der Sinneswelt zum Ausdruck kommt, wenn es in der geistigen Welt verwendet würde, das Erhabenste in der geistigen Welt leisten könnte. Das ist ungeheuer bedeutsam.«[27]

Wir sehen einmal mehr, daß die Geschehnisse an der Schwelle durchaus auch gefährlich sind, wenn sie nicht wach und stark erfühlt, erlebt und interpretiert werden. So ist auch das eingangs dieses Kapitels gegebene Zitat zu verstehen, daß im Überschreiten der Schwelle jeder Mensch prinzipiell zu jeder bösen Tat in der Lage ist. Die egoistischen Qualitäten haben dort ihre Berechtigung, da wir, in der geistigen Welt wurzelnd, die Ereignisse, die dort erlebt werden, mit Recht auf uns beziehen können.

Wir lernten im Kapitel Angst diese Subjektzentriertheit bereits kennen. In der egoistischen Liebe und in der Kriminalität spielt dies ebenso eine Rolle. Auch den Nationalismus formuliert Rudolf Steiner in diesem Zusammenhang[28], so daß wir die große pathologische Seite des Schwellenübertrittes dort haben, wo, ohne daß es von dem Betreffenden bemerkt wird, die Schwelle zur geistigen Welt überschritten wird und etwas Neues, für das Jenseitige der Schwelle Berechtigtes in das Leben eintritt. Da aber der Schwellenübertritt nicht bewußt ist, wird dieses Neue auf das bezogen, was im Bewußtsein lebt: die physische Welt. Und da wirkt es sich verheerend aus.

Die andere Pathologie des Schwellenübertritts ergibt sich da, wo »Schwellenluft geatmet wird«. Wo der Mensch die Schwelle ahnt und spürt, aber nur dahingehend, daß er merkt: Es muß auch noch etwas anderes geben als das, was ich gewohnt bin. Der Materialismus meiner Umgebung, die Bürgerlichkeit meiner Umgangsformen, die fehlenden Antworten auf drängende Lebensfragen, die Selbstgenügsamkeit der Kultur, das Unbefriedigtbleiben in allen Lebensäußerungen! Aber das Neue will und will nicht kommen, es stellt sich eben nicht von allein ein, und die erforderliche Geduld ist viel zu groß, als daß sie aufgebracht werden könnte. Wenn dies nicht bewußt erlebt, aber als ein tiefer innerer Drang gespürt wird, kann dies eine Motivation zur sogenannten »Bewußtseinserweiterung« sein. Ob LSD oder Bhagwan, ob Urschrei oder Hypnose, ob Rebirthing oder die neue Modedroge Extasy, Sekten wie New Age, Jugendokkultismus oder Rock-Satanismus: Hier werden entsprechende Vehikel angeboten.[29]

Eine Sucht soll hier aber hervorgehoben werden, die als Sucht nicht bekannt oder gut toleriert ist. Was ist denn das erste, was uns an Erkenntnisfähigkeiten jenseits der Schwelle erwartet? Rudolf Steiner nennt diese erste übersinnliche Fähigkeit die Imagination. In der Folge werden noch weitere Fähigkeiten erreichbar sein (Inspiration und Intuition). Die Imagination hat Bildcharakter. Wenn wir uns einen Gedanken vorstellen, wie den von den sieben Lebensprozessen, so können wir ihn einerseits in einer gewissen Abstraktheit vor die Seele stellen bis hin in eine gewisse Mathematisierung. Wir können uns vorstellen, wie die vier leibgerichteten Lebensprozesse in vier Krankheitsmöglichkeiten hineinführen, aber sich auch wieder in die sieben seelengerichteten Lebensprozesse hinein auflösen können. Das Märchen von den Sieben Raben oder das Bild von dem Rosenkreuz sind Bilder, die einen ab einem bestimmten Grad der Lebendigkeit des Gedankens zum Bedürfnis werden. Zunächst bedarf der Gedanke einer gewissen Abstraktion, um begriffen werden zu können. Um aber erlebt werden zu können als Idee, als ein realgeistiges Geschehen, muß ich mindestens durch die Anwendung des sogenannten verwebenden Denkens den Gedanken verlebendigen. Ruht man mit seiner Seele eine Weile darauf, so wird einem der Satz verständlich, den Goethe formulierte: »Wem die Natur ihr offenbares Geheimnis zu enthüllen anfängt, der empfindet eine unwiderstehliche Sehnsucht nach ihrer würdigsten Auslegerin, der Kunst.«[30] Wenn der Gedankeninhalt in das Bild mit hineingenommen wird, gewinnt er durch dieses Bild und schwächt sich überhaupt nicht ab, sondern verstärkt sich und wird anschaubar. Daran ist nachvollziehbar und erfühlbar, was imaginatives Erkennen bedeutet. Es ist lebensvoller, tiefer und bildhaft. Je mehr aber nun die Menschheit die Schwelle zur geistigen Welt überschritten hat, desto mehr entstand eine Bildertechnologie. Was mit der Fotografie anfing und sich mit dem Stummfilm fortsetzte, ist etwas geworden, vor dem wir uns gar nicht mehr retten können. Nicht einmal im ICE müssen wir auf Video verzichten. 20 % der Grundschüler sehen pro Woche mehr als 40 Stunden fern, und durchschnittlich sind an jedem Fernsehwochenende etwa 800 Gewalttaten, darunter 150 Morde zu sehen. Natürlich sieht kein Kind so viel an einem Wochenende, da es für die Punktejagd am Computer und für die Horrorvideos wie »Menschenfresser« oder »Großangriff der Zombies«, die in der 5. Klasse 23 % der Schüler bereits gesehen haben, ebenfalls Zeit braucht. So wie uns eine Bilderwelt überflutet bis in die Reklame in der Stadt, so überfluten uns auch Klänge. So wie das imaginative Erkennen Bildcharakter hat, so hat die nächste Erkenntnisstufe, die der Inspiration, Klangcharakter. Vom beruhigenden Klang im Zahnarztsessel über den Walkman während des Waldlaufes bis hin zur dröhnenden Discomusik gibt es bald keine klangfreien Räume mehr. Stille wird unerträglich. Es entsteht eine Sehnsucht nach dem Schwellenjenseits. So holt man es in einer scheinbaren Art ins Diesseits. Das Streben zur geistigen Welt wird so aber abgelenkt und kommt da nicht an. Genauso gilt dies für die wesentlich schlimmeren Süchte und Abhängigkeiten wie die von Gurus, Drogen und anderem. Hier wird deutlich, wie der richtige und wichtige Weg des Menschen zur Schwelle jederzeit abgelenkt wird, verhindernd oder verfrühend. Die Schwelle braucht Geduld, Stehvermögen und Aushaltekraft.

In der Medizin nehmen wir einen Wandel der Erkrankungen wahr. Wie wir an dem Beispiel der Angst gesehen haben, bei der die Verbindung der Seele zur menschlichen Geistigkeit nachläßt, die Seele aber sich zu tief in den Leib hineinstaut, so finden wir es auch beim Streß. Streß könnte etwas normales sein. Streß ist immer eine Sinnesbelastung, der sich der Mensch durch starke Einflüsse von außen ausgesetzt sieht. Stellen wir uns einen Ritter im Kampf vor, der jemand mit erhobenem Schwert auf sich zueilen sieht. Er stellt keine ruhige sinnliche Betrachtung darüber an, sondern dieser Anblick versetzt ihn sofort in Streß, aber gleichzeitig in maximale körperliche Tätigkeit. Die Vorgänge, die sich an die Sinnesvorgänge anschließen, die nicht in einer Begriffsbildung zur Ruhe kommen, sondern sich dann über die Hirnanhangsdrüse dem übrigen Organismus über die Bildung von Streßhormonen mitteilen, führen unter anderem zu einem Diabetes. Cortison als Streßhormon setzt vermehrt Zucker frei, es bremst die Insulinproduktion, die zur Verarbeitung des Zucker notwendig wäre. Adrenalin, ein anderes Streßhormon, bewirkt, daß Insulin Zucker nicht mehr ins Gewebe hineintransportieren kann. Es wird also mehr Zucker gebildet, weniger verbraucht und das Werkzeug zum Verbrauchen gelähmt. Nur zwei Organe können den Zucker insulinunabhängig verwerten: das Gehirn und die Muskulatur. Nun ist das Gehirn in großer Anspannung, beim Ritter jedoch die Muskulatur auch. Sehen wir den Menschen als ein dreigliedriges Wesen mit Nerven-Sinnessystem, rhythmischem System und Stoffwechsel-Gliedmaßensystem an, so sind die Sinne und die Gliedmaßen die extremsten Pole. Durch eine übermäßige

Sinnesbelastung wird der Ritter herausgefordert, eine extreme Gliedmaßentätigkeit anzustrengen. Dafür ist der Diabetes »sinnvoll«. Ohne diese Streßphysiologie würde der Ritter sehr rasch ermatten. Auf diese Weise aber werden alle Reserven der Muskulatur zur Verfügung gestellt, damit er sich maximal wehren kann. Dieser Streß macht nicht krank, wenn man von den Verletzungen eines Schwerterkampfes einmal absieht.

Die Sinnesbelastungen jedoch, die wir im Auto haben, wenn wir mit 180 km/h über die volle Autobahn sausen, ständig wach überall gucken müssen, bedeutet auch maximalen Streß, die Bewegung des Fußes am Gaspedal jedoch ist nicht vergleichbar mit der Bewegung des Ritters. Die Sinnesbelastung beim spannenden Krimi im Fernsehen ist maximal, die Bewegung der Hände zu den Kartoffelchips ist aber nicht vergleichbar mit der Bewegung des Ritters. Wenn man so will, ist der Ritter noch ein »ganzer Mensch«. Beim bewegungsunabhängigen Streß gerät diese Ganzheit aus den Fugen. Der Streß kränkt.

Wir leben in einer Kultur, die solchen Streß liebt und fördert. Gleichzeitig leben wir in einer Kultur, in der die streßabhängigen Erkrankungen aus der Bedeutungslosigkeit auf Platz 1 der Todesursachen heraufgestiegen sind. So gab es in den Lehrbüchern der Medizin Ende des letzten Jahrhunderts den Herzinfarkt noch nicht, er ist jetzt Nummer 1 der Todesursachen. Genauso die Gefäßverkalkungen etc. Hier staut sich durch hohen Blutdruck, rasenden Puls, schwerer Atmung und Stoffwechselablagerungstendenz die Seele in dem Leib. Die Ganzheit geht verloren. Herzinfarkt, Schlaganfall, Diabetes, Arthrose, Fettstoffwechselstörungen, Gicht, hoher Blutdruck und Herzrhythmusstörungen sind Erkrankungen, die in dieser Beziehung den Charakter der Angst nachahmen, jedoch ganz auf leiblicher Ebene. So wie bei der Angst Beschwerden im rhythmischen System auftauchen (Brustenge, Herzschmerz), so können Brustenge und Herzschmerzen Angst erzeugen. Wir hatten bei der Angst gesehen, wie die Angst selber zum Erleben der Schwelle führt. Frühere Einweihungsriten, bei denen der Einzuweihende an die Schwelle herangeführt wurde, haben in diesem Sinn geängstigt: So taufte Johannes der Täufer die

Menschen z. B., indem er sie solange in den Jordan tauchte, bis sie keine Luft mehr bekamen. Diese Atemnot, ja Erstickungsnot mußte zur Angst führen und kam einem Todeserlebnis gleich. Schauen wir auf die ganzen angstverwandten Erkrankungen, die wir eben angeschaut haben, so kann man den Eindruck gewinnen, als ob ein riesiger Johannes der Täufer die ganze zivilisierte Menschheit in einen riesigen Jordan tauchen würde. Diese Erkrankungen belegen, wie die Menschheit an der Schwelle steht.

Die Lockerung des Ätherleibes, die wir weiter oben angeschaut haben, ist außer in der Tumorerkrankung auch noch in anderen Krankheiten wahrzunehmen. Ein vornehmlicher Teil dieses Ätherleibes ist damit beschäftigt, fremdes Leben fernzuhalten, um eigenes Leben haben zu können. Diese Aufgabe übernimmt das Immunsystem. Wenn auch die anderen Wesensglieder hier dirigierend eingreifen, ist doch das Immunsystem in erster Linie ein System innerhalb des Ätherleibes. Dessen Kraft nehmen wir darin wahr, daß eine Erkrankung aufflammt und überwunden wird. So haben die klassischen Infektionserkrankungen einen ganz klaren zeitlichen Ablauf. Sie entwickeln ein sogenanntes »Krankheitsbild«. Es tritt uns hier deutlicher als irgendwo sonst eine »Imagination« des Ätherleibes in Erscheinung. Besonders die klassischen Kinderkrankheiten, die in einer oft recht engen zeitlichen Ordnung, mit charakteristischem Aussehen und charakteristischen Beschwerden einhergehen, sind Ausdruck dieser Abwehr. Ist die Krankheit vorbei, so ist das Fremdleben überwunden, und das eigene Leben ist zu einem größeren Durchgreifen im eigenen Organismus gekommen.

Die Kinderkrankheit dient der Fortsetzung der Geburt. Aber diese Infektionskrankheiten machen einen Wandel durch. Z. B. müssen wir schon heute erst dann an Keuchhusten denken, wenn bei einem Kind eine Bronchitis nach vier Wochen immer noch nicht weg ist. Der klassische bellende Husten, der auszulösen ist durch das Herunterdrücken des Zungengrundes mit dem Holzspatel, wird immer seltener. Zeitliche Verläufe von klassischen zyklischen Infektionserkrankungen werden länger, die Ausprägungen weniger stark, das Fieber weniger hoch. Die Bilder verwaschen sich, die Imaginationen werden schwächer. Anstelle der klassischen zyklischen Infektionserkrankungen treten immer mehr solche, die von vornherein die Tendenz zur Chronifizierung haben. Keime, die bis vor wenigen Jahren unbekannt waren, spielen eine immer größere Rolle, Krankheiten die der Organismus nicht zu Ende führt, stellen große medizinische Probleme im auslaufenden 20. Jahrhundert dar. Dazu gehört z. B. die Borreliose, eine Erkrankung, die von Zecken übertragen wird, zunächst Erscheinungen an der Haut hervorruft, aber sehr rasch das Gehirn, das Herz oder die Gelenke befallen kann, manchmal aber erst nach Jahren auftritt, im Labor sehr schwer zu diagnostizieren ist und viele andere Erkrankungen täuschend nachahmen kann, wie z. B. die multiple Sklerose oder Rheuma.

Chalmydien sind Keime, die durch den Geschlechtsverkehr übertragen werden, nur geringe lokale Beschwerden machen, sich aber kontinuierlich ausdehnen können, zu Unfruchtbarkeit führen, aber auch kontinuierlich weiterwachsen können bis in die Gelenke, um dort schwere und anhaltende Probleme zu verursachen. Candida, ein Pilz, der bei sehr vielen Menschen im Darm vorkommt, kann zu Allergien führen, darum zu Hautausschlägen, Kopfschmerzen, Depressionen, Kraftverlust und anderen Beschwerden.

Nicht zuletzt gehört auch AIDS in diese Gruppierung, die in diesem Zusammenhang wohl perfideste der genannten Erkrankungen. Im Ringen um Schwellenerlebnisse, was zur Droge oder Promiskuität führen kann, wird eine Erkrankung erworben, die in ihrer letzten Konsequenz zu einem ganz anderen Schwellenerlebnis führt, nämlich dem Tod. Gerade die Sexualität als Schwellenvorgang, der zur Welt der Ungeborenen öffnet, öffnet nun das Tor zum Tod. Und es wandelt sich darunter das Krankheitsspektrum dahin, daß die klassischen Erkrankungen, die für Menschen typisch sind, aufhören, eine Rolle zu spielen, daß aber im gleichen Maße diejenigen Krankheiten zunehmen, die wir aus dem Tierreich kennen: Toxoplasmose, Fischtuberkulose, Froschtuberkulose, Zytomegalie und viele andere mehr. Ist dies nicht auch eine »Animalisierung des Leibes?«

Warum diese Konfrontation an der Schwelle? Erstens, weil die Verhältnisse diesseits und jenseits der Schwelle nahezu konträre sind. Wer hier nicht unterscheiden kann, kann nur durcheinanderbringen, wer durcheinanderbringt, kann nur Unheil stiften. Nun hat man es aber auch bei Kriminalität, bei dem Egoismus, beim Nationalismus mit Dingen zu tun, die unser moralisches Empfinden ansprechen. Man merkt, daß es eine riesige Überwindung kostet, unter dem Gesichtspunkt der Schwelle anerkennen zu müssen, daß auch Kriminalität letzten Endes einem positiven Impuls entspringt. Wir können zu einer klaren Begrifflichkeit an der Schwellensituation nur dadurch kommen, daß wir unser naives moralisches Empfinden zurückstellen und eine neue Moralität erwerben. Man könnte auch sagen, daß eher ein Kamel durchs Nadelöhr geht, als daß bürgerliche Moralität die Schwellensituation beurteilen könnte. Für das, was wir bei Rotkäppchen die Bewußtseinsseele genannt haben, ist dies aber ein allerwichtigstes Motiv. Die Bewußtseinsseele ist der Teil der menschlichen Seele, der den Kontakt zur individuellen Geistigkeit aufnimmt. Dieses Geistige tritt anstelle von denjenigen Kräften in der Seele auf, die sich spontan und von allein in der Seele darstellen. Darum betont Rudolf Steiner immer wieder, daß z. B. die Bewußtseinsseele sich aus der Überwindung von Sympathie und Antipathie herausbildet. Daß sie sich daran entwickelt, daß der Mensch in Situationen gerät, in denen er sich auf sich selber stellen muß und sich auf nichts äußerlich Tragendes mehr verlassen kann. So betont Rudolf Steiner, daß alle sozialen Bindungen auch innerhalb der Familie zerbrechen, sich große soziale Schwierigkeiten aufbauen und sich aus diesen Schwierigkeiten Prüfungen ergeben werden, ohne die die Bewußtseinsseele sich gar nicht in der richtigen Weise entwickeln kann.[31]

In dem Ringen um neue Gesichtspunkte, in dem Ringen um den eigenen, auf das Ich gegründeten Standpunkt, im Erwerben einer neuen Moralität, im Überwinden der bürgerlichen Seelenhaftigkeit, im Unterscheiden von Gut und Böse erwirbt sich die Seele die Fähigkeit, nach geistigen Gesichtspunkten zu urteilen und sich auf geistige Standpunkte zu stellen. Dadurch nimmt sie Kontakt zur Geistigkeit auf. Das kann sie nicht ohne Prüfung.

»Im Weltenall walten diese Kräfte des Bösen. Der Mensch muß sie aufnehmen. Indem er sie aufnimmt, pflanzt er in sich den Keim, das spirituelle Leben überhaupt mit der Bewußtseinsseele zu erleben. Sie sind also wahrhaftig nicht da, diese Kräfte, die durch die menschliche soziale Ordnung verkehrt werden, sie sind wahrhaftig nicht da, um böse Handlungen hervorzurufen, sondern sie sind gerade dazu da, daß der Mensch auf der Stufe der Bewußtseinsseele zum geistigen Leben durchbrechen kann.«[32]

Das bedeutet nun alles keinesfalls, daß die Bewußtseinsseele seelenfeindlich wäre. Aber sie wird zum Mittler zwischen Seele und Geist. Dadurch bekommt die Seele in ihrer Gefühlswelt überhaupt erst eine reichere und buntere Farbigkeit, indem sie sich auch anschließen kann an ein geistiges Tun und Streben. Wir dürfen nun nicht vergessen, daß im Hinblick auf die Schwellensituation das, was wir Empfindungsseele nannten, überhaupt nicht in der Lage ist, damit umzugehen. Die Empfindungsseele wird durch die Schwelle nur geschockt. Die Verstandesseele ist an der Schwelle nur ohnmächtig. Die Bewußtseinsseele erleidet alle genannten Probleme, kann sich aber sowohl der hilflosen Seele zuwenden, als auch Verständnis für die Schwelle und darüberhinausgehende Impulse entwickeln. Ihr kommt von jenseits der Schwelle das Ich entgegen. Dieses Ich ist ein großes. In der Kreuzigungsszene vom Isenheimer Altar hat Matthias Grünewald genau dies dargestellt. Auf der linken Bildseite sehen wir expressiv klagend schmerzverzerrt Maria Magdalena als Bild der Empfindungsseele. Maria, die Mutter, weiß gekleidet, totenbleich, sinkt in Ohnmacht. Sie ist Bild der machtlos gewordenen Verstandes- und Gemütsseele. Johannes der Jünger, das Bild der Bewußtseinsseele, erleidet zwar auch den Schmerz, kann sich aber der ohnmächtig werdenden Maria gleichzeitig annehmen. Er hat Mitleid im Schmerz. Das Kreuz und der Gekreuzigte ist Bild der Schwelle selber. Auf der rechten Bildseite kommt Johannes der Täufer als Bild des menschlichen Ich der Szenerie entgegen. Mit ihm ist das Lamm. Dieses Ich des Menschen ist das Ich, von dem Paulus sagt: Christus in mir.

MATHIAS WAIS

Sexueller Mißbrauch –
Biographie an der Schwelle*

Die fremdbehauste Wohnung

Stellen Sie sich vor, Sie kommen von weit her gereist, um – zum
ersten Mal in Ihrem Leben – eine eigene, von Ihnen angemietete
Wohnung zu beziehen, und Sie freuen sich darauf. Sie malen sich
aus, wie Sie diese Wohnung nach und nach ergreifen und nach
Ihren Bedürfnissen einrichten werden. Diese Wohnung wird, so
hoffen Sie, Ihnen Heimat sein, aber auch Ausgangspunkt für das
Erkunden der Umgebung, Stützpunkt dafür, wirksam werden zu
können auf der Erde. Sie haben ein erstes Mobiliar mitgebracht.
Auf der langen Reise zu Ihrer Wohnung haben Sie unterwegs
immer wieder Möbelstücke und Gegenstände des täglichen Ge-
brauchs, die Ihnen gemäß erschienen, erworben und so eine
Grundausstattung zusammengestellt.

Nun kommen Sie an. Sie stehen an der Türschwelle und stellen
fest: Da haust schon jemand! Da stehen schon ein paar Möbel, da
liegen gebrauchte Alltagsgegenstände herum, die keineswegs die
Ihren sind. Im Moment ist zwar keiner da. Sie sind aber irritiert,
enttäuscht. Da Sie zum ersten Mal eine Wohnung gemietet haben
und das »Mietrecht« noch gar nicht kennen und darüber hinaus
auch gar nicht wissen, wie es sich eigentlich anfühlt, wenn man in
einer Wohnung zu Hause ist, wissen Sie nicht so recht, was Sie
machen sollen. Sollen Sie sich wieder zurückziehen? Sollen Sie
doch einziehen? Und womit haben Sie zu rechnen, wenn Sie
doch einziehen?

* Ich danke Manfred Grüttgen für weitreichende Gespräche zu diesem Thema.

93

Sie werden wohl vorläufig einziehen, werden versuchen, Ihre mitgebrachten Möbel, so gut es geht, da unterzubringen, wo eben noch Platz ist; aber wohlfühlen werden Sie sich nicht. Sie fühlen sich unsicher, Sie wissen nicht so recht, wie Sie sich verhalten sollen. So lassen Sie die Wohnungstür offen, damit Sie notfalls jederzeit weglaufen können, und die Fenster haben keine Vorhänge, damit Sie immer gleich sehen, was auf Sie zukommt. Durch diese Vorläufigkeit oder Zögerlichkeit Ihres Einzugs entsteht eine ganz ungeschützte Situation. Da Sie die Wohnungstür offengelassen haben, kann der mysteriöse Mitbenutzer kommen und gehen, wann er will. Er schaltet und waltet dann in Ihrer Wohnung, als wäre es seine. Er handelt ganz nach seinen Bedürfnissen und behandelt Sie, ungeachtet Ihrer Bedürfnisse, Ihrer Eigenarten, Ihres Willens, als wären Sie Luft.

Jedesmal, wenn er dann wieder weg ist, ist Ihnen die Wohnung noch fremder, manchmal sogar eklig, da er sich in seiner sehr rücksichtslosen Weise darin ausgebreitet hat. Zunehmend verlieren Sie das Gefühl, daß dies Ihre Wohnung ist. Sie wird nicht zu Ihrer Heimat. Die Art, wie Sie darin leben müssen, hat immer etwas Vorläufiges. Es ist ein Bahnhofsgefühl.

Eigentlich wollen Sie oft fliehen, andererseits wollen Sie dableiben und sich endlich innerlich niederlassen. Sie sind da und doch nicht da. Weil Türe und Fenster offen bleiben, lernen Sie nicht, sich abzugrenzen gegenüber dem, was außerhalb der Wohnung vorgeht, ob es Sie nun persönlich betrifft oder nicht. Sie sind derart offen für das, was z. B. in anderen Wohnungen oder auf der Straße geschieht, daß Sie nicht lernen zu unterscheiden, was drinnen und was draußen los ist. Mit den feinsten Antennen bekommen Sie alles mit, was sich im kleinsten Winkel der Nachbarschaft tut, aber wenn es in Ihrer eigenen Wohnung zieht, registrieren Sie das nicht. Sie haben kein Gefühl für Ihre Wohnung, weil Sie innerlich nie richtig angekommen sind.

Sie bleiben, wenn man Ihre seelische Situation betrachtet, an der Schwelle zu dieser Wohnung stehen.

Dies möge zunächst ein Bild sein für die seelische Situation sexuell mißbrauchter Menschen. Die Wohnung ist der Leib, der vorgeburtlich ausgesucht wurde. Er wird nicht richtig bezogen, denn da haust auch ein anderer: Der Täter benutzt, oft über Jahre, immer wieder diesen Leib für seine Bedürfnisse, indem er das seelische Empfinden und das – beim Kinde ja erst aufkeimende – Willensleben des Opfers vollkommen außer acht läßt.

Sexueller Mißbrauch ist ein Thema, das unweigerlich Empörung, Betroffenheit, Abscheu hervorruft. Solche Empfindungen sind verständlich und sicher auch sehr berechtigt. Aber es sind affektgeladene Empfindungen, und sie können uns deshalb nicht wachmachen für eine erkenntnismäßige Durchdringung des Phänomens. Empörung ist nicht erkenntnisfördernd. Wir wollen deshalb versuchen, unsere Betroffenheit einerseits als berechtigt anzunehmen und sie andererseits aber solange auf die Seite zu stellen, bis wir einem Verständnis des Sachverhalts nähergekommen sind. Es bedarf einer nüchternen Haltung, die klar ausspricht, was auszusprechen ist, damit Klarheit entsteht.

Bevor wir den sexuellen Mißbrauch charakterisieren und in seiner Bedeutung verstehen können, wollen wir einen Bezugsrahmen schaffen, indem wir danach fragen, was heute mit der Sexualität eigentlich überhaupt gemeint sein kann, um durch das Urbild eine Anschauung von ihrer verzerrten Form zu gewinnen.

Was kann heute mit Sexualität gemeint sein?

Sexualität ist heute etwas, das über das hinausgeht, was mit Fortpflanzung zu tun hat. In unserer Zeit haben sich Sexualität und Fortpflanzung sogar beinahe voneinander verselbständigt. Das beginnt mit den Möglichkeiten der Verhütung und endet – vorläufig – mit extrakorporaler Befruchtung. Solange es um die biologische Fortpflanzungsfunktion ging, war Sexualität gattungshaft, das heißt aber unindividuell. Heute ist sie zunehmend in die Freiheit des Ich gegeben und kann damit individuell werden. Und sogleich taucht die Frage auf: Wie individualisiert man denn Sexualität? Wie bekommt man sie unter die Herrschaft des Ich? Wie bringt man Bewußtsein und Freiheit in dieses stark vom Körperlichen her bestimmte Erleben und Verhalten? Wie soll man denn diesen Gestaltungsauftrag, Sexualität zu individualisieren, aufgreifen?

Es ist sicher nicht an der Zeit, hierauf bündige, fertige Antworten geben zu wollen. Aber es zeichnet sich doch eine Richtung ab: Es wird darum gehen, jene passive Haltung der Sexualität gegenüber zu überwinden, die etwa besagt: Der Trieb führt mich – ich kann nicht anders. Der Trieb will – was kann ich da wollen? – Demgegenüber scheint es ein Ziel zu sein, zu einer aktiven Haltung zu finden, die etwa besagen würde: Welche Bedeutung will ich der Sexualität in einer menschlichen Begegnung geben?

Um diese Individualisierungsfrage etwas näher ins Auge fassen zu können, sei zunächst die Gefahr einer von der Fortpflanzung frei gewordenen Sexualität angeschaut: Indem sie frei ist von dem überpersönlichen Auftrag der Fortpflanzung, kann sie um ihrer selbst willen gelebt werden. Wenn nicht noch andere seelische Absichten hinzukommen, verfolgt man in der Sexualität ganz einfach ein elementares körperliches Lustgefühl. Das kann auch gar nicht anders sein, weil es eben von der Natur so eingerichtet ist. Und es wäre unsinnig, sich über diesen natürlichen Vorgang ein schlechtes Gewissen zu machen. Denkt man aber weiter darüber nach, so wird deutlich: Solange es um den bloßen Verfolg der Lust geht, braucht man dazu den anderen Menschen als Individuum gar nicht. Man braucht ihn lediglich als Objekt der eigenen Lust. Im Verfolg dieser Lust gibt man sich mit seinen Empfindungen und seiner Aufmerksamkeit immer mehr dem *eigenen* Körper hin. Der Körper des anderen wird nur als Mittel zur Erregung und Steigerung der eigenen Lust benötigt. Der andere ist Objekt, nicht Subjekt.

Wenn also nicht andere Gesichtspunkte hinzukommen, von denen gleich die Rede sein soll, liegt die Gefahr der Sexualität darin, den anderen in seiner Subjektivität und in seiner Individualität zu vergessen, während man sich dem sexuellen Erleben hingibt. In dem, was man körperliche Vereinigung nennt, genieße ich zunächst einmal nur mich selbst, genieße meine Körperempfindungen. Die eigenständige Wahrnehmung des Körpers des Partners und seines seelischen Erlebens tritt demgegenüber zurück. Allenfalls steigert das Lusterleben des anderen wiederum meine Lust.

Darin erkennen wir nun etwas Trennendes. Alles Individuelle des anderen, wo es sich denn bemerkbar machte, würde das Selbsterleben stören, weil es Rücksichtnahme, Bewußtheit und das zeitweilige Absehen von der eigenen Lustverfolgung verlangen würde. Das Individuelle lenkt nur ab.

Was kann nun aber demgegenüber mit »Individualisierung der Sexualität« gemeint sein? Damit ist jetzt nicht einfach gemeint, daß ich mir genüßlich ausdenke, was ich da so alles ganz gerne hätte, und das vom Partner dann verlange. Die Individualisierung müßte von der Frage ausgehen: Was will ich mit *diesem* Partner, wenn ich mit ihm schlafe? Damit ist als erstes gesagt, daß ich mit einem anderen Partner etwas anderes wollen kann. Der erste Schritt ist also, Sexualität aus der Allgemeinheit ihrer Begrifflichkeit zu nehmen und die Frage zu stellen: Was kann ich, mit meinen Erfahrungen, Sehnsüchten, Ängsten mit *diesem* Partner wollen, der diese und jene Eigenarten und Eigenschaften hat? Dann wird deutlich werden, daß die Individualisierung der Sexualität an das konkrete Individuum des Partners gebunden ist. Also heißt Individualisierung, den anderen, den Partner zu wollen. Daß Sexualität ichhaft wird, würde also heißen, *den anderen* durch seine Leiblichkeit wahrnehmen, erkennen zu wollen. Ich individualisiere meine Sexualität, indem ich sie als Wahrnehmungsorgan für die Individualität des Partners einsetze.

Wie ist das denkbar? Der Geistkeim eines Menschen, sein Höheres Ich, die Individualität, die von Erdenleben zu Erdenleben geht und sich jedesmal neue Ziele, Aufgaben und bestimmte Wege für einen Erdengang vornimmt – dieser Geistkeim faßt zunächst Fuß in seiner Leiblichkeit. Sie ist das erste, das vom höheren Ich ergriffen wird. Die Haltung des Embryos im Mutterleib kann als ein Bild dafür erlebt werden. Es hat die Gestalt eines Ohres. Der gerade entstehende Leib »hört« auf das Ich, das sich in ihm inkarnieren möchte. So ist der Leib das Grundlegende und das erste, das von einer Individualität ergriffen wird. Deshalb begegnen wir in der Leiblichkeit eines Menschen seiner Individualität direkter als in der Seele, in der sie im Lauf des Lebens durch deren Erfahrungen und Prägungen verstellt wird. Wir sind in unserem Leib individueller als in unserer Seele, individueller als in unserem Denken und individueller als in unseren Gewohnheiten und Handlungen.

Das ist eine folgenschwere Tatsache, die wir uns heute zu wenig klarmachen. Einen äußeren Abdruck dieser Tatsache haben wir in der Gestaltung unseres Gesichtes. Äußerlich ist es das Individuellste an unserem Leib. Hier ist der Mensch unverwechselbarer als in seinen Worten und Taten. Mein Gesicht erkennt man unter Tausenden Gesichtern wieder. Aber erkennt man meine täglichen Handlungen unter Tausenden wieder? Das Gesicht ist ein Beweis dafür, daß das höhere Ich die Leiblichkeit nach seinem Bilde formt.

Daraus ergibt sich nun die Grundlegung dafür, daß wir sagen konnten, die Individualisierung der Sexualität liege darin, die Individualität des Partners in seiner Leiblichkeit aufsuchen zu wollen. Durch die Tatsache, daß das Urbild eines Menschen sich sehr direkt und unverstellt in seiner Leiblichkeit zeigt, ist die Möglichkeit dazu gegeben.

Im Stadium heißer Verliebtheit ist auf dem Gebiete der Sexualität alles möglich, alles ersehnt und vieles erreicht. Warum? Weil man in der Verliebtheit ein Bild des höheren Ichs des anderen hat und dies immer wieder aufsucht. Der andere erscheint wie verklärt, und man selbst ist wie erhoben. Das ist die Situation, in der ich etwas Geistiges erfahre. Ich nehme in der Verliebtheit den Geistkeim des anderen, den Kern seiner Individualität, erlebnismäßig wahr und vollziehe dies auch körperlich.

Und dann kommt der Alltag. Man lernt auch die schwierigen Eigenschaften des Partners, lästige Gewohnheiten mit einer Deutlichkeit kennen, mit der man sie eigentlich gar nicht kennenlernen möchte. Jetzt besteht die Gefahr, den Anschluß an sein Urbild zu verlieren. Das ist kein Wunder, denn in seinen Eigenschaften und Gewohnheiten ist er keineswegs so individuell wie in seinem höheren Ich. Und manchmal fragt man sich, ob man sich vielleicht getäuscht hat.

Und hier genau kommt nun zur Geltung, worauf es mit der Sexualität hinaus will. Sie bietet die Möglichkeit, wieder Anschluß an das Urbild des anderen zu finden, indem ich dieses unter anderem in seiner Leiblichkeit aufsuche. Ich muß das dann aber *wollen*. Sobald ich in der Sexualität lediglich auf meine persönliche Lust aus bin, verstellt sich der Blick auf den Geistkeim des anderen, und ich erlebe nur mich selbst. Und das ist dann das Luziferische an der Sexualität. Man verschließt sich gegenüber der Erkenntnismacht der Geschlechtskräfte, wenn man in der Sexualität nur das gesteigerte Selbsterleben sucht. Was wir heute als Vermarktung der Sexualität erleben, das fördert jene Haltung, in der es nur noch um die Verfügbarkeit des anderen zur eigenen Befriedigung geht. Das ist das Gegenteil einer Sexualität als Wahrnehmungsvorgang, weil der andere in seiner konkreten und einmaligen Individualität nicht nur nicht gefragt ist, sondern stören würde. Eine Reklame, die durch eine barbusige Dame für ein Produkt wirbt, will nicht die Frage wekken, wer diese Frau konkret ist, welche Geschichte sie hat und welche Zukunft. Hierin zeigt sich ein ahrimanisches Element in der Sexualität.

Natürlich ist es die Realität heute, daß jeder die Sexualität zunächst einmal nur für sich selbst haben will. Aber diese Sichtweise ist zu eng, um das zu fassen, was wahr sein kann: Die Sexualorgane sind ihrer Möglichkeit nach eigentlich sehr geistige Organe des Menschen. Es sind Organe, mit denen Geistiges erlebnismäßig wahrgenommen werden kann. Das ist heute noch sehr verstellt durch die luziferischen und ahrimanischen Tendenzen, die natürlich genau zum Gegenteil führen, indem reine Sexualität weitgehend triebhaft, biologisch und damit unindividuell gelebt wird.

In dieser auf Wahrnehmung eines anderen, auf das Erfassen seiner Individualität intendierten Sexualität gehe ich über mich hinaus und suche den anderen innerlich zu schauen. Ich mache mich frei für das Ich des anderen. Und genau das wiederum erhebt mich zu mir, zu meinem eigentlichen Selbst, meinem Höheren Ich. Das ist die Situation der Liebe.

Dabei geht es darum – um auf das eingangs skizzierte Bild zurückzukommen –, daß man wahrnimmt, wie der andere seine Wohnung ergriffen hat oder erst noch ergreifen möchte. So läßt sich vielleicht etwas von dem verwirklichen, was Rudolf Steiner gemeint hat mit dem Hinweis, daß die Sexualorgane der ursprünglichen Schöpfungsintention nach sehr geistige Organe sind und daß ihre eigentliche Aufgabe die Wahrnehmung des Geistig-Wesenhaften ist.[1]

»Wahrnehmung des Geistig-Wesenhaften« ist hier nicht als denkerischer Erkenntnisprozeß gemeint, sondern als ein intuitives Erfassen von etwas, das normalerweise für das Alltagsbewußtsein im verborgenen bleibt. Das höhere Ich, welches die Leiblichkeit gestaltet hat, ist für meine seelische Wahrnehmung wie schlafend darin verborgen. Der Wille, im körperlichen Austausch den anderen in seiner Einmaligkeit anzutreffen, kann mich dazu führen, sein Urbild in mir zu erwecken.

Wenn wir uns nun dem sexuellen Mißbrauch zuwenden, werden wir sehen, daß sich dort das genaue Gegenteil von dem zeigt, worum es bei der Sexualität gehen könnte.

Was ist sexueller Mißbrauch heute?

Es ist für das Anliegen der erkenntnismäßigen Aufhellung des sexuellen Mißbrauchs nicht förderlich, wenn wir nur in Andeutungen darüber sprechen. Wie zu zeigen sein wird, würde dies im Gegenteil die Umstände fortsetzen, die den sexuellen Mißbrauch ermöglichen. Deshalb zuerst eine klare Definition:

Sexueller Mißbrauch liegt vor, wenn Erwachsene zu ihrer sexuellen Erregung bzw. Befriedigung körperliche Berührungen oder Handlungen an Kindern, mit Kindern oder im Beisein von Kindern vornehmen.

Das beginnt mit Anfassen oder Streicheln am ganzen Körper des Kindes, durch das der Erwachsene seine Erregung sucht; das setzt sich fort darin, daß das Kind zwischen den Schenkeln gestreichelt wird oder am Po, erweitert sich zu gegenseitiger Berührung der Geschlechtsorgane; es steigert sich in der Masturbation im Beisein des Kindes oder am Kinde selbst oder durch das Kind und spitzt sich zu im eigentlichen sexuellen Verkehr genital, oral oder anal. Besonders häufig sind die orale Befriedigung eines Mannes durch ein Kind und der Analverkehr mit Kindern. – Sexueller Mißbrauch umfaßt auch die Situation, in der ein Kind zusammen mit einem Erwachsenen ein Pornovideo anschauen muß. – Ebenfalls zum sexuellen Mißbrauch ist es zu rechnen, wenn Foto- oder Filmaufnahmen von Kindern in sexuell aufreizenden Posen gemacht werden.

Dem so definierten sexuellen Mißbrauch ist etwa jedes 4. Mädchen zwischen Säuglingsalter und Volljährigkeit und etwa jeder 9. Junge ausgesetzt.

Folgende Merkmale kennzeichnen die Mißbrauchssituation:

1. Der Täter ist dem Kind fast immer bekannt und meist auch vertraut, bevor der Mißbrauch beginnt. Als Täter sind bekanntgeworden leibliche Väter, Stiefväter, Pflegeväter, Sporttrainer, Jugendgruppenleiter, Nachbarn, Großväter, Onkels, Lehrer, Pfarrer, Kindergärtner usw.

Als Täter sind auch Frauen bekanntgeworden, dies aber in wesentlich geringerem Maße als Männer. Auch die weiblichen Täter sind Vertrauenspersonen des Kindes, meist aus seinem familiären Umkreis (Mütter, Stiefmütter, Partnerinnen des Vaters etc.).

Es kommt vor, daß ein Mann und eine Frau zusammen ein Kind mißbrauchen, wobei die Frau sich dann ebenfalls am Kinde erregt oder sich befriedigen läßt, oder sie nimmt eine Hilfsfunktion ein, indem sie z. B. das Kleinkind festhält während des Mißbrauchs durch den Mann. Nicht zum Täterkreis gehört die Frau, die von dem Mißbrauch durch ihren Partner weiß und ihn duldet.

Meist werden Mädchen durch Männer mißbraucht; viele männliche Täter mißbrauchen aber sowohl Jungen wie Mädchen; manche Männer mißbrauchen nur Jungen. Frauen mißbrauchen etwa in gleichem Verhältnis Jungen wie Mädchen.

2. Die Tat setzt meist an dem Vertrauensverhältnis zwischen Kind und Täter an, so daß der Täter keine physische Gewalt anzuwenden braucht. Zwischen Täter und Opfer besteht zuvor ein Verhältnis, innerhalb dessen das Kind eine besondere Zuwendung, ein besonderes Interesse an seiner Person und an seinem Gedeihen erwarten kann. Der Täter läßt nun sein sexuelles Anliegen, anfangs meist verdeckt und für das Kind gar nicht durchschaubar, in dieses Vertrauensverhältnis einfließen: »Weil ich dich so gerne habe, möchte ich dich mal da unten streicheln«, »mach mal den Mund auf und die Augen zu, dann bekommst du was zu lutschen«, »weil wir beide so gute Freunde sind, darfst du mal in meine Hose fassen und spüren, wie hart es da drin ist«, »das machen alle Väter mit ihren Kindern«, »ich bin doch dein Opa, da kannst du mich doch mal beim Pinkeln zusehen lassen«, »ich tue das nur, weil ich dich so gerne habe« und: »Das ist jetzt unser Geheimnis.«
Der Fall, daß das Kind von einem fremden Mann plötzlich unter Anwendung physischer Gewalt sexuell benutzt wird, ist zwar sehr dramatisch und steht dann in der Zeitung, ist aber sehr selten in Vergleich zu dem, was hier als sexueller Mißbrauch definiert wird. Es würde sich in diesem Fall um eine Vergewaltigung handeln, bei der das Kind sein Opfersein unmittelbar erlebt und versuchen wird, sich zu wehren. Im Gegensatz dazu handelt es sich beim typischen sexuellen Mißbrauch darum, daß der Täter sich mit seinem Anliegen so einschleicht, daß das Kind annehmen muß, es handele sich bei diesen Manipulationen um einen gängigen Teil der Zuwendung eines Erwachsenen zu einem Kind.

3. Der sexuelle Mißbrauch ist typischerweise eine Wiederholungs- und Eskalationstat. Er beginnt mit – von außen gesehen – harmlosen Berührungen und steigert sich über Manipulationen am Kinde durch den Erwachsenen bis zum – meist analen oder oralen – Verkehr. Die Mißbrauchssituation zieht

sich über Monate, oft Jahre hin, verschärft sich immer mehr und wird zu einer für das Kind unhinterfragbaren Gewohnheit, ja Selbstverständlichkeit. Der Mißbrauchsablauf ist häufig ritualisiert.

4. Jeder Täter setzt das Kind unter die sogenannte Geheimnisbindung. Durch subtile, seine Überlegenheit als Erwachsener einsetzende Drohungen schafft er beim Kind eine Geheimhaltungsverpflichtung. Manchmal werden gleichzeitig Bestechungen eingesetzt. »Wenn du das erzählst, habe ich dich nicht mehr lieb«, »... verstößt dich deine Mutter«, »... kommst du ins Heim«, »... erschieße ich uns beide«, »... komme ich ins Gefängnis«. Oder: »Wenn du es keinem erzählst, darfst du mich gleich mal melken.«

5. Damit hängt das fünfte Merkmal zusammen: Das Kind gerät durch die Umstände des sexuellen Mißbrauchs in eine Situation, die seine eigene Wahrnehmung, sein eigenes Erleben des Vorfallenden zweifelhaft erscheinen läßt. Wegen des Geheimhaltungsgebotes und weil das meist sehr junge oder sexuell nicht angemessen aufgeklärte Kind die Mißbrauchsvorgänge begrifflich nicht einordnen kann und letztlich auch nicht versteht, kann es mit niemandem darüber sprechen, auch mit sich selbst nicht. Durch diese Nicht-Mitteilbarkeit entstehen bei fast allen Opfern Zweifel daran, ob das Erlebte tatsächlich vorgefallen ist. Der Täter steuert die Situation meist so, daß es dem Kind hinterher fraglich ist, ob überhaupt etwas geschehen ist und was eigentlich. Vor allem umgeht der Täter eine genaue sprachliche Beschreibung seines Anliegens und der Mißbrauchssituation, und er vermeidet während des ganzen Vorgangs den Blickkontakt. – Ein Beispiel:
Ein Vater, der nachmittags mit seiner neunjährigen Tochter allein zu Hause ist, sagt zu ihr: »Geh dein Zimmer aufräumen, ich komme gleich gucken.« Aus monatelanger Erfahrung weiß das Kind, was es jetzt zu tun hat. Das Kind geht in sein Zimmer, läßt die Rolläden herunter, entkleidet sich und setzt sich auf einen Stuhl. Kurz darauf kommt der Vater in das dunkle

Zimmer. Ohne ein Wort zu sagen, läßt er seine Hose herunter und reibt seinen Penis am Körper des Kindes. Dann läßt er sich von dem Mädchen oral befriedigen. Das Kind mag sich ekeln, hat vielleicht Erstickungsängste. Aber weder über die Situation noch über solche Empfindungen in der Situation wird gesprochen. Und worüber nicht gesprochen wird, das gibt es eigentlich gar nicht. Wenn der Vater befriedigt ist, zieht er seine Hose wieder an und geht aus dem Zimmer. Das Mädchen zieht sich an, öffnet die Rolläden und räumt sein Zimmer auf. Nach zehn Minuten kommt der Vater und kontrolliert unbefangen, ob richtig aufgeräumt ist und lobt das Kind.

Was das Kind am Abend der Mutter erzählen könnte, ist nur dies: »Ich mußte heute wieder mein Zimmer aufräumen.« Die Mutter wird dieser Mitteilung nicht das entnehmen, was eigentlich gemeint ist.

Indem das Geschehen, während es geschieht, als nicht-geschehend behandelt wird und da es nicht mitteilbar ist für das Kind, muß es an seiner eigenen Wahrnehmung, seinem eigenen Erleben zweifeln. Vielleicht war es ein Traum. Und der Vater mag mich doch. Es kann doch nicht so schlimm gewesen sein, wie ich es erlebt habe, denn wenn es etwas Schlimmes wäre, würde es mir der Vater ja nicht antun.

6. Daran knüpft sich ein weiteres Merkmal des sexuellen Mißbrauchs: Fast alle Opfer fühlen sich zunehmend schuldig für den Mißbrauch (und zwar bis ins Erwachsenenalter hinein). Wie kann ich das nur schlimm finden oder eklig? Vielleicht tut es dem Vater gut. Es sollte mich doch freuen, daß ich ihm dann helfen kann. Und wenn ich es nur geträumt habe, muß ich mich schämen, daß ich sowas von meinem Vater träume. – Auch ältere Kinder, bei denen der Mißbrauch erst im zehnten, elften Lebensjahr beginnt, fühlen sich schuldig. Sie bezweifeln zwar nicht mehr ihre eigene Wahrnehmung, wohl aber deren Bedeutung. Sie bilden sich z. B. von ganz allein die Verführungstheorie, die in der öffentlichen Diskussion und in der

Fachwelt zum Teil immer noch herumgeistert: Wahrscheinlich habe ich den Vater selbst dazu verführt. Oder: Ich bin sowieso nichts wert, da geschieht es mir recht, daß ich so behandelt werde. – Schuldgefühle entstehen auch dadurch, daß der Mißbrauch, besonders wenn er vor dem eigentlichen sexuellen Verkehr halt macht und wenn er ohne Gewaltanwendung geschieht, angenehm sein kann. Es kann z. B. angenehme Empfindungen hervorrufen, wenn der Erwachsene langsam seinen Finger in den Po des Kindes schiebt. Daß er sich dabei selbst befriedigt, wird von dem verwirrten, befangenen, nicht kühl beobachtenden Kinde nur am Rande registriert und in seiner selbstbezogenen Bedeutung lange nicht erkannt.

Der sexuelle Mißbrauch kommt in allen sozialen Schichten wahrscheinlich gleich häufig vor. Allerdings entsteht der Mißbrauchsverdacht schneller bei Kindern der sozial benachteiligten Schichten, weil sich hier die Familien nicht so stark voneinander und von der Außenwelt abgrenzen, wie dies für das bürgerliche Milieu und besonders für die »gehobenen« Schichten üblich ist. Da Unterschichtkinder oft auch noch anderen belastenden Umständen ausgesetzt sind – Alkoholisierung eines oder beider Elternteile, tätliche Auseinandersetzungen zwischen den Eltern, Vernachlässigung, physische Mißhandlung – werden sie in Kindergarten und Schule schneller auffällig.

Die auch gerichtlich überführten Täter kommen aus allen Schichten. Diese Täter sind keine Monster, sie sind nicht das, was man sich unter einem Sexualverbrecher oder Triebtäter vorstellen mag, sondern leben unauffällig und angepaßt und sind in ihrem Umkreis wohlgelittene Menschen. Allen Tätern fehlt ein bewußtes Schuldgefühl – was sich merkwürdig spiegelt darin, daß fast alle Opfer ein Schuldgefühl haben. Alle Täter verharmlosen die Tat. Sie betrachten den sexuellen Mißbrauch entweder als ihr gutes Recht oder sie nehmen an, daß das Kind ja gar nicht verstehe, was im Mißbrauch abläuft und deshalb davon auch seelisch gar nicht geprägt sein könne, oder sie werten den Mißbrauch allenfalls als Kavaliersdelikt wie Falschparken oder Fahren mit überhöhter Geschwindigkeit. Kein Täter fragt sich, was die Tat für das Kind bedeuten könnte.

Die biographischen Folgen

Bevor wir versuchen zu verstehen, was wir menschenkundlich vor uns haben, wenn jemand sexuellem Mißbrauch ausgesetzt ist und dies durch seinen weiteren Lebensgang zu tragen hat, wollen wir anschauen, welche Auswirkungen auf die weitere Biographie nach aller Erfahrung zu gewärtigen sind. Knüpfen wir noch einmal an das Bild der Wohnung an, die nur zögerlich und ängstlich und immer mit der Fluchttür im Auge bezogen wird, weil sie schon behaust ist, weil sie schon jemand anderes zu seiner Verfügung hält. Es besteht ja eine grundsätzliche Unklarheit darüber, inwieweit diese Wohnung von meinem Eigensein ergriffen werden darf. Und: Was ist mein Eigensein überhaupt? Das Eigensein (als Wohnungsinhaber) würde erlebt werden, wenn *ich auf meine Weise diese* Wohnung einrichten könnte, mit *meinem* Mobiliar und nach *meinem* Stil. Diese grundlegende Erfahrung kann der sexuelle Mißbrauch beeinträchtigen oder sogar verhindern. Statt dessen wird erlebt: »Hier kann eigentlich jeder seine Möbel abstellen; ich habe kein sicheres Kriterium dafür zu entscheiden, ob das meine Möbel sind oder nicht. Hier kann jeder nach seinem Gusto ein- und ausgehen, und ich habe kein Kriterium zu entscheiden, wann welcher Besuch in meiner Wohnung mir gemäß, mir recht ist und wann nicht. Und wenn einer kommt und seinen häßlichen Tisch hier abstellt, wo ich eigentlich mein eigenes kleines Tischchen hinstellen wollte, dann werde ich nicht die Kraft und den Mut aufbringen, mich durchzusetzen. Eher werde ich mir schlecht, egoistisch und intolerant vorkommen, weil ich nicht gleich damit einverstanden war, anderer Leute Tisch in meiner Wohnung zu haben. Um diese Unsicherheiten und Bedrückungen zu umgehen, kann ich eine Regel einführen: Jeder ist eingeladen, hier abzustellen und zu gebrauchen, was immer er möchte. Dann wird die Wohnung voll. Und diese Fülle verschiedenen Mobiliars, verschiedener Stile wird mir ein Ersatz sein für mein Ich-Gefühl, ein Ersatz für das Spüren meines Eigenseins. Und ich werde sagen: Diese Fülle, diese zusammenhanglose Verschiedenheit dessen, was andere in meiner Wohnung abladen, *das* bin ich. Ich tue alles, was man von mir erwartet, und habe darin das Erlebnis, daß *das* mein Wille ist – daß mein Wille darin liegt, den Willen anderer zu tun. Nur dann spüre ich mich, wenn ich meine Wohnung zur Verfügung stelle.«

Eine andere Möglichkeit, auf die Unsicherheit, inwiefern dies eigentlich meine Wohnung ist, zu reagieren, geht in eine andere Richtung:»Ich lasse überhaupt keinen herein. Ich richte die Wohnung gar nicht ein und gestehe dies auch niemandem zu. Ich lasse sie leer, dann kann ich sicher sein, daß nichts Fremdes drin steht. Und wenn ich keinen reinlasse, kann ich sicher sein, daß keine mir unliebsamen Personen sich darinnen aufhalten. Ich *bewohne* die Wohnung nicht wirklich. So bleibt die Wohnung unbelebt und kalt, eigentlich unnütz, ein vorübergehendes notwendiges Übel. Und weil ich die Wohnung nicht belebe, nicht beleben lasse, spüre ich mich nicht – aber dafür bin ich geschützt.«

Opfer des sexuellen Mißbrauchs machen also eine Grunderfahrung, die zentral wird für ihre weitere Biographie: Das Innerste und Intimste meiner Persönlichkeit ist nicht geschützt. Und es gibt offenbar keine sicheren Grenzen, innerhalb derer sich mein Ich beheimaten könnte. Mein eventueller Wille spielt keine Rolle. Vielmehr gehört es zu meinem Auf-der-Welt-Sein, daß ich den Willensregungen anderer Menschen zur Verfügung stehe.

Der oder die Betreffende selbst wird diese Grunderfahrung als Kind und auch als Erwachsener nicht so formulieren. Sie ist ihm meist auch nicht bewußt. Auch die Mißbrauchserfahrungen selbst verlieren sich oft nach einigen Jahren aus der bewußten Erinnerung, versickern unerkannt und mit giftiger Wirkung im Denken des Betreffenden, in den seelischen Schichten, aus denen unsere Grundbefindlichkeit kommt, im Tun, im Fühlen – kurz: diese Grunderfahrung prägt das seelische Erleben, ohne daß das seelische Erleben dies »weiß«.

Konkret ist mit Spätfolgen nach zwei Richtungen zu rechnen: Die Mehrzahl der Mißbrauchsopfer, deren späterer Lebensgang verfolgt werden konnte, unterliegt einer *Tendenz zur Willfährigkeit* – zur Willfährigkeit in jeder Hinsicht –, ohne daß diese Tendenz dem Betreffenden aber bewußt wäre. Da das Entfalten und schon das Erkennen eigener Bedürfnisse (seelischer und leiblicher Art) von vornherein gestört ist, fehlt dieser Lebensäußerung jede Selbstverständlichkeit. Im Extremfall werden eigene Bedürfnisse gar nicht erlebt und erkannt und ein eigener Wille wird gar nicht entwickelt. In nicht so schwerwiegenden Fällen ist jedes Spüren eigener Bedürfnisse oder eigener Willensimpulse von Selbstabwertungserlebnissen und Schuldgefühlen begleitet.

Dadurch, daß der eigene Wille gar nicht oder nur zaghaft und immer mit der Bereitschaft, ihn jederzeit zurückzunehmen, entwickelt wird, fehlt ein Wahrnehmungsorgan für das Anderssein des anderen. Sobald der eigene zaghafte Wille anstoßen könnte am Willen des anderen, nehme ich meinen Willen zurück und *mache mir den Willen des anderen zu eigen*. Auch dies kann alle Lebensbereiche betreffen, keineswegs nur den Bereich der körperlichen Begegnung. Es entsteht bei vielen Mißbrauchsopfern später eine geradezu ins Übersinnliche gesteigerte Empfänglichkeit für die Willensimpulse der anderen. Längst bevor der andere selbst weiß, was er will, habe ich seinen gerade erst entstehenden Willensimpuls schon erfaßt und ihn mir zu eigen gemacht. Das frühere Mißbrauchsopfer nimmt den Fremdwillen nicht einfach feststellend wahr, sondern weil es ihn nicht als *Fremd*willen wahrnimmt, erlebt es ihn als eigenen Willen.

So ein Vorgang ist natürlich keinem der Beteiligten bewußt. Vielmehr erlebt das ehemalige Mißbrauchsopfer diese Vorgänge als etwas Eigenes, und das Gegenüber hat das angenehme Erlebnis, verstanden zu sein und in seinem Opfer eine gleichschwingende Seele zu haben.

Frau H. und ihr Mann planen, ins Theater zu gehen. Frau H. hat sich das Programm angeschaut, ein paar Theaterstücke haben sie auch interessiert, weil Themen angesprochen sind, die ihren Mann sehr beschäftigen. Sie legt ihm am Abend diese Auswahl vor. Ihr Mann überfliegt die Übersicht etwas abwesend und erzählt gleichzeitig lebhaft von einer Aufführung in einem kleinen Hinterhoftheater, das ihm sein Freund empfohlen hat. Frau H. sagt: »Ach, das würde ich eigentlich am liebsten sehen.« Herr H. zögert einen Moment – er scheint zu überlegen, ob er seiner Frau diesen Gefallen tun will – und sagt dann: »Einverstanden.« (Keiner der beiden bemerkt, daß Frau H. sich den Willen ihres Mannes zu eigen gemacht hat, bevor dieser selbst ihn wahrgenommen hat.) Im Theater treffen sie die Nachbarn P. Man unterhält sich über Theaterstücke in der Pause, und Herr P. sagt: »Meine Frau hat einen guten Geschmack, was Theaterstücke anbetrifft.« Der weitere Genuß des Abends wird leider dadurch etwas getrübt, daß Frau H. plötzlich Durchfall bekommt und mitten im Stück zweimal raus muß. (Eine rudimentäre Form von Abgrenzung, die sich nur körperlich äußern kann und damit unbewußt bleibt.) Es tut ihr sehr leid, und sie entschuldigt sich auch hinterher mehrfach bei allen, die sie gestört hat. Ihrem Mann gegenüber hat sie ein schlechtes Gewissen, weil sie ihm den Genuß des Theaterstücks etwas verdorben hat.

Die große Empfänglichkeit für Willensimpulse des anderen, die diesem noch nicht bewußt sind oder die er sich vielleicht auch gar nicht unbedingt selbst ganz bewußt machen möchte, bringt es mit sich, daß viele ehemalige Mißbrauchsopfer eine besondere Antenne entwickeln für das Ungeklärte, Unausgereifte, Verborgene oder Dunkle im anderen – für seinen Doppelgänger. Es besteht eine Art Hellsichtigkeit gegenüber den Schattenseiten anderer Menschen, von denen diese oft (noch) gar nichts wissen. Dabei führt diese Empfänglichkeit nicht zu formulierbaren Erkenntnissen, sondern wirkt sich ermunternd, verstärkend auf das Wahrgenommene aus. Wie eine Lupe Licht so bündeln kann, daß Feuerkraft entsteht, kann diese extreme Empfänglichkeit für das (noch) Unausgesprochene, Ungelebte dieses so aufrufen, daß es überhaupt erst zur Sprache, zum Leben, in die Wirklichkeit kommt. So können Mißbrauchsopfer geradezu Katalysatoren menschlicher Entwicklung werden in ihrem Lebensumkreis – sie können noch unentfaltete Seelenfähigkeiten des anderen einfach dadurch aufrufen, daß sie ein Gespür dafür haben; sie können, solange diese seelischen Zusammenhänge nicht von einem Ich verantwortet werden, aber auch ins Dunkle gehende Seelenmöglichkeiten des anderen zur Betätigung aufwecken. So findet man gehäuft Mißbrauchsopfer einerseits in den sozialen Therapieberufen wie Sozialarbeiter-/innen, Psychotherapeuten/innen und andererseits aber auch gehäuft im Prostitutionsmilieu, besonders da, wo es um extremere Praktiken geht.

Der gemeinsame Nenner liegt in einem Abgrenzungsproblem, auch bei den Spätfolgen, die nicht die beschriebenen extremen Formen annehmen. Aber auch da, wo die Tendenz zur Willfährigkeit und das Abgrenzungsproblem sich noch in einem bürgerlichen Leben integrieren lassen (und sie lassen sich bemerkenswert gut darin integrieren, besonders bei Frauen) trägt der Betreffende bildlich gesprochen, immer die Frage mit sich herum: Wo fängt mein Ich an und wo hört es auf? Was ist mir eigen und was mir fremd?

Auf den ersten Blick hat man es hier immer mit außerordentlich einfühlsamen und verständnisvollen Menschen zu tun – bei denen auf den zweiten Blick aber auch auffallen kann (wenn keine psychotherapeutische Aufarbeitung der frühen Beschädigungen stattgefunden hat), daß sie sich von dem, was sie erfühlt oder erspürt haben, kaum mehr distanzieren können. Denn da ist kein stabiles und seiner selbst gewisses Ich, das dem erspürten Gegenüber standhalten könnte. Das Ich kann angesichts des Fremden nicht bei sich selbst bleiben. Es mutet wie eine Immunschwäche im Seelischen an, wenn der Betreffende sich so ganz vereinnahmen läßt gerade von den verborgeneren und dunkleren Seiten seiner Mitmenschen. Eigenes und Fremdes wird hier kaum unterschieden – und auf das Gegenüber wirkt dies wie eine Steigerung seiner selbst. Das Gegenüber fühlt sich verstanden, erhoben, bereichert um das, was es bisher nur dunkel als eigene Seelenfähigkeit und Seelenmöglichkeit ahnte.

Die so entstehende Ausbeutbarkeit lädt ein – nicht unbedingt wieder auf physischer Ebene, obwohl auch dies häufig ist – zur ständigen Wiederholung, der das Kind im Physischen ja auch schon ausgesetzt war. Ein Ende dieser Eigendynamik der Ausbeutbarkeit ist wahrscheinlich nur durch psychotherapeutische Hilfe möglich, für die es nie zu spät ist. Eine solche, das Vergangene nachträglich erträglich machende Psychotherapie kann das Ich in seine Selbstverantwortlichkeit einsetzen. Nachträglich Abgrenzung zu lernen, ist hier das Ziel. So kommen Bewußtheit und Wille in die beschriebenen Seelenvorgänge, die bisher nur ihrer Eigendynamik gefolgt waren. Eine bewußte und gewollte Einfühlung, die von einem seiner selbst mächtigen Ich ausgeht, ist etwas anderes als eine Einfühlung, die gar nicht als solche erlebt wird und die den Sich-Einfühlenden nur überrennt.

Bei einer zweiten Richtung von Spätfolgen handelt es sich scheinbar um das Gegenteil: Der Betreffende zieht sich aus allen Situationen zurück, sobald sich nur entfernt die Möglichkeit abzeichnet, sie könnten seelisch oder körperlich intim werden. Es besteht ein großes Mißtrauen Menschen gegenüber, die zu nahe kommen könnten. Körperlicher Kontakt wird am liebsten ganz vermieden, und der seelische Kontakt wird eingeschränkt auf unverfängliche Themen.

Im Extremfall ergibt sich aus einer solchen Verweigerung ein selbstaggressives Handeln. Magersucht, depressive Verstimmung, auch Freßsucht, manchmal im Wechsel mit Magersucht, können leibliche – und damit unbewußt – vollzogene Versuche sein, sich doch noch zu spüren und abzugrenzen. Diese Richtung der Spätfolgen scheint seltener zu sein als die zuerst skizzierte, vielleicht nur deshalb, weil sie mit dem bürgerlichen Leben schwerer vereinbar ist. Immer noch paßt es zum Bild der Frau besser, daß sie sich zur Verfügung stellt (als Mutter, als Hausfrau, als Sexualobjekt und zum Wäsche aufhängen), als daß sie sich verweigert. Eine Frau, die sich bis zur Verweigerung ihrer weiblichen Funktionen hin abgrenzt, gilt schnell als krank – obwohl sie eigentlich seelisch autonomer ist –, während es lange dauert, bis man eine Frau als krank betrachtet, die sich inklusive ihrer weiblichen Funktionen zur Verfügung stellt.

Vermutlich aufgrund solcher Zusammenhänge findet man die forcierte und vorbeugende Art der Abgrenzung häufiger bei

Männern, die Mißbrauchsopfer waren, als bei Frauen. Viele männliche Täter sind früher selbst Opfer gewesen. Da Jungen und Männern aber ohnehin das abgrenzende Element näher ist als das Element des Sich-Fügens, können sie möglicherweise ihrer Mißbrauchserfahrung das Traumatische nehmen, indem sie später ihrerseits anderen gegenüber die Grenze überschreiten, die bei ihnen als Kind überschritten wurde. Unter Psychologen nennt man diesen Zusammenhang »Identifikation mit dem Aggressor«. Die seelische Geste ist die einer totalen Abgrenzung, die darin besteht, daß der andere nun nicht bis in seine feinsten Willensimpulse hinein wahrgenommen wird, sondern im Gegenteil als eigener Mensch völlig ignoriert und zum Objekt gemacht wird. Das wäre die zum ersten Typus gegenteilige seelische Geste.

Auch das suchtartige Ausleben sexueller Obsessionen oder ungewöhnlicher Praktiken kann für das männliche Opfer später ein Versuch sein, sich selbst zu helfen, der natürlich in die Irre geht. Indem ich den anderen sexuell ausbeute, bin ich sicher davor, selbst sexuell ausgebeutet zu werden. Die beste Versicherung dagegen, Opfer zu sein, liegt darin, Täter zu sein.

Diese Typisierung trifft natürlich nicht den Einzelfall. Sie hat ihre Berechtigung nur darin, daß sie die Aufmerksamkeit auf bestimmte Einseitigkeiten lenken soll. Auch zeigen sich keineswegs bei allen Mißbrauchsopfern die Spätfolgen bis zu den Konsequenzen hin, wie sie hier skizziert wurden. Es hängt vom Alter, von der Selbständigkeit des Kindes, von seiner Aufgeklärtheit und vor allem davon ab, ob physische Gewalt angewendet wurde oder nicht. Der Mißbrauch unter Gewaltanwendung ist zwar dramatischer und viel schrecklicher zu erleben, aber das Opfer kann sich innerlich von der Tat abgrenzen, was kaum möglich ist, wenn das Geschehen als eine Tat der Liebe und Zuneigung daherkommt.

Der konkrete Einzelfall stellt sich meist als eine Kombination dieser beiden Typen dar: Auf manchen Lebensbereichen grenzt man sich scharf ab (z. B. im beruflich bedingten Kontakt mit Menschen), auf anderen ist man kaum mehr bei sich (z. B. in privaten Beziehungen), oder es wechseln sich Phasen der Abgrenzung mit Phasen des Verschwimmens im Gegenüber miteinander ab.

Obwohl also jeder Einzelfall wieder anders ist, findet man doch die skizzierten beiden Tendenzen wie auch bestimmte Gemeinsamkeiten zwischen den ehemaligen Mißbrauchsopfern:

Nahezu alle, seien sie noch Kinder oder lange Zeit später als Erwachsene, schämen sich des Vorgefallenen. Sie betrachten sich letztlich schuldig für das, was ihnen zugestoßen ist. Schon das Kind vermutet in sich selbst die Ursachen für all das, was passiert ist; und diese Selbstzuweisung der Schuld bleibt haften (was nicht heißt, daß sie ständig im Bewußtsein ist): Das Opfer kommt dadurch in eine weitere Entwertung seiner Persönlichkeit hinein, die in Beziehungen hineingetragen wird, besonders mit dem anderen Geschlecht. Wo ist dann der Unterschied zwischen dem sexuellen Mißbrauch am Kind und dem sexuellen Gebrauchtwerden durch den Ehepartner? Die hier in Frage stehende Selbstentwertung macht besonders offen für das, was als »eheliche Pflicht« durchgesetzt wird. Die Scham *des Opfers* ist die gleiche. Der sexuelle Mißbrauch ist kein exotisches Gruselphänomen, sondern ein naher Verwandter der bürgerlichen Sexualmoral, die körperliche Begegnung und sexuelle Ausbeutung nicht auseinanderhalten kann.

Schließlich ist es ein gemeinsames Merkmal der Mißbrauchsopfer, daß sie ihren eigenen Wahrnehmungen gegenüber unsicher sind. Das (ehemalige) Opfer traut seinen eigenen Wahrnehmungen nicht – besonders da, wo sich menschliche Zuwendung zeigt. Dieser Gegenstand der Wahrnehmung ist wie vergiftet. Der andere tut zwar soviel für mich, er sagt auch immer, daß er mich mag, aber kann ich das glauben? Ist das verläßlich? Oder meint er es gar nicht so ernst? Muß ich seine Zuneigung bezweifeln? Wenn er wüßte, daß ich nichts wert bin, würde er mich sowieso nicht mögen.

Es ist eine Nachwirkung der Geheimnisbindung, der Sprachlosigkeit, der Gefühlsverwirrung, der Mischung aus Ekel und angenehmen Empfindungen, der Mischung aus Angst und Stolz, daß das ehemalige Mißbrauchsopfer seine Wahrnehmungen, auch seine Eigenwahrnehmungen nicht selbstverständlich nehmen kann.

Die Beschädigung der Ich-Funktion

Wenn im vorangegangenen versucht wurde, die seelische Situation des Mißbrauchsopfers und die seelischen und existentiellen Folgen für seine weitere Biographie zu beschreiben, so soll jetzt der Frage nachgegangen werden, was dies menschenkundlich bedeutet.

Der sexuelle Mißbrauch ist ein massiver Angriff auf das gerade sich im Irdischen bilden wollende Ich. Er zielt genau dorthin, wo das Ich eigentlich Fuß fassen wollte. Es ist nicht in erster Linie ein Angriff auf die Leiblichkeit selbst – das wäre die Gewaltanwendung, die physische Beschädigung. Der Angriff bedeutet vielmehr eine Auslöschung, ein Zurückweisen der existentiellen Geste, um die es in der Kindheit geht: ein Individuum zu werden durch Ergreifen der Leiblichkeit. In dem Moment, wo der Mensch Subjekt werden will, wird er zum Objekt gemacht.

Normalerweise ergreift das Ich die Leiblichkeit durch Ausübung von Willenshandlungen. Der Wille ist das Betätigungsorgan des Ichs auf Erden. Er wirkt über den Leib in die Außenwelt hinein. Der sexuelle Mißbrauch weist diese Intentionsrichtung im Ansatz zurück. Denn die Manipulation am Leib des Kindes, durch die es zum Objekt gemacht wird, ist ein Einnisten eines Fremdwillens in die Leiblichkeit. Das Leibliche wird »besetzt«, der Eigenwille kann nicht Fuß fassen und zieht sich – und damit das Ich – zurück.

Beim Mißbrauch in früher Kindheit ist also noch gar kein Ich da, das sich in irgendeiner Weise der Tat gegenüberstellen könnte. Es kann innerlich nicht auf Distanz gehen, kann nicht unmittelbar erleben, daß es angegriffen wird. Nehmen wir die Tatsache der oben beschriebenen Geheimnisbindung hinzu, des Zweifels an der eigenen Wahrnehmung und der Sprachlosigkeit, durch die das Mißbrauchsgeschehen aus dem sonstigen Leben und Erleben des Kindes herausisoliert wird, so wird deutlich, daß gar keine seelische Möglichkeit gegeben ist, das Erlebte zu verarbeiten. Denn »Verarbeitung« bedeutet, sich dem Geschehenen gegenüberstellen. Wir müssen deshalb – und nicht in erster Linie aus moralischen Gründen – den sexuellen Mißbrauch als das schlimmste Individualverbrechen unserer Zeit bezeichnen. Diese Beurteilung begründet sich eben daraus, daß das Opfer sich innerlich der Tat nicht entgegenstellen kann. Wenn man ein Opfer von Gewalt, physischer Beschädigung, Folter oder Freiheitsberaubung ist, so *weiß* man unmittelbar, daß man sich in einer Opfersituation befindet. Man kann deshalb, selbst bei extremer äußerer Hilflosigkeit und vollständigem Ausgeliefertsein, die Tat als Angriff erleben. Gerade das also ist dem Mißbrauchsopfer nicht unmittelbar möglich.

Selbst eine Extremsituation wie im Konzentrationslager der Nazis ist seelisch noch eher handhabbar als der Mißbrauch am kleinen Kinde. KZ-Opfer, die überlebt haben, berichten genau dies: daß sie die physische Grenzüberschreitung, Schikanen und Folter überhaupt nur ertragen haben, weil sie sich auf ihr Ich zurückziehen konnten. Sie haben unmittelbar erkennen und beurteilen können, was ihnen geschah, und suchten durch innere religiöse Übungen oder inneres Rezitieren von Gedichten die Lage zu meistern. (Vgl. z. B. V. Frankl – Trotzdem ja zum Leben sagen.) Das kindliche Mißbrauchsopfer aber erkennt sich nicht als Opfer, oft trotz faktischer Erinnerung bis ins Erwachsenenalter hinein nicht. Deshalb geht es bei dieser extremen und grundsätzlichen Grenzüberschreitung, die der Täter vollzieht, innerlich mit. Und dadurch wird diese Grenzüberschreitung konstitutionell: Es wird ein Merkmal dieses Ich, anderen Ichen zur Verfügung zu stehen. Das aber ist ein Widerspruch in sich.

Das ehemalige Mißbrauchsopfer führt insofern ein Leben in einer *Schwellensituation,* als es schon im Ansatz daran gehindert wurde, mit seinem ganzen Ich, seinem ganzen Willenswesen über die Schwelle zu treten, die das Geistige vom Physischen trennt. Das Ich, das aus der geistigen Welt kommt, übertritt normalerweise diese Schwelle im Verlauf der Kindheit und des weiteren Erwachsenenlebens bis zur Lebensmitte in einem fortschreitenden Prozeß. Der Schwellenübertritt der Inkarnation geschieht schrittweise. Das Mißbrauchsopfer aber bleibt in diesem Vorgang sehr früh stecken. Es kann den weiteren Inkarnationsvorgang nur fragmentarisch oder zögerlich weiter vollziehen.

Insofern bleibt es *vor* der Schwelle stehen.

Diesen Zustand können wir als *konstitutionelle Lockerung* bezeichnen: Das Ich als die eigentlich oberste Instanz im Wesensgefüge des Menschen kommt nur zu einem lockeren Verhältnis zu den Wesensbereichen des Seelischen, des Vitalen und des Physischen.

Die so beschriebene Beschädigung der existentiellen Situation ehemaliger Mißbrauchsopfer kann natürlich stark oder weniger stark ausgeprägt sein, je nach den Umständen des Geschehens. Bei älteren Kindern, bei denen das Ich in dem beschriebenen Inkarnationsvorgang schon weiter fortgeschritten ist, und bei Kindern, bei denen der Mißbrauch unter Anwendung körperlicher Gewalt und physischer Beschädigung geschah, kann man zunächst nicht davon sprechen, daß das Ich sich den Vorgängen innerlich nicht entgegenstellen könnte. Trotzdem kann es auch hier zu einer ähnlichen Lockerung kommen, weil auch beim älteren Kind das Ich noch nicht fest verankert ist in den anderen Wesensbereichen. So kann es durch den fortgesetzten Übergriff wie zurückgeschickt sein. Auch hier haben wir, existentiell gesehen, eine Schwellensituation. Um das Bild der Wohnungssituation aufzugreifen: Es ist, als ob ein Teil dieses Ichs draußen *vor* der Schwelle stehen bleibt – das ist der noch nicht in den irdischen Verhältnissen konkret gewordene Teil; der andere verbleibt *hinter* der Schwelle – das ist der Teil, der sich schon konkretisiert hatte, aber »zurückgeschickt« wurde. Dieses ältere Kind erlebt, daß in seinem intimsten Bezirk der Fremdwille stärker ist als der Eigenwille. Es kann sich daraus eine Willensresignation ergeben, die ein Zurückweichen des Ichs aus der Leiblichkeit bedeutet.

Das ehemalige Mißbrauchsopfer befindet sich also, den Überlegungen in diesem Abschnitt zufolge, in einer Schwellensituation, es ist festgezurrt an der Schwelle. Normalerweise wird dieser Zustand nicht ohne therapeutischen Eingriff gelöst werden können. Einige Mißbrauchsopfer versuchen die Situation durch noch weiteres Zurückweichen zu bewältigen. Das Ich zieht sich dann soweit zurück, daß der eigene Körper, der Ansatzpunkt der Inkarnation hätte sein sollen und statt dessen Angriffspunkt der Grenzüberschreitung wurde, weggehungert wird. Das ist die Situation der Magersucht. Die Betreffende versucht, ohne Leib auf Erden zu sein. Das ist ein Exkarnationsversuch, der unbehandelt unter Umständen zum Tode führen kann.

Der Mißbrauch – eine Zeiterscheinung?

Was kann es für unsere Zeit bedeuten, was sagt es über unsere Zeit, daß heute ein großer Teil der Frauen und ein kleinerer Teil der Männer der so beschriebenen existentiellen Situation ausgesetzt sind?

Zunächst müssen wir feststellen, daß es sexuellen Mißbrauch schon immer, auch in alten Zeiten, gegeben hat, wenngleich nicht unter diesem Begriff. Zunächst geschah es immer in einem religiösen Zusammenhang und wurde auch so gesehen. Es gab »primitive« Völker, deren Priesterkönige auf eine damals als legal und legitim betrachtete Weise Inzest mit ihren Töchtern ausgeübt haben.[2] Im Zusammenhang mit Initiationsriten, denen Pubertierende unterzogen wurden, gab es rituelle Vergewaltigungen und homosexuellen Oralverkehr.[3] Zwischen ägyptischen Priestern und ihren Kindern wurden inzestuöse Handlungen vollzogen, wobei dies als eine erste Stufe der Einweihung zum (damals erblichen) Priestertum gesehen wurde.

Später gab es die Tempelprostitution mit meist jugendlichen Prostituierten, die im Dienst der Gottheit sexuellen Verkehr vollzogen. Junge Mädchen wurden rituell von Priestern entjungfert.[4]

Versuchen wir uns für einen Moment zu lösen von der Empörung und der Abscheu, die wir heute empfinden, wenn wir solche Bräuche zur Kenntnis nehmen müssen. Suchen wir statt dessen die Idee zu erfassen, die den damaligen Menschen solche Praktiken als richtig erscheinen ließ. Die Zusammenhänge, in denen damals sexueller Verkehr mit Kindern stattgefunden hat, legen den Gedanken der *Schwelle* nahe, auf den uns schon die Überlegungen im letzten Abschnitt hingeführt haben. Die rituellen und religiösen Handlungen haben als gemeinsamen Nenner offenbar dies: die Kinder und Jugendlichen, mit denen rituell sexuell verkehrt wurde, sollten dadurch an eine Schwelle oder über eine Schwelle geführt werden – sie sollten zugänglich gemacht werden für die Wirksamkeit des Geistigen, der geistigen Welt, des Überpersönlichen. Tatsächlich trug der Erwachsene dabei häufig die Maske oder Insignien des Stammesgottes oder einer Gottheit. Der rituelle sexuelle Vorgang mit Kindern wurde offenbar so gesehen, daß durch ihn eine *Öffnung* des Kindes herbeigeführt werden sollte. Etwas Objektives, über der ganzen Gemeinschaft stehendes Geistiges, eben eine Gottheit, berührte, öffnend, das Kind. Das Kind wurde leiblich geöffnet für einen objektiven, überpersönlichen Fremdwillen. Dieser Fremdwille war – und das ist der Unterschied zu dem, was wir heute als sexuellen Mißbrauch vor uns haben – vom beteiligten Erwachsenen aus gar nicht eigennützig gemeint. Er handelte im Namen und seinerseits im Dienste einer den Stamm, das Volk führenden Gottheit. Was wir heute als sexuellen Mißbrauch haben, ist das Gegenbild davon: Der dem auch seelisch wehrlosen Kind aufgezwungene Fremdwille ist heute ein höchst persönlicher, subjektiver. Es geht nur um die ichbezogene Lust des Täters. Was früher als Teil einer Einweihung gedacht war, ist heute die Karikatur davon. Es ist die »Einweihung« in einen privaten Fremdwillen, in dessen Dienst, wie oben ausgeführt, das Mißbrauchsopfer sich dann unter Umständen ein Leben lang stellt. Wurden die Kinder, früher durch diese leibliche Einweihung darauf vorbereitet, ihr Leben in den Dienst des Göttlichen zu stellen, dem Göttlichen dienend zur Verfügung zu stehen, so werden heute die

Mißbrauchsopfer darauf eingestellt, sich dem privaten Willen anderer Menschen zu unterwerfen. Wurden sie früher geöffnet für die Wahrnehmung eines Göttlich-Geistigen und seiner Willensbetätigung, so werden sie heute geöffnet für die Wahrnehmung des innersten Wesens (und auch der innersten Dunkelheiten) eines anderen Menschen. In beiden Fällen entsteht durch den Mißbrauch eine Art Wahrnehmungsorgan für etwas Wesenhaftes.

Damit stellt sich der heutige sexuelle Mißbrauch dar als eine Art Karikatur, als ein Gegenbild dessen, was Sexualität heute sein *kann* und was eingangs beschrieben wurde: Sexualität als eine Möglichkeit, den innersten Wesenskern eines Menschen wahrzunehmen. In Kindern, die diesen Vorgang gar nicht wollen und gar nicht durchschauen können, entsteht dabei eine Art Lähmung: Die Mißbrauchsopfer sind wie festgehalten an der Schwelle, die heute nur bewußt und willentlich überschritten werden darf und die zur Wahrnehmung wesenhafter, geistiger Vorgänge führt. Sie werden aber *gezwungen* das zu tun, was nur in größter Bewußtheit und Freiheit vollzogen werden kann und darf. Weil es gezwungenermaßen und ohne Bewußtheit der Zusammenhänge geschieht, kann die Grenze zwischen der sinnlichen und der übersinnlichen Welt nicht eingehalten werden. Diese Grenze kann von den Mißbrauchsopfern nicht willentlich gehandhabt werden. So sind sie heute an dieser Grenze wie festgezurrt. Der Täter selbst benutzt Sexualität genau entgegengesetzt, wie es heute sein könnte. Er sieht im Kind nicht das individuelle Subjekt, sondern das Objekt, dessen Individualität ihn nicht interessiert. Dadurch entsteht beim Opfer eine eigenartige Verzerrung: Es wird, wie in den alten Zeiten, geöffnet für einen Fremdwillen. Weil dieser Fremdwille aber persönlich und egoistisch ist, gerät es in die Gewalt seiner so geschaffenen Wahrnehmungsfähigkeit. Ein früher offenbar geistig gemeinter Vorgang, der in gesellschaftlich genau festgelegten und kontrollierten Ritualen ablief, verkehrt sich ins Destruktive, weil er geheim, persönlich und egoistisch ist. Der geistige Vorgang verdreht sich in sein Gegenteil, wenn er nur-physisch wird.

So kommt hier zur Anwendung, was Rudolf Steiner über sexuelle Perversionen überhaupt ausführt.⁵ Er sagt sinngemäß, daß die Liebe zur geistigen Welt *egoistisch sein muß,* daß dort das persönliche, individuelle Element voll berechtigt ist, weil es den Menschen der Sinnenwelt entreißt und ihn anleitet, die Pflicht zu erfüllen, sich vollkommener und vollkommener zu machen. Wird diese Art von egoistischer Liebe aber auf einen Menschen gerichtet, dann kann das, was in der geistigen Welt zum Erhabensten führt, ins Sinnliche übertragen zum Scheußlichsten führen. Dann werden die sinnlichen Triebe, Leidenschaften und Begierden pervers. Und er fügt hinzu: »Das ist ungeheuer bedeutsam.« Demnach sind die Mißbrauchsopfer zwangsweise und ohne Bewußtheit in eine Handlung eingebunden, die nur Erwachsene und nur in Freiheit und größter Bewußtheit vollziehen können: die Sexualität als ein Wahrnehmungsorgan für den geistigen Wesenskern eines Menschen zu handhaben. So aber nehmen die Kinder ungefiltert vom anderen Menschen alles auf, was in diesem zuinnerst lebt – *auch* und gerade seine dunklen Seiten.

Therapie: Der Einzug in die eigene Wohnung

Das Mißbrauchserlebnis kann in der Therapie nicht ungeschehen gemacht und nicht »aufgelöst« werden. Es ist da, und der (die) Betreffende wird es als Teil seines Schicksals betrachten müssen. So ist der erste Schritt das genaue Hinschauen auf das Geschehen selbst. Viele Mißbrauchsopfer können überhaupt erstmals in der Therapie über ihre Erlebnisse sprechen. Im gemeinsamen Aushalten der Vorgänge und der Erlebnisse entsteht allmählich das, was in der Mißbrauchssituation nicht entstehen konnte: daß der Betreffende sich als ein Ich dem Geschehen gegenüberstellt. Die Ereignisse werden aus der Verdrängung bzw. Abspaltung und aus der Sprachlosigkeit heraufgeholt und werden dadurch objektiv benennbare Tatsachen. Diese objektivierende Distanzierung ist sehr schmerzlich, sie ist aber ein heilsamer erster Schritt zur Befreiung vom Geschehenen.

In einem zweiten Schritt geht es darum, nachträglich die Ich-Grenzen, die Abgrenzungsfähigkeit aufzubauen, die das Kind noch nicht hat, was die Mißbrauchssituation möglich machte und durch den fortgesetzten Mißbrauch zur Ich-Schwäche führte. Es spielt in diesem Zusammenhang keine Rolle, mit welchen psychotherapeutischen Methoden oder beratenden Vorgehensweisen oder nach welchen therapeutischen Schulrichtungen dies geschieht. Übende Verfahren sind ebenso angezeigt wie erkenntnisorientierte. Jeder Betroffene wird hier die ihm gemäße Therapieform finden müssen.

Im dritten Schritt sollte der Sinnfrage nachgegangen werden, weil nur sie den Blick in die weitere biographische Zukunft bringt. Kann ein Schicksalswille darin gesehen werden, daß gerade dies gerade mir geschehen ist? Wenn dem Betroffenen diese Frage in einer ihm gemäßen Form, unter Berücksichtigung eines Menschen- und Weltbildes, nahegebracht und von ihm als berechtigt gesehen werden kann, dann ist der Weg geebnet für eine Entscheidung, ob er das zwangsweise entstandene Wahrnehmungsorgan als Erwachsener in Freiheit eigenwillentlich handhaben möchte oder nicht, bzw. in welchen Situationen er es handhaben möchte und in welchen nicht. Es ist, neben dem Aufbau der Abgrenzungsfähigkeit, das Ziel der Therapie, daß der Betroffene selbst darüber urteilen kann, inwieweit er sich auf seine Sexualität und ihre Möglichkeiten einlassen möchte. Auf jeden Fall wird es darum gehen zu lernen, sein Ich nachträglich mit der eigenen Leiblichkeit zu verbinden. Auch hier sind verschiedene Therapieansätze möglich. Ein therapeutischer Schritt liegt schon darin, dem Patienten zu einer inneren Haltung zu verhelfen, die es ihm ermöglicht, sich hier frei, auch angstfrei zu entscheiden.

Insgesamt besteht die Therapie darin, dem Betroffenen beim Einzug in seine Wohnung zu helfen, so daß er sie am Ende doch als *seine* Wohnung erleben und behausen kann.

RENATE HASSELBERG

Zur Problematik von Ehe und Partnerschaft heute

Von Kind und Ehe

Ich habe eine Frage für dich allein, mein Bruder:
wie ein Senkblei werfe ich diese Frage in deine Seele, daß ich wisse, wie tief sie sei.
Du bist jung und wünschst dir Kind und Ehe. Aber ich frage dich:
bist du ein Mensch, der ein Kind sich wünschen darf?
Bist du der Siegreiche, der Selbstbezwinger, der Gebieter der Sinne,
der Herr deiner Tugenden? Also frage ich dich.
Oder redet aus deinem Wunsche das Tier und die Notdurft?
Oder Vereinsamung? Oder Unfriede mit dir?

Friedrich Nietzsche

Krisen in Ehen und Partnerschaften werden oft als persönliche Niederlagen erlebt, nicht aber als Entwicklungshinweis verstanden. Krise bedeutet zunächst immer: Vereinzelung und Vereinsamung. Jeder ist jetzt auf sich selbst verwiesen. In-sich-selbst-Geworfensein macht Angst.

Erlebt man in der Beratung, wie Menschen oft jahrzehntelang in nahezu totaler Sprachlosigkeit miteinander vereinsamen, dann kann man sehr bestürzt sein. Unmittelbar daran schließt sich die Frage, warum es so schwer ist, die Probleme in der Partnerschaft zu erkennen, um dann an ihnen arbeiten zu können. Warum riskieren Menschen eher ihre Gesundheit und nehmen schwere seelische Erkrankungen in Kauf? Kann man die Motive verstehen und nachfühlen, die einer solchen Vermeidungsstrategie zugrunde liegen?

Menschen, die sich auf den Weg machen, innerhalb ihrer Biographie und in ihrer gemeinsamen Biographie wirklich seelisches Neuland unter Verzicht auf Scheinsicherheiten zu wagen, tun dies nicht nur für sich. Exemplarisch leisten sie auch etwas für die Menschheit.

Seit dem 15. Jahrhundert lebt die Menschheit im Kulturzeitalter der Bewußtseinsseele. Was charakterisiert die »Bewußtseinsseele«?

Die von Göttern gelenkten Kräfte ziehen sich zurück. Der Mensch ist aufgerufen, Selbstgestalter seines Schicksals zu sein. Er ist nunmehr allein verantwortlich, für das, was er denkt, fühlt und will. Jedem steht diese Vereinzelung schmerzlich bevor. Menschen, die das »Seelendrama« Freiheit durchleben und in die damit verbundene Einsamkeit einwilligen, werden durch ihre errungene Unabhängigkeit erst fähig, eine Brücke von einem Ich zu einem anderen zu bauen.

Dieser Prozeß verträgt keine leer-gelebten Formen, keine inhaltslosen Traditionen! Menschen, die als Zeitgenossen die Aufgaben der Bewußtseinsseele realisieren wollen, müssen dies im freien Vollzug verwirklichen. Forderungen, Ansprüche oder gar Erpressungen verhindern Entwicklungsprozesse in Ehen und Partnerschaften.

Hier geht es um eine Schwellensituation: Die menschliche Seele ringt um ihre Autonomie. Es ist allemal ein dramatisches Geschehen, die Seele aus ihrer leiblichen Begrenzung (zumindest soweit als möglich) zu befreien, um sie für das Geistige zu öffnen. Dieser Prozeß hat mit Freiheit und Individualität zu tun. Gefühle und Triebe haben ja ihren Ursprung im leiblich-seelischen Organismus. In dieser Sphäre sind wir aber gerade nicht individuell, sondern Gattungswesen. Der intuitive Denkakt vermag die Realisierung der Triebe und Gefühle zurückzudrängen und den leiblich-seelischen Organismus somit geistig zu durchdringen.[1]

Es geht um die Fähigkeit der Bewußtseinsseele, die sich unter anderem in der Überwindung von Kräften wie Sympathie und Antipathie realisiert. Auf Ehe und Partnerschaft bezogen heißt dies: Alles, was früher von außen getragen hat, neu zu befragen. Dazu gehören z. B. Formen, die nur aus Tradition übernommen wurden. Diese müssen entweder aufgegeben werden oder sich in einem Prozeß von »außen« nach »innen« zum eigenen unverwechselbaren Lebensinhalt wandeln.

Das »Anfangskapital« einer Ehe wie Verliebtheit und alle damit verbundenen Illusionen werden so auf die Frage nach dem »Was ist *wahr* zwischen uns?« abgeprüft. Es geht heute nicht mehr um die Frage allein: Was fühlen wir füreinander? Diese Beziehungsebene wird zudem oft durch Enttäuschung überschattet. Enttäuschung, die so erlebt wird: Sie oder Er ist doch ganz anders, als ich zu Beginn der Ehe dachte. Die Qualität dieser Empfindungen scheint nicht tragfähig genug zu sein, wenn es darum geht, schwerwiegende Beziehungsprobleme gemeinsam durchzustehen.

Auch sollte nicht die Frage im Vordergrund stehen: Welchen Nutzen haben wir voneinander, welche Funktion hat der eine für den anderen? Sondern vielmehr: Was ist wahr und damit tragfähig zwischen uns?

Eine Ehe kann dann das Naturereignis (der Verliebtheit) in eine Kulturtat verwandeln. Allerdings unter der Voraussetzung, alle sich selbst empfindenden Gefühle nicht mehr als Grundlage für eine zukunftsorientierte Partnerschaft zu fordern.

Dieser »Idealzustand« hat aber nur Modellcharakter und ist keine Handlungsanweisung. Es ist schon viel, danach zu streben. Was jeder zu opfern vermag, ist eine Schicksalsfrage. Sie ist auch davon abhängig, was man zu geben hat.

So werden in Ehen und Partnerschaften Voraussetzungen geschaffen, den anderen Menschen als Individualität mit einem Recht auf eigene Schicksalsgestaltung wahrzunehmen, zu akzeptieren und zu fördern. Denn der Partner ist trotz tiefster Verbundenheit auch eine von mir völlig unabhängige Persönlichkeit. Diese Einsicht wird Freiheit zwischen den Menschen ermöglichen, und diese Fähigkeit, Freiheit in Ehen und Partnerschaften zu realisieren, hat mit den Qualitäten der Bewußtseinsseele zu tun.

Dieser Selbstwerde- oder, präziser formuliert, Menschwerdeprozeß ist nie abgeschlossen. Man kann jedoch einen Impuls fassen, diesen nunmehr frei gewählten Weg zu versuchen. Krisen auf diesem Weg sind Vorbedingungen für ein tiefgreifendes Wandlungsgeschehen. »Der Erdenmensch hat die Wahl im heutigen Zeitalter der Bewußtseinsseele die Wahrheit anzustreben; dann muß er sich mutig dem Geiste gegenüberstellen oder er wählt, das Geistige zu meiden, dann kann er bei der Illusion bleiben, bei der Nichtwahrheit.«[2]

Zur Situation

Es gibt Menschen von eigensinniger und wunderlicher Individualität, die nicht zum Ehestande gemacht sind. Eheleute müssen eine Art von Mischung der Selbständigkeit und Unselbständigkeit haben. Sie müssen festen Charakter als Sachen haben, um ein Besitztum sein zu können – und doch geschmeidig, elastisch und durchaus bestimmt, ohne eigensinnig und ängstlich zu sein.
Novalis

In die Beratung kommen Ehepaare, die ihre Konflikte allein nicht lösen können. Die Hoffnung, die mit der Entscheidung, Hilfe aufzusuchen, verknüpft ist, beschreibt sich so: Zum einen möchte das Ehepaar seine Schwierigkeiten besser verstehen: Warum eigentlich können wir nicht miteinander sprechen, ohne uns sofort derart zu verletzen, daß ein weiteres Gespräch sinnlos wird?

Im weitesten Sinne sind es Verständnisschwierigkeiten sehr unterschiedlichen Ausmaßes. Sie können nahezu in allen Lebensbereichen auftreten. Zum Beispiel bei der Gestaltung im Alltag: Für den einen Partner ist ein regelmäßiger Tagesablauf wichtig, weil er als kräftesparend erlebt wird. Für den anderen ist gerade diese Form zu starr und zu konventionell. Auch in Fragen der Kindererziehung vermögen unterschiedliche Auffassungen heftige Konflikte hervorzurufen, von der Frage über »dürfen die Kinder fernsehen, und wenn, dann wann, wie oft und vor allem was?« über den Konsum von Süßigkeiten bis hin zu dem Problem: In welchen Kindergarten und in welche Schule kommt unser Kind? Da kann es dann geschehen, daß der Vater seinen technisch begabten Sohn auf das Gymnasium schicken möchte, während die Mutter gerade für diesen Sohn eine mehr künstlerische Erziehung wünscht, um ein Gegengewicht zu schaffen. Das ohnehin zarte Töchterchen möchte der Vater gern schützen, während nun die Mutter glaubt, ihr täte eine feste Führung sehr not.

Bei der Gestaltung von Jahresfesten kommt es in vielen Ehen immer wieder zu erbitterten Grundsatzdiskussionen. »Ist der Weihnachtsbaum alle Jahre wieder nötig, um sentimentale Empfindungen zu beleben, oder was soll er sonst?« fragte entrüstet ein Ehemann seine Ehefrau in der Beratung. Sie ist nicht weniger fassungslos über so eine Frage, denn für sie gehört der Weihnachtsbaum selbstverständlich zu diesem Fest.

Auf der Gefühlsebene kommt es ebenfalls zu Verständigungsschwierigkeiten. Braucht der eine Partner viel Nähe, der andere gerade aber viel Abstand, dann ist die Enttäuschung die Folge von »man fühlt sich unverstanden oder nicht angenommen«.

Daß diese unterschiedlichen Bedürfnisse auch im erotisch-sexuellen Bereich zu Konflikten führen können, ist sicher nachvollziehbar.

Diese Beispiele kommen aus der Beratungsarbeit. Die erste Frage ist immer: Können sich die Menschen von ihren Lieblingsvorstellungen distanzieren, um zu verstehen und zu empfinden, daß die Motive und Vorstellungen des anderen unter dessen jeweils biographischen Voraussetzungen auch ein Daseinsrecht haben? Kurz: Will man überhaupt verstehen, warum es berechtigt sein kann, den »Alle-Jahre-wieder-Tannenbaum« grundsätzlich zu hinterfragen, und vermag nun der andere Partner sich einzufühlen in die Situation, daß der Tannenbaum offenbar so unabdingbar für die Festgestaltung ist.

Begreift man sein eigenes Problem im Entstehen der Verständigungsschwierigkeiten und sucht diese nicht nur ausschließlich beim Partner, dann ist schon viel gewonnen!

Die Voraussetzung für die Erkenntnis, daß ich an den Problemen mitbeteiligt bin, setzt einen »Entmischungsprozeß« voraus. Der andere ist mein Gegenüber und ein Mensch für sich allein. Und doch: Dieser Individuationsprozeß ist kein Entwicklungsziel an sich. Es könnte sonst der Verdacht entstehen, man begünstigt nur ein raffiniertes Selbstgefühl und redet einem rabiaten Egoismus das Wort. Das ist hier gerade nicht gemeint!

Lapidar gesagt: Beziehungsfähig ist nur ein Mensch, der es grundsätzlich bei sich auszuhalten gelernt hat. Individuation hat mit Ich-Werdung zu tun. Diese Ich-Werdung kann einen Menschen relativ unabhängig von dem machen, was ihn determinierend aus dem seelisch-leiblichen Bereich bestimmt. Nun ist diese relative Unabhängigkeit eine Voraussetzung für die Realisierung der Bewußtseinsseele, die dann das Subjektive überwindet zugunsten der Wahrheit, die sich unabhängig von dem jeweilig persönlichen Standpunkt offenbart.

Ohne diesen Individuationsprozeß, den der einzelne leisten muß, wird eine Partnerschaft immer in Gefahr sein, den anderen mit Ansprüchen und Erwartungen zu überfordern. Das verhindert bei beiden die wirkliche Begegnung von Ich zu Ich. Der Überforderte grenzt sich ab, oft über jedes Maß, und gießt das Kind mit dem Bade aus. Jede Kontaktaufnahme wird dann abgewehrt, aus Angst vor den unberechenbaren Ansprüchen des anderen.

Derjenige, der so die Partnerschaft mit sich selbst »überfrachtet«, verschenkt eine kostbare Erfahrung. Nämlich daß er das, was er beim anderen oft so verzweifelt sucht, genau genommen nur bei sich finden kann. Allerdings nur, wenn er in einen Prozeß einwilligt, den Rilke so präzise beschreibt:[3] »Dieses heißt Schicksal: gegenüber sein und nichts als das und immer gegenüber.«

Die Kraft, sich als Gegenüber zu halten und nicht im anderen Halt und Schutz zu suchen, ermöglicht schöpferische Distanz. Diese Distanz ist für eine freie Begegnung zwischen Menschen unerläßlich.

Das nun folgende Fallbeispiel möge helfen, das beschriebene Problem zu verdeutlichen.

Ein junges Ehepaar wurde mir von einem anthroposophischen Arzt in die Beratung überwiesen. Die junge Frau wirkte zart, blaß und außerordentlich überanstrengt. Herr B., der Ehemann, schien ebenfalls sehr überarbeitet. Im ersten Gespräch schilderten sie ihre Not, mit den Anforderungen des Alltags nicht mehr fertig zu werden.

Die Aufgaben innerhalb der Familie gestalten sich so: Herr B. ist Waldorflehrer, Frau B. sorgt für die vier gemeinsamen Kinder.

Frau B. beschreibt ihre Not folgendermaßen:

»Wir sind in den letzten neun Jahren durch verschiedene Ehe- und Familienzustände gegangen, haben uns auch durch eine zunächst erschütternde Ehekrise durchgearbeitet und diese für unsere Ehe bejahen können. Es ist zum einen sehr viel geschafft, zum anderen ist der Alltag so fordernd, daß ich manchmal nicht weiß, wo mir der Kopf steht. Durch unsere jeweilige Überlastung verwischen die Grenzen zu rasch, die Empfindsamkeiten steigern sich, und es geschehen größere und kleinere Zusammenbrüche, Streit und Verzweiflung. In den vergangenen zwei bis drei Jahren bin ich wieder wacher geworden für meine eigensten Fragen und Wege, neben meinen Aufgaben als Mutter.

Ich bekomme Abstand zu meinem Mann. In manchen Bereichen habe ich mich vielleicht zu lange bemüht, K.'s Überforderungen auszugleichen, indem ich z. B. versuchte, die Kinder von ihm fernzuhalten, vor allen Dingen während der Mittagspause, wenn sie zu unruhig waren. Schwierig wurde es auch darum, weil ich oft erlebe, wie nahe bei K. in sehr angestrengten Zeiten die Gefahr einer Depression ist. Zwar möchte ich seine Empfindsamkeiten berücksichtigen und auf sie eingehen, doch wehre ich mich dagegen, daß er unsere Familie so häufig als Last empfindet.

Wenn mein Mann sich z. B. an manchen Sonntagmorgen verzweifelt die Ohren zuhält, sobald er die Kinder nur spielen hört, dann distanziere ich mich innerlich von ihm. Dann realisiere ich: Gut, ich kümmere mich nun um die Kinder. Er ist jetzt überfordert, aber es ist auch ein Schmerz dabei, daß dies nötig ist.

Auf diese Weise gibt es sowohl bei ihm als auch bei mir Not und Engpässe. Fallen dann noch unverhoffte Sondertermine von seiten meines Mannes auf Stunden oder Tage, die für unsere Familie und unsere Ehe vorgesehen waren, fühle ich mich im Stich gelassen, und dann entsteht schnell ein Streit. K.'s Beruf fordert innerlich wie äußerlich ungemein viel Aufwand und Konzentration. Wir haben dies gewußt, und ich war z. B. von vornherein bemüht, keine »klassischen« oder »modernen Familienvateransprüche« an ihn zu stellen wie gemeinsame Mahlzeiten oder gemeinsam die Kinder ins Bett bringen. Ich habe dadurch relativ früh gelernt, daß ich dies durchaus auch gut bewältigen kann. Doch es bleibt die Frage: Was benötigen Familie und Ehe einfach an Zeit, an Pflege, um wachsen und gedeihen zu können? Wo sind meine Erwartungen an diese gemeinsame Pflege berechtigt, wo aber muß ich deutlich noch unabhängiger von meinem Mann werden?«

Herr B. beschreibt die Situation aus seiner Sicht:
»Wir suchten Hilfe. In den vergangenen Ehejahren war viel Gemeinsames gewachsen. Dennoch gab es Erfahrungen und Fragen, die weder bei mir, noch in der Ehe oder im Beruf genügend Aufmerksamkeit erfuhren. So konnten wir zwar einen Zusammenbruch unserer Ehe gemeinsam aufarbeiten, aber mir war deutlich geworden, daß dieser eine Fall nur die Spitze eines Eisberges war.

In den häufigen Gesprächen zwischen meiner Frau und mir schlug die körperliche Erschöpfung in seelische Haltlosigkeit um. Streit und Grobheiten waren die Folge. Zunehmend hatten wir auch Verständnisschwierigkeiten. Wir verwendeten Begriffe und bemerkten, daß jeder von uns ganz unterschiedliche Inhalte mit dem jeweiligen Begriff in Verbindung brachte. Das war eine geistige Leere, die das gemeinsame Betrachten von Vergangenem sehr schwer machte. Zugleich verhinderte eben diese Leere eine andere, in die Zukunft gerichtete Betrachtungsweise.

Weder meine Frau noch ich konnten individuell einen eigenen Weg in Richtung seelische Vertiefung oder eigene Erlebniswelt finden. Ich habe den Eindruck, daß ich darunter mehr litt als meine Frau.

Ich verlor mehr und mehr das Vertrauen, die eigenen biographischen Fragen anzugehen. Meine Rollen als Mann, Ehemann, Vater, Lehrer und Künstler wurden mir fremd. Diese Situation wurde unerträglich für mich.«

Die Biographie von Frau B.

»Geboren bin ich 1960 als ältestes von drei Kindern. Außer einem mehrjährigen Englandaufenthalt verbrachte ich meine Kindheit in der Würzburger Gegend.

In unserer Familie lebte ein herzlicher, ehrlicher Umgangston. Und wenn ich auch später Abstand zu mancher Formlosigkeit nahm, die dort herrschte, so hat es doch nie Grund zu einem Bruch mit meinen Eltern gegeben. Die Kultur, die zu Hause fehlte, fand ich in der Familie einer guten langjährigen Freundin. Ich ging gern in die Schule und war keine schlechte Schülerin. Ich hatte die größte Freude an allem Sprachlichen und Künstlerischen. Dabei hatte ich das Glück, in jenen Fächern bewundernswerte Lehrer vor mir zu haben.

Nach dem Abitur arbeitete ich knapp zwei Jahre auf einem anthroposophischen Bauernhof und lernte dort die Anthroposophie kennen.

Die Erlebnisse mit den seelenpflegebedürftigen Menschen, die auf dem Bauernhof mitlebten, und den erziehenden Persönlichkeiten haben mich tief beeindruckt. Sie waren Leitbilder für meinen eigenen Weg.

Mit 20 Jahren begann ich mit einem Lehrerstudium an einem anthroposophischen Seminar. Kurz nach Beginn meines Studiums wurde ich schwanger. K., der Vater meines Kindes, und ich waren sicher, daß wir einmal Kinder haben möchten. Die Frage, ob wir diesen Wunsch gemeinsam verwirklichen wollten, stand für uns noch offen.

Durch diese Schwangerschaft fühlte ich mich und uns furchtbar bedroht. K. wollte ich auf keinen Fall durch ein Kind an mich binden. Ich wollte studieren und hatte soeben meine erste eigene Wohnung bezogen.

Obgleich es sich sehr gegen mein inneres Empfinden richtete, entschieden wir uns zu einer Schwangerschaftsunterbrechung. Ich hatte damals das ausweglose Gefühl, nichts anderes sei möglich.

Es begann eine Art Doppelleben für mich. Einerseits faszinierte mich all das Neue, das Studentenleben sog ich begierig in mich auf. Andererseits brannte es wie Feuer in mir, diese Schuld auf mich geladen zu haben. Jede Mutter und jedes Kind rührten erneut an diesen Fragen in mir. Viele meiner Träume kreisten um das Geschehene, Kinder, Geburten usw. Aus meinem eigenen Erleben dieser Tat, die ich bis dahin meist verworfen hatte, erwuchs der tiefe Vorsatz: Verurteile nie einen anderen Menschen, bemühe dich zu horchen, zu verstehen, die Not ernst zu nehmen. Schon mehrmals haben mir Freundinnen anvertraut, eine Schwangerschaft unterbrechen zu wollen. K. und ich konnten dann unsere Erfahrungen mit ihnen teilen.

Die Zeit half, Abstand zu der Situation zu gewinnen. Ich schaute wieder in die Zukunft. Begeistert nahm ich viele Studieninhalte auf, und meine erste Stunde vor einer Schulklasse brachte mir die Gewißheit, meinen Beruf gefunden zu haben. Während meines Studiums lernte ich aber die Malerei kennen. Fortan gab es für mich nichts Schöneres und Wichtigeres als das. Im Verlauf dieses Studienjahres hatten K. und ich in vielen Gesprächen beschlossen, zu heiraten. Ich war einundzwanzig Jahre alt, K. war dreiundzwanzig Jahre alt.

Ein Jahr nach unserer Hochzeit war ich erneut schwanger, dies war nicht gewollt, aber wir freuten uns und waren gewillt, die Elternschaft mit allen Konsequenzen auf uns zu nehmen.

Einige Wochen vor der Geburt hörte ich mit dem Studium auf. Die Schwangerschaft war für uns ein sehr beglückendes Erlebnis.

Einerseits habe ich viel Freude und Schönes mit unserem ersten Kind erlebt. Andererseits fiel es mir nicht leicht zu sehen, wie mein gesamtes Leben durch das Kind bestimmt wurde, während das Leben meines Mannes scheinbar ohne Einschränkung weiterging. Es war nicht einfach, das Muttersein auch im Alltag immer zu akzeptieren. Neben den permanenten Notwendigkeiten wie Windeln waschen, pünktliche Mahlzeiten war es vor allem die zeitliche Angebundenheit, die mir sehr zusetzte. Erst nach dem dritten Kind konnte ich diesen Alltag besser bewältigen. Das zweite Kind hatte ich mir sehr gewünscht, damit J. nicht allein bliebe. Das dritte Kind kam völlig unerwartet. Jetzt begann ein neuer Lebensabschnitt innerhalb unserer Familie.

Mein Mann hatte sein Studium beendet. Wir zogen nach A., um dort an der Gründung einer Waldorfschule vorbereitend mitzuarbeiten. Wir waren vier Jahre verheiratet, unsere Kinder waren 2 1/4 Jahre und 6 Monate alt, das dritte Kind war gerade unterwegs. Ich war 25 Jahre alt, K. 26 Jahre alt.

In dieser neuen Umgebung fühlten wir uns bald von einigen Menschen sehr getragen. Den Lebensunterhalt bestritten wir durch das Kindergeld und familiäre Unterstützung. Anfang 1987, als sich allmählich auch ein Lehrerkollegium bildete, kamen die ersten schweren Zeiten. Mein Mann war sehr unter Druck und hatte zwei depressive Phasen bis in den Frühsommer hinein. Ich fühlte mich oft mit meinen drei Kindern allein. Nach dem dritten Kind konnte ich mich auch körperlich über lange Zeit hinweg nicht erholen und hatte fast täglich Kopfschmerzen. Dennoch war es auch in diesen dunklen Zeiten immer wieder möglich, im Hinblick auf die Kinder eine Atmosphäre der Unbekümmertheit und Unbeschwertheit zu schaffen. Ohne die Freude an den Kindern hätte ich die alltägliche Arbeit wohl kaum bewältigt.

Ich hatte zu anderen Frauen, die in ähnlichen Lebenssituationen wie ich standen, guten Kontakt. So war ich mit allen meinen Fragen, die sich auf das Mutter-Sein, Frau-Sein, Kindererziehen-Wollen, Partnerschaft bezogen, nicht allein.

Knapp 1 1/2 Jahre später kam das vierte Kind.

Ich glaube, für die Kinder und für mich war es ein Glück, daß sie in dieser raschen Folge kamen (4 1/2 Jahre, 3 Jahre, 1 1/2 Jahre, 3 Monate). Durch die Schwangerschaften und Stillzeiten war ich in einer bestimmten Weise nie ganz bei mir und behielt einen fast träumenden Optimismus bei, der mich durch die Mühlen der gesamten familiären Situation trug.

Erst ein Jahr nach der letzten Geburt merkte ich, daß ich dringend Zeit für mich brauchte. Ich entschloß mich zu einer vierwöchigen Kur. Die Kinder wußte ich bei einer Familienpflegerin in guten Händen. So habe ich diese Zeit, ab der Bahnfahrt, für mich genießen können. Diese vier Wochen wurden für mich durch anregende Begegnungen sehr kostbar. Ich wanderte auch viel allein und atmete wieder auf. Ganz ohne Anhang erlebte ich mich wie neu.

Nach der Kur begann ich mehr nach außen zu gehen, ohne dabei die Hilfe meines Mannes einzuplanen. Ich kümmerte mich um zuverlässige Kinderbetreuung, damit ich regelmäßige Termine wahrnehmen konnte. Ich besuchte einen Eurythmiekurs und nahm Cellostunden. Mit der Zeit entdeckte ich, daß die Kinder es durchaus gut annehmen konnten, wenn ich eine bestimmte Zeit des Morgens wohl anwesend, aber nicht verfügbar war. Ich hatte am Vormittag feste Zeiten, in denen ich übte, die Kinder gewöhnten sich an diese Situation.

Durch die Kur waren meine Fragen, wer bin ich als Mutter, Ehefrau, als suchender moderner Mensch, klarer aber auch drängender geworden. Zwischen mir und meinem Mann gab es des öfteren heftige Auseinandersetzungen, insbesondere darüber, daß er den Beruf der Mutter durchaus mit einer künstlerischen Aufgabe gleichsetzte. Prinzipiell waren wir uns einig, daß der pädagogische Umgang mit den Kindern nur aus einem künstlerischen Bemühen heraus gelingen könne. Doch wußte ich auch, daß mein sehnlicher Wunsch nach eigenem künstlerischem Üben noch einen anderen Bereich in mir betraf. Dies, »alle Verpflichtungen ausschließen zu können« und für kurze Zeit nur mit mir selbst und Musik oder Farbe oder Sprache umzugehen, das habe ich in meinem familiären Alltag selten erleben können.

Ich nahm wieder Unterricht im Malen. Das künstlerische Üben wurde in schwierigen Zeiten ein wichtiger Halt für mich.

Wir waren jetzt 8 Jahre verheiratet.

Das folgende Jahr wurde für K. noch arbeitsintensiver. Die Schule und die eigene Unterrichtsgestaltung wurden für ihn immer wichtiger und zeitaufwendiger. Es kamen sehr zehrende Monate auf ihn und auf uns zu. Ende Mai kam es bei ihm zu einem Zusammenbruch, der zu einer schweren Depression führte. Dieser Zustand war uns nicht ganz unvertraut und hatte sich auch schon längere Zeit im voraus angekündigt. Doch konnten wir den Alltag trotz aller Schwere immer noch bewältigen.

Aber jetzt schien es viel tiefer und ernster zu sein. Ich bekam

Angst, daß K. seine Not gegen sich richten und z. B. einen Unfall provozieren würde.

Ich konnte es aber so einrichten, daß er zu einem Arzt ging, der ihm und uns die rechten Begriffe und entsprechende Behandlung für seinen Zustand geben konnte.

Es war klar, daß zunächst nur eine gründliche Pause von der Schule und Familie ihm den nötigen Freiraum zur eigenen Neubesinnung geben könnte.

Die Wochen vor der Kur, die mein Mann meist daheim verbrachte, erlebte ich in gewisser Weise als Prüfung unserer Tragkraft füreinander. Es war kaum mehr ein Gespräch, kaum mehr Berührung möglich. Er war zwar anwesend, war aber für mich und die Kinder nicht ansprechbar. Es war schmerzhaft, daß wir in diesem Sommer den mit großen Hoffnungen und Freude geplanten ersten großen Urlaub nicht gemeinsam verbringen konnten. Ich war jedoch erlöst, als ich meinen Mann auf dem Weg zu seinem Kuraufenthalt wußte.

Ich selber hatte diese Wochen für mich und die Kinder aufgeteilt. Wir verbrachten die ersten Wochen allein an einem ruhigen Ort und besuchten für eine kürzere Zeit Freunde. Für mich war es wichtig zu erleben, wie gut ich den Alltag mit den Kindern allein bewältigen konnte. Morgens und abends hatte ich Zeit für mich, in der ich Musik übte und mein Tagebuch schrieb. Durch Briefe, die mein Mann und ich tauschten, wußte ich mich sehr verbunden mit ihm. Es hatte jeder von uns Ruhe und den Abstand, die eigenen Lebensfragen dem anderen mitzuteilen. Insgesamt erfuhr ich an mir eine neue Qualität der Sachlichkeit, ein ruhigeres Hinblicken auf den Wesenskern des anderen, die unsere innere Verbundenheit sehr stärkte.«

Die Biographie von Herrn B.

»Geboren wurde ich 1959 in Ulm. Meine Eltern kommen aus Thüringen und Breslau. Ich bin ihr drittes Kind. Mein Vater arbeitete damals freiberuflich beim Rundfunk. Bald nach meiner Geburt zogen wir nach Bremen um. An die ersten Lebensjahre habe ich wenig Erinnerungen, diese zeigen aber ein glückliches Familienleben.

Als ich etwa vier Jahre alt war, zogen wir in die Gegend von Frankfurt. Aus dieser Zeit habe ich einige Erfahrungen. Die wohl wichtigste war die Freundschaft zu einem Jungen aus der Nachbarschaft. Er war ein Jahr älter als ich, und seine Familie war sehr wohlhabend. Das große schattige Haus, ein großer Keller mit Eisenbahn und Werkstatt haben mich nachhaltig beeindruckt. Auch nachdem meine Familie in den Nachbarort in ein eigenes Haus zog, blieben wir befreundet. Dort wurde ich eingeschult. Ich hatte ein liebe Lehrerin, die mich besonders gern mochte. Gegenüber den »schwierigen« Kindern erlebte ich sie als ungerecht und hilflos. Zu Fasching zog meine etwas korpulente Lehrerin ausgerechnet ein Indianerkostüm an, das war für mich sehr unpassend, da ich doch ein weitaus überzeugenderer Indianer war.

Während meiner Grundschulzeit kam noch ein Schwesterchen zur Welt. Wir waren jetzt vier Kinder, hatten aber kein ausgeprägtes Familienleben. Mein Vater war ein Einzelgänger und war in der Familie wenig präsent. Trotzdem spürte ich eine gewisse Sicherheit. Das änderte sich mit der Pubertät und mit dem Schulwechsel auf das Gymnasium.

Das Gymnasium war eine seelenlose Anstalt für mich. Nur wenige Themen sprachen mich an, und ich galt als »genialer Trottel«. Ich zog mich innerlich immer mehr zurück und analysierte – das zumindest lernte man auf dem Gymnasium – den verlogenen Irrsinn dieses Schulsystems. Die »Todesfuge« von Paul Celan galt es nach Form und Gehalt zu analysieren, dazu hielt der Lehrer das Lehrerhandbuch des Verlages in der Hand. An solchen Erlebnissen starb ich geradezu.

Bei meinen Eltern stieß ich mit meinem Verhalten auf Unverständnis. Um einem Schulverweis zu entgehen, ermöglichten sie mir einen einjährigen Aufenthalt in Frankreich. Das war ein schöner und richtiger Schritt, der mir wichtige Lebenseindrücke vermittelte. Nach dieser Zeit war die Kluft zwischen der Schule und mir noch größer. Ich verließ die Schule ohne Abitur.

Im letzten Schuljahr lernte ich meine jetzige Frau, die auch das Gymnasium besuchte, kennen. Sie war mir ein wichtiger seelischer Ausgleich für die Einseitigkeit der Familie und für die Schwierigkeiten in der Schule. Ohne diese Begegnung hätte ich diese Zeit wohl nicht überstanden.

Nach der Schule suchte ich eine Zivildienststelle, in der Hoffnung dort seelisch gefordert zu werden. Auf einer Rundreise fand ich eine anthroposophische Einrichtung. Die Menschen, die dort arbeiteten, beeindruckten mich durch ihre Weltoffenheit und Lebenstüchtigkeit. Ich blieb für zwei Jahre dort.

Im Jahr darauf wurde meine Freundin schwanger, ich war damals zweiundzwanzig Jahre alt, sie war einundzwanzig Jahre alt. Wir hätten beratende, abwägende und sinngebende Hilfen gebraucht. Unsere Eltern konnten uns jedoch in keiner Weise beistehen. In unserer Not entschlossen wir uns zu einem Schwangerschaftsabbruch. Die Fragen, die sich daran anknüpften, vertieften unsere Beziehung aber sehr. Wir beschlossen zu heiraten.

Anschließend studierte ich für vier Jahre an einem anthroposophischen Lehrerseminar. Diese Zeit war für mich eher eine allgemeine Lebensorientierung als ein spezielles Lehrerstudium. Neben der Anthroposophie wurde mir besonders das künstlerische Üben wichtig, dem ich bisher in meinem Leben nicht begegnet war.

Bevor meine Frau ihr Studium abschließen konnte, wurde sie schwanger. Mit ruhiger Gewißheit konnten wir nun auf die Schwangerschaft schauen, obwohl wir bald merkten, daß uns noch manche Fähigkeiten für diese gemeinsame Lebensaufgabe fehlten. Für meine Frau war es nicht leicht, nun derart gebunden zu sein. Ich hatte meine Berufsausbildung und die schlichten Pflichten eines Vaters‹ unter eine ›Wollmütze‹ zu bekommen.

Wir wünschten uns aber eine Familie, und so folgte dem ersten Kind bald das zweite, und nicht lange danach auch das dritte Kind. Da wir nur sehr wenig Geld hatten, war unsere Situation ein rechtes Abenteuer, das uns aber viel Lebenserfahrung brachte. Gelang es uns auch, diese Zeit mit Tatkraft und Humor durchzustehen, so wurde doch eine beständige Erschöpfung deutlicher. Zurückschauend möchte ich sagen, daß wir beide sehr von der Freude an den Schwangerschaften und dem Zauber unserer Kinder getragen wurden.

Unser viertes Kind stellte dann aber auf allen Lebensgebieten die Existenzfrage. Ich arbeitete an einer Waldorfschulgründung mit. Der dadurch bedingte Dauerstreß brachte unser Familienleben oft ins Schwanken. Zudem war unsere damalige Wohnung im Sommer ein Kühlschrank und im Winter ein Tiefkühlschrank. Erst ein Hausbau löste die Wohnungsnot.

Meine Kraftreserven waren nun aber erschöpft. Schule und Unterrichtsvorbereitung wurden immer intensiver, zunehmend kam ich an die Grenze meiner Belastbarkeit. So kam es immer wieder zu lähmenden Erschöpfungszuständen. Ich fragte mich immer deutlicher, ob dieses Leben mit seinen Pflichten noch mit mir zu tun habe, oder ob es sich unabhängig von mir, einfach automatisch, vollziehe. Meine Frau und ich konnten uns gegenseitig nicht mehr helfen. Eine schwere Depression zwang mich schließlich, Abstand von Schule und Familie zu nehmen. Ein anthroposophischer Arzt erkannte die Situation und schickte mich sofort in einen Kuraufenthalt.«

Eine Ehe wird geschlossen

»Ein Miteinander zweier Menschen ist eine Unmöglichkeit und, wo es doch vorhanden scheint, eine Beschränkung, eine gegenseitige Übereinkunft, welche einen Teil oder beide Teile ihrer vollsten Freiheit und Entwicklung beraubt. Aber, das Bewußtsein vorausgesetzt, daß auch zwischen den nächsten Menschen unendliche Fernen bestehen bleiben, kann ihnen ein wundervolles Nebeneinanderwohnen erwachsen, wenn es ihnen gelingt, die Weite zwischen sich zu lieben, die ihnen die Möglichkeit gibt, einander immer in ganzer Gestalt und vor einem großen Himmel zu sehen!«
Rainer Maria Rilke

»Drum prüfe wer sich ewig bindet,
Ob sich das Herz zum Herzen findet!
Der Wahn ist kurz die Reu ist lang«[4]

Dieser weisheitsvolle Rat ist auf dem Hintergrund der vielen Ehescheidungen und dem damit verbundenen Leid berechtigt.

Nur: Wer wählt? Und nach welchen Motiven vollzieht sich diese Wahl? Eine weitere Frage, die auch das Problem beschreibt: In welchen biographischen Lebensabschnitt fällt in der Regel die Wahl? Die meisten Ehen werden in der Zeit zwischen dem 21. und 28. Lebensjahr geschlossen.

Zum Zeitpunkt der Eheschließung ist Herr B. zweiundzwanzig Jahre alt, sie ist einundzwanzig Jahre alt. Nach der anthroposophischen Menschenkunde, begründet durch Rudolf Steiner, wird in dieser Zeit das Ich in der Empfindungsseele geboren, die vom einundzwanzigsten bis achtundzwanzigsten Lebensjahr ausgebildet wird. Was charakterisiert die Empfindungsseele?

In diesem biographischen Abschnitt werden die subjektiven Empfindungen stark ausgelebt. Man kann hoffentlich die Fülle dieser herrlichen Zeit genießen. In dieser Entwicklungssituation stellt sich zu Recht die Frage: Was hat mir die Welt zu bieten? Ein ganzes Jahrsiebt wird diese empfindende Auseinandersetzung mit der Welt nun wesentlich sein.

Es ist die Zeit, in der junge Erwachsene von Eltern und Lehrern nicht mehr geführt werden, also in diesem Sinn entwachsen sind. Doch das neugeborene Ich, entlassen in die eigene Freiheit, die nunmehr bestimmt, was werden soll im Hinblick auf Beruf und Freundschaften, ist noch unsicher. Die Fülle der Lebensmöglichkeiten lassen noch allen Gestaltungsspielraum und sind frei von absoluter Verantwortung.

Es geht um den Prozeß der Selbstfindung, die Neugier auf sich selbst als umfassende Haltung des Experimentierens »Ich in der Welt«.

Die Sehnsucht zum anderen Geschlecht kann in dieser Zeit beglückende, zugleich aber auch sehr beunruhigende und quälende Selbstbegegnungen zur Folge haben. Es können Abhängigkeiten erlebt werden und Selbstzweifel dergestalt, daß gefragt wird: Bin ich dem gewachsen, was sie oder er von mir erwartet?

Wird diese Zeit der Eigenorientierung durch Verantwortung in sozialen Bereichen wie Ehe, Elternschaft und verbindlicher Berufswahl belastet, so können in späteren Jahren Wünsche in Richtung Nachholbedarf zwingend auftreten. Es kann dann zu Befreiungsaktionen kommen, die möglicherweise berechtigt sind, aber in einer unzeitgemäßen biographischen Situation fast immer zu Leid führen.

Ehen gehen nicht nur auseinander, weil zwei Menschen glauben, nicht mehr miteinander leben zu können, sondern weil die Lebensform »Ehe« Individuationsprozesse erschweren kann.

Friedrich Nietzsche bemerkt dazu: »Wenn die Ehegatten nicht beisammen lebten, würden die guten Ehen häufiger sein.«[5] Es hängt auch von den individuell biographischen Bedingungen ab, ob der Individuationsprozeß des einzelnen in der Form Ehe realisiert werden kann, oder ob gerade diese Lebensform zum Problem wird.

Zu biographischen Bedingungen können einmal die Erfahrungen zählen, die der Erwachsene während seiner Kindheit und Jugend in seinem Elternhaus machte. Wie hat er die Ehe seiner Eltern erlebt? Waren das positive Erlebnisse oder waren diese eher traumatisierend? Wahrscheinlich werden diese (wenn auch nur atmosphärischen) Vorerfahrungen die eigene Ehe mitbestimmen.

Ohne sinnlosen Spekulationen nachzugehen, darf man fragen, ob nicht auch aus vorangegangenen Erdenverkörperungen Erfahrungen vorliegen, die es einem Menschen in einer doch begrenzten Lebensform (wie es die Ehe auch ist) einfach unmöglich machen, bestimmte biographische Lebensmotive zu realisieren.

Vielleicht muß dann erst eine Ehe scheitern – oder gar einige –, ehe der Betreffende einsieht: Nicht meine Partner sind »eheuntauglich«, ich passe einfach nicht in diese Lebensform »Ehe«. Es ist oft frappierend, wie Menschen nach Scheidungen zwar nicht sofort, aber doch überraschend schnell sich ihrer verschütteten Sehnsüchte und Impulse erinnern und nun außerordentlich schöpferisch und originell ihr Leben kraftvoll in die Verantwortung nehmen. Natürlich erlebt man auch Menschen, die an einer gescheiterten Ehe zu zerbrechen drohen.

Wie kann der Nachholbedarf, der bereits angedeutet wurde, im einzelnen aussehen?

Mütter überlassen Tagesmüttern ihre Kinder, damit sie als »Spätstudierende« endlich ein bestimmtes Lebensgefühl, das mit Unabhängigkeit und Freiheit in Verbindung gebracht wird, erleben können. Dieser Schritt aus dem Familienzusammenhang ist oft das Ergebnis einer latenten Beziehungslosigkeit zwischen den Ehepartnern. Frauen versuchen dann dieses fehlende Sich-lebendig-Fühlen in Außenkontakten mit anderen Menschen zu finden. Die Männer kompensieren diese Not oft durch unerhörte Berufsleistungen, die das ständige Nicht-für-die-Familie-präsent-sein-Können zumindest äußerlich legitimieren. In der Beratung ist es äußerst mühsam, gerade »erfolgreichen« Männern den Zusammenhang von Problemen in Familie und Ehe durch einen sich verselbständigen Ehrgeiz im Beruf zu verdeutlichen. Schließlich, so wird argumentiert, tun sie doch alles für das Wohlergehen der Familie. Ja, das stimmt, nur der seelische Einsatz, das heißt Wärme, Geborgenheit und ein echtes Interesse für die Familie läßt sich durch äußere Sicherheiten, und seien diese noch so überzeugend, nicht ersetzen.

Auch bei Frau B. läßt sich das Problem des Nachholbedarfs beschreiben. Sie mußte ihr Studium abbrechen, und es blieb eine permanente Sehnsucht neben ihren vier Kindern, den eigenen künstlerischen Prozeß zu gestalten. Diese Parallelität, zwei Dinge zur gleichen Zeit wahrnehmen zu wollen, ist für Frau B. selbst ein großer Kraftaufwand und für die Familie eine zusätzliche Belastung. Das steht in keinem Widerspruch zu der Tatsache, daß das künstlerische Tun für Frau B. in schwierigen Zeiten das seelische Überleben garantiert hat. Auch vermochte die Partnerschaft dieses Defizit nicht auszugleichen.

In diesem Zusammenhang stellt sich eine grundsätzliche Frage: Ist dieser Anspruch an eine Partnerschaft überhaupt noch zeitgemäß? Kann ein anderer Mensch die Defizite des Partners ausfüllen oder gar für sie verantwortlich gemacht werden? Und wenn er es täte (was ohnehin nicht möglich ist), würden dann nicht Abhängigkeiten zementiert, die gerade überwunden werden sollten?

Wenn Frau B. ihre künstlerischen Intentionen ohne soziale Verpflichtungen wie Kinder und Ehe hätte ausleben können, wäre es in ihrer Rolle als Hausfrau und Mutter vermutlich nicht zu dieser Erschöpfungsdramatik gekommen.

Um jedes Mißverständnis zu vermeiden: Es geht hier nicht um eine Beurteilung, ob Frau B. richtig oder falsch gehandelt hat. Es gibt keine idealen biographischen Voraussetzungen für das Elternsein, es gibt die Wirklichkeit, diese ist zwiespältig und nie ideal. Vielmehr geht es darum, den eigenen Weg zu finden. Das heißt aber, Mut zu haben, gegen alle noch so überzeugenden Argumente von »außen« das Gesetz, nach dem wir angetreten sind, zu verwirklichen.

C. G. Jung hat das treffend formuliert: »Die Persönlichkeit nämlich kann sich niemals entfalten, ohne daß man bewußt und mit bewußter moralischer Entscheidung den eigenen Weg wählt. Nicht nur das kausale Motiv die Not, sondern auch die bewußte moralische Entscheidung muß ihre Kraft dem Prozeß der Persönlichkeitsentwicklung leihen. Fehlt das erstere, nämlich die Not, dann wäre die sogenannte Entwicklung bloße Willensakrobatik; fehlt das letztere, nämlich die bewußte Entscheidung, so bliebe die Entwicklung im dumpfen, unbewußten Automatismus stecken.

Man kann sich aber moralisch für den eigenen Weg nur dann entscheiden, wenn man ihn für das Beste hält. Wenn irgendein anderer Weg für besser gehalten werden sollte, so würde an Stelle der eigenen Persönlichkeit jener gelebt und damit entwickelt. Die anderen Wege sind die Konventionen moralischer, sozialer, politischer, philosophischer und religiöser Natur. Die Tatsache, daß die Konventionen immer in irgendeiner Art blühen, beweist, daß die erdrückende Mehrzahl der Menschen nicht den eigenen Weg, sondern die Konvention wählt, und in Folge dessen sich nicht selbst entwickelt, sondern eine Methode und damit ein collectivum auf Kosten der eigenen Ganzheit.«[7]

In einer Partnerschaft können persönlich biographische Defizite zum Problem werden, an deren Entstehen die Ehe gar nicht beteiligt ist.

Hier nun einige Beispiele:

Hat ein Ehepaar im Elternhaus wenig kontinuierliche Liebe und Zuwendung erfahren, ist es also bereits verunsichert und mit wenig Vertrauen ins Leben entlassen, so können diese Gefühlsdefizite eine Ehegemeinschaft sehr belasten. Der andere Partner wird sich oft auf die Probe gestellt fühlen, dergestalt, daß er unter Beweis stellen muß, ob nun auf seine Liebe und Zuwendung (eben anders als im Elternhaus) Verlaß sei. Diese oft dramatischen Kampfsituationen spielen sich ganz unbewußt ab, wirken aber gerade darum so zerstörerisch. Hier kann in der Beratung viel erhellt und dann auch geholfen werden.

Ein weiteres Beispiel:

Wenn bei einem Menschen ein Talent oder eine spezielle Fähigkeit nicht entdeckt und gepflegt wurde, vielleicht eine künstlerische Begabung wie Musik oder anderes, kann dies zu einer permanenten Unzufriedenheit führen, die eine Ehe schwer beschattet. Die Gründe für diese Unzufriedenheit werden dann in der Partnerschaft gesucht, obwohl diese damit gar nichts zu tun hat.

In der Beratung kann man erleben, wie befreiend es ist, wenn die Klienten die eigentlichen Ursachen für ihr Unglück verstehen lernen. Durch die Erkenntnis, wo eigentlich die Wurzeln für ihre Schwierigkeiten zu suchen sind, besteht die Möglichkeit einer wirklichen Veränderung.

Eine andere Qualität haben die Defizite, die aus der Partnerschaft resultieren. Allerdings ist es oft schwierig, diese genau zu lokalisieren. Zumeist ist es eine Mischung aus den persönlich biographischen Defiziten, die dann schließlich auch zu Defiziten in der Ehegemeinschaft führen. So klagen junge Mütter mit kleinen Kindern oft, wie wenig seelisch verfügbar die Familienväter zu Hause sind. Dabei beanspruchen sie gar nicht mehr Zeit für die Familie, eher geht es darum, »wie« Väter das Familienleben mittragen. Zum Beispiel: Vater auf Geschäftsreise! Weniger wichtig ist, daß er finanziell aufwendige Geschenke mitbringt, als ein Gefühl zu vermitteln, das man so beschreiben könnte: Ich habe meine Frau und meine Kinder im Bewußtsein, auch verstehe ich, daß meine Frau gern mit mir an diesem schönen Ort wäre. Denn trotz Geschäftsreise gibt es hier das Meer, interessante Konzerte usw.

Diese Haltung, die Familie seelisch einzubinden, teilt sich als Qualität mit. Und das schafft Vertrauen. So entstehen keine Löcher in den Lebensprozessen (vgl. S. 54) der Ehepartner, die sich dann mit Enttäuschung, Leere und Verbitterung füllen.

Charakteristisch für den erwähnten Nachholbedarf kann auch der sogenannte Ehebruch sein. Oft dokumentiert er nur den lange verdeckten Konflikt in einer Partnerschaft. Denn nichts ist auf Dauer unerträglicher als die laue Harmonie auf der Grundlage zurückgehaltener Affekte:[8] Aus der Beratungsarbeit kann berichtet werden, daß die Hinwendung zu einem Dritten innerhalb einer Ehe fast nie aus wolkenlosem heiterem Ehehimmel geschieht. Auch wenn der sogenannte »Betrogene« es verharmlosend so darzustellen versucht. In der Therapie wird immer deutlich, daß auch er lange vor der Problematik des Ehebruchs ahnte, wie gefährdet seine Ehe war.

Offene Ehen, das heißt Partnerschaften, die eine wahre Streitkultur[9] entwickelt haben und somit Konflikte und Nöte auszutragen bereit sind, müssen weit weniger solche Einbrüche verkraften. Viel härter trifft es Ehen, die ein bestimmtes Ideal verfechten, ohne aber zu erkennen, wie wenig der eine oder gar beide Partner aufgrund von seelischer Schwäche und mangelnder Ich-Kraft diese »vorgestellten Ideale« überhaupt realisieren können. Nun wäre eine mutige Bestandsaufnahme dahingehend nötig, daß gefragt wird, was können wir wirklich zusammen schaffen, was wollen wir jetzt miteinander verabreden?

Das Gegenteil dieser illusionslosen Bestandsaufnahme ist oft der Fall.

Werden Schwächen in der Durchführung des Ideals konstatiert, werden diese noch schärfer formuliert. Durch Einsatz von seltsam bizarren Machtmitteln, sollen diese wirklichkeitsfremden Ideale nahezu um jeden Preis durchgesetzt werden. Ein Beispiel für diesen Problemkreis ist die Frage der Treue (und ihre Durchführbarkeit) in Ehe und Partnerschaften.

Treue zwischen den Lebenspartnern kann nur eine freie Verabredung sein. Jede Partnerschaft wird da ihren eigenen unverwechselbaren Stil finden müssen.

Eigentlich ist es selbstverständlich: Liebe und Treue sind Geschenke, die Menschen einander in Freiheit erfüllen wollen.

Und doch kann man immer wieder in der Beratung erleben, wie Menschen glauben, darauf ein Recht zu haben. Wird dieses Recht nicht eingelöst, werden auch erpresserische Mittel eingesetzt (zum Beispiel die Kinder), um einzufordern, was nicht einzufordern ist: nämlich Liebe und Treue.

Die Not, die hinter einem so problematischen Verhalten zu spüren ist, kann man gut verstehen. Was aber liegt vor? Es handelt sich hier oft um einen Mangel an innerer Selbständigkeit. Der Bedürftige ist immer angewiesen auf das, was der Partner ihm zukommen läßt. Auf etwas angewiesen sein heißt: Weder der »Geben-Sollende« ist frei (weil er soll, ob er will oder nicht), noch der Empfangende ist frei, weil er, wie schon erwähnt, eben angewiesen ist auf dieses Gefühl, vom anderen »seelisch versorgt« zu werden. Damit werden aber bedeutungsvolle Fähigkeiten wie Liebe und Treue verzerrt und entwürdigt.

Die Fragen in bezug auf Treue können sich so stellen: Bedeutet Treue, daß der Bereich von Erotik und Sexualität nur in der vorliegenden Beziehung gelebt werden kann? Sind außereheliche Beziehungen möglich, die, wenn in diesen auch keine sexuellen Kontakte bestehen, eine starke seelisch-geistige Verbindung zu einem Dritten zulassen?

Erfahrungsgemäß kann man sagen: Je stabiler eine Partnerschaft ist, um so bereichernder können Beziehungen, die für den einzelnen Partner bedeutsam sind, neue Impulse für die eigene Partnerschaft bringen.

Rudolf Steiner charakterisiert die Treue als ein Erlebnis, das man zu einem früheren Zeitpunkt an seinem Partner hatte. Dieses Erlebnis beschreibt, daß man einmal das Urbild des anderen wahrgenommen hat. Diesem Urbild gilt es, die Treue zu halten. Alles, was man sonst konventionell unter Treue versteht, ist so gesehen instabil. Das Urbild des anderen Menschen erfahren zu haben, kann vielleicht heißen: Ich habe ihn in seinen besten Entwicklungsmöglichkeiten wahrgenommen.

In der Beratung braucht der Therapeut seine persönliche Überzeugung in bezug auf Treue nicht zu verschweigen, wenn er gefragt wird. Doch muß er abschätzen können, ob die Gefahr besteht, daß seine Stellungnahme (zum Beispiel, daß er ein Votum für die Treue in Ehen und Partnerschaften abgibt) von einem anderen Partner als zusätzliches Druckmittel mißbraucht werden kann.

Es ist noch immer notwendig, in der Arbeit mit Ehepaaren die gängigen Begriffe wie Treue, Liebe und Sexualität neu zu formulieren. Oft verwenden diese nämlich Begriffe und meinen, der anderen verstehe selbstverständlich darunter den gleichen Inhalt. Vor allem mit Paaren, die durch latente Konflikte seit langer Zeit nicht mehr miteinander gesprochen haben, ist es sehr wichtig abzuklären: Meinen wir eigentlich noch dasselbe, wenn wir bestimmte Termini gebrauchen?

Man erlebt in der Beratung immer wieder, wie erstaunt ein Partner reagiert, wenn ihm klar wird, welch anderen Erfahrungsinhalt ein Begriff für den anderen haben kann. So hat man bald das ganze Ausmaß der Sprachverwirrung und Vereinsamung vor sich.

Im Laufe der Ehe entstehen Bilder vom anderen. Innerhalb einer Beratung sagte ein Ehemann dazu folgendes: »Eigentlich verstehe ich mich mit meiner Frau gut. Das heißt, dort, wo es um unsere Eigenheiten und Schatten geht. Und doch: Wir sind so hilflos, so voller guten Willens und doch ohne Illusion. Wir kennen uns gut und dennoch nicht genug, um eine Brücke zwischen uns zu bauen, die stabil genug wäre, um über sie wirklich zum anderen zu gehen. Und immer diese Bilder, diese Bilder, die wir uns voneinander gemacht haben, die sagen: So bist du! Bilder, die sich immer stärker verfestigen und wie eine Mauer zwischen uns stehen. Diese verdecken die Geheimnisse und Öffnungen, wo Neues sich offenbaren will. Ich kann nicht atmen, nicht gehen und mich nicht bewegen, wenn ich mein Dasein in dieser Galerie verbringen muß.«

Und jetzt kommt es zu einer Begegnung mit einem anderen Menschen, der genau diese Bilder nicht in sich trägt und das Gegenüber darin festhält. Und siehe da, es entsteht Neues und Unerwartetes im So-anders-angeschaut-Werden. Allerdings sind diese Begegnungen oft illusionär. Jedenfalls dann, wenn man hofft, daß nun alles, was bisher nicht möglich war, in Erfüllung geht. Denn man selbst war ja am Prozeß des Scheiterns einer Ehe mitbeteiligt. Und nun gilt es, das eigene Problem zu erkennen, um daran zu arbeiten. Sonst besteht wirklich die Gefahr, daß sich in einer neuen Begegnung, die vielleicht grundsätzlich viele Entfaltungsmöglichkeiten zuließe, Altes nur wiederholt und die Beziehung auch scheitert.

Andererseits gibt es Begegnungen, die darum wirklich glücklicher verlaufen, weil sich die Menschen gegenseitig in ihren biographischen Anliegen fördern, anstatt sich dauernd im Weg zu stehen.

Innerhalb einer biographischen Krise sind solche Begegnungen oft notwendig und daher berechtigt. Warum? Weil dadurch neue Fragestellungen und ungewohnte Lösungsansätze aktuell werden können.

Es geht hier nicht um einen Rechtfertigungsversuch menschlicher Schwächen. Doch die Erfahrung lehrt, daß man tatsächlich nicht (jedenfalls nicht sofort) weiß, welchen berechtigten Sinn eine solche Begegnung hat. Nun mag die Begegnung als solche notwendig sein, folgt man dem Schicksalsgedanken, wie ihn Rudolf Steiner in der Anthroposophie formuliert. Was aber in dieser Begegnung geschieht, ist allemal die freie Entscheidung des einzelnen.[10] Voraussetzung ist aber, daß man von der Erlebnis- zur Erkenntnisarbeit weiterschreitet.

Im Erkenntnisakt zeigt sich dann, welche Bedeutung eine solche Begegnung in Wahrheit hat. Wenn bei einem »Ehebruch« der sogenannte verlassene Partner nur mit Angst, Schmerz und Erpressungsversuchen reagiert oder gar die neue Begegnung bagatellisiert und zynisch abwertet, kann es zu keiner Erkenntnisleistung kommen. Das heißt nicht, daß man den Schmerz als erste Reaktion nicht voll verstehen und nachfühlen kann und muß.

Die in der Zeit der Empfindungsseele nicht erlebten und erlittenen Erfahrungen können nicht zu jedem beliebigen späteren Zeitpunkt nachgeholt werden. Denn jedes Jahrsiebt hat seine ganz signifikanten Erlebnis- und Erfahrungsmöglichkeiten. Das heißt aber wiederum nicht, daß man in einem anderen Jahrsiebt nicht vor die Notwendigkeit gestellt wird, bestimmte Reifungsschritte nachzuholen. Erst da, wo ein Mensch sich durch die eigene Ich-Werdung weitgehend selbst gefunden hat, ist er fähig, ein gemeinsames Miteinander zu gestalten. Sonst besteht immer die Gefahr, daß er die Probleme der eigenen Ich-Findung in eine Beziehung mit hinein vermischt und dadurch eine Partnerschaft schwer belastet. Daß sogenannte »Früh-Ehen« (im Alter zwischen 21 und 28 Jahren geschlossen, also im 4. Lebensjahrsiebt) mit solchen Fragen mehr zu kämpfen haben als Menschen, die einen solchen Prozeß ein Stück weit mehr absolviert haben, ist sicher gut nachzuvollziehen.

Hier liegt die große Aufgabe, die, wenn sie weder verstanden noch bewältigt wird, wie Dynamit in Ehen und Partnerschaften wirken kann. Gerade in junggeschlossenen Ehen müssen oft individuelle Reifungsschritte nachgeholt werden.

Dieser Prozeß geht nahezu immer zu Lasten der Ehebeziehung. Wirklich zerstörerisch wird es aber erst dann, wenn diese individuelle Suche vom Partner als gegen ihn gerichtet aufgefaßt wird. Das heißt z. B., wenn plötzlicher Rückzug in die eigenen vier Wände (seelisch oder physisch) als lieblos erlebt wird. Eine Ehefrau sagte in der Therapie: »Ich kann körperliche Nähe zu meinem Mann in meiner jetzigen Entwicklungsproblematik nicht ertragen.«

Solche barschen Abgrenzungswünsche können in der Tat verletzend wirken. Doch wenn der betroffene Partner nur gekränkt reagiert, ist nichts gewonnen. Vorwürfe und Forderungen verschärfen nur den Konflikt. In der Beratung kann man nämlich erleben: In Not sind *zwei* Menschen: Der sich abgrenzende nicht weniger als der andere. Wenn der Betroffene, den die Abgrenzung zumeist hart trifft, dann sehr gekränkt reagiert (was man gut verstehen kann), läßt er aber doch erkennen, daß er sich für den Entwicklungsnotstand des sich Verschließenden möglicherweise zu wenig interessiert. Dieses tiefere Interesse für das innere Schicksalsgeschehen des anderen fordert (und das ist immer schwer) nun vorübergehend Verzicht auf die Befriedigung eigener Bedürfnisse. Ist dieser Verzicht nicht möglich, dann kommt es zu großen Enttäuschungen auf beiden Seiten. Jeder fühlt sich vom anderen unverstanden und im Stich gelassen.

Eine Beratung kann dahingehend wirken, daß jeder der Beteiligten einzusehen vermag, daß dieser Prozeß für den einzelnen notwendig ist und nicht gegen den anderen gerichtet geschieht. Gelingt es dem ausgeschlossenen Partner auf persönliche Ansprüche zu verzichten, auf die er glaubt (zumeist irrtümlich) ein Recht zu haben, dann kann viel Vertrauen in die Tragfähigkeit einer Beziehung entstehen.

Jedenfalls fühlt der sich Abzugrenzende: Ich werde verstanden und nicht abgelehnt, wenn ich nicht so funktioniere, wie man es von mir erwartet.

Der Partner aber lernt, daß er auch ohne die beständige emotionale Wärme des anderen zu existieren vermag. Und mehr noch: er entdeckt seine eigene Initiativkraft, die ihn vertrauen läßt, Herausforderungen (wie den erwähnten Rückzug) nicht nur zu erdulden, sondern auch als Entwicklungsauftrag für sich selbst anzunehmen. Das heißt, jetzt kann er oder sie üben, aus eigener Kraft einen Weg zu gehen. Die Erfahrungen auf diesem Weg werden Gestaltungsmöglichkeiten zeigen.

Herr B. muß lernen, sich neben Beruf und Familie Freiräume zu schaffen, in denen er für sich und mit sich umgehen lernt. Tatsache ist ja, daß er eigentlich nie wirklich allein gelebt hat. Das gleiche gilt auch für seine Frau. Aus beiden Biographien geht deutlich hervor, wie schwer die Entmischung ist, vor allem für Frau B., die ihren emotionalen Haushalt von dem ihres Mannes abkoppeln muß. Auch hier liegt die Vermutung nahe, daß dieser Prozeß weniger dramatisch verlaufen wäre, wenn das Ehepaar nicht bereits in der Zeit der Empfindungsseele außerordentliche Pflichten übernommen hätte. Die eigenen Entwicklungswünsche mußten hinter den Bedürfnissen von Ehe und Kindern zurückstehen.

Darum können allzu frühe Festschreibungen zwischen einundzwanzig und achtundzwanzig Jahre kritisch werden. Kommt es dann zu Befreiungssituationen, so verursachen sie fast immer menschliches Leid. Es bleibt dann oft nur die Wahl, die gegenwärtige Situation zu zementieren, um niemandem weh zu tun, wobei man aber riskiert, sich selber zu »vergegnen«.[11] Oder man verläßt die geschaffenen Schicksalstatsachen, z. B. die Familie, und muß mit der Tatsache leben, anderen Menschen durch solche Entscheidungen Leid zugefügt zu haben.

Denn grundsätzlich darf man sagen, daß jeder vermeintliche Verzicht ein Reifungsschritt sein kann, wenn er in Freiheit und aus Einsicht in offenbar unabänderliche (weil wahrheitsgemäße) Notwendigkeiten geleistet wird. Diese Verzichtleistung ermöglicht dem Menschen eine Begegnung mit seinem höheren Ich, durch das er die Kraft bekommt, auch das zu realisieren, was er als richtig erkannt hat. Dann ist die Trauer auf all das nicht Gelebte, aber doch potentiell mögliche Leben ein berechtigtes Empfinden, das auch gefühlt werden darf. Die Erfahrung, daß ein Verzicht, der in Freiheit geleistet wird, das Ich eines Menschen stärkt, kann tief beglückend und hoffnungsspendend sein. Die nicht ergriffenen Erlebnismöglichkeiten, z. B. aus sozialen Verpflichtungen wie Ehe und Kinder, können durch solche Erkenntnis leichter ertragen werden.

An dieser Stelle sei der Frage nachgegangen: Was geschieht nun mit den Kindern, die im »Konfliktfeld Ehe« aufwachsen?

Kinder die in harmonischen Familienverhältnissen leben, haben zweifellos bessere Startbedingungen ins Leben als solche, die bereits in der Kindheit den Verlust eines Elternteils erfahren haben. Es darf vermutet werden, daß jedoch der Verlust von Vater oder Mutter durch einen Todesfall anders in den Seelen der Kinder lebt als der durch eine Scheidung. Die Trauer über ein unabänderliches Schicksal, wie der Tod, ist von anderer Qualität als z. B. die Trauer über eine zerbrochene Ehe. Denn in dieser Trauer, die der verlassene Ehepartner fühlt, können viel Schuldzuweisung und Gefühle wie Verbitterung und Haß enthalten sein. Es läßt sich unschwer einsehen, daß sich die Atmosphäre beim Verlust eines Elternteils in dem Falle einer Scheidung oder eines Todesfalles mit unterschiedlichen Seeleninhalten anfüllt. Das wird mitbestimmend sein, wie die Kinder diesen Verlust verarbeiten können.

Wenn Kinder in einer permanent kritischen Ehebeziehung aufwachsen, entsteht andererseits die Frage, was für die Kinder denn nun entwicklungshemmender ist: eine dauernde Belastung durch eine unglückliche Ehe oder eine klare Entscheidung für eine Trennung, durch die das Kind bei einem Elternteil aufwächst?

Kinder können aber nicht als »Bindemittel« für eine Ehe mißbraucht werden. Sie haben vielmehr das Recht, in ein Haus einzuziehen, dessen Fundament durch die Elternbeziehung bereits gebaut wurde. Doch, wie verläuft wiederum das Leben von Kindern, die in einem Elternhaus erzogen wurden, in dem alles formvollendet war? Von der Eßkultur bis zum Jahreszeitentisch fehlt nichts, nur eines: daß die Eltern einander in herzlicher Liebe zugetan waren!

Es kann vermutet werden, daß »Ehe-Hülsen« mit viel Form und wenig lebendigem Inhalt Kinder in ihrem Grundvertrauen zur Welt, und auch zu sich selbst erschüttern. Warum? In diesem scheinbar »in schönster Harmonie leben« wird ein Haus mit Fundament halluziniert, das in der Realität gar nicht existiert.

So werden die Kinder betrogen zu glauben, daß sie gefunden haben, was sie brauchen: eine verläßliche, nicht nur äußerlich, sondern vor allem innerliche Lebensgrundlage, die weitgehend durch die elterliche Beziehung geschaffen werden muß.

Kinder müssen sich sonst an den Formen orientieren, die sie für den Inhalt halten sollen, und werden auf diese Weise zutiefst verunsichert. Denn die Form ohne adäquaten Inhalt wird oft wie eine Beschwörungsformel eingesetzt. Diese kann so lauten: Niemand darf merken, oder gar aussprechen, wie beziehungslos, wie freudlos, ja wie latent agressiv wir alle miteinander umgehen.

Kinder können in leergefegten »Beziehungshülsen« kein Leben empfangen und kein Vertrauen bilden, weder in die Beziehung zu sich selbst, noch in den Beziehungen zu anderen Menschen. Woran sollen Kinder sich in diesem »Verwirrspiel« von nur »Lebensdekoration« zur Lebenswahrheit durcharbeiten, und wie lernen sie in diesen überformten und lebensfeindlichen Familienverhältnissen das eine vom anderen zu unterscheiden?

Daß Kinder in Scheidungssituationen Schaden an ihrer Seele nehmen können (nicht müssen), ist ja unbestreitbar. Nur liegt dies häufig an der Art, wie sie mit diesen Konflikten konfrontiert werden.

Man kann in der Beratung immer wieder erleben, wie Kinder konsequent und rücksichtslos als Kampfmittel gegen ein Elternteil eingesetzt werden. Gerade auch von Ehepaaren, bei denen man ein solches Verhalten nicht vermutet hätte. Die Eltern beteuern immer, es ginge ihnen um das Wohl der Kinder. In Wahrheit wird der Scheidungswillige oft nur an seine Verantwortung ermahnt, um ihn in die Ehegemeinschaft zurückzuholen.

Der Vater eines vierjährigen Sohnes drohte seiner Ehefrau, die entschlossen die Scheidung eingereicht hatte, seinen Sohn über das sogenannte »unzüchtige« Leben seiner Mutter aufzuklären, wenn diese nicht bereit sei, die Scheidung zurückzunehmen. Hier sei ausdrücklich betont: Es handelt sich in diesem Falle um einen sensiblen klugen Mann. Das zeigt allemal, daß bei außergewöhnlichen Belastungen, vor allem wenn es um eine kritische Selbsterkenntnis geht, sich das Unterste nach oben kehrt. Auch in der Beratung steht man diesen »Schlammschlachten« zuweilen hilflos gegenüber.

Ein Vater von sechs Kindern kam in einer schweren Beziehungskrise mit seiner Frau in die Beratung. Grundsätzlich wollte er die Scheidung, weil er aus der sehr lang andauernden Not in seiner Ehe keinen anderen Ausweg sah.

Er entschied sich nach kurzer Zeit überraschend ganz anders. Hier seine Begründung:»Ich habe mich entschlossen, in meiner Ehe zu bleiben, um meine Kinder weiter versorgen zu können; und zwar im Alltag und nicht nur besuchsweise am Wochenende. Diese Konsequenz hätte ja die Scheidung. Meine Kinder motivieren mich, da Verzicht zu üben, wo es um meine Freiheit und meinen persönlichen Entwicklungsweg geht. (Die Ehefrau hatte etwas außerordentlich Unselbständiges im seelischen Bereich und versuchte gleichzeitig, alle seine Schritte zu kontrollieren.) Ich sehe da, wo die Kinder abhängig und schutzbedürftig sind, die Notwendigkeit, mich selbst zurückzunehmen.

Meiner Frau habe ich eine Form von Lebenskameradschaft angeboten, wobei ich es abgelehnt habe, weiter eine Stütze für ihr seelisches Gleichgewicht zu sein.

Ich bin bereit, für die Kinder Verantwortung zu übernehmen. Für meine Frau sehe ich die Entwicklungsaufgabe darin, unabhängig von mir zu werden.« Sicher ist dieser rigide Ton in der Begründung für seine Entscheidung befremdlich. Aber man kann eine Verzichtserklärung, also ein Opfer für die Kinder, besser nachfühlen, als wenn ein erwachsener Mensch durch seine Schutzbedürftigkeit und seelische Unreife den Ehepartner praktisch in eine Art Elternrolle drängt und ihn dadurch subtil nötigt, eine Ehegemeinschaft aufrechtzuerhalten.

Und doch spürt man, daß dieses Lebensmodell, »für meine Kinder will ich Verantwortung übernehmen, für meine Frau aber nicht« konstruiert und lebensfeindlich ist, obwohl es eine gewisse Logik hat. Lebensfeindlich, weil es keine gemeinsame Entscheidung ist, sondern von dem Mann autoritär beschlossen wurde.

Auch eine Ehe ist ein Kollektiv. Je unbewußter zwei Menschen miteinander leben, um so ununterschiedener verschmelzen sie miteinander. Das Kollektiv bricht dann aber zusammen, wenn einer der Ehepartner sich für den eigenen Weg entscheidet und sich gegen eine symbiotische Gemeinsamkeit verwahrt. Wer um seine individuelle Geistigkeit ringt, also im Lebensalter zwischen 35 und 42 Jahren die Bewußtseinsseele ansteuert, wird dieses Bedürfnis nach Vereinzelung zu Recht verspüren. Das setzt allemal eine kritische Atmosphäre voraus, denn ohne Bewußtsein gibt es keine Probleme.

Zurück zu der Frage der Hindernisse, die auftreten können, wenn Erlebnisse und Erfahrungen nachgeholt werden müssen, die nicht entwicklungsgerecht in einem Jahrsiebt geleistet werden konnten. Nimmt man den Gedanken der Reinkarnation hinzu, wie ihn Rudolf Steiner in der Anthroposophie beschreibt, dann können Hindernisse in der Biographie ganz anders beurteilt werden. Gesamtbiographie meint dann, daß Vorgeburtliches und Nachtodliches zu einer Biographie dazugehören. Auf diesem Hintergrund sehen Lösungsversuche anders aus. Wie? Vor allem werden sie mit mehr Atem und Gelassenheit angegangen, aber auch die Leidensfähigkeit und Duldsamkeit erhalten durch den

Reinkarnationsgedanken ein reales Fundament. Vorsichtig formuliert kann das bedeuten: Es gibt Entwicklungsgeheimnisse, die in einer Inkarnation nicht behoben werden können. Diese sind unter Umständen aber ein wesentlicher Keim für einen wichtigen Schritt in einem nächsten Erdenleben. Auch in bezug auf Fähigkeiten kann ähnliches vermutet werden. Es gibt Menschen, die bestimmte Fähigkeiten mitbringen und sie dennoch nicht in voller Blüte in einer Inkarnation ausgestalten können. Auch dieser »Stau« kann, so schmerzhaft wie er sich gegenwärtig bemerkbar macht, notwendig sein, um in einem anderen Leben entwicklungsgerecht Tat zu werden.

Zusammenfassung

Es gibt sicher keinen Kausalzusammenhang, der so zu denken wäre: Wenn eine Ehe in der Zeit der Empfindungsseele zwischen dem einundzwanzigsten und achtundzwanzigsten Lebensjahr geschlossen wurde, sind die Probleme notwendig vorprogrammiert.

Andererseits geht aus der Beratungsarbeit mit Ehepaaren hervor, daß Unruhe und Bitternis häufig die Folge von zu früh und zu viel übernommener Verantwortung in Ehe und Familie sind. All das »ungelebte« Leben kann diese Unruhe und Verbitterung verursachen. Oft wird so ein soziales Ziel oder die Ausbildung bestimmter, aber einseitiger Fähigkeiten auf Kosten der Totalität der Persönlichkeit erreicht. Viel Leben, das auch hätte gelebt werden können, bleibt auf der Strecke, entweder als schmerzhafte Erinnerung oder schlimmer, als Explosionsstoff unter gut geordneten äußeren Verhältnissen.

Frau B. hat nun ihr Kunststudium trotz Familie mit vier Kindern wieder aufgenommen. Die Realisierung dieser Entscheidung erfordert viel Kraft, sowohl von ihr als auch von der Familie. Dies ist auch ein Akt der Befreiung aus einer für sie schwierigen Ehe- und Familienkonstellation. Welche Wege der Befreiungsprozeß von Herrn B. einschlagen wird, muß sich zeigen.

Sicher gibt es Menschen, die ihr Seelenleben durch starke spirituelle Bemühungen so verwandelt haben, daß schließlich das geschieht, was notwendig und richtig ist. Aber es gibt in jeder Biographie Grenzen, die man akzeptieren muß. Dies erfordert Mut, Redlichkeit und die Bemühung, daß das, was nach außen tritt, sich von innen her begründen möge, so daß »innen« und »außen« so kongruent wie möglich werden. Da, wo ein Rest bleibt – und der bleibt immer –, muß er mutig ertragen werden und nicht durch Identifikation mit Inhalten, welcher Machart auch immer, wegrationalisiert werden. Diese Akzeptanz ist eine weit bessere Voraussetzung für eine persönliche Entwicklung, als »schwarz« die Grenze zu passieren. Das heißt, ohne innere Reife Grenzen zu überspringen, sie aber in einem entsprechenden Werdeprozeß nicht wirklich überwunden zu haben.

Dazu ein Bild: Ein Mensch kauft einen herrlichen Flügel. Jetzt besorgt er Noten, legt einen schwarzen Frack an und verschickt Einladungskarten für einen Klavierabend. Die Gäste freuen sich auf so eine interessante Einladung. Nun sitzt der stolze Besitzer an seinem unerhört teuren Flügel. Die Gäste aber bemerken, obwohl das Arrangement perfekt ist, daß das Wesentliche fehlt. Bei den ersten Tönen wird auf bestürzende Weise hörbar: Er hat zu üben versäumt ...

Man kann die individuellen biographischen Bedingungen – und zu ihnen gehören auch Grenzen – nicht zugunsten einer Idealvorstellung eliminieren. Versuche dieser Art enden dann vielleicht so, wie C. G. Jung das drastisch beschreibt:

»Der Mensch läßt sich zwar in ein krankes Tier umgestalten, nicht aber in ein erdachtes Idealwesen.«[12]

Die Krise: Nur blankes Elend?
Oder Gnade und Neubeginn?

Sachliche Romanze

Als sie einander acht Jahre kannten (und man darf sagen: sie kannten sich gut),
Kam ihre Liebe plötzlich abhanden. Wie anderen Leuten der Stock oder Hut.

Sie waren traurig, betrugen sich heiter,
Versuchten Küsse, als ob nichts sei.
Und sahen sich an und wußten nicht weiter.
Da weinte sie schließlich. Und er stand dabei.

Vom Fenster konnte man Schiffen winken.
Er sagte, es wäre schon viertel nach vier
Und Zeit irgendwo Kaffee zu trinken.
Nebenan übte ein Mensch Klavier.

Sie gingen ins kleinste Café im Ort
Und rührten in ihren Tassen.
Am Abend saßen sie immer noch dort.
Sie saßen allein, und sie sprachen kein Wort
Und konnten es einfach nicht fassen.[13]

Frau B. beschreibt die Krise so:
»Die erste Erschütterung erlebte ich, als mein Mann während seiner Kur mir am Telefon mit Begeisterung von einem Ausflugstag mit einer jungen Frau erzählte, die er bis dahin nicht erwähnt hatte. Merkwürdigerweise bekam ich sofort Herzklopfen und dachte im Innern sogleich, was es mit dieser Beziehung wohl auf sich habe.

Dann war die Zeit des Wiederbegegnens gekommen. Ich konnte meinen Mann ohne die Kinder abholen, und wir verbrachten einige wunderschöne Tage in den Bergen. Bei aller Innigkeit und Freude miteinander plagte mich die Frage, wie die Art der Begegnung zwischen der jungen Frau und meinem Mann gewesen sein mochte. Er erzählte mir viel von ihr und ihrem persönlichen Leidensweg. Zweimal fragte ich ihn, ob er mit ihr eine sexuelle Beziehung eingegangen wäre. Zweimal lachte er und

verneinte meine Frage. Sein ganzes Verhalten und unser Wieder-
begegnen war auch so erfüllt, daß diese Vermutung eigentlich
nicht nahelag.

Es begannen für mich vier Wochen des inneren Ringens mit
meinem Mißtrauen. Oft glaubte ich zu spüren, er schreibe ihr
heimlich Briefe. Ich hatte etliche Träume von dieser jungen Frau
und selbst von ihrem Lebenspartner. Ich bemühte mich immer
wieder neu, diesen zerstörerischen Verdacht abzuschütteln, doch
stets kam von außen ein neuer Angriff. Am grauenvollsten war
eine Nacht, in der mein Mann sich zärtlich zu mir wandte und
dabei den Namen der jungen Frau aussprach.

Wir sprachen, stritten und weinten über solche Vorkommnisse.
Daneben lebten wir unser Ehe- und Familienleben, nahmen uns
viel Zeit füreinander, wie lange nicht mehr. Eines Tages aber war
ein Brief von jener Frau angekommen. Mein Mann zeigte sich
erstaunt, verwies aber zugleich auf den folgenden Tag, an welchem er den Brief zusammen mit mir anschauen wollte. Doch am
nächsten Tag war der Brief verschwunden. Dies brannte in mir
und weckte in mir erneut alle Fragen. An jenem Mittag mußte
mein Mann kurz fort und ließ seine Tasche in meinem Zimmer
stehen. Ich konnte jetzt nicht mehr anders, als in jene Tasche zu
schauen, und fand in einer Mappe ein ganzes Bündel von Briefen.
Es waren lauter Liebesbriefe. Nun begann eine furchtbare, letztlich aber auch fruchtbare Zeit.

In den ersten Tagen erlebte ich mich bis in die Physis hinein
angegriffen, verletzt. Es war wie eine einzige offene Wunde in
mir. Doch trotz meiner Verzweiflung über das zunächst nicht
Faßbare (warum gerade jetzt, wo wir doch so viel geschafft und
miteinander getragen haben?), gelang es uns von Anbeginn, diese
Beziehung während der Kur und die Briefe danach anzuschauen.

Wir suchten nach Motiven, warum mein Mann die Briefe so
lange verheimlicht hatte. Dies war mir zunächst fast das Schwer-
ste, Unbegreiflichste von allem.

Wir fanden verschiedene Gesichtspunkte: Die Sorge und Angst
meines Mannes, wie ich das alles aufnehmen würde. Sein Bestreben, durch intensives Zusammensein unseren gemeinsamen Bo-

den zu festigen. Daneben ein Rest Ungewißheit, die Dinge sich selbst entwickeln zu lassen.

Kräfteverhältnisse ernst zu nehmen, aus denen heraus die Beziehungen ihren Verlauf nehmen sollten. Auch dem dritten Menschen die nötige Zeit zu geben, sich von der Verliebtheit hin zur Freundschaft zu bewegen.

Darüber hinaus suchte jeder für sich nach den Lebensmotiven, die unsere Ehe begründeten. Wir erkannten, wie dabei im Grunde der eine die Motive des anderen aussprach: Ich möchte deinen Weg begleiten, deine Lebensideale sind das, was ich an Dir liebe. Beide bemühen wir uns, das Künstlerische in uns auszubilden und in den Alltag fließen zu lassen. Ich möchte unsere Kinder mit dir erziehen, deine Qualitäten als Mutter/Vater schätze ich sehr. Unser gemeinsames Blicken auf die Kinder ist immer fruchtbar.

Diese Zeit des Ringens erlebe ich im Nachhinein wie einen ausgesparten Raum vom Alltagsgeschehen. Zuweilen blicke ich sogar etwas »sehnsüchtig« auf diese dichte konzentrierte Zeit zurück. Täglich nahmen wir uns Zeit füreinander. Und die Kinder ließen uns diesen Freiraum, als spürten sie diese Notwendigkeit. Die äußeren Pflichten traten eine Weile etwas zurück. Für mich war es auf jeden Fall eine große Hilfe, daß mein Mann sich so viel Zeit nahm, trotz der Belastung in der Schule.

Die Gespräche mit einem Arzt über die Geschehnisse im Sommer halfen uns, ruhiger auf die Dinge zu schauen. Bei allen Bemühungen umeinander war es selbstverständlich nicht so, daß dies immer nur harmonisch und einsichtig verlief. Es gab viele verzweifelte Gespräche, vor allem spät in der Nacht. Nach einigen Monaten in dieser Intensität forderte der Alltag sein Recht. Wir verzichteten auf die Gespräche und bemühten uns, im Tun wieder Vertrauen entstehen zu lassen. Vertrauen mußte in jedem von uns wieder wachsen. Ich mußte neu lernen, ganz loszulassen. Lange noch war für mich jeder Blick in den Briefkasten von heftigem Herzklopfen begleitet. Es war wie eine Befreiung von mir selbst, als ich etwa nach einem halben Jahr das erste Mal K.'s Zimmer betreten konnte, ohne den Zwang zu spüren, in seiner

Tasche nach Briefen oder sogar in seine persönlichen Aufzeichnungen zu schauen. Wenn ich es getan hatte, konnte ich glücklicherweise mit meinem Mann darüber sprechen. Erst nach und nach kehrte in diesem Punkt mehr Selbstsicherheit und Gelassenheit ein.

Neben alldem waren für mich selbst meine Erlebnisse mit mir allein im Sommer sehr wichtig. Ich hatte ganz eigene Ziele vor Augen, begann bei einer kleinen Theatergruppe mitzuarbeiten und führte die ersten Gespräche im Hinblick auf mein lang ersehntes Studium. Immer klarer wurde das künstlerische Tun, ein fester Halt inmitten dem, was mich seelisch zwischendurch zu überrumpeln drohte. Im Frühjahr arbeitete ich viel für die Aufnahme zum Studium, mit welchem ich im folgenden Herbst tatsächlich begann.

Ob es mir und uns gelingen wird, diesen neuen und zusätzlichen Aufgaben gerecht zu werden, wird sich erst zeigen. Wenn wir die Wege betrachten, die bis hierhin geführt haben, so wissen wir, daß es richtig ist. Für mich bedeutet jeder Tag eine neue Bereicherung, und ich bin zuversichtlich, daß die Begeisterung für mein Studium mir auch die Kraft geben wird, den Alltag mit Familie zu meistern.«

»... Alles Gewohnte zieht ein immer fester werdendes Netz von Spinnweben um uns zusammen; und alsobald merken wir, daß die Fäden zu Stricken geworden sind und daß wir selber als Spinne in der Mitte sitzen, die sich hier gefangen hat und von ihrem eigenen Blute zehren muß. Deshalb haßt der Freigeist alle Gewöhnungen und Regeln, alles Dauernde und Definitive, deshalb reißt er, mit Schmerz, das Netz um sich immer wieder auseinander: wiewohl er infolgedessen an zahlreichen kleinen und großen Wunden leiden wird – denn jene Fäden muß er von sich, von seinem Leibe, seiner Seele abreißen. Er muß dort lieben lernen, wo er bisher haßte, und umgekehrt. Ja, es darf für ihn nichts Unmögliches sein, auf dasselbe Feld Drachenzähne aussäen, auf welches er vorher die Füllhörner seiner Güte ausströmen ließ. –Daraus läßt sich abnehmen, ob er für das Glück der Ehe geschaffen ist«.[14]

Herr B. beschreibt die Krise so:

»Die Kur war für mich ein Rettungsanker. Allein das Schifflein, das ihn hielt, war arg klein, und kaum wurde es wieder einigermaßen seetüchtig, schickte ich es recht unbedacht sogleich auf hohe See: Ich lernte eine junge Frau kennen, deren Lebenslauf starke Ähnlichkeit mit meiner Biographie hatte. Eine seelische und körperliche Beziehung haben wir beide von Beginn an wohl nicht ausgeschlossen. Wenn ich ehrlich bin, so lebte in mir schon lange das Verlangen nach einer sexuellen Erfahrung außerhalb meiner Ehe. Dies, obwohl ich die geistig-seelische und die sexuelle Beziehung zu meiner Frau als erfüllt erlebe. Dieser Widerspruch hat mir viel Not gemacht.

E., die junge Frau, und ich ließen also auch der sexuellen Begegnung ihren Raum. Halbbewußt ahnend, daß das Schicksal gerade in der körperlichen Beziehung auch neu geknotet wird. Wir wußten voneinander, daß jeder in einer anderen Verbindung lebte. An diesen Widersprüchen erlebten wir großen seelischen Schmerz. Dieser wurde noch größer, als die Kur zu Ende war und jeder in seine Lebensbedingungen zurückkehrte. Dieser Schritt wurde von uns beiden als richtig empfunden.

Meine Frau wie auch der Lebenspartner von E. vermuteten eine Beziehung während der Kur. In den Gesprächen mit meiner Frau nach der Kur bestätigte sich ihre Vermutung. Sie fand die Briefe und damit lag die Situation offen vor uns. Wir konnten zu diesem Zeitpunkt kein Gespräch mit allen Betroffenen führen, zuviel Verletzung und Vorwurf verhinderten diese Möglichkeit. Aber vielleicht zeigte auch gerade das, wie unfrei diese Begegnung war. Inhalt dieser Begegnung waren zum großen Teil die ungelösten Fragen des einzelnen wie auch Fragen an die jeweilige Partnerschaft.

Die Zeit nach der Kur, in der ich wieder bei meiner Familie war, habe ich als sehr intensiv erlebt. Wir versuchten so viel als möglich miteinander zu gestalten. Bewußter konnten wir die beruflichen Belastungen, die häusliche Dichte und die große, noch junge Familie anschauen. Immer wieder war es möglich, Freiräume zu schaffen, in denen wir musizierten oder miteinander sprachen. Für mich war neben all dem wichtig, die Beziehung zu E. zu verwandeln, sie tiefer zu verstehen, um sie in die Beziehung zu meiner Frau und in mein eigenes Schicksal integrieren zu können. Ich bemerkte deutlich, daß meine Frau und ich nach der Kur intensivere Begegnungen hatten und konzentrierter miteinander umgehen konnten, als dies vor meinem Zusammenbruch möglich war. So schien mir die Zeit nötig zu sein, um das Vertrauen im Alltag wieder miteinander zu bilden und die Verletzung, wenigstens ansatzweise, zu heilen. Auch ging es mir darum, Begriffe zu bilden, die diesem Geschehen angemessen waren, und die über die eigene und gemeinsame Betroffenheit hinausreichten.

Als meine Frau und ich dann zu unserer Erleichterung offener sprechen konnten, fühlte ich am Schmerz meiner Frau erst meinen eigenen. Die Gespräche drohten jedoch immer wieder auseinanderzufallen in ein: »Wie war es? Was war genau?« und in ein hilfloses: »Warum?« bei uns beiden. Angesichts mancher banalen Bloßstellungen blieb mir häufig nur die Wahl, entweder kategorisch zu schweigen oder überheftig zu reagieren. Ich erlebte die aufgeworfenen Fragen oft als Zerrbilder, die die wirklich dahinter liegenden Probleme verdeckten. Berechtigten Fragen wollte ich mich zwar stellen, allerdings unter Beibehaltung eines menschlichen Taktgefühls.

Die Gespräche zehrten sehr an unseren Lebenskräften. Zugleich war uns aber auch bewußt, daß wir miteinander sprechen wollten und mußten. Nur langsam gelang es uns, das ganze Problem auf verschiedenen Ebenen anzuschauen: Sachliche Betrachtung des tatsächlich Geschehenen, Verständnis für die Gründe, die zu dieser Krise führten.

Die seelischen und körperlichen Zusammenbrüche vermischten diese Ebenen wieder hoffnungslos. Folge: ein unentwirrbarer Knäuel von Vorwurf, Verletzung und Betroffenheit. Wir versuchten uns zumindest äußerlich zu disziplinieren, keine Gespräche nach 22.00 Uhr und keine vor morgens 7.00 Uhr zu führen. Lebenserfahrene Menschen gaben uns Rat. Ohne diese Hilfe wären wir mit der Situation nicht fertiggeworden.

Auch bei E. und ihrem Lebenspartner kam es zu einem offenen

Gespräch. Wir versuchten gemeinsam in Form von Briefen Klärung zu schaffen. Diese Versuche scheiterten jedoch. Vermutlich war die Zeit noch nicht reif dafür.«

> »Reden wir nur davon,
> obgleich es schlimm ist.
> Schweigen ist schlimmer.
> Alle verschwiegenen Wahrheiten
> werden giftig.«[15]

Die Krise in einer Partnerschaft ist der Ausbruch einer schleichenden Erkrankung. In der Beratung können Paare oft sehr präzise den Zeitpunkt des Beginns ihres Leidensweges angeben.

Das kann so aussehen: Die eigenen Bedürfnisse werden zunächst relativiert, das Bedürfnis des Partners geht vor. Die eigenen Bedürfnisse werden gar nicht mehr wahrgenommen. So weit ist man nun von sich entfernt. Hier ist aber nichts verwandelt, hier ist nur alles betäubt worden. Verzicht auf eigene Bedürfnisse kann in einer bestimmten Situation das Ergebnis einer strengen Selbstschulung sein und somit eine ethische, weil freie Tat. In einem anderen Fall ist ein solches Verhalten aber blanke Schwäche, z. B. Anpassung als Garantie für ein sogenanntes harmonisches Familienleben! Es gibt aber auch Ehen, in denen der »Stärkere« den »Schwächeren« durch Drohung, allerdings subtilster Art, zu derartigen Totstellreflexen für die eigene Bedürfnislage konditioniert hat. Wer hier Opfer ist, ist immer auch Täter und vice versa.

Oft ist eine tiefe Resignation als Stimmung zwischen den Ehepartnern wahrzunehmen. Was liegt da zugrunde? Man hat einige Male versucht, dem anderen sein Problem und einen eigenständigen Lösungsversuch anzuvertrauen und ist tief erschrocken, mit wieviel Angst und Abwehr auf diese eigene Bewegung reagiert wird. Hier handelt es sich sehr oft um eine Schwellensituation. Der Partner ringt in seiner Seele um Autonomie. Auf dem Weg der Ich-Findung gibt es Vermittlungsprobleme innerhalb einer Ehe. Oft ist die Not, die damit verbunden ist deutlich spürbar, nicht aber das dahinter liegende Motiv – nämlich die Selbstfindung, die eine Ehe gar nicht bedrohen muß.

Fortan weiß man aus diesen Erfahrungen, daß existentielle Probleme, die möglicherweise auch die Partnerschaft mitbetreffen, nicht thematisiert werden können. So ist man allein mit seiner Not. Summieren sich solche Enttäuschungen, kann es in einer nach außen gut funktionierenden Ehe zu einem nachhaltigen Vertrauensverlust kommen. Das Gemeinsame, das einmal der Grund für diese Ehe war, ist zerstört; wie Erich Kästner dies so erschütternd schlicht beschreibt:

»... Sie saßen allein und sprachen kein Wort.

und konnten es einfach nicht fassen.«

Und dies kann geschehen, ehe es den Partnern überhaupt voll zum Bewußtsein kommt. Trennung ist dann oft der einzige Ausweg aus dieser Katastrophe.

Aus der Erfahrung läßt sich sagen: Je länger die Krise verschleppt wurde, um so ungünstiger ist die Prognose auf einen Heilungsprozeß. In all den Jahren haben sich soviel Not, Mißverständnisse, stille Verzweiflung und eine Reihe endloser Enttäuschungen auf die Konten der jeweiligen Partner verteilt. Die Bilanz ist entsprechend verheerend. Heilung meint hier: In einen offenen Prozeß einwilligen, dessen Ausgang ungewiß bleiben muß. Und dazu fehlt den Menschen oft das Vertrauen in die Glaubwürdigkeit des Partners und der Mut in die eigene Durchhaltekraft.

Krisen sind grundsätzlich Geschenke im Schicksal. Ob sie als solche empfangen und als Entwicklungsauftrag angenommen werden, ist eine andere Frage. Hat vielleicht jeder Mensch sein spezifisches Gewicht, das entsprechend steigt oder sinkt, wenn er seine Grenze erreicht?

Bei außerordentlichen Belastungen vermögen Menschen grenzüberschreitende Fähigkeiten und Kräfte zu mobilisieren. Aber auch das Gegenteil ist möglich. Wenn Konventionen und Traditionen nicht mehr tragen und nun bei existentiellen Lebensschwierigkeiten – und jede Krise ist das schließlich – die eigene freie Tat gefordert wird, offenbart sich das ganze persönliche Unvermögen, mit kritischen Lebenssituationen schöpferisch umzugehen. Schöpferisch meint hier, auf alle nur äußeren Lebensformen zu verzichten, von denen man Sicherheit erhofft. Krisen signalisieren eindeutig: Etwas muß sterben, nämlich die »alte Welt«. War diese Ordnung bis zum Ausbruch der Krise auch gültig, jetzt werden Kulissen abgeräumt. Desillusionierung bis auf die Knochen, illusionslose Wüste, Enttäuschung, sowohl was die eigenen Fähigkeiten und Unfähigkeiten betrifft als auch die des Ehepartners. Der Zusammenbruch der alten Ordnung ist aber unerbittlich Vorbedingung für ein umfassendes Wandlungsgeschehen. Es muß eben tief beim Fundament mit der Arbeit begonnen werden. Auf das Thema bezogen heißt das, die Wurzeln müssen in einer Krise freigelegt werden, damit man die Krankheit erkennen kann. Und nur wenn die Wurzeln gesund sind, kann eine Pflanze gedeihen. Man muß den Wurzeln die Nahrung zuführen, die sie brauchen.

Zusammenbruch der alten Welt bedeutet, am Abgrund zu stehen und durch den Nullpunkt gehen zu müssen. Dieses Schwellenerlebnis kann auch so verstanden werden: Was getragen hat, trägt nicht mehr. »So wie du bist, kannst du nicht bleiben.« Es braucht Mut und Furchtlosigkeit, um den Nullpunkt als Bedingung für einen Neuanfang zu ertragen. Ohne ein grundsätzliches Vertrauen in die guten Mächte des Schicksals geht das nicht.

Das sagt und schreibt sich so leicht. Aber am Abgrund stehen und zu erfahren: »Nichts trägt mich mehr«, ist außerordentlich beängstigend. Es ist paradox und dennoch wahr: Das Vertrauen in die guten Daseinsmächte, wie Rudolf Steiner das hier beschreibt, kann nur eine reale Erfahrung werden, wenn man durch den Nullpunkt ohne Überlebensstrategie geschritten ist. Den Nullpunkt durchschreiten aber kann man nur im Vertrauen auf die Hilfe aus der geistigen Welt. Erst dann kann man die Erfahrung machen, daß es Hilfe und Schutz gibt. Friedrich Hölderlin beschreibt diese Erfahrung so:[16]

> »... Voll Güt ist, keiner aber fasset
> Allein Gott.
> Wo aber Gefahr ist, wächst
> Das Rettende auch ...«

Unzulässige Überlebensstrategie in bezug auf Krisen in der Partnerschaft heißt z. B. vor dem Einsamkeitserlebnis: »Ich möchte flüchten vor dem Abgrund, an dem ich jetzt allein stehe.« Verzweiflung, Ratlosigkeit und Desorientierung können nicht getragen werden. Mögliche Konsequenz: Flucht in die gerade brüchig gewordene Partnerschaft, aus Angst, das Erlebnis »Ich bin auf mich selbst verwiesen« als Schwellenerfahrung nicht ertragen zu können. Abgesehen von einem solchen Geschehen wie in der angeführten Ehekrise, steht jedem Übenden auf dem anthroposophischen Schulungsweg diese Erfahrung bevor. Es ist zunächst also ein ganz individuelles Problem. Eine Lebenskrise kann die Notwendigkeit einer solchen Entwicklung deutlich anmahnen.

Grenzüberschreitendes Vorgehen braucht noch eine andere Bedingung, nämlich die Liebe zum eigenen Schicksal.

»Ein Mensch ohne amor fati (Liebe zum Schicksal) ist der Neurotiker, er versäumt sich selbst, und kann nie mit Nietzsche sagen: Nie erhebt sich ein Mann höher, als wenn er weiß, wohin ihn sein Schicksal noch führen wird.[17]

Eine biographische Krise nicht annehmen, heißt grundsätzlich, sich zu versäumen. Denn wer sonst als jeder Mensch selbst hat diese Krise gewollt?

»... Etwas stößt dem Menschen zu. Er ist wohl zunächst geneigt, ein solch Zustoßendes wie ein zufällig in sein Leben Eintretendes zu betrachten. Allein er kann gewahr werden, wie er selbst das Ereignis solcher Zufälle ist. Wer sich in seinem vierzigsten Lebensjahre betrachtet und mit der Frage nach seinem Seelenwesen nicht bei einer wesenlos abstrakten Ich-Vorstellung stehenbleiben will, der darf sich sagen: ich bin ja gar nichts anderes, als was ich geworden bin durch dasjenige, was mir bis heute schicksalsmäßig zugestoßen ist. Wäre ich nicht ein anderes, wenn ich zum Beispiel mit zwanzig Jahren eine bestimmte Reihe von Erlebnissen gehabt hätte statt derjenigen, die mich getroffen haben? Er wird dann sein Ich nicht nur in seinen von innen heraus kommenden Entwicklungsimpulsen suchen, sondern in dem, was von außen gestaltend in sein Leben eingreift. In dem, was ihm geschieht, wird er das eigene Ich erkennen ...«[18]

Wenn die Erkenntnis, »was mir geschieht, darin erkenne ich mein selbstgewähltes Schicksal«, zur Gewißheit wird, dann erst können Lebenskrisen angenommen und gelöst werden. In diesem Prozeß der Selbsterkenntnis und der Selbstheilung vermag dem Menschen ein individueller seelischer Schulungsweg eine Orientierung zu geben.

Das Ziel einer solchen Bemühung umschreibt Rudolf Steiner im anthroposophischen Schulungsweg folgendermaßen:

»... Eine freie Seele, die im Gleichgewichte zwischen Sinnlichkeit und Geistigkeit steht, muß der Geheimschüler entwickeln. Er muß es dahin bringen, daß er sich seiner Sinnlichkeit überlassen darf, weil diese so geläutert ist, daß sie die Macht verloren hat, ihn zu sich herabzuziehen. Er soll es nicht mehr nötig haben, seine Leidenschaften zu zügeln, weil diese von selbst dem Rechten folgen ...«[19]

Es geht hier nicht um einen ethischen Verhaltenskatalog. Es geht vielmehr um die Entwicklung von Fähigkeiten zu einer individuellen Such-Gebärde, die im Ringen um eine »freie Seele« ein Gleichgewicht zwischen Sinnlichkeit und Geistigkeit immer wieder neu suchen muß.

Für Herrn B. stellt sich die Frage, für welche unerlösten Seelenprovinzen die Begegnung in der Kur steht. Im Gespräch sagte er, daß es für ihn immer klar war, daß er zu seiner Familie zurückkehren wird. Für E. sah das anders aus. Sie hätte sich von ihrem Lebenspartner für die Beziehung mit Herrn B. getrennt. Er beschreibt, daß er die Begegnung mit E. als sehr unfrei empfunden habe. Unfrei insofern, als all die ungelösten individuellen Fragen wie auch die jeweiligen Probleme in den Ehen und nicht das besondere Interesse an diesem speziellen Menschen das ausschlaggebende Motiv für diese Beziehung war.

Offenbar lag also kein ich-hafter Entschluß vor, der so lauten könnte: »Ich will diese Beziehung auch im erotischen Bereich, obwohl ich mir über die möglichen Konsequenzen in meiner Ehe im klaren bin.« Herr B. muß lernen, Farbe zu bekennen. Auch muß er mutig Probleme offener und direkter angehen. Er hat die Tendenz, Konflikte »auszusitzen«. Seine gut formulierten Begründungen vermögen aber nicht darüber hinwegzutäuschen, daß er unpopulären Auseinandersetzungen innerlich (durch Gesprächsverweigerung) und äußerlich (durch das Haus verlassen) gern ausweicht. So werden die anstehenden Schwierigkeiten verschleppt, ohne daß sich wirklich etwas verändern kann.

Diese Emigration bewirkt bei seiner Frau einen »Aderlaß«, der sich auf ihre Lebenskräfte bezieht. Es entstehen in dieser Ehegemeinschaft »Löcher«, die sich mit sehr ungutem »Material« anfüllen. Dies kann Enttäuschung, Vorwurf und unsachgemäßes Anklammernmüssen sein.

Seine Argumentation, warum er sowohl die Briefe als auch das Ausmaß der Beziehung zu E. vor seiner Frau so lange verheimlicht hat, ist verständlich. Denn er fürchtete zu Recht, wie verletzt seine Frau reagieren würde und wie quälend die Auseinandersetzungen in der Folge sein würden. Die Verheimlichung der eigentlichen Tatbestände ist aber auch Ausdruck seiner seelischen Ambivalenzen. Nicht die Ambivalenzen sind nun das Problem, sondern wenn unehrlich mit ihnen umgegangen wird. Unehrlich meint in diesem Zusammenhang: Ich teile dem anderen nicht mit, wie ich wirklich fühle.

Schwierig sind aber auch die Lebensanforderungen, vor die sich Herr B. gestellt sieht. Diese zwingen ihn in ein festanliegendes Korsett. Korsett heißt ja, es beengt zwar, aber es gibt auch Form – und zwar von außen. Er muß lernen, diese Formkräfte in seinem Innern zu entwickeln. Sonst besteht die Gefahr, daß die Form, sofern sie eben nur von außen gegeben ist, gerade in schwierigen Situationen zerbricht, in denen sie tragen sollte.

Aufgrund der Situation, die nun vorliegt, sollte es zu Verabredungen zwischen Herrn B. und seiner Frau kommen: Worauf kann man sich verlassen? Vielleicht auf »nichts«. Dieses Bekenntnis ist dann eine schmerzliche, aber wahre Ausgangslage. Es ist für die Vertrauensbildung in einer Ehe, vor allem wenn es zu so traumatischen Erfahrungen in bezug auf Treue und Sexualität gekommen ist, grundsätzlich notwendig, daß deutlich ausgesprochen wird: In welchen Fragen gibt es Kompromißbereitschaft? Was ist konsensfähig? Was muß völlig offen bleiben? Wo sieht jeder seine Grenze, die, wenn sie überschritten wird, ein gemeinsames Zusammenleben nicht mehr möglich macht?

Diese Verabredungen sind keine Garantie für das, »was« geschieht, aber sie können eine Hilfe sein für das, »wie« es geschieht.

Neben solchen methodischen Schritten, die es zu finden gilt, spielen aber auch individuelle Seelengegebenheiten der jeweiligen Partner in die Beziehung hinein. Diese muß man erkennen und geeignete Wege finden, individuell und gemeinsam damit umzugehen. Im Falle von Herrn B. sieht das so aus: Sein permanentes Erschöpftsein hat nicht ausschließlich mit seine Anforderungen in Familie und Beruf zu tun. In ihm lebt eine Sehnsucht nach »entgrenzenden« Erlebnissen. Die Beziehung in der Kur war ein solches Erlebnis. Es findet ein beständiger Kampf zwischen der Sehnsucht nach Entgrenzung und der Notwendigkeit statt, eine Form zu bewahren, die den Lebenszusammenhang in Familie und Ehe gewährleistet. Das Dilemma heißt also: Läßt er seiner Auflösungstendenz Raum, z. B. in Form von anderen Beziehungen, so belastet er seine Ehe, die daran scheitern könnte. Übernimmt die Vernunft das Kommando, dann bestehen die Wünsche trotzdem und wirken aus dem Unbewußten, da sie keine Angriffsfläche haben, erschöpfend und lähmend. Diese Dynamik ist außerordentlich kraftraubend.

Für Frau B. hat die Beziehung ihres Mannes zu einer anderen Frau zunächst wie Verrat und Betrug gewirkt. Als erste Reaktion ist das sehr nachfühlbar. Vor allem, wenn man die Situation bedenkt, in der sie das erlebte. Schon lange vor dem Zusammenbruch ihres Mannes hatte sie die Familie allein zusammenhalten müssen. Auf diesem Hintergrund war die Enttäuschung darüber, daß ihr Mann sich mit einem anderen Menschen tief verbunden hat, besonders bitter. Und doch: Dieses Ereignis hat Frau B. mit der Tatsache konfrontiert, wie abhängig sie in der Beziehung zu ihrem Mann ist. Mit dieser Abhängigkeit wird sie sich fortan zu beschäftigen haben. Nicht ihre Verletztheit (die man verstehen kann) über den »Treuebruch« ihres Ehemannes zeigt ihre Abhängigkeit, sondern ihre Reaktion darauf. Die Reaktionsweise, z. B.

Briefe öffnen, das Tagebuch von ihrem Ehemann lesen zeigen unmißverständlich, daß hier Abhängigkeitsverhältnisse vorliegen, die verändert werden müssen.

In der Regel leben Menschen in bezug auf ihr eigenes Verhältnis zu Autonomie und Unfreiheit in einer nahezu wahnhaften Illusion. Wie autonom ein Mensch wirklich ist, zeigt sich erst, wenn er dies in außerordentlichen Belastungssituationen unter Beweis stellen muß. Hier geht es nicht um ein kritisches Hinterfragen, sofern es sich um eine echte und tiefe Verbundenheit in Ehen und Partnerschaften handelt, sondern vielmehr um eine emotionale Abhängigkeit, die quälend und entwicklungsfeindlich sowohl individuelle Biographie in ihrem Entwicklungsprozeß beeinträchtigt, als auch eine sinnstiftende Partnerschaft schließlich und endlich unmöglich macht.

Oft stehen Frauen, die mehrere kleine Kinder haben, vor der Notwendigkeit, ihren emotionalen »Haushalt« von dem ihres Mannes unabhängig zu halten. Das ist in einer Familienkonstellation, die viel Kraft und Einsatz fordert, sicherlich schwierig. Ohne die zu entwickelnde innere Unabhängigkeit aber entsteht Leid. Die Sicherheit, nach der sich Menschen in einer Ehe sehnen, ist grundsätzlich immer eine Illusion. Eine innere Sicherheit kann man nur in sich selbst finden.

Menschen werden in ihrer Entwicklungsproblematik gerade das als Last empfinden, sich so verhalten zu müssen, daß der Partner dadurch eine Art Sicherheit bekommt. Man wird dies als latente Nötigung empfinden und innerlich auf Distanz von so einer Ehegemeinschaft gehen.

Das bedeutet loslassen. Das betrifft alle Vorstellungen, wie es sein sollte und natürlich nie ist. Man muß einander »freigeben«, so daß jeder unbehelligt von Ängsten und subtilen Ansprüchen seinen Weg gehen darf. Ein Miteinander wird es geben, wenn jeder in der Partnerschaft einen Raum zur individuellen Entfaltung beanspruchen darf. Vor diese Problematik sieht sich auch Frau B. gestellt. Nur, wenn sie ihren eigenen inneren Weg sicher zu gehen vermag, wird sie auch frei genug in ihrer Lebenspartnerschaft existieren können.

C. G. Jung beschreibt das so:

»... Die Frau fühlt, daß die Ehe keine wirkliche Sicherheit mehr ist, denn was gilt ihr die Treue des Gatten, wenn sie weiß, daß seine Gefühle und Gedanken danebenlaufen und daß er bloß zu vernünftig und zu feige ist, ihnen nachzulaufen! Was gilt ihr ihre eigene Treue, wenn sie weiß, daß sie damit bloß ihrer legalen Besitzmacht frönt und dabei ihre Seele verkümmern läßt? Sie ahnt eine höhere Treue, eine Treue im Geist und in der Liebe, jenseits der menschlichen Schwäche und Unvollkommenheit. Vielleicht wird sie noch entdecken, daß das, was schwach und vollkommen, eine schmerzliche Störung, ein angsterregender Abweg ist, seiner zweideutigen Natur entsprechend doppelt gedeutet werden muß; es sind Stufen, die zum Allgemeinmenschlichen hinunterführen und jemand den Halt, den er in seiner persönlichen Distinktion besitzt, gehenläßt; wer aber sich selbst behält, wird erst dadurch den Sinn des Selbstseins erfahren, wenn er auch unter sich selber in das unterschieden Menschliche hinuntersteigen kann.«[20]

Nun stellt sich die Frage: Was können Menschen in Ehen und Partnerschaften konkret tun, um die geschilderten Prozesse zu realisieren.?

Bezugnehmend auf Martin Straube, der in seinem Beitrag »Anatomie der Schwelle« die sieben Lebensprozesse in der Ehe beschreibt, sollen Übungen vorgeschlagen werden, die prophylaktisch für die Gesunderhaltung von Ehen und Partnerschaften gedacht sind.

Wenn man einander kennengelernt hat, entstehen im Laufe einer Beziehung Bilder, die man vom anderen in sich trägt. Diese Bilder müssen immer wieder »aufgelöst« werden, sonst besteht die Gefahr, daß man einander nicht mehr in seinem Bemühen um Entwicklung wahrnimmt (also das Zukünftige im Partner anspricht), sondern ihn in einem Vergangenheitsbild festschreibt und so Entwicklungen blockiert.

Es ist wichtig, sich zunächst mitzuteilen, welches Bild man vom anderen nun eigentlich in sich trägt. Dazu gehört, daß man ihn wahrnehmen will und sich selbst wahrnehmen läßt. Im Laufe einer langen Partnerschaft glaubt man allzu leicht, den anderen wirklich zu kennen. Das kann dann so aussehen: Er oder sie sagt etwas, der zuhörende Partner »hängt« innerlich ab. Er weiß ja schon, was an dieser Stelle im Gespräch zu erwarten ist. Konsequenz aus solcher Fortschreibung ist: Beide resignieren irgendwann, sich einander mitzuteilen, aus Angst, auch neu gerührter »Kuchenteig« wird doch nur in die alte Form gegossen.

Eine Übung sieht so aus: Erzählen sich Partner gegenseitig die Biographie, wie sie es das letzte Mal vielleicht vor zehn Jahren getan haben, so werden sie erstaunt sein, wie wenig sie voneinander wissen! Es geht jetzt darum, sich wieder neu kennenzulernen.

Ein weiteres großes Übungsfeld ist der gemeinsame Alltag, und zwar in räumlicher und zeitlicher Hinsicht.

Wie ist die Wohnung eingerichtet? Gibt es hier und dort ein Plätzchen, das besonders liebevoll gestaltet ist? Schönheit meint in diesem Zusammenhang, daß die Lebensumgebung »durchseelt« wird und nicht nur funktional, also auf die notwendigen Bedürfnisse des Alltags hin konzipiert ist.

Jeder weiß, wie wohltuend und erfrischend es sein kann, wenn ein liebevoll gedeckter Tisch zum Essen einlädt.

Hat der Alltag trotz seiner Mühen auch schöne Momente? Wie kann man sich z. B. gegenseitig eine Freude machen? Von den Blumen die man dem anderen schenkt, über eine kurze Berührung, die dem Ehepartner zeigt, daß man ihn wahrnimmt und sich einfach darüber freut, daß es ihn auf der Welt gibt.

Wenn es solche innigen Begegnungsmomente im Alltag gibt, die in keiner Weise zeitaufwendig sein müssen, dann pflegt man seinen »Ehegarten«. Der kann so aussehen: Schöne Blumen zwar, aber in Reih und Glied, zu langweilig, weil zu ordentlich. Oder verwildert und mit seltsam exotischen Früchten bepflanzt. Wüste, aber dann und wann eine Oase. Oder nur Wüste, mit langen Durststrecken.

Diese Bilder ließen sich ohne Ende fortsetzen.

Nun muß eine Ehe ja auch mit der Außenwelt in Kontakt treten.

Je offener und risikobereiter eine Beziehung ist, um so mehr »Außenwelt« kann sie vertragen. Je instabiler eine Ehe ist, um so mehr wird sie sich gegen die Außenwelt abschirmen müssen. Wenn eine Partnerschaft bereits in einer Krise ist, bleibt in der Regel nur wenig Kraft, um in der Welt zu wirken. Es sind keine Überschußkräfte mehr frei, die Aufgaben, vor allem solche, die zusätzlich zu den eigenen Pflichten kommen, noch in Angriff nehmen zu können. Diese Kräfte werden dann im ehelichen Konflikt gebunden.

Besonders schwierig ist dieser Tatbestand, wenn ein Partner sich sehr durch die »objektiven« Aufgaben der Außenwelt verpflichtet fühlt und entsprechend wenig Sinn darin sieht, Kräfte für eheliche Auseinandersetzungen zu vergeuden. Er oder sie möchten dann gern durch kurze und »vernünftige« Handlungsstrategien die Ordnung in Alltag und Ehe wieder herstellen.

Nur das funktioniert fast nie! Die seelische Not, die hinter einem ehelichen Konflikt steht, ist meist so vielschichtig und schmerzhaft, daß kein noch so raffiniertes Selbsttäuschungsmanöver auf Dauer den Damm halten kann, hinter der die Sturmflut heranpeitscht und alle Dämme hinwegreißt. In der Beratung kann man versuchen deutlich zu machen, daß der scheinbar kürzere Weg (zwar mit Vernunft, aber ohne seelischen Einsatz) schließlich der längere ist. Denn die verschleppten Probleme haben die Tendenz, immer mehr Verbitterungen und Enttäuschungen anzuhäufen, aber dadurch wird jeder Lösungsversuch zäher und aufwendiger.

Wenn eine Partnerschaft Überschußkräfte an die Außenwelt abgeben kann, dann sind diese Familien oft »Anlaufhäfen« für bedürftige Freunde und Verwandte jeden Alters. Man weiß, da kann man sich einfach wohlfühlen. Die Atmosphäre in einer solchen Ehegemeinschaft ist weltoffen, die Menschen begegnen sich ohne Vorurteile, diese Begegnungen sind nicht durch Vorgaben – »So muß es sein ... damit dies oder jenes möglich wird ...« – beschränkt.

Alles ist möglich, was im Moment sinnvoll und nötig ist.

Hierher gehören auch Feste, die gefeiert werden, oder man übernimmt für einige Tage die Kinder von Freunden, die ein bißchen Zeit zum »Auftanken« füreinander brauche. Nun wäre es ein Irrtum zu glauben, das können eben nur Partnerschaften leisten, die keine Probleme miteinander haben. Das Gegenteil ist schon eher der Fall. Gerade solche Beziehungen, die konfliktgeübt sind, vermögen eine Atmosphäre um sich zu verbreiten, in der man sich angenommen fühlt. Wer die eigenen Konflikte nicht zu verstehen vermag, kann sich nicht in die Schwierigkeiten anderer Menschen einfühlen. Diese werden ängstlich (als Verteidigungsstrategie gegen ein gefühlshaftes Sich-Einlassen) einfach wegrationalisiert.

Im Selbsterkenntnisakt, der ja die Voraussetzung für Selbsterziehung ist, lernt man, sich selbst illusionsfreier gegenüberzustehen. Will man bei der zumeist bedrückenden Bestandsaufnahme mutig weiterstreben, so muß man die eigenen Fehler und Schwächen annehmen lernen und in ihnen eine Arbeitsanweisung für den eigenen Entwicklungsweg sehen.

Hat man das für sich geschafft, dann besteht die Chance, daß man auch anderen Menschen in einer Haltung gegenübertritt, die so aussehen könnte: Fehler und Schwächen werden als Entwicklungskeime gesehen und nicht als ein Endzustand, in dem sich nichts mehr weiter bewegt.

In einer solch freien Atmosphäre kann man atmen und lebendig sein.

Zum Sich-lebendig-Fühlen gehört auch die »Streitkultur« in Ehe und Partnerschaften. Es muß gestritten werden dürfen! Aber wie?

Wann wird ein Ehestreit verletzend? Zum Beispiel, wenn man sich rücksichtslos mit seiner Meinung durchsetzen will, also wenn es gar nicht um die gemeinsame Suche um die Wahrheit geht.

Im Streit können sich aber auch die Einseitigkeiten der Partner ein bißchen abschleifen. Jedenfalls gelingt es nicht immer, gleich zu akzeptieren: Der andere ist (mit Recht) so anders als ich. Eine kultivierte Streitkultur kann hilfreich sein, das Anderssein des anderen nicht nur als Ärgernis zu erleben, sondern als interessantes Abenteuer, das es zu entdecken gilt. Zur Pflege der Ehegemeinschaft hat es sich bewährt, einen Abend in der Woche füreinander freizuhalten. Und dieser Abend sollte gegen alle noch so wichtigen Verpflichtungen »verteidigt« werden.

In dieser Zeit sollte ein Ehepaar das miteinander tun, was sie wirklich verbindet. Durch ein Gespräch, ein Konzert oder einfach ein gutes Essen. Vielleicht muß auch das bevorstehende Weihnachtsfest innerlich neu begriffen werden.

Noch eines ist wichtig: Wenn dieser Eheabend kontinuierlich stattfindet, ist es möglich, den angesammelten Ärger aus dieser Woche an diesem Abend aufzuarbeiten. Das hat den unschätzbaren Vorteil, daß es viel weniger emotional und damit verletzend ist. Man hat durch die Tage und Nächte Abstand von seinem Groll nehmen können und kann so unter Umständen auch die eigene Mitbeteiligung an dem Streit bemerken.

Neben dem Ärger sollte man sich natürlich auch mitteilen, was man an Freude an dem anderen erlebt hat.

Das »Wir-Erlebnis« muß gepflegt werden, wenn es lebendig bleiben soll. Dafür bedarf es der Wiederholung. Im Laufe der Woche verliert man den anderen wieder aus seiner Aufmerksamkeit und auch aus seinem Gefühl. Mann und Frau haben allein durch ihre Konstitution sehr unterschiedliche Bedürfnisse, die zu Mißverständnissen führen können. Einem Mann genügt häufig die Vorstellung vom Wir-Erlebnis, Frauen wollen viel stärker das »Wir« auch erleben und brauchen für dieses Erlebnis den seelischen Austausch mit ihrem Partner durch Wiederholung, das heißt durch kontinuierlichen Einsatz.

Was im allgemeinen oft stimmt, kann natürlich im Einzelfall ganz anders aussehen. Aus dieser Beobachtung soll kein allgemeingültiger Schluß gezogen werden.

Zu dem Wir-Erlebnis gehört nun auch die Sexualität in Ehen und Partnerschaften. Aus der Beratung kann berichtet werden, daß die Sexualität ein schwieriges Kapitel in den menschlichen Beziehungen ist. Ist eine Ehe bereits in der Krise, dann macht es keinen Sinn, an der Sexualität des Paares zu »arbeiten«. Wenn dieser Bereich gestört ist, ist das nahezu immer die Folge von Verständnisschwierigkeiten im seelisch-geistigen Bereich.

An dem beschriebenen Fallbeispiel wurde deutlich, wie verletzt Frau B. durch die Tatsache war, daß ihr Mann auch eine sexuelle Beziehung zu jener anderen Frau in der Kur eingegangen war. Die Tiefe der Verletzung hatte bei allem Verständnis für ihre Not auch etwas Irrationales. Man kann fragen: Wäre Frau B. weniger verletzt gewesen, wenn es »nur« zu einem geistig-seelischen Austausch zwischen ihrem Mann und dieser jungen Frau gekommen wäre?

Der Verzicht auf Sexualität und Erotik außerhalb der Ehe ist als vertrauensbildende Maßnahme sinnvoll, aber nicht ausreichend, wenn es bereits ein Konfliktfeld Eifersucht, Besitzanspruch und Unselbständigkeiten gibt.

In der Beratung zeigt sich, daß es auch viel Not und Verlustangst auslöst, wenn der Ehepartner zu einem Dritten eine geistigseelische Beziehung unterhält.

Wurde ein Individuationsprozeß, also die Vereinzelung, nicht wirklich vollzogen, wird es, auf welcher Ebene auch immer, zu Problemen von Abhängigkeiten kommen.

Darum sind »Verzichtserklärungen« und Treueversprechen so sinnlos. Denn das verhindert nur eine klare Bestandsaufnahme: Der abhängige Partner, der so angewiesen ist auf die ungeteilte Zuwendung des anderen, muß in einen Prozeß einwilligen, seelisch autonom zu werden. Und dieser Prozeß kann nicht umgangen werden, in dem der andere Partner Wohlverhalten verspricht.

Mathias Wais charakterisiert das Problem in seinem Beitrag (s. S. 93) sehr deutlich. Benutzt man den Körper des anderen nur als Mittel zur eigenen Lust, dann wird der Partner zum Objekt gemacht. Kommt es auf dieser Begegnungsebene in Ehen zu Schwierigkeiten, dann sind es genau diese: Der zum Objekt gemachte Partner spürt diesen Mißbrauch irgendwann und verweigert sich. Die Gründe für diese Verweigerung sind indes nicht immer sofort klar. In der Beratung können diese aber herausgearbeitet werden. Darum versteht man auch sofort, wenn Menschen in Konfliktsituationen keinen sexuellen Kontakt ertragen. Zumeist wird einem Partner deutlich (oft spüren es auch beide), daß Sexualität hier Ersatzfunktion oder Beschwichtigungstaktik ist. Das eigentlich zu lösende Problem wird nur auf ein anderes »Gleis« verschoben.

So stellt sich die Frage nach der Individualisierung der Sexualität auch in Ehen und Partnerschaften. Anknüpfend an die Ausführungen von Mathias Wais müssen sich Ehepaare die Frage immer wieder neu stellen: Was will ich, wenn ich mit meinem Partner schlafe? Es ist jedenfalls sehr hilfreich, wenn Menschen, die lange miteinander Tisch und Bett teilen, diese Lebensgewohnheiten stets neu hinterfragen. Allein die Bemühung, alle Selbstverständlichkeiten stets neu auf ihre Berechtigung und Sinngebung zu überprüfen, schafft Vertrauen im Wir-Erlebnis. Jedenfalls kann die Überprüfung deutlich machen, ob ich den anderen funktionalisiere, ihn, egal auf welcher Ebene für meine eigenen Bedürftigkeiten benutze, oder ob ich auch in der Sexualität der Individualität meines Partners nahe zu sein suche, um diese immer tiefer zu verstehen und zu würdigen.

Ausblick

Frau B.:

»Das Geschehen im Sommer war für mich Ausdruck von verschiedenen Lebens- und Belastungsbereichen, ein nicht mehr Greifenkönnen und -wollen der eigentlichen Impulse, aber auch ein starkes berechtigtes Schauen auf sich selbst in der Begegnung mit anderen Menschen. Denn in der Begegnung mit anderen Menschen werden wir ja auch wach für uns selbst.

Inzwischen liegt jene Krise einige Zeit zurück. Ich kann fast mit Gelassenheit darauf blicken und stelle fest, daß ein »Treuebruch« nicht zu den schlimmsten Dingen gehört, die einer Ehe widerfahren können. Zwar sind die unmittelbare Betroffenheit und der Schmerz groß, weil es so schwer ist, die Tatsache (Treuebruch) nicht umfassend auf sich und das bisherige Eheleben zu beziehen. Wenn ich aber erlebe, neben all dem stehe ich ganz allein und unbehelligt, meine Existenz steht und fällt nicht mit der Treue meines Ehemannes, K. lebt neben mir sein eigens Schicksal – erst wenn ich das bejahen kann, tritt Befreiung und Verwandlung ein. Daß er auch im Bereich der Sexualität unabhängig von mir seinen eigenen Weg geht, ist zunächst nicht leicht zu akzeptieren. Und dennoch ist es gut zu merken: Auch das, was im körperlichen auf schöne und innige Weise zu uns zweien gehört hat, lebt trotzdem in jedem von uns noch einmal ganz unabhängig vom anderen. Die Frage nach der Treue im seelisch-geistigen Bereich ist dennoch ein Problem, das uns alle berührt.

Schwer ist es auch zu erleben, daß Sehnsüchte und Ungewißheiten innerhalb unserer Lebensgemeinschaft nicht gelöst werden können. Dies zu akzeptieren, befreit mich aber auch vor zu heftigen egozentrischen Reaktionen.

Wie werde ich zukünftig mit ähnlichen Krisen umgehen? Ich wünsche mir, daß es zu einer offenen Aussprache kommt, wenn mein Mann mit einer anderen Frau eine Beziehung eingeht, die so verunsichernd in meine Biographie eingreift, wie das in der Kur der Fall war. Und doch möchte ich meinen Mann freilassen können, wann und wie eine solche Aussprache stattfindet. Ich möchte die Kraft haben, ihn nicht zu Geständnissen zu drängen, wenn ich unsicher werde. Ich weiß, daß so viel Vertrauen zwischen uns ist, daß alles Ungewisse zur Sprache kommen darf. Und wenn ein Bruch da ist, dann ist er da, und mein ungeduldiges Nachforschen würde daran nichts ändern.

Nur mit einer Lüge leben, das möchte ich nicht. Eine solche Lüge wäre das Gewahrwerden in unserer Partnerschaft: Wir behindern uns gegenseitig in unserer Entwicklung. Es bewegt sich nichts mehr zwischen uns, und beide wollen diese aussichtslose Situation nicht wahrhaben.

Wo sehe ich die Gefahren in unserer Ehe?

Zum einen liegen die Gefahren in den Belastungen, die wir uns selber zumuten durch Beruf, Ausbildung und Familie. Mein Mann stand schon mehrmals vor der Frage, ist der Beruf des Waldorflehrers in seiner Unbedingtheit vereinbar mit meinen und unseren Aufgaben als Eltern und Ehepartner? Für mich wird sich die Frage auch irgendwann stellen, kann ich Familie und Studium wirklich miteinander verbinden?

Eine andere Gefahr ist viel grundlegender. Wenn ich rückblickend unsere heftigen Zusammenbrüche betrachte, so waren es solche, wo es mir nicht gelang, im rechten Augenblick loszulassen. Ich halte dann an bestimmten Vorstellungen fest, werde von starken Emotionen bestimmt, will Erklärungen und Antworten von meinem Mann, was bei ihm bewirkt, daß er sich abschließt und verstummt. Wir sind gefangen in unseren Reaktionen. Es kommt zu heftigen Kämpfen, die dann in Verzweiflung enden. Doch oft kann ich von außen zusehen, wie sich starke Gefühle in mir fast verselbständigen. Nach und nach gelingt es mir besser, ruhig und gelassen in eine solche Auseinandersetzung einzugreifen. Erstaunlich ist, daß wir, wenn wir auf einen Streit zurückblikken, oft bemerken, daß ich in einer sehr »weiblichen« und mein Mann in einer sehr »männlichen« Art betroffen waren. In bezug auf unsere Ideale gibt es keine großen Unstimmigkeiten, aber wie etwas geäußert wird und wie etwas empfangen wird, ist oft sehr verschieden. Ich neige dazu, eine Aussage, eine Geste, auf ein Ganzes, unsere Beziehung, die Familie und auf mich zu beziehen. Ich fühle es als Ganzes, während es für meinen Mann nur um gewisse einzelne Bereiche geht, die einzeln für sich betrachtet werden können. Diesen Widerspruch gilt es immer wieder neu zu erkennen, indem jeder ein Stück seiner Eigenart hingibt, um eine Brücke zum anderen zu bauen.

Zuversicht für unseren gemeinsamen Weg schöpfe ich daraus, daß ich zum einen erlebe, wie ich ein gutes Stück weiter bin in bezug auf das Problem, meinen Mann loszulassen. Es gehört dazu für mich vor allem Vertrauen, daß unsere Ehe für beide von uns Sinn macht. Auch ist es für mich wichtig zu bemerken, daß mir K. fast am nächsten ist, wo er eigentlich am weitesten von mir entfernt ist: dann, wenn er mit Freude pädagogisch und musikalisch arbeiten kann. Ich möchte, daß er seine Lebensziele verwirklichen kann. Auf diesem Wege würde ich ihn gerne begleiten. Aber ich möchte auch versuchen, meinen eigenen Weg zu gehen.

Dieser Weg schließt jetzt auch das Studium mit ein, wenn ich ihn nun auch als meinen ureigensten Impuls empfinde, so wird er natürlich nie losgelöst sein von meinem Ehe- und Familienleben. Jetzt, nachdem das erste Jahr meines Studiums vorüber ist, kann ich erleben, wie unsere Ehe gerade durch die Offenheit und Krisenbereitschaft den Raum dafür schafft, daß jeder seinen Weg suchen und gehen kann.

Ich selber erlebe mich weder als Spätstudierende, noch flüchtig, fliehend, ich tue das, was jetzt ansteht, und erlebe: Es hat sich bis jetzt organisch entwickelt und als richtig erwiesen. Gern gehe ich das Risiko ein, daß es sich in einem weiteren Jahr als falsch herausstellen könnte.

> Was geschah? Der Stein trat aus dem Berge.
> Wer erwachte? Du und ich.
> Sprache, Sprache. Mit-Stern. Neben-Erde.
> Ärmer. Offen. Heimatlich.
>
> Wohin gings? Gen Unverklungen.
> Mit dem Stein gings, mit uns zwein.
> Herz und Herz. Zu schwer befunden.
> Schwerer werden. Leichter sein.
>
> Paul Celan

Herr B.:

»Die Geschehnisse des letzten Jahres waren für meine Frau und für mich eine Grenzwanderung. Dennoch gelang es uns, die Ehekrise im Sommer anzuschauen und die darin enthaltenen Kräfte aufzudecken. Es zeigt sich mir dadurch ein risikobereiter Wille, unsere Ehe weiter zu gestalten. Wichtig war mir, daß wir lernten, anfänglich auseinander zu sortieren, was jeweils meine und die Schwierigkeiten meiner Frau waren, im Gegensatz zu denen, die aus einem gemeinsamen Leben entstehen. Denn gerade die Vermischung der ja doch zum Teil tiefliegenden Nöte führte zu der heillosen Enge und Hilflosigkeit.

Im Zusammenleben haben wir versucht, mehr Atem zu bekommen. Wir können auch freier auf neue Begegnungen außerhalb unserer Ehe schauen. Diese neuen Begegnungen dürfen nicht überfrachtet werden mit eigenen Unausgegorenheiten. So daß ein freieres seelisches Umgehen auch mit anderen Menschen möglich ist.

Meine inneren Fragen richten sich mehr an mich selber. Dafür brauche ich Raum, denn da sind fast abgrundtiefe Widersprüche, aus denen ich zum Teil meine Begabung ziehe, die aber auch die Kraft haben, mich zu zermalmen.

Um dieser seelischen Spanne nicht ausgeliefert zu sein, erlebe ich mein Bemühen um den anthroposophischen Schulungsweg als hilfreich. Das erscheint mir auch die zentrale Frage an unserer Ehe zu sein: Gelingt es jedem von uns, dem Zusammenleben ein eigenständiges Innenleben entgegenzustellen und den eigenen Entwicklungsweg nicht aus den Augen zu verlieren, dann glaube ich, daß wir die Gemeinschaft weiterführen und offenhalten können. Gelingt es nicht, so fürchte ich, daß wir uns durch Zerrbilder und Abhängigkeiten zerreiben. Dann wäre unsere Ehe sicher gefährdet.«

Wandlung, Abschied und Individuation

WOLLE die Wandlung. O sei für die Flamme begeistert,
drin sich ein Ding dir entzieht, das mit Verwandlungen prunkt;
jener entwerfende Geist, welcher das Irdische meistert,
liebt in dem Schwung der Figur nichts wie den wendenden Punkt.

Was sich ins Bleiben verschließt, schon ists das Erstarrte;
wähnt es sich sicher im Schutz des unscheinbaren Grau's? [21]

Wandlung heißt Abschiednehmen. Die Gemeinsamkeit in einer Ehe, die zunächst ganz aus den Kräften der Empfindungsseele lebte, steht vor dem Problem der Wandlung erst dann, wenn ein Ehepartner aus dem gemeinsamen Wir-Erlebnis in die Vereinzelung und Vereinsamung will oder muß.

Wenn in der Zeit der Empfindungsseele eine Ehe geschlossen wird, dann verfügt man in der Regel über eine unvollständige Kenntnis des Partners und seiner selbst. Die eigenen inneren Räume sind noch nicht ausgeschritten.

Aber im Laufe einer Ehe kommt es mehr und mehr zu einem Erkenntnisprozeß, sowohl was das Wesen des anderen als auch was einen selbst angeht. Sich selbst bewußt werden heißt, sich von anderen Menschen unterscheiden können. Beziehung ist nur da möglich, wo diese Unterscheidung existiert. Wenn Menschen Tisch und Bett miteinander teilen, vermischen sie ihre Lebenskräfte. Und das Vermischtsein erzeugt ein Gefühl des Zusammengehörens, das natürlich berechtigt ist. Dieses Wir-Erlebnis in einer Ehe ist ein reales Geschehen. Das Problem entsteht da, wo ein Partner aus dieser Gemeinsamkeit heraustritt, weil er sie als entwicklungshemmend erlebt, das heißt wo dieses Wir-Empfinden die individuellen Impulse zu ersticken droht. Dabei geht es nicht um ein Entweder – Oder (entweder symbiotische Verschmelzung oder jeder ist Alleinherrscher in seinem mit Stacheldraht umzäunten Reich), sondern es geht vielmehr um ein Sowohl-als-Auch. Die Frage ist, welche Lebensbereiche in einer Partnerschaft sich vermischen lassen, ohne daß der eigene Selbstgestaltungsimpuls unter einem »Wir« erlischt oder erstickt.

Wo ist Distanz und Entmischung sinnvoll und notwendig, um Beziehungen zwischen Menschen überhaupt zu ermöglichen? Beziehung aufnehmen heißt immer auch, Abstand zulassen, um den anderen in seiner unverwechselbaren Individualität wirklich wahrzunehmen und zu respektieren.

So ist eine Ent-Mischung in Partnerschaften und Ehen kein zu erstrebender Endzustand, aber eine zu erringende Fähigkeit, um gerade auch das ganz Anderssein des anderen nicht nur zu ertragen (denn das ist zu wenig), sondern sogar ein bißchen lieben zu lernen.

In der Beziehungsarbeit beschreibt ein Ehepartner seine Not, nun aus der Vermischung in die Vereinzelung zu wollen. Der andere reagiert auf diesen Selbstentfaltungswillen mit Entsetzen und Panik. Er erlebt diese Entmischungswillen nur als gegen sich gerichtet.

Wenn eine junge Ehe über viele Jahre für Familie und Kinder sorgte, so sind oft die individuellen Lebensmotive, die noch keinen Gestaltungsraum fanden (eben weil die Ehe zu früh geschlossen wurde), sehr in den Hintergrund getreten. Die Pflichten in Beruf und Ehe waren vorrangig.

Lassen die Lebensumstände – z. B. die Kinder werden älter – die Besinnung auf die eigene Biographie wieder zu, tauchen diese verschütteten Lebensmotive auf und wollen verwirklicht werden. Für beide Ehepartner entsteht jetzt eine Schwellensituation. Für beide heißt es, von allen Ritualen Abschiednehmen, die bisher getragen haben. Mit einem Unterschied: der eine will diese Rituale nicht weiter fortsetzen, während für den anderen diese Rituale gerade lebensnotwendig sind, weil sie ihm Sicherheit und Heimat geben.

Es gibt zwei Möglichkeiten, wenn sich einer mit dem Wandlungswillen des anderen konfrontiert sieht: »Flüchten oder Standhalten.« [22]

Flucht heißt hier, den Individuationsprozeß des Ehepartners z. B. durch Erpressung zu verunmöglichen, in der Hoffnung, daß man sich selbst nicht zu verändern braucht. Die erwähnte Erpressung kann sehr subtil sein: Von totaler Hilflosigkeit, Zuweisung von Schuld bis hin zur Drohung von Selbstmord.

Eine andere Art von Flucht wäre, die Ehe abzubrechen, mit der Sehnsucht einen Partner zu finden, mit dem die symbiotische Gemeinsamkeit fortgesetzt werden könnte. Auf diese Weise kann man seinen Entwicklungsprozeß auch umgehen. Allerdings ist es genauso möglich, diesen Prozeß zu verhindern, wenn Menschen eine Ehe unter allen Umständen fortsetzen wollen. Auch dies kann eine Flucht vor der Ich-Werdung sein. Es gilt immer, die Motive, die einer Entscheidung zugrunde liegen, sehr gründlich und schonungslos zu untersuchen.

Standhalten bedeutet, diese Herausforderung zu einem Neubeginn anzunehmen. Dem Partner, der an dieser Gemeinsamkeit festhalten möchte, steht ein großer Schmerz bevor. Er muß diese Gemeinsamkeit verlassen, einfach weil der andere seinen eigenen Weg gehen will oder gehen muß. Hält er diese Vereinsamung aus, das heißt, hält er es mit sich selbst aus, dann wird ihm eine unschätzbare Erfahrung zuteil, nämlich: die Sicherheit, die er beim anderen suchte, findet er in sich selbst. Und jetzt weiß er, ich bin ein ganzer Mensch für mich und mißbrauche den anderen nicht als Krücke, um mich bei ihm abzustützen.

Gerade dieses Sich-ertragen-Lernen, ohne von außen gestützt zu werden, kann zu einer bedeutsamen Schwellenerfahrung im

Durchgang vom Nichts zu sich selbst werden. Wer dieses Ohnmachtserlebnis annehmen kann, dem wird eine Kraft zuteil, von der man sagen darf, sie hat mit der Christusweisheit zu tun.

Diese Entwicklungsleistung wird eine Verbindung mit dem wandlungswilligen Partner auf einer höheren Ebene schaffen. Und diese hat eine Qualität, die vermutlich weitaus tragfähiger ist, als das, was bisher gelebt wurde. Voraussetzung ist allerdings Verzicht auf alle Ansprüche, Forderungen und Erwartungen.

»... Je unbewußter nämlich ein Mensch ist, desto mehr wird er dem allgemeinen Kanon des psychischen Geschehens folgen. Je mehr er aber seiner Individualität bewußt wird, desto mehr tritt seine Verschiedenheit von anderen Subjekten in den Vordergrund, und desto weniger wird er der allgemeinen Erwartung entsprechen. Auch können seine Reaktionen viel weniger vorausgesagt werden. Letzteres hängt damit zusammen, daß ein individuelles Bewußtsein immer höher differenziert und erweitert ist. Je weiter es aber wird, desto mehr wird es Verschiedenheiten erkennen, und desto mehr wird es sich auch von der kollektiven Gesetzmäßigkeit emanzipieren, denn proportional seiner Erweiterung wächst der Grad der empirischen Willensfreiheit.«[23]

Je differenzierter das Bewußtsein eines Menschen ist, um so deutlicher wird er ein Gegenüber suchen und ein Gegenüber sein wollen. Um so weniger wird er ununterschieden mit einem Partner in der Vermischung leben wollen.

Sind zwei Menschen durch diese Not der Vereinzelung gegangen und haben dadurch erfahren, daß sie grundsätzlich auch allein lebensfähig sind, dann kann ihnen ein wundervolles Nebeneinander erwachsen und eine Liebe, die darin besteht, daß zwei Einsamkeiten einander schützen, grenzen und grüßen.[24]

Vertrauen und Loslassen

Der Individuationsprozeß eines Menschen ist eine Voraussetzung für die Ausbildung der Bewußtseinsseele, wie Rudolf Steiner das in der Anthroposophie beschreibt:

»... Erst diejenige Wahrheit aber ist die bleibende, die sich losgelöst hat von allem Beigeschmack solcher Sympathien und Antipathien der Empfindungen und so weiter. Die Wahrheit ist wahr, auch wenn sich alle persönlichen Gefühle gegen sie auflehnen. Derjenige Teil der Seele, in dem diese Wahrheit lebt, soll Bewußtseinsseele genannt werden ...«[25]

Dieser Selbstwerdeprozeß befreit den Menschen aus jeder verhängnisvollen Identifizierung mit anderen Menschen. Die nur persönliche Empfindungsseele muß zur individuellen Suche nach der Wahrheit umgewandelt werden. Das heißt, das Gute muß im Kampf mit dem Bösen durch die Fähigkeiten der Bewußtseinsseele erst errungen werden. Der Preis dafür ist allerdings hoch. Der Mensch steht jetzt für sich allein. Rudolf Steiner konkretisiert diese Tatsache:

»... In diesem Zeitalter der Bewußtseinsseele wird die Aufgabe der zivilisierten Menschheit die sein, das ganze menschliche Wesen zu erfassen und es auf sich selbst zu stellen, vieles, außerordentlich vieles von dem, was der Mensch in früheren Zeiträumen instinktmäßig gefühlt, instinktmäßig beurteilt hat, ins volle Licht des Bewußtseins heraufzuheben.«[26]

Warum ist dieses Ganz-auf-sich-gestellt-Sein ein so wesentlicher Entwicklungsschritt? Warum ist er es besonders dann, wenn man in seiner Biographie das Bewußtsein und die Notwendigkeit antrifft, die mit dem Gang an die Schwelle zur geistigen Welt zu tun haben?

Je unselbständiger ein Mensch ist, um so mehr wuchern in ihm Eigenschaften, die alle mit Abhängigkeit zu tun haben: Ehrgeiz, Eitelkeit, illusionistische Selbstverkennung in bezug auf seine Fähigkeiten, Tendenzen zur Unwahrhaftigkeit, unnötige Mitteilungssucht, Umetikettierung von unangenehmen Tatsachen, sofern sie ihn betreffen, Egoismus und Egozentrik. Warum ist das so?

Abhängig sein heißt, kein eigenes inneres Zentrum zu haben. Das zeigt, man hat eigentlich keine rechte Identität. Diese sucht der Abhängige eben im »außen«, z. B. durch Statussymbole, die ihm von der Gesellschaft verliehen werden. Auch menschliche Beziehungen, unter anderem die Ehe, können dafür mißbraucht werden.

Nun lehrt die Erfahrung, daß solche Menschen im sozialen Zusammenhang viel Schaden anrichten. Sie können nie eigenständig urteilen und handeln, denn das setzt eine integere Persönlichkeit voraus. Diese ist wiederum die Bedingung, damit man im Gegensatz zu einer Menschengemeinschaft und auch im Gegensatz zu seinem Ehepartner standhält, völlig unpopulär die eigene Wahrheit zu vertreten. Das beschreibt also die Fähigkeit, allein für sich zu stehen und zu ertragen, daß man isoliert ist.

Ein Mensch, der diese Einsamkeitserfahrung »Ich stehe für mich allein« durchleiden kann, braucht keinen Schutz und keine zweifelhafte Kumpanei in Gruppen, auch nicht mit seinem Ehepartner. Denn seine Identität muß ihm nicht von außen gegeben werden, er hat sie im Akt seines Individuationsprozesses selbst errungen. Alles Instinktive in menschlichen Gemeinschaften ist aber entwicklungsfeindlich, weil es die Menschen an nicht überprüfbaren Verhaltensmustern festhalten läßt. Überprüfen könnte nur der Teil der Seele, in dem die Wahrheit lebt, also die Bewußtseinsseele, die ohne Beigeschmack von Sympathie und Antipathie diese Verhaltensmuster beurteilt.

An der Schwelle zur geistigen Welt steht der Mensch allein und ist genötigt, die erwähnten schlechten Eigenschaften zu verwandeln. Sonst wird man an ihr zurückgewiesen. Um hier jedem Mißverständnis vorzubeugen: Nicht jeder abhängige Mensch ist derart inferior, aber Abhängigkeiten können maßgebliche Voraussetzungen für dieselben sein. Auf das Thema Krisen in Partnerschaften bezogen, sind jedoch die genannten Eigenschaften von ausschlaggebender Bedeutung.

Wenn in einer Ehe ein Partner sich entschließt, einen anthroposophischen Schulungsweg zu gehen, dann kann es zu einer großen Belastung in der Ehe kommen. Warum? In der Beratungsarbeit hat man es immer wieder mit Partnerschaften zu tun, in dem der eine Partner wenig Verständnis für das Verhalten des anderen hat. Je unselbständiger einer ist, um so bedrohlicher können die Schritte sein, die der andere auf dem Schulungsweg macht. Bedrohlich, weil auf dem Übungsweg unter Umständen eine Art von Abgrenzung notwendig sein kann. Ein einfaches Beispiel:

Wer meditiert, zieht sich während dieser Zeit von allen sozialen Verpflichtungen zurück.

Es gibt aber auch Rückzugstendenzen aus der Ehegemeinschaft, die schwerer zu ertragen sind. Der Übende wird ja herausfinden müssen, wie sein geistiger Entwicklungsweg aussehen kann. Denn er hat seine individuellen biographischen Bedingungen, und diese sind seine Voraussetzungen. Das heißt, diese können im Widerspruch stehen zu dem, was sein Partner in einer Ehe erwarten darf. Ein Beispiel: In die Beratungspraxis kommt ein Ehepaar. Der Ehemann äußert, daß er im Moment keine erotische Beziehung zu seiner Frau möchte. Seine Begründung: die sexuelle Beziehung ist ihm auf seinem Schulungsweg – zumindest momentan – hinderlich. Zu klären ist, ob das Motiv dieser Verweigerung nicht eine Beziehungsproblematik verdeckt, welche nicht offenbar werden soll. Es bleibt der Ehefrau zunächst keine andere Wahl: Sie muß diese Verweigerung tolerieren. Für die Vertrauensbildung in ihrer Ehe wäre es wichtig, wenn sie den Wunsch ihres Mannes verstehen und begleiten könnte. Fordern kann er dieses nicht von ihr. Ob die Frau dazu bereit ist, den Entschluß ihres Mannes mitzutragen, hängt wesentlich vom gegenseitigen Vertrauen ab und ob das Motiv für den Partner glaubwürdig ist.

Je unselbständiger derjenige ist, dem eine solche Entscheidung zugemutet wird, um so mehr wird er durch Hilflosigkeit und Verzweiflung die Entscheidung seines Partners rückgängig zu machen versuchen. Warum? Weil er durch seine seelische Abhängigkeit zu viel Aufmerksamkeit und Zuwendung beanspruchen wird.

Darum ist eine Entmischung in einer Partnerschaft so notwendig. Diese Entflechtung ist eine Voraussetzung, daß jeder einen inneren Weg gehen kann und der andere durch individuelle Entscheidungen nicht ständig aus seiner Mitte geworfen wird. Der stärker abhängige Partner befindet sich immer in der unwürdigen Situation, nur zu reagieren auf das, was ihm scheinbar zugemutet wird.

Es gibt Ehen, in denen einer der Partner seine gesamte Kraft in das Reagierenmüssen auf die jeweilige Handlung des anderen – man darf wohl sagen – verschwendet. Würde er diese Kraft in

Vertrauen notwendig / in Sie und
tun (?)

seinen eigenen Entwicklungsweg investieren, dann wäre beiden geholfen.

Wenn Freiheit in Ehen und Partnerschaften geübt wird, wenn keine »Höhlen« zu zweit aus Verlustängsten gebaut werden, kann eine Ehe einen sozialen Mittelpunkt bilden und eine wunderbare Anlaufstelle für andere Menschen werden.

Mensch
werden.

Ist man durch den Individuationsprozeß ein eigener Mensch geworden, tritt man der Welt und den Mitmenschen freier gegenüber. Kein Konventionen, keine Vorgaben, keine Kulissen und Verschleierungen behindern die Begegnung mit anderen Menschen. So kann man ein Zelt aufschlagen in jedermanns Herz. In einer gereinigten Atmosphäre, in der man zwar heimatlos geworden ist, aber auf die Hilfe aus der geistigen Welt zu vertrauen gelernt hat und alle äußeren Sicherheiten loslassen konnte, darf man auf das Christuswort hoffen: »Wenn zwei oder drei in meinem Namen versammelt sind, da bin ich mitten unter ihnen.«

Abschlußbetrachtung

In diesen Ausführungen geht es nicht um die Frage nach dem Sinn der Ehe überhaupt oder um die Darstellung allgemeiner Schwierigkeiten, die im Laufe einer Ehe auftreten können. Auch die Verfasserin dieser Darstellung ist sich darüber im klaren, daß viele aufgeworfene Fragen einer Vertiefung bedürften. Das liegt mit an folgender Problematik: Hier ist aus vielen Einzelberatungen, die jeweils einen ganz individuellen Zugriff auf die Schwierigkeiten fordern, das Allgemeine beschrieben, das zwar viele Ehekrisen charakterisiert, aber in der Gesamtkomposition dann auch wieder einzigartig ist. Und dieses Einzigartige ist schwer zu vermitteln.

Auch der Aspekt »Abhängigkeit«, der hier im Vordergrund thematisiert wurde, macht davon keine Ausnahme. Im allgemeinen liegt dieses Problem aber (fast) allen Ehekrisen zugrunde. Im einzelnen muß man diese Not mit allen anderen Konflikten einer Krise zusammensehen lernen und entsprechend gewichten.

So blieben viele Aspekte, die zum Thema »Ehe« gehören, unberührt. Ausreichendes Material findet sich z. B. in den Flensburger Heften, in Partnerschaft und Ehe, Sonderheft Nr. 1, oder bei Michaela Glöckler: Die männliche und weibliche Konstitution, Verlag Urachhaus u. a.

Lebenskrisen können auch als Übergänge von einer Entwicklungsperiode in eine nächste interpretiert werden. Übergänge sind aber immer kritische Momente in einer Biographie. Gelingt der Schritt in einen neuen Entwicklungsauftrag, oder scheut man vor der größer werdenden Verantwortung zurück? Oder begibt man sich in die Gefahr, Altes und Abgelebtes zu konservieren?

Diese Übergänge sind Schwellenprobleme sowohl für den Patienten als auch für den Therapeuten. Warum?

Eine Lebenskrise signalisiert immer: Etwas muß grundsätzlich verändert werden. Das herkömmliche »Lebensmodell« trägt nicht mehr. Die Folge ist, daß man vor einem Abgrund steht. Jetzt gilt es, diese Ohnmacht auszuhalten. Vor dieser Not steht der Therapeut genauso. Er muß den Patienten am Abgrund »halten« und verhindern, daß er diesen umgeht, anstatt durchzuschreiten, und damit die Entwicklungschance, die in dieser Krise lebt, verschenkt.

Die Stimmung kann so beschrieben werden, daß Patient und Therapeut es aushalten müssen, daß zunächst nichts mehr möglich ist und keine Lösung in Sicht ist.

Auf der Seite des Therapeuten droht die Gefahr, am Abgrund vorbeizuführen anstatt die Ohnmacht mit dem Patienten auszuhalten. Auf das Thema bezogen heißt das: Wenn man als Berater auch fest von dem Sinn einer lebenslangen Partnerschaft überzeugt ist, so muß man sich hüten, in Entwicklungsprozesse dergestalt einzugreifen, daß man durch seine Haltung bestimmte Entscheidungen favorisiert. Die Patienten müssen ihre Entscheidungen frei von der jeweiligen Überzeugung des Therapeuten treffen können.

Der therapeutische Prozeß ist dann »erfolgreich« abgeschlossen, wenn Menschen wieder in der Lage sind zu entscheiden: Wir wollen einen Neuanfang in unserer Ehe wagen, oder wir haben uns zu einer Trennung entschieden. Die Motive der jeweiligen Entscheidung müssen deutlich geworden sein.

Weiterführende Auseinandersetzungen über den Sinn einer Ehe oder die Folgen einer Scheidung wären dann vielleicht Fragen, die an einen Priester gestellt werden müßten, wenn Menschen Bedürfnisse in diese Richtung anmelden.

Es ist für den Patienten sehr schwer, die beschriebene Not auszuhalten. Ein Zurück in alte Gefühlssicherheiten gibt es nicht (und das spüren die Menschen auch sehr deutlich), und das Neue muß erst errungen werden. In diesem Nicht-mehr und Noch-nicht lebt die Angst und die bange Frage: Was soll in Zukunft werden, reichen meine Kräfte aus, das Neue wirklich zu ergreifen oder kettet mich meine Vergangenheit, so, daß ich überhaupt keine Zukunft für mich sehen kann?

Vor einem entwicklungsgerechten Weiterschreiten kann viel Angst, die nun mehr zu bewältigende biographische Aufgabe nicht zu schaffen, freigesetzt werden. Was so der einzelne in seiner Biographie absolvieren muß, muß eine Ehe und Partnerschaft auch leisten.

Jede Ehe beginnt zunächst mit der großen Hoffnung auf eine lebenslange Gemeinsamkeit. Man will alles viel besser machen als das, was man im Ehealltag der Eltern oder im Freundeskreis erlebt hat. Bis man nach Jahren traurig und bestürzt bemerkt: Wie war es doch damals zu Beginn unserer Ehe, und wie ist es heute.

Jetzt gilt es, dies bewußt zu akzeptieren und zu wandeln, wenn die Fähigkeit in der Bewußtseinsseele, die mit Freiheit und Wahrheit zu tun haben, realisiert werden sollen. Genau an dieser Schwelle scheitern viele Ehen. Ob eine Partnerschaft dieses Nadelöhr, d. h. die Entwicklungsschwelle von der Empfindungsseele über die Verstandesseele zur Bewußtseinsseele passieren kann, hängt einmal von dem ab, was sich in den Jahren, bevor es zu einer Konfliktsituation kam, abgespielt hat. Nicht die Krise als solche ist das eigentliche Problem. Sie gehört in die Beziehung, wo Menschen entwicklungsfähig und einfach lebendig bleiben wollen. Es ist vielmehr die Frage, mit welchen Kräften und Fähigkeiten eine Krise bewältigt wird. Haben die gemeinsamen Ehejahre zuviel unausgesprochenes Elend von enttäuschten Erwartungen und konsequenter Beziehungsverweigerung angehäuft, dann ist wenig Kraft und Motivation vorhanden, um die aufgebrochenen Konflikte durchzustehen. Und doch sind Krisen sowohl in der individuellen Biographie als auch in Ehen und Partnerschaften sinnstiftende und gnadenvolle Schicksalsmomente, wenn sie als solche verstanden und angenommen werden. Sonst entsteht auch Leid, aber Leid, das in der persönlichen Entwicklung nicht weiterführt, sondern in Hoffnungslosigkeit und Resignation enden kann.

Das Motiv dieser Darstellung ist vor allem: Mut zu machen jede Lebenskrise als eine Chance zu mehr innerer Freiheit zu sehen und damit verbunden einen größeren Handlungsspielraum und schließlich auch die Fähigkeit, menschliche Beziehungen reifer und reicher zu gestalten.

Immer wieder berichten Ehepaare, die durch schwere Beziehungskrisen gegangen sind, daß sie im Nachhinein auf diese Schmerzen, die Erkenntnisse zur Folge hatten, nicht verzichten möchten. Denn diese Krise hat sie einerseits tiefer zusammengeführt und andererseits konnte jeder etwas in sich mobilisieren, von dem er vorher glaubte, das nicht zu schaffen. Eine Krise führt Menschen immer an eine Belastungsgrenze. Aber sie zeigt auch, was Menschen vermögen, wenn sie grundsätzlich bejahen, daß diese Krise eine Vorbedingung war, um einen nächsten Entwicklungsschritt tun zu können.

Das gilt natürlich auch für Menschen, die durch eine bewußte Entscheidung eine Trennung vollzogen haben. Auch hier kann aus der Beratungsarbeit berichtet werden, daß dadurch Entwicklungsblockaden aufgelöst werden und Menschen wieder allein oder mit einem anderen Partner zukunftsorientiert neu beginnen. Alles hängt davon ab, wie eine solche Trennung vollzogen wird, ob beispielsweise Partner im Einvernehmen auseinandergehen. Einfach weil beide aussprechen: Wir behindern uns auf unserem Entwicklungsweg, oder schlimmer noch: Wir werden aneinander krank. Zuweilen können Menschen, die sich im gegenseitigen Einverständnis trennen, sogar dankbar auf die gelebten Jahre zurückschauen. Und dann ist ein Neuanfang auch in einer nächsten Partnerschaft keinesfalls nur eine Wiederholung. Wesentlich ist, wie die Entscheidungen gefällt werden, welche Motive zugrunde liegen und wie Menschen ihre Prozesse gestalten, die dann vielleicht mit einem Ergebnis enden, das für alle Beteiligten einsichtig ist, auch wenn es schmerzhaft sein sollte.

An dieser Stelle sei den Menschen gedankt, die ihre Ehebiographie zur Verfügung gestellt haben. Sie haben viel Kraft und Zeit in die Arbeit eingebracht. Der Leser möge behutsam mit den sehr persönlichen Schicksalsereignissen umgehen.

IRENE WROBLEWSKY

Biographie und Alltag einer Alleinerziehenden im Hinblick auf die Schwellensituation

Durch meine Situation als Alleinerziehende bin ich häufig vor Anforderungen gestellt, in denen ich mich an den Grenzen meiner Kraft fühle. Die Beschäftigung mit dem Gedankengut Rudolf Steiners und die Erkenntnis, daß ich immer wieder an Schwellenerfahrungen herangeführt werde, ermöglichten mir einen bewußteren Umgang mit meinen Schwierigkeiten. Dieses ganz persönliche Handwerkszeug muß aber stets von neuem erworben werden. Dennoch ist es mir eine Hilfe in der Grenzsituation einer Alleinerziehenden. So schildere ich hier meine Erlebnisse und Erfahrungen, ohne die Absicht, lehrhaft oder dozierend zu sein.

Mit der Niederschrift betrete ich persönlich »einen neuen Raum«. Um diesen Raum zu betrachten, muß ich mir gewisserweise einen »Ruck« geben. Die Tatsache der Überwindung sehe ich als eine Situation an der Schwelle, bei der immer das Motiv eines Stirb- und Werde-Prozesses auftaucht. Dieses Motiv ist mir aus meinem bisherigen Leben vertraut.

Heute sehe ich, daß mir die Beschäftigung mit der Schwellenproblematik die Möglichkeit gab, biographische Krisen als Schwellensituation im individuellen Erleben besser zu verstehen und zu überwinden – ungeachtet dessen, was an »persönlicher Handschrift«, an Schicksal, noch mitgebracht ist.

Das Wort Schwelle steht für Tod und Neubeginn. Der Tod ist eine Schwelle, über die der Mensch in einen neuen Lebensabschnitt tritt, in welchem andere Gesetze gelten: das Verlassen einer Gesetzmäßigkeit und das Hineintreten in anders wirkende Zusammenhänge.

Dieses Gesetz gilt für die physische Geburt zu Beginn des menschlichen Lebens aus dem Vorgeburtlichen heraus ebenso wie für die »Geist«-Geburten innerhalb der menschlichen Biographie und schließlich für das erneute Übertreten der Schwelle zum Lebensende in das Nachtodliche hinein.

So besteht ein ewiges rhythmisches Geschehen zwischen dem Diesseits und dem Jenseits, zwischen einem sichtbaren und einem unsichtbaren Raum. In diesen Übergangsmomenten ist Chaos, sind Krisen erlebbar; Grenzerfahrungen werden sichtbar.

Damit Neues entstehen kann, muß das Alte zuvor »zerstört« oder umgewandelt werden; dies zieht sich als eine Schwellensituation durch die gesamte Menschheitsentwicklung hindurch und äußert sich im Alltäglichen des Lebens.

Zukünftig für den modernen Menschen scheint mir die Möglichkeit, kraft seines mehr und mehr erwachenden Bewußtseins, über eine gesteigerte Sensibilität und somit Wahrnehmungsfähigkeit für seine Umgebung und somit eines sich entwickelnden Sozialen aus der Mitte des Herzens heraus, Fähigkeiten zu entwickeln, durch die er mit Schwellensituationen, Umbrüchen, Übergängen, Krisen und Konflikten bewußt umgehen kann und sie mit Phantasie, Kreativität und Humor zu bewältigen sucht.

Krisen und Konflikte nehmen in meinem Leben eine Zentralgestalt ein. Die schmerzlichen und dramatischen Erlebnisse sehe ich als Grenzerfahrungen und Übergänge. Dieses Bewußtsein gibt mir die Kraft, positiv damit umzugehen.

Immer dort, wo sich zwei Welten, die des materiellen und die des geistigen, begegnen, drückt sich Schwelle aus. Das wurde mir an vielen Beispielen deutlich, so in der Beschäftigung mit dem Wachstum einer Pflanze, wie es uns Goethes Metamorphosenlehre mit ihrem Gesetz von Polarität und Steigerung zeigt.

Diese und andere Phänomene gaben mir den Anlaß, Wahrnehmungen zu entwickeln für das, was bereits anwesend ist im Raum, aber dennoch nicht real sichtbar und vorhanden. Hierin tritt die Schwellensituation bereits zu Tage.

Über die Definition von »Schwelle« und die Suche nach den »Urgründen« des Seins habe ich mir auch die Weltentwicklung vor Augen geführt in der immer wieder eine neue Kultur die alte ablöst; auch darin zeigen sich Parallelen zu Schwellensituationen innerhalb der eigenen Biographie.

Wir stehen heute in einer Zeit der zunehmenden geistigen und materiellen Heimatlosigkeit, des unruhigen Suchens und Ausschauhaltens nach neu zu begehenden Wegen. Es gibt kein Zurück, denn die Wege hinter uns sind verschüttet – die Wege vor uns sind neu anzulegen und zu befestigen; jeder für sich – und in Gemeinsamkeit mit anderen.

Sich Schwellensituationen zu entziehen, bedeutet »Beharrung«, d. h. sich selbst nicht weiterzuentwickeln; sich auf die neue Situation einzulassen, bedeutet Selbstfindung in Form einer »schöpferischen Resignation«.

> Die Krise wird
> als Erkenntnis an der Schwelle
> als Erlebnisdramatik deutlich:
> »Ich habe einen Gedanken,
> da bin ich falsch
> und
> an der Schwelle
> bin ich ein Irrtum.«

Ich habe in meinem Leben immer nahe der Schwelle gestanden, ich möchte fast behaupten, mein bisheriges Leben als ein Grenzerlebnis zu beschreiben – jedoch in der sicheren Gewißheit, nicht an der Schwelle zu verharren, steckenzubleiben; dadurch bin ich einer massiven Entwicklungssituation gegenübergestellt und lerne den Umgang mit der Dramatik des Alltags. Dennoch hat es mich Überwindung gekostet, in dieser Schrift die Schwellenproblematik im Hinblick auf die eigene Biographie darzustellen. Aber ist nicht auch das Eingeben des Persönlichen in die heutigen Lebenszusammenhänge »an der Zeit«? Indem wir uns füreinander öffnen, wird es möglich, die Grenzsituation handhabbar zu machen, obgleich damit eine seelische Verletzbarkeit durch den anderen gegeben ist.

Die andere Möglichkeit einer Stärkung für Krisensituationen, einem nicht bloßen Verharren in Verletzbarkeit, besteht darin, seine Individualität auszubilden und sie ehrlicher und wahrhaftiger handeln zu lassen. Die Herausbildung des Individuellen ist nur möglich in menschlicher Gemeinschaft.

So sind Individualität und Gemeinschaft die Grundpfeiler unserer Gesellschaft; sie stehen sich nicht als unvereinbare Polaritäten gegenüber, stehen aber in einem brisanten Spannungsverhältnis zueinander, das unendlich viele Facetten hat. Es kann sich nur darum handeln, ein aus der Polarität zu entwickelndes Drittes, Neues zu schaffen.

Die ständige Korrelation, die zwischen Individuum und Gemeinschaft besteht, macht es Krisensituationen gegenüber notwendig, Wege neu zu finden. In diesem Zusammenhang kam mir eine von Renate Hasselberg in einer gemeinsamen Studienarbeit an den Elementen der Biographie-Arbeit genannte Karmaübung entgegen, die da heißt

>>Was haben andere Menschen aus mir gemacht?<<
und nicht
>>Was habe ich aus mir gemacht?<<

Meine Grenzsituation besteht darin, daß ich seit elf Jahren meine drei Kinder im Alter von heute 16, 14 und 12 Jahren allein erziehe. Ich selber befinde mich im 42. Lebensjahr.

Eine meiner Übungen heißt immer noch, ein wenig inneren Frieden zu finden, um aus der Ruhe und aus Bedacht heraus zu handeln.

Frieden gibt es
in der äußeren Welt
nicht,
er liegt
nur in unserer
eigenen Seele.

Ralph Waldo Trine

»Die Kinder tragen das Erleben ihrer Eltern mit«

In Krisenzeiten habe ich darüber gedacht: Wer bin ich und wo liegen meine Aufgaben und Fähigkeiten?

Ich kam zu dem Resultat, jemand zu sein, der sich auf dem Weg befindet, und der trotz vieler Einsamkeitserlebnisse – oder gerade deshalb – eingebunden ist in unsere heutige Menschheitssituation.

Schon meine Vorfahren könnte man als Grenzgänger bezeichnen. Sie stammten sowohl mütterlicherseits als auch väterlicherseits aus Polen und hatten ein hartes Leben. Als meine Eltern sich in Deutschland kennenlernten, wo sie auf demselben Hof arbeiteten, hatten sie schon viel durchgemacht und bittere Not, Erniedrigungen und Demütigungen durch das Nazi-Regime erdulden müssen.

Erst vor etwa zehn Jahren kam es dazu, daß ich meine Mutter nach früher Erlebtem fragte. Mit niemandem hat sie je darüber gesprochen; niemand hatte sie danach bisher gefragt. Sie erzählte von Erfahrungen meines Vaters und ihren eigenen. Ich fragte im Detail nach. Ich saß ihr gegenüber und weinte bitterliche Tränen. Nichts war mir von dieser Not bekannt gewesen. Und meine Mutter erzählte sehr plastisch, beschrieb die Situationen exakt, mit großem Talent für Zusammenhänge und Chronologisches. Es entstand mir der Eindruck, die Dinge seien für sie zeitlich erst gestern geschehen, so nahe hatte sie die Bilder vor Augen. Eine Empfindung, in Form eines seelischen Schmerzes, einer Trauer, Furcht, Wut oder eines Angespanntseins, war für mich äußerlich nicht sichtbar; sie berichtete, als ob die Ereignisse zu der Biographie eines anderen Menschen gehörten.

War sie frei geworden von der Vergangenheit? Warum weinte ich aus tief empfundenem seelischen Schmerz, und nicht meine Mutter? Hatte ich doch in meiner Kindheit – in Verbindung mit den zurückliegenden Ereignissen, die meiner Mutter und mir widerfahren sind – Ängste und Unsicherheiten des Elternhauses atmosphärisch aufgenommen und eine gewisse innere Distanz empfunden, die eine warme Nähe zu meiner Mutter nicht zuließ, sozusagen Distanz als eine Art Schutz der Seele, da ich in diesem Alter jene Vergangenheitslast, besonders meiner Mutter, nicht mittragen konnte?

Ab dem 20. Lebensjahr trug ich unbewußt den Glaubenssatz in mir, eine »seelische Helferin« für meine Mutter zu sein. Die lang anhaltenden Konflikte zwischen meiner Mutter und mir deuteten daraufhin, eine Art Zielscheibe für ihre Wut und die Enttäuschungen zu sein. Je mehr ich diesen Glaubenssatz ablegte und eher stark opportun wurde, konnte meine Mutter mich mit anderen Augen wahrnehmen und sich selbst auch in einem anderen Lichte sehen.

Kurz vor dem Ende des Krieges war mein Vater 1944, 29jährig, als Soldat eingezogen worden; dies galt für alle Söhne aus volksdeutschen Familien. Somit wurde er dem Volksdeutschen-Status enthoben und erhielt die deutsche Staatsangehörigkeit. Niemand in seiner Gruppe wollte Krieg führen. Als alliierte Truppen schon bald auf die Gruppe stießen, zog man die weißen Tücher. Sehr kurze Zeit kam mein Vater in belgische Gefangenschaft.

Im August 1945 heirateten meine Eltern. Bald wurde meine sieben Jahre ältere Schwester geboren. Im Jahre 1952 verließen meine Eltern die landwirtschaftliche Arbeit. Mein Vater ergriff den Beruf des Pflasterers. 1953 wurde ich geboren und nach weiteren fünf Jahren noch eine Schwester.

Hinschauend auf die Biographien meiner Eltern muß ich heute sagen: Was ihnen, ja auch meinen Großeltern widerfahren ist, das ist auch mir widerfahren. Immer wieder stießen sie an Grenzen, mußten Verzicht üben und konnten selbst die bescheidensten Lebenswünsche nicht verwirklichen. Das biographisch Erlebte meiner Eltern läßt mich zu der Fragestellung kommen: »Was kündigt sich da für meine Situation an?« Wie ist das mit dem, was »Schicksalsleib« genannt wird?

Ich habe es nicht leicht gehabt, mich in den ersten sieben Jahren mit dem »Vererbungsleib« auseinanderzusetzen. Konkret heißt das, daß ich sehr viel kränkelte. Als Kinderkrankheit bekam ich lediglich Mumps zum Schuleintritt. Zuvor war ich ein sehr anhängliches, den Rockzipfel der Mutter haltendes Kind; nach Durchmachen dieser Kinderkrankheit konnte ich viel stärker eigene Wege gehen.

Meine Mutter stand unabsichtlich mir und meinen Fähigkeiten kritisch gegenüber. Dies war aus ihrer eigenen Frustration entstanden, da sie unbewußt eine Last trug, vielleicht die Erlebnisse ihrer Kinder- und Jugendzeit. Auch konnte sie eigentlich fast nichts von ihren Ideen, Zielen und Wünschen, aufgrund der Zeitverwicklungen, in die sie hineingeboren war, in ihrem Leben realisieren.

Als Kind konnte ich diese kritische Haltung nur als eine Art Ungeliebtsein und Kühle interpretieren. Die Reibungsflächen gab es ausschließlich zwischen meiner Mutter und mir, niemals zwischen ihr und meiner älteren oder jüngeren Schwester.

Bis über mein 30. Lebensjahr war unser Verhältnis sehr gespannt.

Trotz der bestehenden Distanz zwischen meiner Mutter und mir, war die innere Struktur des Familienverbandes eine eher »symbiotische«. Wir fühlten uns stark zueinander hingezogen als eine Schicksalsgemeinschaft. Dennoch suchte ich früh meinen eigenen Weg. Hiermit gab ich der Zukunft die Chance, meinen individuellen Lebensweg auszugestalten und autonom zu werden, was einen ziemlichen Kraftaufwand seelischer Art innerhalb der Familie bedeutete.

Immer wieder lag es mir mit zunehmendem Alter am Herzen, die bestehenden Fragen zwischen meiner Mutter und mir zu ihren Lebzeiten zu klären.

Obwohl mein Lebensweg früh mit Traurigkeit gepflastert war und ich immer von einem gewissen Einsamkeitsgefühl und der Suche nach Wärme und Geborgenheit begleitet wurde, hatte ich auch in späteren Jahren nie den Eindruck, in eine »falsche Familie« hineingeboren worden zu sein.

Eltern und Kinder finden aus bestimmten Bedingungen zueinander, damit sie ihre Schicksals-Konstellation gegenseitig tragen lernen, die aus Begegnungen in anderen Inkarnationen resultieren. Das schien sich mir zu bestätigen. Gleichzeitig fühlte ich einen Impuls, etwas in mir, das ganz anders war als das, was ich im

Erbstrom vorfand. Ich mußte in gewisser Weise etwas Individuelles, eine eigene Richtung schaffen, prägen und durchsetzen. Ich suchte die Befreiung aus einer Enge (räumlich-physisch, seelisch und geistig). Dabei habe ich nicht die Einfachheit meines Elternhauses abgelehnt; aber ich sehnte mich nach größerem Raum, einem Weg zur Freiheit, zur geistigen Freiheit.

Das Hineingeborensein in relativ bescheidene Verhältnisse hat mich, neben Entbehrungen und Verzicht, auch vieles gelehrt wie den Blick für die Nöte der Menschen.

Während zwischen meiner Mutter und mir der »Streit-Pol« gepflegt wurde, trug mein Vater harmonisierend und ausgleichend bei. Von ihm habe ich ein tiefes religiöses Moment erfahren: Religion als spiritueller Bezug zur Welt, als Eintauchen in das Welt-Erleben. Sein Naturell war fröhlich. Auch in schwersten, kummervollen Zeiten der Entbehrungen für meine Eltern habe ich keine Erinnerung an Klagen seinerseits. Er und meine Mutter verzichteten auf etwas, teilten oder gaben uns Kindern.

Mein Vater war Handwerker und ein Künstler. Er besaß Musikalität dergestalt, daß seine hohe Tenorstimme uns oft erfreut hat, und mit einer Hingabe spielte er Instrumente, ohne diese gelernt zu haben. Sein Leben war jedoch gekennzeichnet von harter, körperlicher Arbeit, von Verzicht, Enge und Entbehrungen. Mancherlei Demütigungen nahm er hin; dies gilt auch für meine Mutter. Diese Generation lebte noch mehr in dem Zeitgeist, »Schicksal geduldig zu tragen«.

Mein Vater verstarb nach Ostern 1983, für mich unverhofft.

Er hat mich gelehrt, immer weiter zu gehen, das Entgegenkommende, Schicksalsmäßige anzunehmen, Interesse für die Welt zu entwickeln, Bejahung, Fröhlichkeit, Heiterkeit, Ehrlichkeit. Bei meiner Mutter fand ich Willenskraft vor, Entschlossenheit und Verantwortungsbewußtsein, Durchsetzungsvermögen, Kraft und Ausdauer.

Beide Eltern haben mich später von der Erziehungsstruktur her eher vertrauensvoll gewähren lassen; sicher auch, da sie mir in vielerlei Hinsicht (schulisch u. a.) nicht helfen konnten. Ich habe spätestens ab dem vierzehnten Lebensjahr aktiv die Zügel selbst in die Hand genommen und die Weichen für mein späteres Leben gestellt. Ich konnte jedoch nicht dem konservativ-traditionell erwarteten Bild meiner Mutter entsprechen; so traten erneute Unvereinbarkeiten auf.

Meine Eltern lebten in der althergebrachten, traditionell-funktionierenden Struktur einer Ehe in einer weitgehendst harmonischen Verbundenheit.

Alle drei Töchter hatten es mit einer Partnerschaftsfindung nicht leicht: eben einem, *dem* schicksalsmäßigen Partner zu begegnen. Meine beiden Schwestern arbeiten beruflich an der Bühne (Operngesang und Schauspiel; Schauspiel, Tanz und Gesang). Ich selbst habe ebenso Ambitionen hierzu, möchte den Kunstbegriff jedoch auch in das alltägliche Leben integriert wissen, übergreifend auf alle Lebensbereiche bis hin zum mitmenschlichen Umgang.

Um das 35. Lebensjahr herum kam es zwischen meiner Mutter und mir zu einer Annäherung und gegenseitigen Akzeptanz. Meine Mutter hatte in dieser Zeit einmal geäußert: »Wenn du nicht so bist, wie ich bin, dann kannst du nicht meine Tochter sein«, und: »Du bist und machst alles so ganz anders, als ob du nicht zu uns gehörst.«

Da habe ich mir still gesagt: »Ja, ich bin anders als du, liebe Mutter, lebe ganz anders als du, – und deine Tochter kann ich trotzdem sein.«

Nach über dreißig Jahren war erreicht, daß jeder »so sein kann, wie er ist«. Das bedeutet, zu sich selbst zu finden oder mit anderen Worten ausgedrückt: in der Wahrheit zu leben und die eigene Ich-Wirklichkeit zu erfahren.

Motive aus der Kindheit und Jugend

Wir lebten in einem idyllisch gelegenen Bauernhaus auf dem Lande. Wenn auch die Verhältnisse sehr primitiv waren, so habe ich doch sehr schöne Erinnerungen an meine Kindheit. Prägend war ein Erlebnis in der Schule, als einige Jungen aus meiner Klasse

»Polacke« hinter meiner Schwester und mir herriefen. Ich verstand das überhaupt nicht, da ich nie in Polen gelebt hatte, und ich war doch Deutsche. Wir sprachen alle ein einwandfreies deutsch (bis auf einiges Grammatikalische meiner Mutter), hatten lediglich einen Namen, an dem die deutsche Zunge die Chance hatte, sich in sprachlicher Akrobatik zu üben.

Als ich elf Jahre alt war, reisten meine Eltern, meine jüngere Schwester und ich zu Verwandten-Besuchen nach Polen. Dort lernte ich die Menschen und ihre Lebensbedingungen kennen in der Stadt und auf dem Land. Ich habe auch das ehemalige Konzentrationslager Auschwitz gesehen. Ich sah das Land meiner Väter und Mütter. Erst viel später, um das 30. Jahr, setzte ich mich verstärkt »mit dem Polnischen in mir« auseinander und lernte es schätzen. Ich bin überaus froh, mich daran gewagt zu haben, eine harmonische Verbindung in mir erarbeitet zu haben, sozusagen die einer deutsch-polnischen Begegnung. Ich kann heute mit Stolz sagen, daß meine Mutter eine gebürtige Polin ist, ein östlicher Mensch.

Erst als meine Schwester ihr erstes Engagement als Opernsängerin in einer benachbarten Stadt aufnahm und unsere Klasse sich dort eine Operette anschaute, achtete man unsere Familie von heute auf morgen auf andere Weise. Niemand rief je wieder hinter uns Kindern etwas her.

Nach Beendigung der Volksschule besuchte ich eine einjährige Handelsschule, in der ich neben anderen Fächern Stenografie, Maschinenschreiben, Buchführung, Französisch lernte. Der Besuch dieser Schule verkürzte die folgende Lehrzeit um ein Jahr.

Meine Mutter schlug mir vor, Bankkauffrau oder Friseuse zu werden. Das wollte ich entschieden nicht; ich konnte mich mit diesen Berufen absolut nicht verbinden. So bewarb ich mich auf eigenen Wunsch als Rechtsanwalts- und Notariatsgehilfin in der nahegelegenen Stadt. Ich lernte dort allerlei Technisch-Praktisches, was mir im späteren Alltagsleben und im Studium sehr zugute kam.

Mein Chef benutzte keine Diktiergeräte. Wir Lehrlinge und

Gesellen wurden direkt und spontan bei Anwesenheit des Mandanten zum stenografischen Diktat gerufen. Ich habe so viel menschliches Leid miterlebt, wie z. B. eine in Scheidung lebende Mutter, die weinend über ihre Situation berichtete. In solchen Fällen habe ich von mir aus für Minuten das Diktat unterbrochen und mich um die aufgelöste Frau gekümmert, was mein Chef still akzeptierte. Auch im Umgang mit Schuldnern versuchte ich menschlich zu sein, da diese von meinen Kolleginnen immer besonders barsch und unfreundlich – auch je nach sozialer Herkunft – angesprochen wurden. Überhaupt war die Kommunikation mit den sehr verschiedenen Menschen und ihren Angelegenheiten sehr spannend für mich. Auch im Umgang mit dem Publikumsverkehr allgemein, wie der Telefonarbeit, der Wartezimmersituation, dem Hereinbitten der Mandanten usw. hatte ich immer direkt auf den Menschen zuzugehen und Kontakt zu ihm aufzubauen.

Da mein Rücken beim Schreibmaschinenschreiben immer stark schmerzte, so daß ich eine Zeitlang täglich den Arzt aufsuchen mußte, habe ich nach der zweijährigen, abgeschlossenen Lehre diesen Beruf nicht weiter verfolgt. Es gab auch keine beruflichen Zukunftsperspektiven, außer Gesellin zu bleiben bzw. leitende Bürovorsteherin zu werden. In dieser Richtung hatte ich keine Ambitionen und fühlte mich dazu nicht berufen.

Auf der Suche nach neuen Wegen wies mich eine ältere Freundin auf den sogenannten »zweiten Bildungsweg« an der Fachoberschule hin. Ich besuchte die sofort nach Beendigung der Lehre mit der Fachrichtung Sozialwesen. Da das Bafög-Geld zum Leben oft nicht ausreichte, habe ich etwas Geld dazuverdient, auch in der Anwaltspraxis meiner Lehrzeit.

In meiner Jugendzeit beschäftigte ich mich mit Fragen des Übersinnlichen, des Jenseits, Fragen nach der Wahrheit. Ich suchte Antwort in östlichen Weisheitslehren, bis ich später auf die Anthroposophie stieß. Die Jugendzeit war für mich aber auch die Zeit, die Welt kennenzulernen. Das trockene, relativ unlebendige Schulenglisch konnte mit dem fehlenden Sprachfluß ergänzt werden durch das Erüben der Sprache während meiner Reisen durch das Ausland und auch durch Singen von fremdsprachiger Folklore.

Kurz vor dem vollendeten 18. Lebensjahr eröffnete ich meiner Mutter, daß ich ausziehen wollte. Ich konnte die seelische Anspannung zwischen ihr und mir nicht mehr ertragen. Ich dachte auch, es würde Besserung eintreten durch räumliche Distanz. Der Abschied kam mir wie ein endgültiger Bruch vor; nur nach und nach besserten sich die Dinge.

Ich zog mit einer Freundin zusammen auf das Land, von der Schule etwa 40 km entfernt, in ein Fachwerkhaus. Wir hatten bei dem Besitzer, einem Architekten, vorgesprochen, und waren glücklich, daß er uns sein Vertrauen aussprach, dieses Haus zu mieten. Da meine Freundin volljährig war, mietete sie das Haus auf ihren Namen. Sie befand sich in einer Trennungssituation von ihrem Mann und ging wenig später eigene, neue Wege. So übernahm ich die Verantwortung für das Haus, womit ich mir neben der Schule nicht wenig aufgeladen hatte. Das Haus war von Anfang an als Wohngemeinschaft konzipiert, nicht als einfache Zweckgemeinschaft. Es wohnten dort später verbindlich fünf Mitbewohner. Es war ein Haus, in dem sich Menschen vieler Nationalitäten trafen; ein Haus der Kommunikation, aber auch des Gemeinschaftlichen und der sozialen Arbeit.

Ich hatte einen siebzehnjährigen jungen Mann als Mitbewohner aufgenommen, der immer mehr und stärkere Drogen konsumiert hatte und schließlich auf das tödliche Gift Heroin zurückgriff. Ich besorgte mit ihm einen Arbeitsplatz, betreute das verschwommene Verhältnis zu seiner (enttäuschten) alleinerziehenden Mutter, die ihrem Sohn gegenüber rat- und hilflos geworden war. Er wurde schließlich durch verschiedene gravierende Lebensumstände von der Droge völlig frei und begab sich in ärztliche Behandlung.

Darüber hinaus gab es einige Menschen in unserem Dorf, die auf uns zukamen und Hilfe in Form eines Gespräches benötigten. Ein älterer Herr von Gegenüber, aus Schlesien stammend,

wurde unser Freund. Er war nicht allzu sehr in die Dorfgemein-
schaft eingebunden, eher ein Sonderling, kräuter- und medizin-
kundig und gab uns manchen guten Rat. Er versorgte meine
Hündin und zwei kleinen Katzen, während ich die Schule besuchte.

Es ergab sich, daß immer wieder ein 9jähriges Kind zu uns kam,
das in irgendeiner Form Zuneigung und Schutz suchte. Dieses
Kind lebte einige Häuser weiter, und ich erfuhr, daß es seinen Vater nie gekannt hatte, nur sporadisch von der Mutter betreut wurde, und im wesentlichen bei der Großmutter aufwuchs, die eine
Erziehung des Kindes nicht leisten konnte. Ich stellte debile An-
zeichen und starke Auffälligkeiten (Stehlen, Lügen) bei dem Kind
fest, die weiter fortschritten in dem Maße, daß niemand in der
Lage war, sich erzieherisch um das Mädchen zu kümmern; sie
verwahrloste zunehmend seelisch. Ihre unruhigen Augen waren
ständig auf der Suche. Ich versuchte, sie über eine Zeit zu begleiten und machte meine ersten sozial- und heilpädagogischen Erfahrungen mit einem nicht geliebten, alleingelassenen Kind, später auch in Korrespondenz mit dem Sozialarbeiter.

Eine Partnerschaft beginnt

Im Mai 1973 lernte ich den Mann kennen, der später der Vater
meiner drei Kinder werden sollte.

Ich war in meinem Geburtsort spazierengegangen und hatte
am altbekannten Platz Maiglöckchen gepflückt. Zum frühen
Abend fuhr ich in einen nahegelegenen Studentenclub und stellte
die Maiglöckchen dort in eine Vase. Die Atmosphäre war familiär.
Ich fragte einen Ingenieur-Studenten, was es mit dem Maiglöck-
chengift in geschlossenen Räumen auf sich hätte; er verwies mich
lachend an einen »Fachmann«, einen Chemiestudenten.

Es war schön, ihm zu begegnen. Wir hatten uns vorher dort
schon einmal gesehen. Ich war aber seinem Blick ausgewichen.
Nun konnte ich nicht mehr wegschauen, er stand ja genau vor
mir. Unsere Begegnung begann musikalisch: Er spielte Klavier

(später Gitarre) und ich sang dazu. Leider hatte unser erstes gemeinsames Lied den Tenor »It's too late, now it's too late. Though we really did try to make it. Something inside has died and I can't hide and I just can't fake it ...« War so dem Anfang schon das Ende eingeschrieben?

1973 erlangte ich die Fachhochschulreife nach aufregenden Abschlußprüfungen. Das anvisierte Studium an der Fachhochschule, Fachbereich Sozialwesen, lag vor mir. Ich hatte für 1974 einen Studienplatz zugeteilt bekommen.

Nach bestandener Prüfung und vor Studienaufnahme hatte ich mir eine dreimonatige Reise nach Marokko vorgenommen, über Benelux, Frankreich, Spanien, Portugal, – bis Marrakesch, am Rande der Wüste. Ein Freund hatte mir derzeit Dias gezeigt von seinen Reiseimpressionen dort; das hatte mich in Begeisterung versetzt, dieses Land selbst einmal zu erleben.

Meine Freundin und ich fuhren im September – mit Rucksack, Schlafsack und Kochtopf bepackt – per Anhalter, Bus und Bahn in die Fremde. Mein Freund und meine Eltern ließen mich nicht gern fahren, aber sie mußten meine Entscheidung akzeptieren. Eine Reise dieser Art ist schon ein Erlebnis mit vielen Menschenbegegnungen.

Ich habe dabei gelernt, mich in den verschiedensten Situationen (sprachlich usw.) zurechtzufinden, Orientierung in der Fremde zu entwickeln, Wahrnehmungsfähigkeiten Menschen gegenüber zu entfalten, durch längere Wanderungen, Naturzusammenhänge bewußter zu erleben, durchzuhalten, auch wenn der Rücken vom Rucksacktragen schmerzt, und mit sehr wenig Materiellem auszukommen. Eine solche Reise ist eine Unternehmung, bei der man Auswege finden muß, auch wenn es nicht mehr weiter zu gehen scheint, bei der man erfinderisch und kreativ werden muß.

In Marokko aber blieb ich von einem Magen-Darm-Katarrh nicht verschont. Ich suchte einen Arzt auf und war weit von der Heimat erkrankt.

Ich schrieb meinem Freund einen Brief und schilderte meine Situation, wußte aber nicht, ob dieser Brief ihn je erreichen würde. Kurze Zeit später, als ich mich einmal allein in dem Haus befand, in dem ich gastlich aufgenommen worden war, klopfte es an die Tür. Ich hatte etwas arabisch gelernt und fragte »Skun?« (Wer?). Als Antwort erklang der Name meines Freundes. Ich war nicht nur sprach-, sondern auch fassungslos vor Freude und Erstaunen. Als mein Gastgeber kam, stellte er sofort seine Hausschuhe für meinen Freund bereit zum Zeichen, daß er willkommen sei. Wir traten alsbald die Rückreise an.

Mein Freund bekam plötzlich vor dem Abflug einen großen Schwächeanfall. Der Flugkapitän der Schweizer Airline erklärte uns, daß wir auf eigenes Risiko fliegen müßten, es gäbe keinerlei medizinische Versorgung an Bord. Wir gelangten jedoch wohlbehalten in die Schweiz, von dort mit dem Zug nach Hause und direkt für eine Woche zur Beobachtung unter Quarantäne in das Krankenhaus wegen des Verdachts auf Typhus, was sich jedoch nicht bestätigte. Meine Reise war beendet. Ich hätte gerne noch Indien und Nepal und ganz Amerika bereist und erlebt. Dieses habe ich vorerst auf Eis gelegt. Ich würde heute vorziehen, eine sinnvolle Arbeit zum Aufbau des Landes zu tätigen oder in Krisengebieten zu arbeiten, um so Land und Leute und andere Sitten kennenzulernen.

Wieder zu Hause löste sich das gemeinschaftliche Wohnen auf, da alle Mitbewohner in verschiedene Richtungen gingen; mein Freund und ich hatten beschlossen, in eine gemeinsame Wohnung zu ziehen. Wir haben bis zur Geburt unserer Kinder nie allein gelebt; es entstand eine Gemeinschaftssituation, in der es mancherlei Krisen und Konflikte zu durchstehen gab. Ich habe die Einsamkeit gerade zu Beginn unseres Zusammenlebens vermißt, nur einmal in Ruhe allein sein zu können, ganz egoistisch.

Der jüngere Bruder meines Freundes wohnte bei uns und kam mehr oder weniger in unsere Obhut an Eltern statt. Er stellte noch relativ viel Unsinn an, so daß man sich um ihn kümmern mußte. Aufgrund des geringen Altersunterschiedes zwischen uns war dies nicht leicht zu handhaben, letztlich eine Autoritätsfrage.

Der Bruder brachte einen weiteren Freund, der eine Bleibe suchte und dessen Eltern in einer Scheidungssituation standen; er wohnte nun auch bei uns und brachte seinerseits neue Freunde mit. Zum Glück gab es in unserem Haus Platz für alle. Zu dem festen Wohnkreis kam kurz- oder längerfristig immer wieder jemand dazu oder ging fort, so daß eine ziemliche Fluktuation herrschte.

Ich hatte es als einzige, dort fest wohnende Frau nicht leicht, mit den teilweise »nach-pubertierenden« Männern auszukommen – mein Freund ausgeschlossen. Es gab Differenzen zwischenmenschlicher Art aus dem Alltag. Außerdem waren mir die Tage »zum Vertrödeln und Verblöden« zu kostbar. Wir kochten gemeinsam und nahmen die Mahlzeiten miteinander ein. Mit dem Kennenlernen meines Freundes bin ich der damals üblich bürgerlichen »Eßkultur« begegnet (Hauptnahrungsmittel Fleisch, ausschließlich Weißmehlprodukte, Mengen von weißem Zucker, wenig frisches Gemüse und Obst). So gab es auch Auseinandersetzungen darüber, ob der Quark tonnenweise mit Zucker zu süßen sei oder nicht. Die Auseinandersetzung endete dann so, daß jeder die Dinge nach seinem Gutdünken tat. Es gab keine klärenden Aussprachen darüber, wie wir uns irgendwo in der Mitte treffen, annähern könnten; so mußten sich immer jeweils einer oder mehrere unterordnen. Da ich die einzige, und noch dazu »Frau« war, die »bewußteres« Essen und Leben anstrebte, konnte ein Austausch in diesem Zusammenhang nur scheitern.

Die Interessen waren sehr verschieden. Wir hatten kein gemeinsames Konzept des Wohnens miteinander entwickelt und kein Ziel vor Augen; alles war beschränkt auf ein Wohnen und Teilen der anfallenden Kosten. Als Idee stand imaginär im Raum, gemeinsam Musik machen zu wollen.

Von 1974–1977 studierte ich an der Fachhochschule Sozialpädagogik. Mit der Studienaufnahme war ich zeitlich nun sehr eingebunden.

Die Idee des gemeinsamen Musizierens realisierte sich. Darüber hinaus wurde eine Musikalienhandlung eröffnet. Es wurde ein Geschäftsraum gefunden. Wir suchten nach einem neuen Wohnhaus in der Nähe des Geschäftes und fanden ein geeignetes

Fachwerkhaus direkt am Wald gelegen und doch unmittelbar in Stadtnähe.

So gab es Ende 1974 für mich Studienbeginn, Umzug und Geschäftseröffnung.

Nun ergaben sich aus der Sache heraus rhythmischere Tagesabläufe; klarere Organisation war angesagt. Aus einem äußerst kleinen Beginn entwickelte sich der Versuch einer Produktions- und Lebensgemeinschaft.

Nach mehreren Jahren kristallisierte sich ein fester Wohnstamm von vier Personen heraus. Das Vorhaben gestaltete sich zu einer arbeitsintensiven Unternehmung.

Wir nahmen neben dem Verkauf von Musikinstrumenten, optimaler Verkaufsberatung (unabhängig davon, ob der Kunde etwas kaufen wollte), Dienstleistungen und Reparaturservice aller Art eine Entwicklung und Produktion von Großraumbeschallungs-Anlagen auf, mit der Einrichtung von Holz-, Metall- und Elektronikwerkstätten. Die Arbeit wollte organisiert, getan und erledigt werden. Tag für Tag.

Es ging recht familiär bei uns im Geschäft zu. Die jungen und älteren MusikerInnen aus allen Sparten und Richtungen trafen sich und tauschten sich bei uns aus, so daß auch ein regelrechter Treffpunkt entstand. Zu unseren Kunden zählten Schulen, Kulturzentren und soziale Einrichtungen, für die wir individuell arbeiteten.

Den größten Raum nahm der später hinzukommende Verleih der gefertigten Großraumbeschallungs-Anlagen ein, wobei die komplette künstlerische und technische Leitung inklusive Mischpult-Bedienung von uns übernommen wurde. Musik, von Folklore über Jazz bis Klassik, Theater, Tanz, Sprache, Kundgebungen und Friedensdemonstrationen wurden beschallt. Wir hatten ein spezielles Übertragungssystem entwickelt und gebaut, das nicht dem Zweck der lauten Musikübertragung dienen, sondern – wenn schon eine Verstärkung vonnöten war – die gespielten Instrumente in allen ihren Tonvarianten naturgetreu, technisch unverfälscht und sauberen, klaren Klanges hörbar wiedergeben sollte.

Außerdem gab mein Freund im ersten Geschäftsjahr für die älteren Kinder kostenlosen Konzertgitarren-Unterricht, wobei ich die sozialpädagogische Betreuung übernahm. Es gab immer ein Abschlußfest bei uns auf dem Land. Später war hierfür keine Zeit mehr vorhanden.

Mutterdasein und Frau im Beruf

Eine Krankheit

1977 wurde unser erstes Kind geboren. Ich hatte gerade das Examen beendet; das Berufsjahr blieb somit vorläufig offen und damit die staatliche Anerkennung als Sozialpädagogin. Aber das Erlebnis, nun Frau und Mutter zu sein, da hineinzuwachsen, ein Kind großzuziehen, wog alles andere auf. Eine Umstellungszeit innerlich wie äußerlich hatte ich jedoch durchzumachen. Längere Zeit nahmen wir unsere Tochter mit in das Geschäft, doch ich sah bald ein, daß mein Platz jetzt zu Hause war. So verlegte ich das Büro in unser Wohnhaus. Diese Situation war neu für mich, da wir bisher immer einen auschließlich gemeinsamen Arbeitsbereich hatten.

Ein gutes Jahr später erkrankte ich an der Schilddrüse dergestalt, daß linksseitig ein kleiner Knoten gewachsen war, den meine Mutter entdeckte. Es ergriff mich des öfteren Schwindel und nach einer Voruntersuchung, die nichts Eindeutiges aussagte, bei der aber von einem Grenzfall gesprochen wurde, der auch entarten könne, entschloß ich mich zu einer Entfernung des Knotens. Ich war zu dieser Zeit nicht bekannt mit Methoden des Naturheilverfahrens, so daß mir nur die Möglichkeit einer schulmedizinischen Behandlung am »Symptom-Knoten« übrigblieb. Die histologische Untersuchung des Gewebematerials nach der ersten Operation ergab, daß medizinisch weiterhin eine Grenzsituation bestehe. An dem Tag, an dem meine Entlassung sein sollte, wurde mir eröffnet, daß ein zweites Mal operiert werden müßte.

Meine Tochter kam mir zu dieser Zeit im Krankenhaus mit einem ersten selbständigen Schritt entgegen. Ich hatte Tränen in den Augen bei dem Gedanken, mein Kind vielleicht verlassen zu müssen. Nein, ich wollte nicht sterben. Ich wollte leben! Und für Gesundheit und Leben kämpfen! Wir waren alle sehr erschrocken; aber ich fühlte auch, daß ich wacher denn je wurde durch dieses Ereignis – und auch nachdenklicher.

In einer folgenden zweiten Operation kam es zu einer Totalentfernung der gesamten Schilddrüse; versehentlich wurden dabei allerdings die Epithelkörperchen, in denen die Nebenschilddrüse sich befindet, geschädigt bzw. mitentfernt. Das war ein böses Erwachen nach der Operation, als Verschiedenes an meinem Körper krampfte und niemand zuerst wußte, wo die Ursache lag.

Diesem Geschehen folgte ein Umbruch in unserer bisherigen Lebensführung und eine Rückbesinnung meinerseits auf bereits bekannte Lebensziele und Ideale.

Meine Wahrnehmungsfähigkeit für die mich umgebende Welt erfuhr mit dem (Organ-) Verlust eine neue Qualität. Viele Jahre habe ich den unwiederbringlichen Verlust der Schilddrüsen aber auch beklagt und mich gefragt, warum denn nur?

Einen weiteren Zugewinn brachte die anfängliche Begegnung mit der Anthroposophie über eine künstlerische Arbeit innerhalb eines Kuraufenthaltes. Dort standen an einer Tafel die Worte »Denken – Fühlen – Wollen«, und ich war impulsiert, aufgewacht aus dem »Dornröschenschlaf« und motiviert, Neues kennenzulernen. Ich kannte weder Anthroposophie noch die Waldorf-Pädagogik; eine im Studium gekaufte Sekundärliteratur zur Pädagogik Rudolf Steiners hatte ich angeblättert. Sie machte mich auch irgendwie neugierig. Es gab aber keinen Impuls, darin zu lesen.

Das Bestreben nach Gleichgewichtsprozessen und Erforschung von Ursachen zog in unser Haus ein. Dort lebten mein Mann, meine Tochter und ich und unser langjähriger Freund und Mitarbeiter mit seiner Freundin.

Hatte sich doch seit der Geburt unserer Tochter vieles in unserem Leben erneuert, so gab es nach meiner Krankheit radikale Veränderungen: Wir wollten uns nun einheitlich naturbelassen und gesund ernähren. In der Küche fand eine Revolution statt bis hin zum Kauf einer Getreidemühle. Es wurde selbst Brot gebakken; darüber hinaus wurde alles im Haushalt vorhandene, nicht eßbare (vom Spülmittel angefangen über Möbel, Matratze und Bett bis hin zum Umgang mit Baumaterialien) auf seinen biologischen Gehalt hin überprüft und liquidiert, ersetzt oder für gut befunden und beibehalten.

Wir ließen unser Haus ausruten und sahen mit eigenen Augen, daß durch meine Bettstelle eine starke Wasserader-Kreuzung entlangführte, deren Energie sich ständig über meinem Hals befunden hatte.

Medizinisch schloß ich mich der klassisch-homöopathischen Heilbehandlung an, der auch alle anderen im Haus folgten. Mein Mann begann sich für Medizin und Homöopathie zu interessieren.

Unsere Freunde wollten auch beruflich eigene Wege gehen und zogen aus. Sie eröffneten eine Vollkorn-Bäckerei, und wenig später erwarteten sie ihr erstes Kind

Wir meldeten unsere Tochter in der Waldorfschule an, und ich begann, mich mit der Waldorf-Pädagogik zu befassen. Gemeinsam mit meinem Mann besuchte ich auch Seminare und Veranstaltungen am Ort.

Da die Waldorf-Pädagogik auf der Grundlage der Anthroposophie Rudolf Steiners fußt, war es für mich unerläßlich, die Zusammenhänge zu studieren, was ich fortan begann und auch praktisch umzusetzen versuchte.

Für November 1980 kündigte sich die Geburt eines weiteren Kindes an. Einen Augenblick lang wollte ich die erneute Schwangerschaft unwillig über mich ergehen lassen. Ich fühlte, daß nicht das ankommende Kind der Grund war, sondern daß etwas zwischen meinem Mann und mir nicht mehr stimmig war. Ich konnte es aber nicht verbalisieren.

Ich habe mich aber bald sehr auf die Ankunft unseres zweiten Kindes gefreut und mir einen Sohn gewünscht. Im Gegensatz zu der ersten Geburt suchten wir einen Arzt auf, bei dem die »sanfte Geburt« nach Frédéric Leboyer erfolgen konnte.

Leider kam es unter der Geburt zu einem heftigen, kurzen Wortaustausch zwischen meinem Mann und dem Geburtshelfer, was die Frage von Medikamenteneinsatz und Geburtszeitpunkt betraf und in einer Kontroverse Arzt – Heilpraktiker endete. Ich beendete dieses Streitgespräch von mir aus und entschied, daß unser Kind nun geboren werden sollte.

Im Krankenhaus arbeiteten katholische Nonnen, und es herrschte eine ruhig-atmende, liebevolle Atmosphäre. Diese glücklichen Umstände ließen meinen Sohn und mich in seinen ersten Lebenstagen umhüllt und geborgen sein, und ich konnte die erlebte Kontroverse unter der Geburt besser verkraften.

Doch dann gab es ein neues Problem: Unser Sohn hatte eine sehr starke Neugeborenen-Gelbsucht, wobei mein Mann und ich gemeinsam, entgegen des energischen Hinweises des Arztes, entschieden, keinen Blutaustausch vornehmen zu lassen, sondern unser Kind mit klassisch-homöopathischen Gaben zu behandeln, wobei der sich einstellende Heilerfolg unsere Entscheidung positiv bestätigte und das Gespräch mit dem Arzt wieder besser möglich war.

War ich doch im anfänglichen häuslichen Versorgen des ersten Kindes noch unsicher und unbeholfen gewesen (mein Mann half mir viel), so konnte ich nun viel selbständiger und klarer arbeiten. Auch das Zusammenbringen der Geschwister war eine schöne Aufgabe.

Seit dem Verlust der Schilddrüse und der weiteren Betreuung durch einen Homöopathen befaßte sich mein Mann mit dem Studium dieser Medizin. Als mich im Jahre 1981 urplötzlich aus dem morgendlichen Schlaf heraus eine Tetanie über den ganzen Körper erfaßte, konnte kein Arzt erste Hilfe leisten. Mein Mann verabreichte mir in sekundenschneller Repertorisierung eine homöopathische Gabe, die den Großteil meines Körpers aus der Verspannung nahm; eine weitere Verabreichung löste Hände und Arme über den Tag. Er begann kurze Zeit später mit einer Ausbildung zum Heilpraktiker, was ihn sehr forderte und zeitlich einband. Bisher hatten wir immer einen gemeinsam gestalteten Arbeits- und Lebensbereich gehabt und sehr symbiotisch miteinander gelebt. Wir machten nun unsere Entwicklungen getrennter voneinander. Ich übernahm durch seine Abwesenheit mehr die Aufgabe der Erziehung und Versorgung der Kinder und die Führung von Haus und Hof. Weiterhin arbeitete ich für das Musikgeschäft (das Ladengeschäft selbst wurde geschlossen), das wir nach und nach auslaufen ließen und endgültig im Jahre 1985 beendeten. Es gab stets bewegte Tage. Über Langeweile konnten wir uns nicht beklagen. Auflösung des Alten und Zusammenführung des Neuen überlagerten sich wieder in meiner Biographie wie zur Zeit meines Studiums.

Im Juni 1982 kam unser drittes Kind zur Welt. Diese (ambulante) Geburt, ebenfalls nach Leboyer bei demselben Geburtshelfer, war so sanft, daß man sagen kann, das Kind ist im wahrsten Sinne des Wortes »vom Himmel auf die Erde gefallen«. Obwohl ein weiteres Kind nicht eingeplant war, hatte es einen Glücksmoment gefunden, um sich zu inkarnieren. Trotz der Freude über unser Jüngstes bahnte sich aus einer anfänglichen Mißstimmung eine Krise größeren Ausmaßes an. Wir konnten immer noch keine notwendigen Veränderungen zwischen uns bewegen und diese auch nicht gemeinsam verbalisieren. Ich war inzwischen 29 Jahre, mein Mann 32 Jahre alt.

Im Oktober 1982 fand eine Dreier-Taufe in der Christengemeinschaft statt mit einem sehr großen Familienfest. Daß nun unsere Kinder dieses Sakrament erhalten hatten, freute uns sehr. Während der Taufgespräche hatten wir endlich auch an den Bund einer »echten« Ehe gedacht. Ich sah mich nach Trauzeugen um.

Mein Mann hatte die Heilpraktiker-Prüfung bestanden. Seit zwei Jahren sammelte sich ein Patientenstamm, der auf Behandlung wartete. In dieser Zeit begannen wir mit dem Neuen, dem Aufbau einer homöopathischen Landpraxis in einem Trakt des Wohnhauses: Ausgestaltung und Einrichtung der Räume, mit besonderem Augenmerk auf den Warteraum. Es gab Formalitäten zu erledigen, eine Buchführung mußte eingerichtet werden, alle notwendigen Unterlagen, Medikamente und Literatur zusammengestellt werden, über Organisation und Struktur nachgedacht werden. Wir hatten auch mögliche, die Medizin ergänzende künstlerische Therapieformen ins Auge gefaßt. Ideen über Ideen – für zwei Menschen mit drei Kindern keine einfache Realisierung.

Wir hatten unsere Karten ständig auf die Erneuerung des Umfeldes gesetzt; innerseelisch-menschlich bildeten wir gemeinsam nicht mehr viel aus. Äußerliche Fülle – innerlich werdende Leere waren die Folge.

Ein Jahr später kam der letzte, aber zu späte Versuch einer Rettung der Familie, indem wir uns ein größeres, sehr optimales Hausobjekt ansahen. Da wurde uns klar, daß es kein gemeinsames Haus mehr für uns geben konnte. Eine Ehe wurde nicht geschlossen – aber vor dem Weihnachtsfest 1983 eine endgültige Trennung vollzogen. Das lebendige, geistige Band zwischen meinem Mann und mir war in jeder Hinsicht gerissen, das konnte ich nicht nur fühlen, sondern auch sehen. Ich glaube, wir waren beide sehr enttäuscht von den Umständen. Viele Menschen waren erstaunt und konnten unsere Trennung nicht nachvollziehen. Man hatte uns immer als harmonisches, gemeinsam aktiv-dynamisches, positiv-ausstrahlendes Paar gesehen.

Ich versuchte, mich Jahre später mit grundsätzlichen Gedanken zu trösten, zu denen ich gekommen bin, nachdem ich alle Schwierigkeiten durchgestanden habe, den nächsten Tag mit neuem, unendlichen Elan und Hoffnung beginnend. So sind die Jahre vergangen, und mancher empfundene Schmerz konnte zu einem glänzenden Kristall verwandelt werden, ab und an gelang mir auch ein Lächeln.

Jede Trennung hinterläßt Narben. »Gewordenes« in Seele und Geist ist nicht von heute auf morgen zu verwandeln, wie etwa das Füllen und Leeren eines Glases Wasser im Nu geschieht, da dies ein rein materieller Prozeß ist. Die Verbindung zweier Menschen braucht den gleichen Zeitraum ihrer gehabten Dauer, um sich auch ätherisch voneinander zu lösen.

Mein Mann und ich waren uns nicht über die Bedeutung der Ehe bewußt gewesen, die nicht nur eine natürliche Gemeinschaft ist, sondern auch eine künstlerische Gestaltung und Pflege erfordert und die Bereitschaft zu Opfern. Ich wußte nur, daß sich etwas zwischen uns verwandeln müßte. Ich hatte bis zuletzt im stillen gehofft, daß mein Mann sich doch für die Familie entscheiden werde. In der Nacht, in der die Grenzen gezogen wurden und ich mit den Kindern allein blieb, brach eine Welt für mich zusammen.

Die Zeit nach der Trennung

Mit den Kindern allein

Ich blieb die ganze Nacht wach, mein 16 Monate jüngstes Kind singend im Arm wiegend, und bat meinen Vater, zu kommen, damit ich nicht so allein war. Am nächsten Tag wollten alle Kinder fröhlich versorgt werden. Das Weihnachtsfest nahte, und ich fragte mich, wie ich das allein gestalten sollte, ohne mich zu zerteilen? Meine jüngste Schwester half mir an Vaters statt. Über die Weihnachtstage bis zum neuen Jahr bekamen alle drei Kinder relativ gleichzeitig die Masern. Es nützte kein Klagen. »Weglaufen« galt nicht. Meine Eltern konnten mir in diesen Zeiten wenig helfen, da mein Vater schwer erkrankt war.

Im neuen Jahr wurde ich Mitglied der Anthroposophischen Gesellschaft. Im ersten Jahr studierte ich Anthroposophie als existentielle Lebenshilfe, um nicht aufzugeben. Meine Kinder wurden in meiner Abwesenheit von einem Pädagogik-Studenten versorgt, was er sehr gut meisterte. Ich war ihm dankbar dafür.

Ich ahnte in diesem Seminarzusammenhang etwas von einem inneren Entwicklungs- und Erkenntnisweg des Menschen.

Weitere anthroposophische Studienarbeit folgte, in der ich mehr und mehr Zusammenhänge bilden konnte.

Natürlich erntete ich von anderen Müttern Unverständnis und Rügen (verbal und auch schweigend; Blicke können viel ausdrükken) in Form von: »Wie kann sie nur gerade jetzt die Kinder über das Jahr verteilt allein lassen?« Das erleichterte mir mein Weggehen nicht gerade. Ich hätte mir in dieser Zeit der neuen Suche, Anspannung und inneren Unsicherheit (der andere ist nicht mehr neben mir, ich bin auf mich allein gestellt) mehr echte Zuneigung und Aufmerksamkeit von einigen Menschen meiner Umgebung gewünscht. Vor gut zehn Jahren hatte das Alleinerziehen noch einen sehr negativen Beigeschmack im Sinne von »Eigenverschulden und persönlichem Versagen«. Es gab auch noch nicht allzuviel aufklärende Literatur. Heute hat sich das allgemein-gesellschaftliche Verständnis hierzu grundlegend geändert, notgedrungenerweise; es kommen tagtäglich mehr Alleinerziehende hinzu, sozusagen von heute auf morgen. Meine Kinder kommen von der Schule nach Hause und berichten vermehrt, »von diesem und jenem Kind lebt der Vater jetzt auch nicht mehr im Hause«. Sie wissen, sie sind nicht allein in dieser Situation. Meistens sind es die Mütter, bei denen die Kinder verbleiben, in selteneren Fällen ziehen Väter die Kinder allein groß.

Ich möchte den Müttern den Rücken stärken, die sich jetzt neu in einer Situation des Alleinerziehens befinden, mutig und individuell zu handeln und die Strecken, wo man sich im immateriellen Nichts bewegt, als die großen Chancen und Momente für neue Wege und Inspirationen zu sehen, vor sich das Feld der äußeren Selbständigkeit und der inneren Autonomie.

Lebenspraktische Beschreibung von Alltagssituationen

> »Ich suche nach dem Mut, nicht aufzugeben bei all
> den verschlossenen Türen meines Lebens.«
> Ulrich Schaffer

Direkt nach der Trennung

Mein eineinhalbjähriges Kind ist öfter sehr unruhig. Sie sucht nach etwas, das nicht mehr im Haus ist. Es ist der Vater. Sie will nicht auf den Arm, will fort. Ich fühle mich ein Stück abgelehnt von ihr; es ist ja niemand anderes da, dem sie ihr Unbehagen zeigen kann. Ich habe Angst, daß sie mir seelisch verlorengeht. Mit viel Geduld und Zuneigung lasse ich sie in ihrer inneren Bewegung und scheinbar äußeren Ablehnung, bis sie sich nach Wochen wieder wohl in meinen Arm schmiegt.

Alle drei Kinder haben zu Weihnachten zur relativ gleichen Zeit die Masern. Diese wichtige Entwicklungskrankheit wird mit homöopathischen Medikamenten ausgeheilt; keine schnelle Symptomunterdrückung. Ich bin rund um die Uhr beschäftigt, kleine und größere Wehwehchen zu lindern, körperlicher und seelischer Art. Dazu noch in der »richtigen« Art fröhlich zu sein (einige Tage nach der Trennung), dann heilt die Krankheit eher aus.

Ich bin spätabends erschöpft und muß nachts vielleicht noch einmal nach den Kindern sehen.

Meine jüngste Tochter wird zwei Jahre alt. Es sind Vorbereitungen für ihren Geburtstag zu treffen. Am Vortag stehe ich abends am Küchentisch vor den Backutensilien und bringe es nicht fertig, einen einfachen Rührteig herzustellen. Ich rufe die Patin an und bitte, ob sie mir helfen kann. Da sie Zeit hat, kommt sie und richtet den Teig in zehn Minuten.

Meine älteste Tochter wird im Herbst eingeschult. Sie freut sich, aber ihr Gesicht zeigt mir, daß sie viele Fragen hat. Wirkt sie etwas unsicher? Vielleicht ist es auch nur die Aufregung vor ihrem neuen, großen Schritt? Ich fühle mich allein und bin selbst zeitweise unsicher.

Wir Eltern warteten auf den Schulschluß des ersten Tages. Die Elternschaft ist relativ neu. Ich bin mit wenigen bekannt, ein Neuling an der Waldorfschule. Gespräche? – Zum Glück ist meine Familie, Großeltern und Tanten, mitgekommen. Meistens sind Väter und Mütter für diesen großen Tag da. Sie lachen und sind fröhlich. Und ich? Ich wirke gezwungen und versuche, mich zu freuen.

Es gibt noch nicht so viele Alleinerziehende. Ich bin »eine der ersten« hier an der Schule.

Hausbesuch des Lehrers

Eine Komponente fehlt im Gespräch: Es ist gewöhnlich ein Vater mit dabei. Eine gewisse »Minderwertigkeit« tritt in den ersten Jahren auf; die »bessere«, vertraute Hälfte fehlt. Ich ersetze sie, indem ich als Frau »meine Frau und meinen Mann stehe«. Solange die Kinder noch kleiner sind, gelingt das. Nach dem 10. Lebensjahr wird es zunehmend schwieriger mit dem »Vorleben eines männlichen Elementes«. Ich lese später bei Rudolf Steiner, daß das Mütterliche mehr den Erbstrom des Kindes pflegt und begleitet; durch das Wesen des Vaters sich das Individuelle im Kind heranbilden kann. Das leuchtet mir ein; ich will mich damit aber nicht zufriedengeben und suche nach neuen, zeitgemäßen Wegen. Wie mache ich das als Frau allein, daß die Kinder sich beizeiten lösen und ihre Individualitäten sich entfalten können?

Ich fühle mich aufgefordert, die Grenzen, gewisse Grenzen zu überschreiten, da es die Situation erfordert. So lebe ich auch einen Teil, der eher als Männliches definiert wird. Aber, ich muß auch einsehen, daß es Grenzpunkte gibt und ein »Halt!«, das ein Weitergehen untersagt.

Das Essen am Tisch mit kleineren Kindern

Ich muß überall und gleichzeitig helfen und sorgen, so daß ich zum eigenen Essen hektisch oder gar nicht komme. Die Tisch-Situation ist mir bis heute ein Rätsel ohne Vater. Die Gesprächsführung, die stattfindet, ist eine völlig andere.

Ein Kind geht in die Schule, eines in den Kindergarten, ein Kleines ist noch zu Hause. Alle stehen früh auf, sind fertig angezogen, haben gefrühstückt (kleine Kinder essen langsam), lieber würde ich die beiden Jüngeren noch schlafen lassen und die Große vorab zur Schule bringen. Das ist aber nicht machbar. Wir wohnen auf dem Land, d. h. die Kinder müssen zur Schule gebracht werden. In der Unterstufe möchte ich sie nicht der unruhigen Schulbussituation überlassen; bis zur entfernt gelegenen Bushaltestelle müßte ich im übrigen auch fahren. – Wir stehen täglich im morgendlichen Stau (im Winter eine Verkehrskatastrophe). Die Schule beginnt kurz vor 8 Uhr. Ein Jahr lang kommt meine Tochter regelmäßig 5–10 Minuten zu spät. Der Klassenlehrer trägt das Problem mit. Das Kind kommt verspätet, der Störfaktor wird nicht noch extra als solcher herausgestellt. Ich erhalte keine Mahnung (es gibt auch ganz andere Reaktionen, wie ich im Laufe der Zeit erfahre). Ich atme auf. Die Situation belastet dann nicht ganz so sehr. Ich bin motiviert, meine Zeitplanung ständig zu verbessern. – Weiter geht die Fahrt, an die andere Seite der Stadt in den Waldorfkindergarten, bis 8.30 Uhr da sein. Noch immer gibt es Morgenverkehr. Das kleinste Kind liegt hinten im Auto, warm verpackt, und schläft vielleicht wieder.

Einkäufe, Besorgungen, Essenszubereitung, Haus herrichten – Abhol-Situation. In der ersten Klasse gibt es in den ersten Monaten nur zwei Stunden Unterricht. Die Erstkläßler besuchen den Hort noch nicht; die Situation dort (Kinder bis 5. Klasse) ist zu mächtig für die Kleinen und auch zeitlich zu lang. Die Schulbusse fahren erst um 13.30 Uhr; Fahrgemeinschaften in unserer Gegend bestehen zur Zeit mangels Masse nicht. Also geht es gegen 9.45 Uhr in die Schule und gegen 12 Uhr noch einmal in den Kindergarten. Der Vormittag ist so für meine häusliche Arbeitssituation zeitlich ziemlich zerstückelt. Ist das Mittagessen nicht rechtzeitig fertig, kommt der weitere Tagesverlauf, besonders mit kleineren Kindern, durcheinander. Die Kinder haben ihre Dinge nicht zur rechten Zeit und sind mit Recht oft ungenießbar.

Rhythmus ist alles, für das Kind und auch für die Mutter. Erkrankt ein Kind, wird es sehr schwierig bis unmöglich. Meine Mutter kann mir wenig helfen; mein Vater ist vor einigen Monaten unerwartet verstorben. Ich bin nun auch Stütze für sie. Meine Geschwister und auch die Eltern des Vaters meiner Kinder wohnen entfernt. Der Vater der Kinder ist mit sich und seiner neuen Situation beschäftigt; von dort ist überhaupt keine Hilfe zu erwarten. Ein neuer Freundeskreis baut sich nicht in drei Monaten auf; so stehe ich relativ allein da und muß auch allein mit den Dingen zurechtkommen.

Hier ist etwas verstopft, dort ist etwas abgefallen; Türen klemmen (unser Haus ist 1774 erbaut und ewige Baustelle); Fahrräder sind defekt. – Am besten immer gleich reparieren, sonst bleibt es liegen! – Bei drei Kindern sammelt sich ein Nähberg an, dem ich allein nicht nachkommen kann.

Wenn es eben geht, repariere ich selbst. Mit Hammer und Meißel und Arbeitskleidung bin ich öfters unterwegs; selbst zur Bank bin ich schon einmal in verschmutzten Arbeitsanzug gegangen, da das ewige Umziehen Zeit vergeudet.

Auch der Garten möchte regelmäßig gepflegt werden. Wir wohnen am Wald; der Herbst hat Blätter über Blätter. Was mache ich nur mit dem defekten Rasenmäher? Ich versuche, den Fehler zu finden. Wenn die Gartenarbeit einmal liegen bleibt, gibt es kaum noch ein Durchkommen oder nur mühsam.

Wir haben keine Zentralheizung; drei Holzöfen sind im Winter in Gang zu halten; die andere Hälfte des Hauses ist nur elektrisch zu beheizen. Es ist Holz zu besorgen und Holzvorrat zu schaffen. Wir haben einige sehr kalte Winter. Ich muß nachts aufstehen und Holz nachschieben (die Zimmer der Kinder liegen bei O °Celsius). Das Holz geht durch wie warme Semmel. – Ich möchte nicht länger im Wintermantel sitzen. Unser Haus hat keinen Keller, so daß die Kälte von unten her zusätzlich kommt. In einem der nächsten Jahre wird eine komplette Zentralheizung installiert. Der Vermieter will hierfür nichts bezahlen; er hat uns das Haus unter der Bedingung vermietet, daß wir innen investieren und er außen. Meine älteste Schwester übernimmt die Kosten der Installation komplett.

Wir haben einen eigenen Brunnen; die dazugehörige Wasserpumpe ist aus verschiedenen Gründen oft defekt. Es gibt manchmal tagelang kein Wasser, d. h. auch keine Toilettenmöglichkeit. Wir holen viele Eimer Wasser über den Tag vom Nachbarn. Etwas Positives: Wir lernen, welch kostbares Gut Wasser ist. Und wie unangenehm es ist, wenn im Haus kein Tropfen Wasser vorhanden ist. Ich lerne die Regulation: Die Auseinandersetzung mit dem Luft/Wasser-Verhältnis im Wasserbehälter und die entsprechende Regulierung des Schnüffelventils bleibt Dauerproblem bei der betagten Kolbenpumpe. Es gehört zu unserem Leben dazu.

Die Idylle am Wald fordert ihre Gegenleistungen. Aber keiner von uns will das Haus verlassen. Ich nehme alles in Kauf und mache Lernprozesse durch.

Nach der Trennung von meinem Mann ist die Verständigung mit dem Vermieter, einem Gutsbesitzer, nicht aufs beste bestellt. Ein neuer Mietvertrag wird auf meinen Namen ausgeschrieben – inklusive Mieterhöhung. Ich lerne, mich allein durchzusetzen. Öfters wird eine mündliche Kündigung seinerseits aus der Cholerik heraus ausgesprochen, wenn ich auf einseitig diktierte Forderungen nicht eingehen will. Was habe ich mit diesem Mann nur zu tun?

Mit der Wasserrohrzange in der Hand stecken mein Sohn und ich unsere Köpfe unter das Waschbecken im Spülunterschrank. Es ist eng dort und alles so fest angeschraubt. Ich muß herausfinden, wie das funktioniert. Mein Sohn schaut interessiert zu und hilft mir damit. Spannend, wenn das Wasser wieder ablaufen kann. Wenn mein Sohn groß ist, hilft er mir; die Töchter selbstverständlich auch.

Wie gut, daß wir eine komplette Werkstatt mit ausgezeichneten Werkzeugen haben!

Meistens geht etwas kaputt, wenn eigentlich gar keine Zeit zum Reparieren ist.

Ab und an wollen auch Schränke, das Klavier und andere schwere Gegenstände verändert werden. Nachbarschaftliche Hilfe ist heutzutage auch nicht mehr angesagt. Jeder ist mit sich selbst beschäftigt. Ich sage mir, »hilf dir selbst«.

Der Vater meiner Kinder und ich sind uns über verschiedenes uneinig, so reduziert er den Unterhalt in zwei Stufen um mehr als die Hälfte. Das Geld reicht »vorn und hinten« nicht aus. Die fixen Kosten sind – wo? – zu reduzieren? Jedes Jahr gibt es verschiedene Kostenanhebungen ohne parallelen Anstieg meines Einkommens. Es ist unmöglich, wenn die Kinder klein sind, arbeiten zu gehen. Meine Ausbildung als Sozialpädagogin ist noch nicht endgültig abgeschlossen.

Für einen Urlaub wäre überhaupt kein Geld vorhanden, wenn nicht meine Familie mich unterstützte (Mutter, Schwester). Sie machen es; und so können wir jedes Jahr unter einfachsten Logiermöglichkeiten unsere Insel besuchen. Urlaub mit drei kleinen Kindern bedeutet viel Arbeit für mich. Es macht mir nichts, es ist trotzdem wunderschön – und nötig, andere Luft um sich zu haben.

Das rhythmische und musikalische Element ist eine große, entscheidende Hilfe, die auch Freude und Gelassenheit in das Haus gebracht hat.

Besonders in den ersten sieben Jahren habe ich die Kinder über den Tag bei den verschiedensten Gelegenheiten (am Wickeltisch, beim unwilligen Latzumbinden, bei einem zornigen Kind, bei einem verletzten Kind und, und, und ...) mit rhythmischen Versen, Kinderliedern und Reimen, kleinen Bewegungen (aus Büchern entnommen; aus der Erinnerung an die eigene Kindheit; aus dem Moment, situativ inspiriert, gefunden) begleitet, oft zur Lösung einer Situation.

Das Kind wird mit einem sanften, aber wachmachenden Morgenlied geweckt, wird in seiner Eigenart über den Tag begleitet und schlummert selig nach vollbrachtem Tagewerk ein mit einem Abendlied: »Ich hab’ mein Kindlein fein schlafen gelegt. Ich hab’s mit Rosen bedacht, mit roten Rosen und Veigeln. Mein Kindlein soll schlafen und schweigen.«

Jedes Kind bekam das, was es seinem Alter entsprechend brauchte.

Später, zwischen dem siebten und etwa zwölften Lebensjahr, habe ich das musikalische Miteinander dann sehr gepflegt. Morgens gab es ein fröhliches »Wachet auf! Wachet auf! Es krähte der Hahn. Die Sonne betritt ihre goldene Bahn.«

Zu Tisch habe ich die Kinder hergeläutet oder gesungen »Kommet her, fanget an, das Essen ist bereitet.«

Gebete bei Tisch und abends werden gepflegt. Gesang, wo immer er angebracht ist; die Mutter stimmt ein Lied an, die Kinder singen mit (noch ist das möglich). Dazu kommt das Üben der Instrumente, das gemeinsame Spielen, das Vorspielen, das spannende Erlebnisse bringt. Wenn man dann an manchen Abenden »zweistimmig zu Bett liegen« kann, ist da seelisch etwas tief beeindruckt: »Abends treten Elche aus den Dünen, ziehen von der Palve an den Strand. Wenn die Nacht, wie eine gute Mutter, leise deckt ihr Tuch auf Haff und Land ...« Sehr viel Liedmaterial bringen die Kinder aus der Schule und vor allem von den Ferienlagern der Christengemeinschaft mit, was ich dann zu Hause aufgreife.

Für die Zeit nach zwölf Jahren und besonders ab der Konfirmation bin ich dabei, ganz neu etwas zu greifen. Hier vermisse ich sehr die Hilfe eines väterlichen Parts und bin bedacht, die Kinder in gemeinschaftliche Zusammenhänge außerhalb der Schule zu entlassen (Ferienlager, Jugendtagungen, Chorarbeit).

Vieles mag sich idyllisch anhören. Ich kann nur sagen, mir gab dieser Umgang mit den Kindern selbst immer neue Kraftquellen.

Wenn die Kinder größer geworden sind

Das erste Kind erhält Geigenunterricht bei einem Musiklehrer der Schule. Ich frage nach einem günstigen Termin für uns. Der ist nicht frei; das bedeutet für mich eine erneute Extrafahrt. Ich bekomme vom Lehrer in das Gesicht gesagt, daß ja die ganze Schule wüßte, daß gerade ich immer Ausnahmeregelungen in Anspruch nähme. Auch Alleinerziehende erhalten keine Extras.

Ich hatte keine Vorzüge gewollt; vielleicht nur etwas Verständnis für meine Situation.

Eine befreundete Mutter sagt: »Du hast viel weniger Probleme ohne Mann.« Ich schweige dazu. Liegt darin allein die Bedeutung, daß etwas mehr oder weniger Probleme macht? Kann Sie überhaupt nachvollziehen, wie es uns ergeht?

Es gibt erst wenige Alleinerziehende an der Schule – und die sind selbst »schuld« an ihrer Situation. Außerdem zahlen sie häufig weniger Schulgeld, und daß ihre Kinder schwieriger werden, weiß man ja im allgemeinen. – Mit dieser Problematik war ich lange Jahre konfrontiert. Diese Dinge sind mir nicht direkt auf den Kopf zugesagt worden; aber sie finden an ganz anderen Stellen ihren Ausdruck. Die Auseinandersetzung kostete mich viel seelische Kräfte. Als einzigen Ausweg sah ich, an mir zu arbeiten und immer wieder neu und unbefangen auf Situationen zuzugehen.

Ich absolviere mein Berufsjahr als Sozialpädagogin im Waldorfkindergarten mit einer täglichen Arbeitszeit von 7.30 Uhr bis 14 Uhr, einmal pro Woche Konferenz bis 16.30 Uhr; viele Termine liegen außerhalb der Arbeitszeit für Vorbereitungen, Feste, Elternabende, Versammlungen. Meine Mutter kommt ab Mittag; ohne ihre Hilfe müßten die Kinder vom Schulbus mehrere Kilometer nach Hause laufen (schwierige Busverbindungen) und allein oder ohne Essen am Mittagstisch sitzen.

Ein straff organisiertes Jahr, das es durchzuhalten gilt, sonst kann ich meine Ausbildung (staatliche Anerkennung) nicht mehr zu Ende bringen. Dies Jahr bedeutet auch wieder, mit einem Existenzminimum an Geld zu leben, da ich nur ein Praktikantengehalt erhalte.

Es ist wieder Ökonomie und Zeitplanung am Tage gefragt. Wann Arzttermine, Einkäufe, Banken, Erledigungen, Ämter? Bei den privaten Nachmittagsverpflichtungen der Kinder hilft oft der Bus; vieles muß ich aber auch fahren. Manche Tage ähneln einem

Taxiunternehmen. Zusätzlich sind noch Vorlesungen und Seminare an der Fachhochschule zu besuchen, die auch teilweise in den Nachmittag hineingehen. Jeder Tag muß gut durchgesprochen und den Kindern bereits am Morgen deutlich und klar sein. Zeitpläne einhalten! Gut durchatmen! Morgen ist ein neuer Tag. – Ich freue mich auf die Arbeit und weiß die eigenen Kinder versorgt.

An manchen Tagen bin ich beruflich derart eingespannt, daß ich mich im eigenen Haus überlastet fühle; drei Widerworte von jedem Kind ergibt neun. Das ist oft zuviel, und es eskaliert. Das gilt für die Mädchen sowie für den Jungen gleich.

Die holländische Psychologin Amons-Lievegoed tröstet mich bezüglich meines Sohnes und sieht eventuelle Konflikte gleichen Ursprungs wie ich. Mehr kann ich als Frau erzieherisch bei einem heranwachsenden Jungen nicht tun und kann der männlichen Komponente hier das Wasser nicht reichen. Allein die Anwesenheit eines Vaters wirkt positiv auf die Entwicklung eines Jungen. Ich solle einmal schauen, daß mein Sohn ein männliches Element um sich hat. Im Umkreis gibt es einige Kontakte.

Zu dem Klassenlehrer meines Sohnes stellt sich dieser Kontakt jedoch nicht recht her. Ich gerate im Laufe der Zeit mit ihm und einigen anderen Lehrern in Differenzen; ich habe eine andere Idee als die der Abwälzung der Probleme nur auf das Kind oder das Elternhaus.

Ich versuchte, daraus zu lernen – aber auch zu hinterfragen. Was sagt mir diese eher ambivalente und wenig harmonische Konstellation?

Im häuslichen Bereich schaue ich auf mich selbst. Wo habe ich etwas nicht gesehen, nicht vorgegriffen, so daß es eskaliert und manches lediglich beseitigte Problem in die Schule weitergetragen wird? Ich versuche, die Kinder möglichst bewußt, positiv in die Schule zu entlassen. Den gruppendynamischen Interaktionsprozeß innerhalb des Klassenverbandes begleitet ausschließlich die Lehrkraft neben der Vermittlung von Stoff und

Zusammenhängen. Wie es da zugeht, hängt ganz von der Wahrnehmungsfähigkeit der Lehrkraft ab, und von der Art, wie sie die Dinge kräftemäßig führen kann. Dies alles zusammenzubringen, ist ohne Zweifel eine wahre Kunst.

Allerdings muß ich die Einschränkung machen, daß der Verlauf eines Unterrichtsgeschehens den Eltern nie weitervermittelt und deutlich gemacht werden kann. Das tatsächliche Erlebnis, aus dem Involviert-Sein heraus, haben nur die Schüler und der Lehrer, und aus dem Miteinander ergibt sich, warum die Lehrkraft in einem Moment mit einem bestimmten Schüler in einer bestimmten Weise verfährt. Das mag zur Folge haben, daß ein Schüler zu einem bestimmten Zeitpunkt durchaus ungerecht behandelt wird; aber in diesem Moment war vielleicht tatsächlich nötig, daß er sich im Interesse der Gemeinschaft zurücknehmen mußte. Der Schüler berichtet dann zu Hause mit Vehemenz über ein aus dem Zusammenhang genommenes, durch ihn persönlich interpretiertes Geschehen; die Kette wird vervollständigt, indem die Eltern nun ihrerseits eine Interpretation vornehmen und sagen: »Mein Kind kann doch nur zu Unrecht behandelt worden sein.« Der Zusammenhang, der nur Momente anwesend ist, hat schon wenig später seine inhaltliche Bedeutung verloren und ist schwer nachvollziehbar für nicht direkt am Geschehen Beteiligte.

Mir ist wichtig, daß Eltern und Lehrer gleichermaßen in der Bemühung stehen. Weder der eine, noch der andere ist der alleinige Übeltäter, wenn Konflikte auftreten.

Die Arbeit mit meinen eigenen Kindern und die im Kindergarten hat mich diese theoretischen Gedanken am eigenen Leibe erfahren lassen. So möchte ich meinen, daß die Definition »schwierige Kinder« eines Umdenkprozesses dringend bedarf! Es gibt doch durchaus Pädagogen, die schwierige Umstände und Konstellationen mit liebevollem Blick anschauen lernen: Was sagt mir dieses Kind, was bringt es heute mit? Dies sehe ich auch als große Herausforderung einer Schwellensituation unserer Zeit.

Als Alleinerziehende bin ich häufig unglücklich von Elternabenden nach Hause gekommen und mußte letztlich allein mit meinem Kummer fertig werden, diesen überwinden und neue

Wege für die Bewältigung meiner vielfältigen Probleme finden. Über zwei Jahre nun erhielt ich von Fachlehrern häufige Telefonate, in denen sie sich über meinen Sohn beklagten. »Er ist schwierig, er ist schwierig. Er gehorcht im Unterricht nicht. Hält sich nicht an die Regeln. Passen Sie auf, daß er nicht zu früh in die Pubertät kommt.« Ja, was macht er denn eigentlich genau? Zappelt er die ganze Zeit im Unterricht herum? Wie verhält er sich im Gruppenzusammenhang? Was kann ich tun, damit es anders wird?

Keiner kann mir genauer sagen, was vorliegt. So versuche ich, selbst Lösungen zu finden.

Ich meine in den Vorwürfen dem Kind gegenüber auch Unzulänglichkeiten der Lehrkraft selbst zu sehen; dort, wo sie mit dem Kind nicht mehr weiter weiß. Mir wird deutlich, es bedarf einer ganz anderen Form des Gespräches miteinander.

Einige Lehrer »hacken« deutlich auf meinem Sohn herum; wenn etwas geschieht, wird er häufig zum Übeltäter ernannt. Jetzt »hacke« ich aus Verzweiflung, weil ich nicht mehr weiter weiß, auch noch mit. Ich unterstelle ihm teilweise, daß er Unsinn gemacht hat. Mein Sohn fühlt sich abgelehnt von allen, auch von mir, seiner Mutter. »Du glaubst mir auch nicht«, höre ich ihn laut sagen. – Ich schlage endlich einen anderen Kurs ein. Ich glaube ihm, nehme ihn mehr wahr und höre, was er zu dem einen oder anderen Geschehen zu sagen, was ihn dazu bewegt hat. Was gibt es für Wahrheiten? Ich versuche, »sehen« zu lernen, wie es zu gewissen Reibungsflächen gekommen ist, über die er oder Lehrer berichten. Ich lasse ihn sich aussprechen. Ja, ich beschütze ihn auf der einen Seite – andererseits schaue ich, wo er Hilfe benötigt und klare Regeln aufgestellt werden müssen. Ich beobachte, wie mein Sohn die Erlebnisse positiver wegstecken kann, ohne ihnen gegenüber in Gleichgültigkeit, Wut oder Trauer zu verfallen. Ich selbst lasse mich aber auch von den Telefonaten der Lehrer nicht mehr »verrückt« machen.

Als Alleinerziehende mit dieser Thematik von der seelischen Verarbeitung her besonders konfrontiert, habe ich jedoch in der Schule jahrelang bezüglich der Definition »schwierige Kinder«

Frust empfunden. Ich muß sagen, daß ich ab und an den Mund aufmache und innerlich etwas von dem einer Revolutionärin empfinde, allerdings nur, um innovativ tätig zu sein, damit Bereitschaft entsteht, die Dinge von allen Seiten her neu zu beleuchten.

Die Kinder kommen in die Pubertät. Die Pflege des Familienlebens lastet auf meinen Schultern. Täglich habe ich klare Entscheidungen zu treffen. Die Kinder haben viele Fragen. Sie werden größer, und neue Wege wollen beschritten werden. Das fordert von mir ständig Flexibilität und Umdenken im Prozeß. Sie wollen nicht mehr alles begeistert im Familienverband mittun.

Meine älteste Tochter und ich hatten bisher ein gutes Miteinander. Diese Idylle kann nicht mehr so bleiben. Meine Tochter beginnt, ihren individuellen Weg zu beschreiten. Meine Aufgabe als Mutter besteht jetzt darin, sie immer ein Stück mehr zu entlassen, loszulassen. Wenn dies nicht rechtzeitig eintritt, so kommt es vermehrt zu Konflikten und Befreiungsversuchen, urplötzlich und heftig. Der übliche Ablösungsprozeß ist sowieso auf eine Person konzentriert.

Ich weiß theoretisch und inhaltlich von der Übergangszeit, der »Baustellensituation«, in der sie steht; doch mein praktisches Konzept und meine Reaktionen sind der Situation noch nicht gewachsen. Ich hatte es anfänglich immer schwer, die Kinder rechtzeitig vorausschend in eine neue Entwicklungsphase zu begleiten. Ganz einfach, weil ich den Übergang nicht als Grenzüberschritt realisierte. So waren die Übergänge oft mit einem Konflikt zu bewältigen; der machte mich allerdings sofort wach für die neu eingetretene Situation. Ich pflege mir dann zu sagen, ich bewege mich noch im alten Gewässer eines Stromes, während die Kinder schon in ein nächstes Gefilde geschwommen sind. Übergang verpaßt, Schwellensituation abgeblockt. Der Einfachheit halber im Alten verharrt, altbekannt und bewährt – das Neue könnte zuviel Unsicherheiten, Unbequemlichkeiten und Unruhe bringen. Lerne ich von meinen Kindern, oder poche ich auf alte, verstaubte Autoritäten, die passé sind?

Nach einem heftigen Donnerwetter des Streites ist die Luft wieder klar und rein. Es wurde der gemeinsame Versuch gemacht, ein Problem zu lösen und nicht zu beseitigen. Aber wie ist es zu dem Konflikt gekommen? Oft ist es nur ein kleiner, fehlender Baustein in der Kommunikation gewesen – ich hatte etwas nicht deutlich genug gesagt; meiner Tochter war nicht klar, welche Aufgaben sie heute im Haus erfüllen sollte – und wir vereinbaren einfachste Kommunikationsregeln, daß wir z. B. am Morgen besprechen, welche Aufgaben an diesem Tag die ihren sind. Nicht zwischen Tür und Angel oder im Vorbeigehen, sondern aus der Ruhe heraus. Das Einteilen dieser Aufgaben ist dann ihre Angelegenheit.

Der fehlende Baustein aber war nur das letzte Glied in einer Kette. Hinter diesem kleinen Anlaß steckte ein tieferer Grund; der »Fehler« für diesen Konflikt lag deutlich bei mir: Ich hatte nicht bedacht, daß eine fast 16jährige kein Kind mehr ist und ich sie als junge Erwachsene, als Partnerin hätte ansprechen sollen. Das Miteinander hat nun ein anderes Vorzeichen erhalten.

Wir haben noch viele Tage, um miteinander »Co-operation is better than conflict« zu üben.

Packen wir es an!

Ein Positives, das ich schon ab dem siebten Lebensjahr angelegt habe, ist die Verteilung der Ämter in Haus, Hof und Garten.

Wir sind eine Gemeinschaft, und jeder darf, seiner Kraft entsprechend, mithelfen, so daß alle Arbeiten, die unser Haus uns aufgibt, zur Erledigung kommen. Dieses würde ich auch »mit Vater im Haus« anstreben.

Dazu gehören aber auch noch andere Aufgaben wie: der letzte, der das Toilettenpapier verbraucht hat, hängt für den Nächsten eine neue Rolle ein, oder, wer beim Kochen feststellt, daß das Öl zur Neige geht, darf den Einkaufszettel, möglichst rechtzeitig, um das Fehlende ergänzen. Dieses geht selbstverständlich ohne Dogma zu. Außerdem merkt jeder am eigenen Leibe, daß, wenn bestimmte, wichtige Zutaten im Hause nicht vorhanden sind, es sich schlechter kochen läßt.

Aus dem ständigen, wiederholten Tun heraus ist derartiges

schon fast Usus geworden. Der soziale Effekt – jeder denkt für den anderen mit – ist als Grundstock »nebenbei« angelegt. Dieser Umgang bedeutet für mich nicht, »Zucht und Ordnung« zu lehren, sondern sinnvolle Organisation in einer Gemeinschaft, von der alle einen Nutzen haben. »Kleinigkeiten« ergeben so keine unnötige Unruhe und weniger Konfliktstoff. Ein notwendiger Egoismus stellt sich noch früh genug bei den Kindern ein. Aber, was einmal positiv angelegt ist, kann bei Bedarf von dem Betreffenden selbst aus der eigenen Freiheit heraus immer ausgegraben werden. Ich hoffe, daß sich dies auch in den vielen anderen späteren Gemeinschaftszusammenhängen positiv auswirken wird.

»Erziehung ist Selbsterziehung« steht für mich an erster Stelle!
Organisation ist alles!
Klarheiten, Konsequenzen schaffen!
Nicht seelisch »hart« werden aus unbewältigten Enttäuschungen!
Mut zum Sinn für Kreativität und Phantasie!
Humor, Weltenhumor nicht verlieren!
Freude – eine Liebeserklärung an das Leben!
Das Wagnis wagen, Grenzerfahrungen einzugehen!

Ich gebe nicht auf.

Nie.   Elisabeth Kübler-Ross

Konstellation innerseelischer Verhältnisse

Die Verarbeitung
Wenn der Schmerz am größten ist, ist seine Auflösung am nächsten.

Vier Monate nach der Trennung von meinem Mann im Dezember 1983 verstarb mein Vater – für mich plötzlich. Ich hatte es nicht wahrnehmen können, daß er sich vom Erdgeschehen zurückzieht, trotz seiner schweren Erkrankung, und machte mir Vorwürfe, ihn diesbezüglich nicht mehr begleitet zu haben.

Es war meine erste unmittelbare Begegnung mit dem Tod, dem Jenseits. – Ich sah den Verstorbenen einige Stunden nach seinem Ableben allein und hatte große Furcht vor der Begegnung. Als ich den Raum betrat, kam es wie über mich, die Hände sofort falten zu müssen und das »Vater Unser« zu beten. Ich prägte mir seine Gesichtszüge ein und nahm Abschied für immer. Nur mit vielen Tränen, tags wie nachts, konnte ich diese Endgültigkeit verkraften. Ich hatte nicht nur gerade meinen Mann verloren, ich verlor in einer für mich ohnedies schwierigen Zeit auch meinen Vater und mit ihm einen treuen Freund und Helfer in Haus, Hof und Garten. Meine Mutter benötigte die folgenden drei Jahre die Hilfe und Aufmerksamkeit ihrer Kinder. Allerdings wurde sie dann sehr selbständig und machte noch im Alter von 60 Jahren ihren Führerschein, was ihr eine große Unabhängigkeit und Erleichterung verschaffte.

Ich versuchte in der schweren Zeit nach der Trennung die zermürbenden und resignierenden Gedanken durch Aktivitäten zu überwinden. Tätigkeiten wie die innenarchitektonische Gestaltung des Hauses oder die Herrichtung und Umgestaltung des Gartens. Ich hatte auch mit der Restauration unseres Fachwerkhauses begonnen, in eigenständiger Verantwortung und Regie, hatte mich fachkundig gemacht, alle notwendigen Vorkehrungen getroffen, ein Baugerüst bis in die Giebelspitze betreten; Überlegungen zur Verbesserung der Haus- und Wohnqualität wurden gemacht (biologische Bauweise, Farben, Anstriche, Materialien, Nutzung physikalischer Gesetzmäßigkeiten), was inzwischen zu einem kleinen Teil realisiert werden konnte.

Das einfach nur Da- und Mit-Sein in menschlichen Gemeinschaften schwächte das Gefühl der Einsamkeit ab.

Die Kinder um mich herum gaben mir unermüdlich neue Impulse zum Handeln. Als sie jünger waren, hatte ich mehr aufbauende Kräfte zur Verfügung zu stellen. Als sie dann über zehn Jahre zählten, gab es manches Geschenk von ihnen wie z. B. ein musikalischer Instrumenten-Empfang, als ich, von der Arbeit kommend, das Haus betrat.

Ich habe versucht, in Zeiten der Überlastung an einer relativ seelischen Ausgeglichenheit zu arbeiten; und diese Zeiten erlebe ich
als Alleinerziehende recht häufig, da komme ich an meine eigenen Grenzen.

Die innerseelische Konstellation ist vor einer Trennung nicht
einfach und kurz nach einer Trennung schon gar nicht. Mein Prozeß lag darin, alles von unten her neu zu gründen und aufzubau-
en, sozusagen einen völlig neuen Leib erstehen zu lassen, meinen
eigenen, in Gemeinschaft mit den Kindern, später mit Menschen,
die ich mir suchte.

Der alte Verband mit dem Partner ist mit der Scheidung der
Räumlichkeiten äußerlich nicht mehr vorhanden – und doch gibt
es da diese innere Unruhe. Innerlich war das Neue längst vor der
Trennung angelegt und beginnt mit dieser zu keimen. Für mich
wieder die Schwellensituation, wo eines in das andere hineinwirkt. Das bezieht sich für mich nach der Trennung auf die Frage
des Festhaltens und Loslassens. Wann hört das eine auf zu sein,
und wann beginnt das andere zu wirken?

Es besteht die Gefahr, sich in tiefe Gründe oder schwindelnde
Höhen zu verlieren, oder aber den Versuch zu machen, zwischen
diesen Polaritäten festen Stand zu finden, die Balance zu suchen,
zu halten; die Balance zwischen Festhalten und Loslassen.

Bei der Verarbeitung eines Trennungsschmerzes kann ein Loslassen viel Kraft, Nerven und Trauerarbeit kosten. Eine zerbrochene Beziehung ist vielleicht zu verkraften; wenn der Zurückge-
bliebene jedoch gezwungen ist, loszulassen, wozu er bisher nicht
bereit war, da geht es um sein Existentielles.

Im wirklichen Loslassen lernt man Angst und Schmerz, Einmal-
ligkeit und Ewigkeit, Verzweiflung und Liebe, Trauern und Hoffen verstehen. Das Vergehen in der Natur, der Tod des Menschen
gibt das Verständnis für das Loslassen im Leben.

Mit Loslassen ist nicht das Sich-gehen-Lassen gemeint. Es ist
das Aufgeben einer Einstellung, das Verlassen von dem, was man
schon weiß und kann, sein eigen nennt. Es bedeutet eigentlich
keinen Verlust, sondern ein Aufgeben in einer anderen Bewußt-
seinsform, in der eine schöpferische Dynamik wohnt. Für das

Loslassen steht die »Leere« und »den Sprung wagen«, sich bewußt fallen zu lassen. »Lassen« ist so ein Fallenlassen bestimmter Denk- und Sichtweisen. In diesem übenden Prozeß zwischen Festhalten und Loslassen befinde ich mich immer wieder.

In der Alleinerziehung sind Freud und Leid auf eine Person gleichmäßig verteilt. Um vor allem das Leid auszuhalten, habe ich mich »auf den Weg gemacht«, also keine Stagnation, kein Stehen- bleiben auf der Stelle. Dies bringt auch die Verarbeitung inner- seelischer Verhältnisse in Bewegung.

Was ich anpackte, wollte ich mit ganzem Herzen tun. So wurde mir ein Wort von Rudolf Steiner zum Leitsatz: »Aufmerksamkeit auf eine Sache zu verwenden, heißt immer, seinen innersten Wesenskern mit der Sache in innigen Zusammenhang zu bringen.«

Seit 1984 hatte mir in erster Linie die Erziehung und Versor- gung meiner Kinder oblegen, auch bedingt durch ihr Alter. In die- ser Zeit, da ich nicht selbst dazuverdiente, lebten wir von einem sehr knapp bemessenem Haushaltsbudget. Allein diese Situation hat mich, außer anderer menschlicher Fragen, unter ständiger Anspannung und Druck leben lassen. Wir wurden wahrhaftig zu Lebenskünstlern an vielen Tagen. Manchmal mußte ich den Kin- dern auch sagen: »Wir können uns dies und jenes nicht kaufen; es ist kein Geld dafür vorhanden.«

Indem ich innerlich nicht mehr gegen etwas Unangenehmes re- bellierte, sondern mich den Dingen zuwandte, wurde ich frei, aus »alten« Prozessen entlassen und konnte fünfzehn Jahre nach Been- digung des Studiums das Berufsjahr absolvieren, wobei die Unter- stützung im häuslichen Bereich durch meine Mutter eine unerläß- liche Hilfe darstellt.Die Möglichkeit, das Berufsjahr aufzunehmen, geschah einfach. Ich hatte keine Beschlüsse erzwungen; mich eher noch wieder zurückziehen wollen, als eine zukünftige Kollegin mich aufforderte, nun endlich die Bewerbungsunterlagen zu schik- ken. Mit einem Mal stand ein Tor offen, durch das ich nur hin- durchzugehen brauchte. Ich war willkommen, da die Zeit reif war.

Mit Eintritt des jüngsten Kindes in die Schule, begann ich nun also eine außerhäusliche Tätigkeit aufzunehmen. Bald war mir klar, wie wichtig es ist, Kindererziehung und Beruf klar zu trennen: keine Vermischung zu praktizieren, sondern eindeutig hier und zum anderen Zeitpunkt eindeutig dort präsent zu sein. Sonst wird man keiner Seite gerecht.

Bei allen Versuchen, Schwellensituationen zu bewältigen, spielt das Erlangen innerer Autonomie, Erkenntnis und Freiheit eine zentrale Rolle.

Diese, dem spirituellen Bereich entstammenden Inhalte, finden ihre eigentliche Bedeutung erst im Zusammenhang mit der Frage nach der Liebe.

Ein Gedicht von Erich Fried, das mir an einem Karmittwoch in die Hände fiel, läßt mich ahnen, was gemeint ist.

Was ist es

Es ist Unsinn
sagt die Vernunft
Es ist was es ist
sagt die Liebe

Es ist Unglück
sagt die Berechnung
Es ist nichts als Schmerz sagt die Angst

Es ist aussichtslos
sagt die Einsicht
Es ist was es ist
sagt die Liebe

Es ist lächerlich
sagt der Stolz
Es ist leichtsinnig
sagt die Vorsicht
Es ist unmöglich
sagt die Erfahrung
Es ist was es ist
sagt die Liebe

Mit dem 35. Lebensjahr entstand »durch Zufall« eine Freundschaft zu einem um einige Jahre jüngeren Mann, die Lernprozesse bewirkte, aber auch viel Unruhe in mein Leben gebracht hat, abgesehen von einer beträchtlichen räumlichen Entfernung. Aus den verschiedensten Umständen heraus kam es nicht zu einem kontinuierlichen Wachstum. Nach einem Himmelhochjauchzen erstickte das Miteinander wieder im Keim, und das in unvorhersehbarer, wahlloser Folge. Ich wollte »etwas wegräumen«, das der Freundschaft im Wege stand; es ließ sich aber in keiner Weise fortbewegen. Öfters widerfuhren mir im Zusammenhang mit dieser Begegnung Unglücke und Mißgeschicke. Ich trotzte diesen karmischen Hinweisen. Ich sah, daß mir von nirgendwo Hilfe zuteil wurde, auch nicht aus der geistigen Welt, wie ich mir erhofft hatte, sondern daß ich aus ur-eigenen, inneren Kräften Entscheidungen so oder so selbst zu fällen hatte.

Mit dem Ende dieser Begegnung konnte ich wahrnehmen, daß ich in bezug auf innere Autonomie und Freiheit wichtige Erfahrungen gemacht hatte.

Es war etwas zwingend geworden in der Beziehung, das ich nicht bewältigte. Was ich durchschaute zwischen uns, da wurde ich frei.

An dem Tag, an dem wir uns verabschiedeten, brach diesmal keine Welt zusammen, dafür aber meine innere Aktivität wie ein Vulkan aus, und ich setzte ein Mühlenrad in Gang, das unerschöpflicherweise immer wieder Wasser aufnahm und es weiterreichte.

Ab diesem Moment wurde deutlich, daß »ich mich wieder im richtigen Strom befand«. Und – ich war der Begegnung nicht fortgelaufen, hatte ich mich ihr doch immer erneut gegenübergestellt, bis sie einen stimmigen Ausdruck erreicht hatte.

Wir hatten beide neben dem, was sich als Freiheit entwickelte, gegenseitig unsere Schatten erfahren, unseren Doppelgänger wahrgenommen. Gleichsam trugen wir Faust sowie Mephisto in uns. Es hat mich erschreckt, Schattenseiten in mir zu entdecken, die mir nicht willkommen waren. Es gab keinen anderen Ausweg, als ihnen direkt in das Angesicht zu schauen.

Der Impuls der Freiheit verlangt nach praktischer Verantwortung. Die Freiheit ist ständig durch das Böse gefährdet; eine starke Freiheit ruht auf dem Urgrunde des Bösen.

Freiheitsimpuls kann nicht blind sein: Freiheit ohne Erkenntnis ist nur ein wildes, willkürliches Agieren. Eine Erkenntnis erfolgt oft erst nach der Katastrophe. Eine die schöpferische, heilsame Erkenntnis ist gemeint. Sie entsteht aus der Liebe, aus dem Mitleiden, Miterleben der Nöte der Welt.

Fazit und Ausblick – Kräfte und Hoffnung

Mit den hinlänglichen Kräften, die wir Menschen zur Verfügung haben, ist die Aufgabe einer Schwellensituation nicht zu schaffen. Es gibt kein Lösungskonzept. Vielmehr ist situativ – schöpferisch – individuelles Handeln gefragt.

Um nicht zu versinken in den Katastrophen unserer Zeit, gibt es die Chance, das Rätsel Mensch zu verstehen und ein Verständnis für die Kompliziertheit seiner Seele zu entwickeln durch ein Erüben der Steigerung der eigenen Wahrnehmungsfähigkeit und der Sensibilisierung der Sinne im Alltag, denn in der Lösung von Rätseln, die uns die Seele aufgibt, entfaltet sich das Geheimnis der menschlichen Freiheit.

> Der Weg hinaus – führt hindurch.
> Leid schafft Bewußtsein.
> Die Dinge sind aus dem Schmerz geboren.
> Läuterung durch unendliches Leid.

Das Leid, die Widerstände, Konflikte, Krisen und Katastrophen als Situationen an der Schwelle, als Grenzerlebnisse gehören zum Ganzen dazu, wenn wir sie in unser Leben integrieren, und lernen, sie anzuschauen, hinzugucken, statt wegzugucken.

Mein Gesanglehrer sagte mir in einer der Übungsstunden zum Schubert-Lied »Nur wer die Sehnsucht kennt, weiß was ich leide«, daß es unkünstlerisch sei, beim Singen des Wortes »leide« in dem Moment tatsächlich auch profan selbst zu leiden und womöglich darin zu versinken. Die Kunst eines Belcanto-Gesanges sei es, über dem eigenen, persönlichen Leid zu stehen, es überwunden zu haben – und trotzdem für den Zuhörer alles nur erdenkliche Leid für diese Sekunden auszuschütten und präsent zu haben.

Ich habe bisher in der Illusion gelebt, »morgen wird es besser«, »endlich harmonisch«, »keine Konfliktsituationen mehr«.

Die Lebenserfahrung hat mich eines besseren belehrt: das Aufrufen der inneren Kräfte, um so die Fähigkeit zu erlangen, Krisen und Konflikte zu bestehen, konfliktfähig zu werden, nicht gegen die eigenen inneren Widerstände zu kämpfen, sondern sie zuzulassen; zu lernen, diese Widerstände in sich selbst zu achten und sie auch auszudrücken.

Denn morgen können noch mehr da sein, als heute.

Bei allen gemachten und noch zukünftigen Erfahrungen werde ich das Gefühl, gern hier auf dieser Erde zu sein, nicht verlieren. Ja, wo sollte es denn sonst sein?

CHRISTINE PFLUG

»Sprich auch du…«
Ein Leben an der Grenze
Die Biographie der Liliane von Rönn

Sprich auch du
sprich als letzter,
sag deinen Spruch
    Sprich –
    Doch scheide das Nein nicht vom Ja.
    Gib deinem Spruch auch den Sinn:
    gib ihm den Schatten.
Gib ihm Schatten genug,
gib ihm so viel,
als du um dich verteilt weißt zwischen
Mitternacht und Mittag und Mitternacht.
    Blicke umher:
    Sieh, wie's lebendig wird rings –
    Beim Tode! Lebendig!
    Wahr spricht, wer Schatten spricht.
Nun aber schrumpft der Ort, wo du stehst:
Wohin jetzt, Schattenentblößter, wohin?
Steige. Taste empor.
Dünner wirst du, unkenntlicher, feiner!
Feiner: ein Faden,
an dem er herab will, der Stern:
um unten zu schwimmen, unten,
wo er sich schimmern sieht: in der Dünung
wandernder Worte.

                  Paul Celan

Die im folgenden dargestellte Biographie von Liliane von Rönn ist in vielen Punkten ein Beispiel für Schwellenerlebnisse in unserer heutigen Zeit. Von Geburt an war ihr Leben krisenhaft und von extremen Ereignissen geprägt. Sie machte in ihrer Kindheit

Erfahrungen mit Gewalt, Alkoholismus und sozialer Unordnung. Nahezu alle Schattenseiten des Menschlichen erlebte sie, und zwar in passiv ausgelieferter Weise. Als Erwachsene stellte sie sich ähnlichen Erfahrungen auf eine aktive Art gegenüber, indem sie sich in ihrer Tätigkeit als Prostituierte, bzw. Domina, damit auseinandersetzte. Durch Veranlagungen, die aus der Kindheit kommen, und durch innere und äußere Erlebnisse im erwachsenen Alter wurde sie immer wieder zu Schwellenerlebnissen geführt.

Liliane von Rönn ist heute 45 Jahre alt. Bedingt durch ihre innere Entwicklung hat sie vor fünf Jahren mit der Prostitution aufgehört und befindet sich jetzt in einer Zeit der Umorientierung. Durch ihre Begründung der »Solidarität Hamburger Huren« 1987 wurde sie öffentlich bekannt durch Zeitungsberichte, Talk-Shows und andere Fernsehsendungen. (Interview im Flensburger Heft Nr. 20, »Sexualität, Aids, Prostitution«.)

Die Gesamtkomposition ihrer Biographie ist längst nicht abgerundet, einige Themen in ihrem Leben sind abgeschlossen, vieles bleibt noch offen. Deutlich sichtbar ist ein starker Entwicklungswille und eine Herzensqualität, die in ihrem bisherigen Leben intensive Auseinandersetzungen und Wandlungen ermöglicht haben.

Die im folgenden dargestellte Lebensschilderung entstand nach den Gesprächen für diesen Artikel (sie ist also nicht das Ergebnis einer Biographiearbeit). Um beim Lesen ein intensiveres und dichteres Nacherleben zu ermöglichen, wurden weite Abschnitte ihrer Erzählungen auf Band aufgenommen und hier wörtlich wiedergegeben.

»Nun aber schrumpft der Ort, wo du stehst ...«

Liliane wurde im Sommer 1949 in Saarbrücken geboren. Die Eltern hatten sich durch Nachkriegsverhältnisse kennengelernt. Der Vater stammte aus Südfrankreich und war als Besatzungssoldat nach Saarbrücken gekommen. Die Mutter war das älteste Kind einer anfangs fünfzehnköpfigen Familie, in der im Laufe der

Jahre vier Kinder starben. Liliane wurde in dieser Familie, also im Haus der Großeltern, umgeben von ihrer Großmutter und einigen Schwestern der Mutter, geboren. Da für Lilianes Großmutter Kindergebären eine bekannte und vertraute Angelegenheit war, wurde ein Arzt oder eine Hebamme nicht hinzugezogen.

Gleich nach der Geburt verließ die Mutter mit Lilianes Vater das Elternhaus, ging mit ihm nach Frankreich und überließ ihr Kind der großväterlichen Familie. Die Eltern haben später ihre Tochter nie mehr aufgesucht; Liliane hat sie nie wieder gesehen.

Liliane beschreibt, daß sie schon durch ihre Geburt drei erhebliche »Makel« aufzuweisen hatte: Sie war ein uneheliches Kind und von einem, für im Saarland damalige Begriffe »Erzfeind«, nämlich einem Franzosen gezeugt, und außerdem war sie ein Mädchen. Hinzu kam noch, daß sie als »Ausländerin« besonders auffällig war: Vorfahren ihres südfranzösischen Vaters kamen aus Afrika, und so hatte sie negroide Merkmale wie krauses, schwarzes Haar, dunkle Haut, dunkle Augen.

Liliane wuchs in der Familie ihrer Großeltern auf und hatte Onkel und Tanten um sich, die zehn bis zweiundzwanzig Jahre älter waren als sie. Ihr Verhältnis zu Liliane war demzufolge weder richtig geschwisterlich, noch elterlich. Der Mensch, der Liliane am nächsten stand, auch im Sinne eines Spielgefährten, war ihre Tante Liese. Sie war im Alter von fünf Jahren so erkrankt, daß sie sich körperlich zwar in normalem Verhältnis weiterentwickelte, geistig aber auf dem Stand einer Fünfjährigen blieb. Für Liliane war als Kind deutlich, daß Liese zwar keine richtige Schwester, aber auch »keine Erwachsene im üblichen Sinne« war.

Der Großvater verdiente das Geld für die Familie als Installateur. Die Familie war arm. Das lag teilweise an ihrer Größe, teilweise aber auch daran, daß die Großmutter nicht richtig wirtschaften konnte. Am Monatsanfang, wenn der Großvater seiner Frau den Lohn gab, wurden relativ teure Lebensmittel eingekauft. Wenn dann das Geld nach einer Woche knapper wurde, bestand die Nahrung aus folgendem: Eine Scheibe Brot wurde unter den Wasserhahn gehalten und dann mit Zucker bestreut – sofern dieser überhaupt vorhanden war. Solange Liliane in Haushalt der Großeltern wohnte, war es üblich, daß es mitunter tagelang nichts zu essen gab. Als sie älter war, half sie sich dadurch, daß sie Obst aus dem Garten aß. Später verschlimmerte sich die finanzielle Situation sogar noch, weil der Großvater sein Gehalt in Alkohol umsetzte.

Entsprechend ärmlich waren auch die Wohnverhältnisse. Zum Beispiel gab es als Waschgelegenheit für die gesamte Familie ein einziges Waschbecken in der Küche. Neben diesem Waschbecken, an dem jeder täglich seine Toilette verrichtete, hing ein einziges Handtuch, das, zerrissen und verschmutzt wie es war, von allen benutzt wurde. (Es gab durchaus noch gute Handtücher im Schrank; diese wurden aber für »besondere Gelegenheiten« – die es in der Realität dann nie gab – aufbewahrt.) Liliane weigerte sich häufig, an dem grauen ekligen Handtuch ihr Gesicht abzutrocknen – und bezog dafür Prügel.

Das Verhältnis zu den Tanten und Onkeln war im allgemeinen so, daß diese keine Notiz von ihr nahmen. Ein Onkel, Edwin mit Namen, konnte Liliane besonders wenig leiden. Er war Nazi und beschimpfte sie öfters mit den Worten: »Du Bastard. Bei Hitler wärst Du vergast worden.«

Als Liliane ungefähr neun Jahre alt war, sah sie zum ersten Mal bei einer Schulkameradin eine Zahnbürste und Zahnpasta. Niemand in Lilianes Familie putzte sich die Zähne. Das Kind war begeistert von diesen Gegenständen. Von dem Geld, das sie sich durch Einkaufsbesorgungen für Nachbarn verdient hatte, kaufte sie sich eine Zahnbürste und Zahnpasta. Als Onkel Edwin das sah, nahm er beides und zertrat es mit den Füßen. »Du willst wohl etwas Besseres sein«, schrie er sie an.

Trotz dieser ganzen Umstände hatte Liliane sich eine kindliche Pfiffigkeit bewahrt, die sich in der folgenden Szene zeigt: »Schmutzigmachen war immer ein Theater. Ich machte mich aber immer irgendwie schmutzig. Und das war wegen der anschließenden Prügel lebensgefährlich! Bei Sonntagskleidern mußte ich ganz besonders aufpassen: Sie waren die einzigen Kleider, die ich neu gekauft bekam. Da sie jahrelang halten mußten, waren sie anfangs immer viel zu groß. Aber nachher waren sie wieder viel zu eng, da ich längst herausgewachsen war. Ich haßte Sonntagskleider abgründig. So griff ich damals zur Selbsthilfe: Ich ging nach draußen zum Spielen – natürlich hörte ich noch den Kommentar: ›Mach dich nicht schmutzig!‹ – und zog das Kleid aus. Ich legte es irgendwohin und spielte in Unterwäsche. Irgendwann ist das aufgeflogen, und ich bekam den Hintern versohlt.« Auch in anderen Bereichen war sie wie ein normales Kind. Mit Tonscherben malte sie Bilder auf die Straße und spielte mit ihrem einzigen Spielzeug, einem alten, abgewetzten Matchboxauto-Laster, der noch von einem der Onkel übriggeblieben war. Sie buddelte Gänge und Höhlen in den Sand, wobei der Laster den Sand »wegtransportierte«. Auf dem Kleiderschrank aufbewahrt lag noch eine Puppe, die ihr gehörte, mit der sie aber nur selten spielen durfte. Bald verlor sie selbst das Interesse daran.

Gib ihm Schatten genug

Prügel gehörten zu den Dingen, die in Lilianes Großelternhaus »üblich« waren. (Sie wußte lange Zeit gar nicht, daß es Familien gibt, in denen man sich nicht prügelt.) Seit sich Liliane erinnern kann, wurde sie von der Großmutter, Onkel Edwin und, in Großmutters Auftrag, auch vom Großvater verprügelt. Die Anlässe waren willkürlich, genaue Regeln und Verbote in der Erziehung gab es nicht. Mal war der Auslöser, daß Liliane erst später abends ins Haus kam, das nächste Mal wurde ihr Nachhausekommen gar nicht bemerkt. Sie konnte nicht einschätzen, wann und ob sie etwas Unerwünschtes getan hatte und dafür Dresche erhalten würde.

»Einmal war ich krank, ich hatte Röteln, Masern oder irgend etwas Ähnliches. Ich lag im Bett und bekam eine Scheibe Brot mit Schinkenspeck gebracht. Der Schinkenspeck war in einem Stück, und beim Kauen hatte ich wohl nicht richtig abgebissen, denn der Schinkenspeck blieb im Hals stecken. Er rutschte weder vorwärts noch rückwärts. Ich kam in echte Bedrängnis und hatte Angst, zu ersticken. Es dauerte lange, bis jemand ins Zimmer kam und mir half, den Schinkenspeck herauszuwürgen. Ich stand noch unter diesem Schock, nicht atmen zu können – und wurde verprügelt. Ich habe das überhaupt nicht verstanden. In solchen Situationen dachte ich, daß ich es sein muß, die nicht in Ordnung ist. Wenn mich jemand so heftig verklopft, dann muß doch der andere recht haben, und ich muß irgendwie falsch sein.«

Die Prügel wurden mit der Hand, einem Gürtel, Kochlöffel oder allen möglichen erreichbaren Gegenständen ausgeübt. Das ging so weit, daß es als schwere Kindesmißhandlung bezeichnet werden muß, d. h. die Folgen waren blutige Verletzungen an allen Körperstellen. Als Liliane später in die Schule ging, verhielten sich die Lehrer so, daß sie das einfach »übersahen«. Außerdem bekam sie von zu Hause eingetrichtert: »Wenn der Lehrer fragt ... du bist hingefallen!« Als sie älter war, versteckte sie aus Scham die blauen Flecken und Verletzungen unter langärmeligen Pullovern.

Liliane berichtet aus dieser Zeit eine Szene, in der Schmerz und Spaß perfekt vermischt waren: »Einmal mußte ich einen alten roten Pullover anziehen, den schon alle vor mir getragen hatten. Das Ding war vom vielen Waschen schon ganz verfilzt und hart und kratzig. Ich stand vor einer frisch gestrichenen Türe – das Zimmer war gerade renoviert worden – und versuchte mich quengelnd aus dem Pullover herauszuwinden. Meine Oma war erbost. Sie nahm einen Topf mit Rübensirup und warf ihn auf mich. Ich duckte mich aber ganz schnell, und der Topf klatschte gegen die frisch gestrichene Türe. Der ganze klebrige Sirup lief an der weißen Tür herunter. Ich bog mich vor Lachen und war vor Gelächter nicht in der Lage, wegzulaufen. Meine Oma schnappte mich an den Haaren und prügelte mich windelweich. In dem Fall war es mir aber die Sache wert.«

Die Gewaltausschreitungen in der Familie waren aber nicht nur gegen Liliane, sondern auch gegen andere Familienmitglieder gerichtet. Oma und Opa hatten oft Streit, der in Schlägerei ausartete. Dabei kam es auch vor, daß sie mit Gegenständen warfen – sowohl auf sich gegenseitig als auch auf Liliane. Steigerte sich die

Situation, so griffen sie auch zu Küchenmessern und zielten damit aufeinander. Diese Ausschreitungen waren lebensbedrohlich und konnten jederzeit und unerwartet passieren. Lilianes einzige Chance in solchen Momenten war ihre Schnelligkeit und Beweglichkeit: Sie verschwand unter dem Küchentisch. (Sie erinnert sich daran, daß sie oft Gegenstände, z. B. einen Aschenbecher, in den Rücken geworfen bekam. An Schnittverletzungen von den Messern hat sie keine Erinnerungen.) Sie kam lange nicht auf die Idee, aus dem Zimmer zu rennen, wenn sich solche Situationen anbahnten, so wie alle anderen es taten. Statt dessen blieb sie wie angewurzelt stehen und versuchte zu vermitteln. »Ich war als Kind überzeugt, daß sie nur aneinandervorbeiredeten und daß es sich um Mißverständnisse handelte. Ich wußte, daß Opa oder Oma es ganz anders gemeint hatten, als der jeweils andere es dann verstand, und ich versuchte, mit meinen damaligen Möglichkeiten, sie auf das Mißverständnis aufmerksam zu machen. Ich rannte zwischen den beiden hin und her und versuchte zu schlichten. Ich zupfte an Opa und sagte: ›Hör doch mal, Oma hat doch etwas ganz anders gemeint …‹ Dann rannte ich wieder zu Oma. Ich hatte aber keine Chance, obwohl ich es immer wieder versuchte. Das Ergebnis war, daß sie mich beide durchprügelten. Im Alter von ungefähr zehn Jahren resignierte ich dann und zog mich zurück.«

Als Liliane in die Schule ging, erlebte sie wieder die Position der Außenseiterin. Sie wurde damit konfrontiert, daß sie ein uneheliches Kind war, was zur damaligen Zeit noch als ein erheblicher Makel galt. Wegen ihrer Dunkelhäutigkeit liefen die Kinder hinter ihr her und riefen »Moksche«. Das ist im Saarland ein Schimpfwort für dunkelhäutige Ausländer. »Ich war über dieses ›Moksche‹ eher erstaunt und überrascht als verletzt. Ich fühlte mich weniger durch die Tatsache zurückgesetzt, daß ich ein Moksche war, als dadurch, daß die Leute meinten, ein Moksche sei etwas *anderes* als keine Moksche. Ich fühlte mich hilflos, weil ich niemandem verständlich machen konnte, daß es eben nichts anderes ist.«

Auch bei Lehrern fand sie nicht die Zuwendung, die man sich als Kind wünscht: »Zuerst mochte ich meinen Lehrer sehr gern, lange konnte ich das aber nicht aufrechterhalten. Ich fühlte mich ständig von ihm ungerechtfertigt gerügt und gestraft. Wenn wir zu fünft im Unterricht schwatzten, pickte er immer nur mich heraus und bestrafte mich. Damals war es noch üblich, daß man mit dem Stock eins auf die Hände bekam oder eine Ohrfeige erhielt.«

Da ihre Großeltern arm waren, trug Liliane abgetragene und schäbige Kleidung. Ihr selbst war das vorher, da sie es gar nicht anders kannte, nie aufgefallen. Nun aber wurde sie von den Kindern gehänselt. Liliane erinnert sich noch an eine Szene: »Im Winter ging ich mit offenen Sandalen zur Schule. Es waren meine einzigen Schuhe, die aber auch schon wieder zu klein waren. Dadurch, daß sie vorne offen waren, konnte ich sie noch einigermaßen tragen. Andererseits wurden natürlich die Füße durch die Socken hindurch vom Schnee naß. Morgens kam ich dann kalt in der Schule an. Alle lachten mich aus, weil ich bei dem Wetter mit Sandalen in die Schule kam. Ich konnte gar nicht verstehen, warum die anderen lachten. Es gab doch für mich keine andere Möglichkeit – ich besaß nur dieses eine Paar Schuhe. Wenn ich noch andere gehabt hätte, hätte ich sie doch angezogen! Ich stand völlig hilflos da und fühlte mich unverstanden: Die wußten doch alle, daß ich keine anderen Schuhe hatte.«

Das Lernen selbst machte ihr Spaß. Besonders Zeichnen, Singen, Handarbeiten, Schreiben mochte sie gern. Freiwillig schrieb sie mehr Hausaufgaben als gefordert, weil es ihr Freude machte. Zu Hause wurde das aber nicht gern gesehen: Onkel Edwin sah sie am Küchentisch schreiben und fegte ihre Schulsachen vom Tisch: »Mach dich hier nicht so breit!« Natürlich verbarg sie dann allmählich ihre Freude über die Schule. Sie hatte Angst, man könne ihr verbieten, weiter dorthin zu gehen. Es war immer ein Kampf, bis sie die erforderlichen Materialien wie Hefte und Papier bekam. »Alle hatten schon einen Füllhalter, und ich schrieb noch mit Feder und Tinte. Es war schwer, einen Füller durchzusetzen.«

244

Eine wichtige Tatsache in der Schule war, daß es dort jeden Tag einen halben Liter frische Milch gab. Diese Milch war mitunter tagelang Lilianes einzige Nahrung. Manchmal bekam sie auch etwas vom Schulbrot der Klassenkameradinnen ab.

Als sie ungefähr sieben Jahr alt war, versorgte sie ihre Familie mit Nahrungsmitteln: Für Nachbarn machte sie Einkäufe und Besorgungen und erhielt dafür kleine Geldbeträge, zwischen fünf und fünfzig Pfennig. Das reichte damals aus, um Brot oder Margarine zu kaufen. Es kam ihr nicht in den Sinn, die Nahrungsmittel für sich zu behalten: Vor allem die Großmutter, Liese und sie selbst waren ans Haus gebunden und hatten nichts zu essen. Die anderen versorgten sich zu diesem Zeitpunkt selbst. Damals fing der Großvater auch mit dem Trinken an und brachte nur noch einen Teil seines Verdienstes nach Hause.

In der Schule erlebte Liliane zum ersten Mal Regeln, die klar festgelegt und ausgesprochen waren: Man mußte sich klassenweise aufstellen, die Mäntel gehörten auf die Haken gehängt, der Ranzen mußte unter den Tisch. Zu Hause waren Regeln nur diffus: manchmal galten sie einen Tag lang und am nächsten Tag schon nicht mehr. Auch andere herkömmliche Verhaltensweisen gab es im Haus der Großeltern nicht: Als Liliane im Alter von ungefähr acht Jahren die Masern hatte, schickte die Großmutter sie zur Schule (der Weg war mindestens eine Stunde), damit sie dort dem Lehrer sagen sollte, daß sie krank sei und nicht mehr kommen könnte. »Ich sehe heute noch das entsetzte Gesicht des Lehrers. Er schrie mich an: ›Verschwinde! Geh weg!‹ Ich war sehr betroffen, weil ich das auf mich als Person bezog und nicht auf die Masern. Daß das ansteckend war, wußte ich gar nicht. Er jagte mich vom Schulhof, und ich verstand die Welt nicht mehr. Wie immer mußte ich davon ausgehen, daß ich als Mensch nicht in Ordnung war. ›Man darf nicht Masern haben‹ – das war der Schluß, den ich daraus zog. Und wer hat die Masern? Ich natürlich wieder!«

Zwischen sieben und acht Jahren wurde Liliane wahrscheinlich von Onkel Edwin sexuell mißbraucht, was sie aber in Einzelheiten nicht erinnern kann. Edwin war zu diesem Zeitpunkt achtzehn Jahre alt und hatte zu trinken begonnen, was ihn in aggressive Stimmung versetzte. Seit damals traten bei Liliane Verhaltensweisen auf, die als Symptome eines sexuellen Mißbrauchs gelten. Vor dieser Zeit war sie, entsprechend ihrer Unterernährung, sehr dünn gewesen und trug ihr langes Haar zu einem Zopf geflochten. Nach dem Mißbrauch wurde sie dick, obwohl sie nicht mehr zu essen hatte als vorher. Ihren langen Zopf nahm sie in die eine Hand, und mit der anderen schnitt sie ihn mit einer Schere ab. Fortan weigerte sie sich auch, Röcke oder Kleider anzuziehen und trug nur noch Hosen. Außerdem begann sie zu rauchen. Zu diesem Zeitpunkt kam sie in den Ferien mit einer Kinderverschickung an die See. Als sie wieder nach Hause mußte, hatte sie Angst, veranstaltete große Szenen und beteuerte immer wieder vor den Erziehern: »Ich will nicht nach Hause, ich will nicht nach Hause.«

Gib deinem Spruch auch den Sinn

In Lilianes Kindheit gab es bestimmte Hilfen, die sie immer wieder aufgerichtet und durch alle schweren Erlebnisse hindurchgetragen haben. Diese Hilfen kamen aus einem Bereich, der jenseits der üblichen sinnlichen Wahrnehmung liegt. Liliane schildert eine ihrer frühesten Erinnerungen: »Im Alter von etwa drei Jahren saß ich draußen in unserem Garten. Ich war erfüllt von einer unendlich großen Traurigkeit. Es war eine Traurigkeit, die weit über meinen persönlichen Schmerz hinausging – eine ›Welttraurigkeit‹. Für mich ging damit das Gefühl einher, das gar nicht aushalten zu können. Ich wollte auch nicht mehr weiter leben. Als ich da so saß, kam eine kleine, weiße Wolke herangeschwebt. Aus dieser Wolke, ungefähr im unteren Drittel, kam ein kleiner Zaunkönig nach vorne. Irgendwie wußte ich, daß dieser Vogel so hieß. Er setzte sich auf den Rand der Wolke, so wie auf einen Zweig, und begann zu singen. Obwohl sein Singen das eines Vogels war, konnte ich seine Sprache verstehen. Er fragte mich, was denn los sei. Ich erzählte mit Worten, also so gut ich konnte in der menschlichen Sprache, diesem Zaunkönig mein Leid. Es war ganz selbstverständlich, daß wir miteinander sprechen konnten. Wir unterhielten uns, jeder in seiner Ausdrucksweise. Er flog dabei herum, im Umkreis von drei Metern, setzte sich wieder auf die Wolke und ›sprach‹ weiter zu mir. Was mir dieser Zaunkönig sagte, war Trost. Es war ein Trost, der auch über das, was ich persönlich als kleines Kind brauchte, hinausging – ein ›Weltentrost‹. Es war wie ein Konzentrat, das sich immer dann freisetzte, wenn es gebraucht wurde. Dieses Erlebnis hat mir den Willen gegeben, weiterzuleben. Ich glaube, ich wäre sonst ganz einfach eingegangen. Es hat mir jahrelang Kraft gegeben. Es war etwas von Hoffnung, Mut, Ausdauer, auf die ich die nächsten Jahre immer wieder zurückgreifen konnte.«

Liliane hatte ihr Leben lang Wahrnehmungen von Elementarwesen – von Zwergen, Kobolden, Feen, Gnomen. Als Kind hatte sie sogar Kontakt mit ihnen, und sie sprachen miteinander. »Wir unterhielten uns über für uns hochwichtige Angelegenheiten: Was man mit Kaulquappen machen muß, damit sie Frösche werden, welche Wurzeln man wegmachen muß, damit sie eine bestimmte Pflanze nicht schädigten, und ähnliches. Manchmal haben wir aber auch nur Unsinn miteinander gemacht. Einmal lag ich im Gras, und der Kobold kitzelte mich abwechselnd an beiden Nasenlöchern, oder er pustete mir ins Ohr. Oder er zog mir viele Male das Schuhband auf, und er stand daneben und lachte sich schlapp.

Als Kind ging ich davon aus, daß alle Menschen so etwas sehen und daß die anderen nur aus Mangel an Gelegenheit nie darüber sprachen.«

Auch zu Tieren hatte Liliane ein sehr inniges Verhältnis mit gegenseitigem Verstehen. Der einzige Vertraute, den sie lange hatte, war ein schwarzer Hund, der Bello hieß. Wenn sie verprügelt wurde, versuchte Bello sie zu beschützen. Deshalb sperrte man ihn dann jedes Mal, wenn die Dresche losging, in den Hundezwinger. Immer wenn sie traurig war, ging sie zu ihm in den Hundezwinger. Sie erzählte ihm ihr ganzes Leid, und er legte auf Hundeart den Kopf schief und hörte ihr zu. Sie weinte, und er schleckte ihr die Tränen ab. »Er war ganz wild auf Tränen, weil Tiere Salziges gerne mögen. Er schlabberte mir übers ganze Gesicht, und irgendwann mußte ich dann wieder lachen.« Als Liliane dreizehn war, starb Bello. Für sie war dies ein sehr trauriges Ereignis.

Bis zum Alter von sieben Jahren hörte Liliane eine innere Stimme. »Diese Stimme war so etwas wie eine Mutter für mich. Es war eine Beratung in ganz alltäglichen Dingen. Sie gab Antwort auf Fragen, die ich als Kind hatte, und die von meinen Großeltern nicht beantwortet wurden. Diese innere Stimme hat mich auf einem Kurs gehalten und mir etwas ganz Liebevolles gegeben. Nach dem Alter von sieben Jahren war die Stimme dann weg.

Ich habe auch zu Gott gebetet. Diesen Kontakt habe ich, im Gegensatz zu der inneren Stimme, als außerhalb von mir erlebt. Ich habe auch erst im Religionsunterricht der Schule von Gott erfahren, also in dem Sinne, daß ich dafür Worte und Begriffe hörte. Ab dann verstand ich unter Gott einen alten Mann mit Bart, der im Himmel sitzt und prüfend auf die Menschenkinder herunterschaut. Ich habe jeden Tag zu Gott gebetet, daß er mich groß werden läßt – das war für mich vierzehn Jahre –, weil ich dann, so dachte ich, allein weiterkäme. Die Reaktionen, die von ihm kamen, waren keine Worte – im Gegensatz zu der inneren Stimme. Es waren mehr Geschehnisse um mein Beten herum, unmittelbar oder in kurzer Folge danach. Zum Beispiel hatte ich etwas verloren und den ganzen Tag danach gesucht. Abends betete ich zu Gott, daß ich es wieder finden möge. Und als ich am nächsten Tag zur Schule ging, lag es mitten auf dem Weg.«

Als Kind sah sie auch Engel vor ihrem Bett. Es waren ganz feine, zarte Wesen. Aus ihrer heutigen Sicht weiß sie aber nicht, ob ihre damaligen Engelwahrnehmungen Phantasie oder wirkliches Sehen waren.

Später, im Alter von etwa vierzig Jahren, wurde Liliane durch ein bestimmtes Erlebnis deutlich, daß sie sich die Familie ihrer Großeltern ausgesucht hatte. Um dieses Erlebnis zu verstehen, muß vorausgeschickt werden, daß Lilianes Großmutter mehr

Kinder abgetrieben als geboren hatte. Schon in frühester Kindheit wurden Liliane von der Oma mindestens zwanzig verschiedene Arten der Abtreibung beschrieben: mit heißem Wasser, mit Springen, mit Salzwasser, mit Schlägen, mit Stoßen, mit heißen Stricknadeln usw. (Es drängt sich die Frage auf, ob die geborenen Kinder der Großmutter mißlungene Abtreibungen waren.)

»Wenn Oma mir das erzählte, hatte sie immer eine bestimmte Art, auf mich zu schauen: Ich saß neben ihr, und sie erzählte nach vorne, hielt auch den Kopf nach vorne gerichtet, hat mich aber schräg mit den Augen beobachtet. Sie schaute mir also nicht direkt in die Augen.«

Liliane hatte mit vierzig Jahren eine Rebirthing-Sitzung gemacht und dabei folgendes erlebt, was aus ihrer Sichtweise eine Interpretation dieser Zusammenhänge ermöglichte: »Ich fühlte mich plötzlich als nichtkörperhaftes Wesen an einem ganz konkreten Ort: Es war eine Mulde neben unserm Garten, die mit Moos bewachsen war und von den Zweigen eines Baumes verdeckt wurde. Diese Mulde gab es wirklich, und sie war in der Kindheit mein Versteckplatz. Ich sah also diese Mulde unter mir und darin meine Mutter und meinen Vater sich lieben. Ich schwebte etwa zwei bis drei Meter über ihnen und war mir bewußt, daß das die Chance war, auf die Erde zu kommen. Es entspann sich dabei ein inneres Gespräch zwischen mir und meiner Mutter. Inhalt dieses Gesprächs war die Überlegung, ob sie es riskieren sollte und konnte, daß ich geboren werde. Ich machte ihr deutlich, daß das ihre Chance sei, ihr Elternhaus zu verlassen. Es war aber im Sinne einer Erinnerung an eine Abmachung, denn wir kannten uns bereits. Die Abmachung war, daß ich ihr verhelfe, das Haus zu verlassen, und sie mir half, das Haus zu betreten. Ich wußte in dieser schwebenden Situation, daß ich unbedingt zu meiner Oma wollte. Als mir dieser Wunsch noch einmal ganz deutlich wurde, löste das eine Bilderfolge aus, an der mir klar wurde, daß genau diese Großmutter mich zweimal abgetrieben hatte. Wie verschachtelt mit dem Erlebnis über der Mulde, sah ich mich gleichzeitig zweimal den Körper der Großmutter verlassen. In diese Bilderfolge hinein schoben sich weitere Bilder von etwas, das erst Jahre später geschehen sollte: Ich sah mich als kleines Kind am Tisch mit meiner Großmutter sitzen, während sie mir zum vielfachsten Male ihre Abtreibungen erzählte. Ich sah diese Situation und verstand plötzlich, warum sie so war. Ich erkannte also mehrere Zusammenhänge gleichzeitig: Einmal hatte die Großmutter mir das alles erzählt, weil sie die Last der Abtreibungen loswerden wollte. Vielleicht fühlte sie sich auch gegenüber den abgetriebenen Wesen schuldig oder ahnte, daß ich eines dieser abgetriebenen Kinder war.

In dieser Situation war ich im Gespräch mit meiner Mutter soweit, daß sie sagte: Ja, dann komme. In dem Moment war etwas wie ein riesiger Staubsaugereffekt, und es war klar, daß ich drin war. Ab diesem Moment weiß ich auch nichts mehr.

Nachdem ich diese Bilder gesehen und verstanden hatte, fiel in meinem seelischen Erleben in diesem Moment ein riesiges Schuldpaket von mir ab, das ich in bezug auf meine Mutter hatte. Ich hatte merkwürdigerweise meiner Mutter nie verübelt, daß sie mich als Kind bei meinen Großeltern gelassen hatte. Aber ich hatte mir ständig übelgenommen, daß ich meine Mutter dazu gebracht hatte, daß sie das Haus verlassen mußte. Ich fühlte mich sozusagen dafür schuldig, daß ich geboren worden war. Und das fiel nach diesem Erlebnis schlagartig von mir ab. Mir wurde dann auch deutlich, was meine Oma mit ihren Erzählungen von mir gewollt hatte: eine Art Absolution. Die konnte ich ihr aber nie geben, weil ich sie ja nie schuldig gesprochen hatte. Sie tat mir immer nur leid.«

Sprich als letzter

Es stellt sich natürlich die Frage, wie Liliane die Menschenbegegnungen und Verhältnisse ihrer Kindheit verarbeitet hat. Mit fünfunddreißig Jahren begann ihre bewußte Auseinandersetzung mit dem Leben. In dieser Zeit verdichtete sich ihre Situation so, daß sie sich mit den Menschenbegegnungen und demzufolge mit Fragen des Verzeihens auseinandersetzen mußte.

»Ich fing an, darüber nachzudenken: Wer bin ich, was ist mein persönliches Verhältnis zu Gott, gibt es Gott für mich überhaupt? Auf diese Frage spitzten sich alle anderen Fragen zu. Mit vierzehn Jahren hatte ich aufgehört, an Gott zu glauben. Das verhärtete sich bis zu einem atheistischen Standpunkt, den ich so formulierte: ›Ein Gott, der zuläßt, daß das alles geschieht, ist keiner, vor dem ich meine Knie beuge. Zu so einem will ich nicht aufschauen!‹ Um das Überprüfen dieser Ansicht kam ich nicht mehr herum. Es kamen dann von außen kleine einzelne Situationen – das Leben ist so liebevoll und serviert einem die Dinge so, daß man sie auch bewältigen kann –, die mit Schmerz, Demütigung, Ärger, Wut und generell mit unangenehmen Gefühlen verbunden waren. So saß ich eines Tages zu Hause, und es fiel mir ein Erlebnis ein, daß ich mit meinem Klassenlehrer hatte: Es war eine Situation, in der ich nichts ausgefressen hatte und er mich trotzdem geschlagen hatte. Ich spürte, wie die Wut, die Enttäuschung, das Mich-nicht-verstanden-Fühlen in *meinem* Bauch stattfanden. An diesem Punkt habe ich konkret und ganz real begriffen, daß sich die Gefühle nur in meinem Bauch bewegen und daß sie nirgendwo in der Welt sind, außer hier. Mir wurde auch klar, daß ich es bin, die entscheidet, welche Gefühle ich habe und welche nicht. Genauso deutlich war mir, daß ich diese Gefühle nicht länger mit mir herumschleppen wollte. Ich hatte keine Ahnung, wie ich es bewerkstelligen könnte, daß sie nicht mehr länger bei mir sind, aber ich beschloß: einseitige Abrüstung! Was mich betrifft: Ich verzeihe diesem Typen! Es war, als ob ein dickes Tau aus meinem Bauch herausfiel, das zwischen diesem Lehrer und mir seither gespannt war. In dem Moment, als ich sagte: ›Ich verzeihe dir, ich nehme dir nicht mehr übel, was du mit mir als kleines Kind gemacht hast – aus, vorbei, erledigt!‹, fiel dieses dicke Tau aus meinem Bauch heraus. Die Erleichterung war sofort da. Es war, als ob ein Schleier weggezogen würde. Gleichzeitig stiegen wie Blasen aus dem Moor ganz viele Bilder in mir auf, bei denen ich ähnliche Gefühle hatte wie bei dem Lehrer: Oma und Opa, Edwin, mein erster Mann, Kinder aus meiner Schulzeit, Kolleginnen … ganz viele Menschen. Mir war sofort klar, worin meine Chance bestand. Ich sprang spontan auf das Sofa und schrie: ›Generalamnestie! Ich verzeihe jedem alles, egal, was er für einen Scheiß gemacht hat.‹ Ich war in einer solchen Stimmung, daß ich das Abstruseste, das Furchtbarste, das Abscheulichste, das Erschreckendste verzeihen konnte.

Kurz darauf kam etwas hoch, das mir klar machte: In dem Moment, als ich verziehen hatte, wurde mir verziehen. Als ich diese dicken Bindungen von Ärger, Haß, Enttäuschung, Zorn losgelassen hatte, stiegen die Erlebnisse hoch, als ich anderen weh getan hatte, als ich andere verletzt hatte, als ich der gleiche Schweinehund war und ich anderen genau das angetan hatte, was sie mir angetan hatten. Mir war ganz klar, daß das ein wechselseitiger Prozeß sein mußte. Mein ›einseitiges Abrüsten‹ bewirkte, daß mir im selben Moment vergeben wurde.

In dem Augenblick hatte ich auch die Möglichkeit zu überprüfen, wie ich Gott eigentlich bisher gesehen hatte: Ich hatte immer noch dieses Kinderbild von dem alten Mann mit dem langen Bart in mir. Ich hatte geglaubt, daß er es sei, der das ganze Elend in der Welt macht. Als mir klar war, daß ich das alles Gott zugetraut hatte, war ich sehr beschämt – bis tief in die Knochen hinein. Ich hatte *ihm* die ganzen Fiesheiten zugetraut, die ja nur in *meinem* Denken und Fühlen waren. Da lag ich aber ganz flott auf den Knien und habe um Verzeihung gebeten.

Ich habe das damals begriffen, weil ich parallel das gleiche bei den Vorurteilen gegenüber Prostituierten erlebt hatte: Viele Menschen sehen sie falsch, weil sie ein ungeprüftes Klischee im Kopf haben und, wenn sie es an der Realität prüfen würden, sie es sehr schnell korrigieren müßten. Dann könnten sie ganz in Frieden mit diesem Thema leben. Das, was ich da bei anderen als Fehler erkannt hatte, praktizierte ich in bezug auf Gott. Ich hatte nur ein Klischee, und es wurde höchste Zeit, das zu korrigieren. Damit kam ich in immer friedvollere Bereiche.«

Wohin jetzt, Schattenentblößter, wohin?

Ab dem Alter von vierzehn Jahren begann für Liliane eine neue Lebensphase, in der ihre geistigen Beziehungen abgeschnitten waren und sie sich der Außenwelt zuwandte. Sie hatte bis dahin immer zu Gott gebetet, daß er sie vierzehn Jahre alt werden lasse, weil sie meinte, dann allein weiter zu können. Auf ihren eigenen Wunsch hatte sie sich in diesem Alter noch taufen lassen. Und danach ergab es sich tatsächlich so, daß sie ihren Weg ohne die großelterliche Familie weiterging.

Dieser Umschwung ergab sich aus folgenden Ereignissen: Der Großvater und die Großmutter hatten sich inzwischen so zerstritten, daß sie gar nicht mehr miteinander redeten. Die Großmutter wusch auch nicht mehr die Wäsche ihres Mannes. Liliane wurde beauftragt, die Wäsche des Großvaters in die Wäscherei zu bringen. Die Wäsche war aber in einem derartig verschmutzten Zustand, daß es Liliane peinlich war, sie unter ihrem Familiennamen abzugeben. So sagte sie in der Wäscherei, daß es von einem Nachbar käme, der keine Zeit hätte, und sie das für ihn erledige. Sie gab also nicht den Namen ihres Großvaters und auch nicht ihren eigenen an. Das ging jahrelang gut, bis der Opa eines Tages selbst in die Wäscherei ging, um seine Kleidung abzuholen. Der Schwindel flog auf, und Liliane bezog wieder Prügel. Sie war damals dreizehneinhalb. Dieses Ereignis war der »letzte Tropfen, der das Faß zum Überlaufen brachte«.

Sie war damals in der Kirchengemeinde aktiv, sang im Chor mit und hatte dadurch Kontakt zu dem Pfarrer. Zum ersten Mal sagte sie in aller Offenheit einem Menschen, dem Pfarrer, was zu Hause los war und daß sie es dort nicht mehr aushalte. Er fragte nur sehr vorsichtig nach, begriff aber die Ernsthaftigkeit der Lage und daß etwas geschehen müßte. Im Gespräch bot er eine Palette von Möglichkeiten an, was Liliane tun könnte. Sie wählte nur nach einem Kriterium aus: möglichst weit weg von zu Hause. Das war eine Pflegevorschule in Düsseldorf. Der Abschied von Oma und Opa fiel ihr leicht. (Sie sah sie in ihrem späteren Leben nur noch ein Mal bei einem Besuch zu Hause, der völlig daneben ging.) Große Sehnsucht aber hatte sie nach Liese.

Mit fast fünfzehn Jahren kam sie in der Pflegevorschule an. Es war ein Internat des Diakoniewerkes. Während der Internatszeit arbeiteten die Schülerinnen halbtags in einer der Einrichtungen des Diakoniewerkes: im Altenheim, in verschiedenen Krankenhausstationen oder im Kinderheim. Dadurch finanzierte jede Schülerin ihren Internatsaufenthalt selbst.

Grundsätzlich wollte Liliane beruflich etwas machen, mit dem sie Kindern und Jugendlichen helfen konnte. »Die Pflegeschule war für mich völliges Neuland, ganz sensationell. Dort gab es – was mich ganz verblüffte – regelmäßig zu essen: jeden Tag vier Mahlzeiten. Man konnte außerdem, wenn man Hunger hatte, in die Küche gehen und etwas anfordern. Und man bekam es sogar!

Es wurden dort außerdem bestimmte Dinge vorausgesetzt, die ich nicht im entferntesten erfüllte, z. B. daß man mit Messer und Gabel ißt. Zu Hause war es üblich gewesen, Fleisch einfach in die Hand zu nehmen und abzubeißen.

Ich sehe noch eine verzweifelte Erzieherin vor mir, die mir mühevoll den Sinn des regelmäßigen Duschens erklärte. Auch konnte ich bestimmte Aufgaben, z. B. jeden Tag das Waschbecken zu putzen, einfach nicht einsehen und habe das dann nur einmal in der Woche getan.

Ich erinnere mich noch deutlich an eines meiner ersten Erlebnisse: Wir saßen alle im Eßraum, und wegen irgendeiner Angelegenheit sagte die Leiterin des Internats, eine Diakonisse, zu mir, daß sie mich anschließend in ihrem Büro sprechen wolle. Ich wußte gar nicht, was sie von mir wollte. Ich antwortete: ›Nee, wenn du was willst, kommste zu mir.‹ Es herrschte atemlose Stille im Raum. Sie sagte nichts. Nach dem Essen kam sie in mein Zimmer und bat die anderen Mädchen höflich, den Raum zu verlassen. Sie sprach mit mir, und als sie wieder ging, war ich völlig kleinlaut. Auf ganz sanfte, aber gründliche Art hatte sie mich gehörig in meine Grenzen gewiesen. Sie hatte dabei eine feine Ironie und Sicherheit, ohne sich gegen mich als Mensch zu richten. Seitdem kamen wir prima miteinander aus.

Ich lernte sie immer mehr zu schätzen. Sie war eine hochintelligente, ganz sensible und stolze Frau. Sie hatte etwas sehr Feines und Gerades. Der edle Mensch schlechthin! Ich habe sie verehrt, auch wenn ich sie manchmal gehaßt habe. Sie war so anders und hat mir meine Andersartigkeit gezeigt. Ich liebte es, sie am Wochenende auch mal eine Stunde für mich allein zu haben – mit ihr zu plaudern oder spazierenzugehen oder ausgedehnt zu frühstükken.

Ich habe in dem Internat eine gewisse Normalität kennengelernt. Es gab dort auch Regeln, z. B. wann wir ins Bett mußten. Ich bin oft bis an die Grenzen der Regeln gegangen und habe die anderen Schülerinnen auch rebellisch gemacht. Ich glaube, die Erzieher und die Heimleitung hatten mit mir größte Probleme. Trotzdem hatte ich dort das erste Mal das Gefühl, daß man mich so nahm, wie ich war, und mich nicht grundsätzlich für verkehrt und böse hielt.

Dort gab es auch etwas ganz Sensationelles: Taschengeld. Im ersten Jahr waren das zehn Mark, und bis zum letzten Jahr steigerte sich das sogar bis zu dreißig Mark. Welch ein Reichtum! Ganz für mich allein! Und ich durfte davon sogar sechs Tafeln Schokolade kaufen, ohne daß mich jemand beschimpfte! Ich war gern im Internat!«

In dieser Internatszeit hatte Liliane auch ihr erstes sexuelles Verhältnis – mit einer Frau. Diese war als Erzieherin dort. Das Liebesverhältnis dauerte vier Jahre. »Ich war sehr glücklich, jemanden lieben zu können, und fühlte mich auch geliebt. Ich hatte damals aber ein anderes Verständnis von Liebe, als ich es heute habe. Zum Beispiel war ich sehr eifersüchtig. Wenn sie einmal ausging, kontrollierte ich sie ständig.«

Gleichzeitig hatte Liliane auch die ersten sexuellen Erfahrungen mit Männern. »Ich probierte, wie weit ich gehen konnte, ohne daß sie mir zu nahe kamen. Ich wollte auf gar keinen Fall, daß ein Mann sexuelle Macht über mich haben könnte. Ungefähr mit sieben Jahren hatte ich mich entschlossen, niemals einen Mann Macht über mich haben zu lassen. Damals hieß das für mich im Umkehrschluß, daß ich diejenige sein mußte, die die Macht über einen Mann hat. Wie ich das genau machen wollte, wußte ich natürlich nicht, aber es war ein ernsthafter, tiefgehender Entschluß. Als in mir die erste sexuelle Neugierde erwachte, wußte ich, daß ich mit einem Mann keinen üblichen Geschlechtsverkehr haben wollte. So probierte ich, was man statt dessen machen konnte: das waren einmal die üblichen Petting-Praktiken, und darüber hinaus wollte ich einen Mann auch körperlich quälen. Ich habe das einfach ausprobiert: Wie weit kann ich Schmerzen zufügen und er hält daraufhin still? Wie weit kann ich eine Brustwarze kneifen, ohne sie kaputt zu machen? Wie oft kann ich einen Mann sexuell reizen und dann nichts geschehen lassen, ohne daß er das Interesse verliert?

Den ersten ›üblichen‹ Geschlechtsverkehr hatte ich im Alter von neunzehn Jahren. Es war enttäuschend und belanglos. Ich überlegte, warum davon alle Menschen so begeistert sind. Dadurch bestätigte sich das von mir geprägte Urteil, einen Mann besser nicht so nah an sich rankommen zu lassen.

Als Kind hatte ich für mitmenschliche Probleme nur zwei Lösungsmöglichkeiten erlebt: draufhauen oder weglaufen. Als Erwachsene war ich jetzt diejenige, die manchmal draufhaute. Das war nicht nur körperlich, sondern geschah auch in anderen Bereichen, mit Worten, Sticheleien. Ich habe mich in dieser Zeit zu einem ganz kräftigen Satansbraten entwickelt.

Trotzdem unternahm ich immer wieder Versuche, eine normale und angepaßte Frau zu sein, zog ein Kleid an, schminkte mich, benutzte Handtaschen und achtete auf sogenannte Weiblichkeit. Das war aber immer zwiespältig, ich fühlte mich wie verkleidet.«

Es war Lilianes Berufswunsch, Sozialpädagogik zu studieren. Zu diesem Zeitpunkt gab es in Deutschland dafür die ersten Ausbildungen. Sie absolvierte alle dafür nötigen Prüfungen im Internat und studierte anschließend Sozialpädagogik. Dabei erlebte sie, daß sie nicht mit wirklicher Hilfe in die Kinder- und Jugendarbeit hineinkonnte, sondern das ganze Elend bürokratisch verwalten mußte. Nach dem dritten Semester brach Liliane das Studium ab. »Ich sah damals nur, daß, selbst wenn sich das jemals ändern sollte, ich nicht mehr der Nutznießer sein würde. Heute würde ich es so betrachten, daß ich den Weg für nachfolgende Generationen ebnen würde.«

Um sich finanziell über Wasser zu halten, übernahm sie in der nächsten Zeit verschiedene Jobs. Damals lebte sie ein Jahr lang in einer Beziehung zu einem Mann, der ihre erste große Liebe war. Sie erfuhr durch ihn Demütigungen, Mißachtung, Manipulationen – wie in ihrer Kindheit. Zum Beispiel verbrauchte er das gemeinsam verdiente Geld nur für sich und verschwendete keinen Gedanken daran, daß Liliane ebenfalls etwas davon brauchen könnte. »Ich stand wie hypnotisiert da, weil es für mich unfaßbar war, daß ein Mensch absichtlich die Bedürfnisse eines anderen übergeht. Es war dann ein regelrechter Kampf um den Kauf ganz einfacher Kleidungsstücke. Aus meiner heutigen Sicht kann ich sagen, daß das ein Versuch war, eine normale Frau zu sein. Das ging aber völlig schief. Ich haute dann einfach ab. Er hatte mich im Zimmer eingeschlossen, und ich kletterte aus dem Fenster drei Stockwerke herab. Unten angekommen, versuchte er mich abzufangen, und ich mußte mich körperlich heftig gegen ihn wehren.

Danach war das Normale-Frau-sein-Wollen vorbei. Ich kehrte auf striktem Wege zu meinem Kurs zurück, Männer zu quälen, zu piesacken, zu manipulieren, sie am Gängelband zu führen, sie gefügig zu machen und zu beherrschen. Natürlich habe ich mir dadurch jahrelang auch selbst viel genommen, zum Beispiel den Austausch von Zärtlichkeiten – die galten bei mir als Schwäche.«

Nach dieser Trennung war Liliane einundzwanzig Jahre alt. Sie arbeitete die nächsten drei Jahre als Serviererin in Cafés, als Sekretärin in einem Zirkus, fuhr einige Monate zur See und jobbte als Barfrau. Das alles fand sie aber unbefriedigend.

Im Alter von ungefähr vierundzwanzig Jahren hatte sie das entscheidende Erlebnis, das ihren weiteren Lebensweg bestimmte: »Ich ging auf dem Steindamm (eine Hamburger Strichstraße) entlang, um in einem Laden etwas zu besorgen. Dabei beobachte ich die Situation zwischen einem Freier und einer Prostituierten. Er war schon eine Weile um sie herumgeschlichen, und das Gespräch zwischen den beiden begann gerade, als ich in gleicher Höhe an ihnen vorbeiging. Ich registrierte nebenher, daß der ganze Tonfall freundlich war. In dem Laden erhielt ich nicht den Artikel, den ich kaufen wollte, und ging unverrichteter Dinge wieder zurück. Ich sah, wie die beiden immer noch miteinander redeten. Die Situation hatte sich aber völlig verändert, sie lagen miteinander im Clinch. Er beschimpfte die Frau aufs heftigste. Die einzelnen Worte weiß ich nicht mehr, aber es ging ohne Ausnahme unter die Gürtellinie. Ich war erschrocken über die Wucht der Verachtung, mit der er mit dieser Frau umging, und ihre entsprechenden Versuche, sich zu wehren. Ich dachte für mich: So dürfen Menschen nicht miteinander umgehen! Als ich in mein Auto einstieg, kam mir die Frage: Wie kann man das ändern? Gleichzeitig wußte ich, daß man es nur von innen ändern kann. Vierzehn Tage später fing ich mit dem Anschaffen an. Der Zusammenhang zwischen meinem damaligen Erlebnis und meinem Anschaffen wurde mir aber erst achtzehn Jahre später, nachdem ich mit der Prostitution aufgehört hatte, deutlich.«

Doch scheide das Nein nicht vom Ja

Liliane begann mit der Prostitution auf dem Straßenstrich. Außer dem geschilderten Ereignis kamen für ihre Motivation noch weitere Faktoren hinzu: »Ich hatte ein grundsätzliches Interesse an Sexualität mit einer ausreichenden Zahl von Männern, damit ich genügend Auswahl hatte, um das an Sexualität zu praktizieren, was mir gefiel. Der Wunsch nach einer festen Partnerschaft mit einem Mann kam mir zwar manchmal in den Sinn, war aber nicht grundsätzlich vorhanden. Ein weiterer Grund, allerdings nur ein zusätzlicher, war das Geld; das hätte ich aber auch anders verdienen können. Für mich war es kein neuer Gedanke, Prostituierte zu werden. Es ist ein verbreiteter großer Irrtum, daß man meint, ausschließlich Frauen aus der Unterschicht würden anschaffen.

Dabei sind viele unter ihnen Krankenschwestern, Pädagoginnen, Psychologinnen.«

Das Anschaffen auf dem Straßenstrich war nach einiger Zeit nicht mehr der Rahmen, der Liliane zusagte. Nach einigem Suchen fand sie in der Herbertstraße (Bordellstraße in St. Pauli) das, was sie sich wünschte: einen Raum als Fensterplatz und daneben ein Zimmer, und beides gehörte ihr. Zuerst arbeitet sie in der Nachtschicht, und als der nächste Platz frei wurde, ging sie in die Tagschicht über. Sie faßte schnell Fuß und kaufte von dem verdienten Geld entsprechende Kleidung und Utensilien für den sadomasochistischen Bereich. Von einer anderen Domina wurde sie manchmal zum Anlernen dazugeholt, aber es war schnell klar, daß sie nicht mehr viel dazuzulernen brauchte. Liliane – wie auch viele andere Prostituierte – arbeitete immer ohne Zuhälter. Ihr Tag verlief wie ein geregelter Arbeitstag: Sie arbeitete ungefähr sechs Stunden in Frühschicht, den Nachmittag verbrachte sie für sich. Pro Tag hatte sie drei bis vier Kunden, jeder war durchschnittlich fünfundvierzig Minuten da. »Ich habe einfach vieles ausprobiert. Es gab auch Szenen und Anforderungen, die mir persönlich keinen Spaß machten. Die habe ich dann von vornehrein abgelehnt. Im allgemeinen hat mir die Arbeit gefallen. Es kommt von außen immer die Erwartung, daß eine Prostituierte keinen sexuellen Spaß bei ihrer Arbeit haben soll. Daraus ziehen die meisten Huren den Schluß, daß sie lieber nicht sagen, daß sie Spaß daran haben. Das geht so weit, daß sie dann auch tatsächlich nichts mehr empfinden. Wir sollen gefälligst das Opfer sein – und wehe, wir sind es nicht: Das geht heftig gegen gewaltige Tabus. Es ist über Generationen vererbt worden, daß die Hure das Opfer ist. Und die meisten spielen auch diese Rolle – und sogar perfekt. Das ist genauso, wie auch überhaupt die meisten Frauen das Opfer spielen. Darauf reagiert die Außenwelt mit bestimmten Verhaltensweisen, es kommt ein kalkulierbares Echo.«

Liliane gefiel es in der Herbertstraße, und sie arbeitete dort neun Jahre. Während dieser Zeit, im Alter von achtundzwanzig Jahren, heiratete sie ihren ersten Mann. Es war kein Thema, daß sie während ihrer Ehe ihre Tätigkeit als Domina weiterführte. (Auf meine Frage, warum sie denn damals plötzlich entgegen ihrer sonstigen Wünsche geheiratet hatte, überlegte sie einen Moment und brach dann in Gelächter aus: »Es hatte so was Solides.«)

Nach diesen zehn Jahren in der Herbertstraße mietete sie sich eine eigene Wohnung, um dort nach eigenen Vorstellungen die Arbeitsbedingungen zusammen mit anderen Frauen gestalten zu können. In dieser Wohnung, sie nannte sie Atelier, arbeitete sie weitere neun Jahre.

Wahr spricht, wer Schatten spricht

Liliane hat während und auch gerade durch ihre Tätigkeit als Domina für sie wesentliche Entwicklungen gemacht. Zum Beispiel hat sich ihre Einstellung zu Männern, die natürlich von der Kindheit her extrem geprägt war, deutlich gewandelt.

»Früher war mein Verhältnis zu Männern eher distanziert. Ich betrachtete sie immer nur unter dem Gesichtspunkt, ob sie für meine Spielchen brauchbar oder unbrauchbar waren. Ich habe sie nicht individuell gehaßt, sondern das Gefühl gehabt, eine alte Rechnung zu begleichen. Ich habe sie, und das mit ihrem Einverständnis, sonst hätten sie nicht dafür gezahlt, traktiert. Ich hatte eine Wut auf die Männer. Ich fand sie widerlich und Menschen zweiter Klasse. Ich habe in all den Jahren meinen Haß weggeprügelt. Dabei stand gar nicht die körperliche Züchtigung im Vordergrund, sondern das seelische Heruntermachen mit Worten und Beschimpfungen. Die Befriedigung, die ich dadurch empfand, war auch auf einer mehr seelischen als körperlichen Ebene.

Als ich so über die Jahre meine ganze Haßschublade ausgeleert hatte, lernte ich allmählich, präziser zu beobachten. Meine Wutschicht wurde immer dünner, und dadurch war meine Wahrnehmung nicht mehr so eingeschränkt, und mein Gesichtsfeld erweiterte sich. Dadurch konnte ich langsam andere Facetten wahrnehmen und verstand, daß die widerliche Seite nur eine

Teilansicht war – wie sie auch jede Frau hat. Ich konnte einsehen, warum Männer so handeln mußten, wie sie es taten; ich verstand zum Beispiel, was es bedeutet, daß vom Mann immer erwartet wird, daß er die Initiative ergreift, Action macht, die Versorgerrolle übernimmt. Heute erscheint es mir selbstverständlich, daß sowohl Frauen als auch Männer sich gegenseitig mißverstehen.«

Ihre Fähigkeit, Zusammenhänge über den normalen sinnlichen Bereich hinaus wahrzunehmen, konnte und mußte sie sogar in ihrer Tätigkeit anwenden.

»Um die Knackpunke bei den Männern herauszufinden, wo ich mit dem Bestrafen ansetzen konnte, habe ich die Fähigkeit entwickelt, mich geistig so leer zu machen, daß ich in das Denksystem des Mannes hineinschlüpfen konnte. Während er mir seine Wünsche erzählte, sah ich innerlich seine inneren Bilder. Die griff ich auf und setzte sie dann in die Realität um. Zum Beispiel will er gefesselt werden. Es gibt unzählige Weisen, wie man jemanden fesseln kann: mit Stricken, mit Plastikschnüren, mit Ketten, mit Lederbändern ... Oft weiß er es selbst nicht. Für ihn ist Fesseln nur die Art, die er selbst als Fesseln versteht – daß es noch vierzig andere Möglichkeiten gibt, beachtet er gar nicht. Wenn jemand auf Stricke abfährt und man fesselt ihn mit Ketten, ist das für ihn sexuell vollkommen witzlos. Es besteht eine enorme Fixierung, und wenn man die nicht trifft, hält er die Domina für unfähig und geht raus.

Gleichzeitig konnte ich dann auch das Anfangsbild sehen, wie diese Fixierung entstanden ist. Der Kunde hat diese Bilder beim Erzählen in sich, darüber ist er sich aber nicht bewußt. Mit großer Sicherheit hatte er als Kind oder Jugendlicher z. B. ein Erlebnis, bei dem er irgendwie gefesselt war und dabei mehr oder weniger zufällig der erste Orgasmus entstand, unter ganz bestimmten Bedingungen, mit ganz bestimmter Angst und ganz bestimmten Gegenständen. Oft sind das keine beabsichtigten Situationen. Beispielsweise kommt der Junge vom Spielen nach Hause und ist verdreckt. Die Mutter, Oma, Tante oder wer auch immer steckt ihn in die Wanne. Und wie die Gören in einem bestimmten Alter eben so sind, waschen sie sich nicht gerne, weil es naß macht. Die betreffende Erwachsene schrubbt den Jungen ab, und es entsteht eine erotische Situation. Der Junge bekommt eine Erektion. Viele Frauen reagieren darauf so, daß sie das Kind bestrafen. Sie fühlen sich angegriffen in einem Sinne von der ›Bengel macht mir unsittliche Anträge‹. Vielleicht hauen sie ihn dann, mit der Badebürste, einem nassen Waschlappen, roten Plastikschnüren oder was auch immer. Dadurch hat sich ein sexuelles Gefühl an eine bestimmte Form von Angst gekoppelt. Fortan meint er, eine sexuelle Erregung käme nur unter diesen Umständen zusammen, und er versucht, diese Szenerie immer wieder herzustellen. Er geht dann dorthin, wo er ohne lange Erklärungen und ohne moralische Rechtfertigung seine Regieanweisungen geben kann. Das macht ihn natürlich abhängig.

Ich habe die ganzen achtzehn Jahre lang die Kunden immer nach ihrem ersten Erlebnis gefragt – und es stimmte immer, von Anfang an, mit dem überein, was ich von ihm an inneren Bildern hatte.

Dieses Konglomerat ist jederzeit lösbar! Dazu ist nur erforderlich, daß man es sich bewußt macht. Die Gäste, mit denen ich darüber reden konnte – manche wollten es auch nicht wissen, sie wollten es erhalten – und die dann begriffen, was mit ihnen los ist, kamen nach einer Weile nicht mehr. Sie konnten das Band, das um diese Gefühlskombination herumlag, lösen und hatten dann die Wahl, es ganz frei zusammenzustellen.«

Auf meine Frage, ob man sich als Prostituierte damit nicht die Verdienstmöglichkeit »wegtherapiert«, erwiderte Liliane: »Es wächst genug nach! Außerdem steckt ein Ideal dahinter, das jeder helfende und vernünftige Berufsstand haben sollte: Ein Arzt, ein Rechtsanwalt, ein Sozialarbeiter sollte das Ziel haben, sich überflüssig zu machen. Richtig bewußt habe ich dieses Ziel in meiner Tätigkeit die letzten drei Jahre verfolgt.«

Wenn man sich die menschlichen Erlebnisse mit manchen Freiern anschaut, die Liliane während ihrer Berufzeit hatte, so drängt sich die Frage auf, ob eine Prostituierte eine entlastende Bedeutung für unsere Gesellschaft hat. Scheinbar werden in der Prostitution manchmal Möglichkeiten und seelische Räume angeboten – nach Lilianes Aussage bezieht sich das auf viele ihrer Kolleginnen –, die es sonst nirgendwo gibt, die aber für manche Menschen existentiell wichtig sind. Das, was es an menschlichen Abgründen nun einmal gibt und was sich unter Umständen, falls es nämlich unterdrückt wurde, auf grausame Weise Bahn brechen kann, wird hier erst einmal akzeptiert und vielleicht gerade dadurch verändert. Liliane erzählte dazu zwei sehr drastische Erlebnisse.

»Es kam ein junger Mann zu mir, vierunddreißig Jahre alt, normal und gut gekleidet. Er war als Kaufmann in einer großen Firma angestellt. Zunächst verlangte er, mit Rohrstöcken geschlagen zu werden. Schon beim ersten Mal erzählte er davon – und ihm schien das sehr ernst zu sein –, daß es ihn ungeheuer errege, wenn er kleine Mädchen im Alter zwischen fünf und acht Jahren sähe, die rote Striemen an den Beinen, am Po und am Rücken hätte. Es ging ihm dabei nicht um das Zufügen der Schläge, sondern er wollte nur die roten Striemen sehen und das Kind weinen hören. Daß er das so fühlte, quälte ihn. Er fühlte sich wie magisch von Kinderspielplätzen angezogen und spürte in sich den Zwang, die Kinder beiseite zu ziehen und ihnen diese Spuren zuzufügen. Seiner Aussage nach hatte er das noch nicht gemacht, was ich ihm auch glauben konnte. Er litt sehr unter diesem Zwang, weil es ihm klar war, daß es für das Kind und auch für ihn furchtbare Folgen haben würde. Ihm war die rechtliche Situation klar, und es war ihm auch deutlich, daß, wenn das Kind zu laut schreien würde, er es töten würde. Dieser riesige Konflikt hatte ihn seelisch völlig fertig gemacht. Er war jahrelang ständig zwischen Selbstmordgedanken und dem Wunsch, es jetzt doch zu tun, hin- und hergerissen. Wir sprachen sehr viel über diesen Konflikt, und ich riet ihm, daß er therapeutische Hilfe aufsuchen sollte. Er hatte schon bei vielen Psychologen und Psychiatern um Hilfe gebeten und war abgelehnt worden. Ich glaubte ihm nicht, weil ich mir nicht vorstellen konnte, daß ein Mensch, der diese Bereitschaft zur Aufarbeitung hat, abgelehnt würde. Ich rief noch einmal drei Psychiater an, die er zuvor schon angerufen hatte, um das zu überprüfen.

Dann bemühten wir uns gemeinsam. Einige Male versuchte ich es auch allein, bei mindestens sieben Therapeuten, aber ohne Erfolg. Die Begründung, die in den meisten Fällen genannt wurde, lautete: ›So etwas ist nicht zu heilen, die Erfolgsaussicht ist nicht gesichert.‹ Ein einziger gab zu, daß er sich dieser Situation nicht gewachsen fühlte.

Dieser Mann kam dann einige Jahre regelmäßig zu mir, offiziell als Kunde, wir sprachen aber fast ausschließlich stundenlang über seinen Konflikt. Er war wie erlöst, daß ich ihn nicht verurteilte. Das brauchte ich auch gar nicht, da er mit schmerzender Genauigkeit seine Situation erkannte. Wir redeten immer über seine Phantasien und darüber, wie sie zustande gekommen waren. In seiner Kindheit hatte er miterlebt, wie das Nachbarmädchen bei geringsten Anlässen verprügelt wurde. Abends hörte er das kleine Mädchen schreien, und am nächsten Tag sah er immer wieder die Striemen, die von der Schläge kamen. Ich weiß nicht mehr genau, wie die Sexualität dann dazu kam, aber aus anderen Erzählungen ist mir bekannt, wie bei Jungens in Situationen von Angst das Blut gestaut wird, auch im Penis, und dadurch sexuelle Gefühle entstehen. So entsteht eine Kopplung von Lust und Angst.

Der Mann redete sich das Problem von der Seele. Manchmal wollte er auch verprügelt werden, bis er so weinte, wie dann in seinen Vorstellungen die Kinder weinen sollten. Die Abstände, in denen er zu mir kam, wurden mit der Zeit immer größer. Auch seine Zwanghaftigkeit in bezug auf die Kinder wurde weniger. Auf mich machte er den Eindruck, als könne er seinen Trieb jetzt so steuern, daß er sich aus entsprechenden Situationen lösen konnte, z. B. von einem Spielplatz weggehen. Als ich damals mit meiner Arbeit aufgehört hatte, war er schon seit einem halben Jahr nicht mehr gekommen. Ich denke, daß er es geschafft hat.«

Eine andere Begegnung war mit einem Staatsanwalt. Durch die Tatsache, daß dieser Mann beruflich in der Situation war, die öffentliche, integere »Tagesseite« unserer Gesellschaft zu vertreten, werden folgende Schilderungen unter dem Gesichtspunkt der »Schattenseiten« besonders interessant.

»Dieser Staatsanwalt, der viele Jahre zu mir als Kunde kam, flog regelmäßig zweimal im Jahr in die asiatischen Länder, in denen es Kinderbordelle gibt. Er kam danach zu mir und erzählte mir alles, was er mit diesen Kindern gemacht hatte. Ich stand dann vor der Situation – genau wie bei dem vorhin erwähnten Kaufmann –, ihn wegzuschicken oder mich mit ihm zu befassen. Ich habe im Laufe der Jahre gelernt, zwischen Phantasie- und Tatsachenerzählungen zu unterscheiden. Und seine Geschichten waren Tatsachen! Für mich waren sie abstoßend. Ich hatte eine echte Wut auf ihn. Es gehörte zu unserem Spiel, daß ich ihn für seine Taten beschimpfte und bestrafte, weil er sich wiederum auch selbst dafür ablehnte. Es war sozusagen ein Kreislauf von sich selbst verurteilen, bestraft werden wollen und sich durch dieses Bestrafen aber wieder gut fühlen.

Ich fing dann an, die Situationen, die er mit diesen Kindern hatte, an ihm nachzuspielen. Das bedeutete, daß ich ihn in dieses Kind verwandelte. Außerdem achtete ich darauf, daß der angenehme Teil der Sexualität für ihn nicht zuviel Gewicht hatte, z. B. habe ich das Eindringen in seinen After nicht angenehm für ihn gestaltet. Ich bin dabei davon ausgegangen, daß das für ein Kind etwas sehr Unangenehmes ist.

Ein Jahr, bevor ich aufhörte, gab es folgende Situation: Er schilderte wieder einmal in ganz gemeiner Weise, was er mit Kindern gemacht hatte. Er stellte sich in all seiner Schäbigkeit dar und zeigte seine miesesten Seiten. Dabei kniete er auf dem Bett, und ich wollte gerade etwas mit ihm machen, als mir bewußt wurde, daß er mir in diesem Moment das Schwärzeste vom Schwarzen zeigte. Ich fing einen Blick von ihm auf, den ich mein Leben lang nicht mehr vergessen werde: Es war der Blick eines absolut gepeinigten Kindes. Eine gequälte Kinderseele in totaler Hilflosigkeit, völlig verängstigt, die vor mir eine Mauer mit schwarzen Geschichten aufbaute, auch wenn jedes dieser Worte der Realität entsprach. Hinter dieser Mauer saß ein gepeinigtes, total verängstigtes Wesen. Es war mir in diesem Augenblick nicht mehr möglich, das durchzuführen, was ich gerade machen wollte. Ich setzte mich neben ihn und zog einfach seinen Kopf an mich. Er brach völlig zusammen – und weinte, weinte, weinte. Eine totale Verzweiflung kam heraus und schaffte sich über Tränen Bahnen. Nach etwa einer Stunde kam dieses Weinen langsam zur Ruhe. Wir sprachen kein Wort mehr, auch nachher nicht. Es war einfach nicht mehr nötig. Er hat sich ganz in Ruhe geduscht, angezogen und wir haben uns nie wieder gesehen. Mein Eindruck ist, daß bei ihm ein Prozeß des Verzeihens abgelaufen war und etwas in Ordnung gekommen ist. Vielleicht war es der Punkt, wo er sich selbst verzeihen konnte. Als er mir seine schwarzen Geschichten erzählt hatte, war das eine Selbstanklage, und er hatte mit einer scharfen Verurteilung meinerseits gerechnet. Als ich aber diese ängstlichen Kinderaugen gesehen hatte, war es mir gar nicht mehr möglich, ihn zu verurteilen.«

Zu der allgemein-menschlichen und gesellschaftlichen Bedeutung dieses Ereignisses berichtet Liliane folgendes:»Es ist im Normalfall für Männer kein akzeptierter Raum da, wo sie weinen können. Wenn dann mal eine Gelegenheit da ist, bricht ein ganzer Stausee heraus. Wenn sich ein Mann in Therapie begibt, ist er sich darüber bewußt, daß er sie braucht. Und das ist bei den meisten nicht der Fall. Oft kamen die Männer, ihre beruflichen oder privaten Schwierigkeiten, auch ihre Eheprobleme, mit mir zu besprechen, und die Sexualität nahm dann nur 10 % der Zeit ein. Offiziell mußte die Sache aber mit Sex zu tun haben, damit das Alibi in Ordnung war, ausschließlich sprechen wollten die wenigsten.«

Führt man sich solche Szenen vor Augen, in denen christliche Qualitäten wie Mitleid, Verzeihen und Annehmen eine solche Rolle spielen, so erscheint es um so krasser, wie die Gesellschaft auf Prostituierte reagiert.

Liliane hat immer offen und auf Anfrage allen Leuten erzählt, was sie arbeitete.»In der Regel habe ich zunächst Erstaunen erlebt. Man vermutete das nicht, und es kamen dann Argumente wie: ›Das sieht man dir aber nicht an, das hätte ich nie gedacht.‹ Dabei wurde mir schnell deutlich, daß die Menschen nach einem Klischee urteilen, das sie im Kopf haben. Und wer gleicht schon einem Klischee?

(Nebenbei stellt sich hier die Frage, was denn das Klischee ei-

266

ner Hure ist. Nach Lilianes Angabe sind es nur 5 bis 10 % der
Prostituierten, die man auf dem Straßenstrich sieht und durch die
man vielleicht ein bestimmtes Bild über Huren hat. Liliane erzählte, daß eben alles vorkäme: Auch Prostituierte, die alt, dick,
verhärmt sind – eben alles andere als im gängigen Sinne schön
und erotisch.)

»Nach der ersten Reaktion kam oft ein Kopfschütteln im Sinne
›wie kann man nur!‹ Danach tauchte sofort Neugierde auf und
manchmal eine Auseinandersetzung, die sich auf das Berufsbild
bezog, und nicht auf mich. Ich habe keinen Menschen kennengelernt, der sich wegen meiner Tätigkeit von mir zurückgezogen
hätte. Es ist immer akzeptiert worden, daß ich zu dem stehe, was
ich tue.

Ich habe auch auf offiziellen Papieren als Beruf ›Prostituierte‹
geschrieben, aber die meisten ließen das nicht zu. Versicherungen
lassen das nicht zu und suchen Umschreibungen, in Hotels darf
man es nicht angeben, sie geben einem die Unterlagen wieder
zurück. Ich habe dann immer gefragt: ›Darf ich denn die Wahrheit nicht schreiben?‹ Einmal war ich mit einem Filmteam offiziell zum Thema Hurenbewegung unterwegs, und alle Hotels
wußten das auch. Aber auch dann durfte ich mich im Hotel nicht
mit ›Prostituierte‹ eintragen.«

(Es gibt in Deutschland eine halbe Million Prostituierte mit einem monatlichen Umsatz von 120 Millionen Mark. Wissenschaft-
ler haben ausgerechnet, daß in Deutschland die Wirtschaft
zusammenbrechen würde, wenn man die Prostitution als Wirt-
schaftszweig einfach wegnähme. Man hat auch ausgerechnet, daß
von jeder Prostituierten wirtschaftlich zehn Menschen abhängen,
z. B. Zulieferbetriebe, Kosmetik etc.)

Sieh, wie's lebendig wird rings – Beim Tode! Lebendig!

Ungefähr ab dem fünfunddreißigsten Lebensjahr tauchten bei
Liliane wieder spirituelle Erlebnisse auf, zu denen der Zugang ab
vierzehn zunächst verschüttet gewesen war. Wichtige biographi-

sche Ereignisse spielten sich ab dieser Zeit mehr im Innenleben ab, wenn auch manchmal angeregt durch äußere Umstände. Mit vierunddreißig Jahren hatte Liliane versucht, ihr Atelier an eine andere Domina zu vermieten, was zu starken finanziellen und menschlichen Schwierigkeiten und Verstrickungen führte. Diese Probleme waren Auslöser für eine Krise: »Ich war damals soweit, daß ich mich aufhängen wollte. Ich hatte immer versucht, im Leben nach oben zu kommen, was für mich bedeutete: zum wirklichen Leben zu kommen, statt immer nur auf das Über-leben achten zu müssen. Ich habe dafür alles mögliche probiert: Ich habe es mit Härte und Sanftheit versucht, ich habe es im Kollektiv versucht, ich habe es mit Einzelkämpfertum versucht. Immer war es entweder so, daß ich auf Kosten anderer nach oben kam – und mich dann nicht wohlfühlte –, oder daß ich anderen nach oben verholfen hatte, und die standen dann auf meinen Schultern. Am Anfang der Zeit meines Ateliers wollte ich im Kollektiv arbeiten. Ich stellte die äußeren Rahmenbedingungen dafür zur Verfügung, Räume, Einrichtung. Mit den Kolleginnen war vereinbart, das verdiente Geld in einen gemeinsamen Topf zu geben und gleichmäßig zu verteilen. Das Ergebnis war, daß ich von der anfallenden Arbeit zwei Drittel leistete und nur ein Fünftel der Einkünfte erhielt. Wenn Einrichtungsgegenstände, z. B. eine Kaffeemaschine, kaputt waren, mußte ich darum streiten, daß es von allen gemeinsam und nicht nur von meinem Fünftel bezahlt wurde. In diesem Fall hatten sich die anderen auf meine Schultern gestellt. Daraufhin fiel ich in das andere Extrem: Ich warf diese Crew nach einem Jahr hinaus und habe ganz neue Leute eingestellt. Ich machte getrennte Kasse und forderte von dem, was sie einnahmen, die Hälfte. Nun stand ich auf den Schultern der anderen – und fühlte mich auch nicht wohl. Zu dieser Zeit hatte ich den Weg der Mitte noch nicht gefunden, und in vielen Situationen lebte ich damals diese extremen Seiten. Ich war wie gefangen in diesem Muster, das ich auch seit meiner Kindheit kannte: draufschlagen oder geschlagen werden. Und aus dieser Gefangenschaft wollte ich unbedingt mit allen Mitteln heraus, aber es gelang mir nicht. Ich landete immer wieder am gleichen Punkt, der manchmal nur verschieden maskiert war. Und das alles machte mich total verzweifelt. Es war mir unerträglich. Aus meiner damaligen Sicht der Dinge hatte ich alles Erdenkliche probiert, und da meine Möglichkeiten ausgeschöpft waren, kam ich zu dem Schluß, zu sterben.

Mit dieser Bereitschaft, mein Leben zu beenden, geschah das Entscheidende: Ich war dabei, vor mir selbst das Resumee zu ziehen, ob ich wirklich alles versucht hätte, und beantwortete es mit ›ja‹. In diesem Augenblick hörte ich zum ersten Mal seit meinen Kindertagen wieder meine innere Stimme. Ganz ruhig und liebevoll sagte sie: ›Das stimmt, du hast alles versucht – bis auf einen Weg.‹ Ich hatte in dem Moment noch gar nicht registriert, daß da ein inneres Zwiegespräch stattfand. Innerlich antwortete ich: ›Nein, da ist kein Weg mehr übrig.‹ – ›Doch‹, sagte die Stimme, ›das ist der Weg der Liebe.‹ Ich wußte sofort, daß es stimmte, ich brauchte keine Sekunde darüber nachzudenken. Ich wußte auch sofort, was damit gemeint war, und das war das, was ich aus Feigheit immer gemieden hatte. Es war der Weg, den ich nie sehen wollte, weil ich Angst davor hatte, daß er mich verletzlich machen, mich ausliefern würde, Hingabe erforderte – das kann ich nicht, das will ich nicht, das schaffe ich nicht, so hatte ich immer gedacht. Dennoch war es mir in diesem Moment absolut klar, daß es überhaupt der einzig gangbare Weg war. Es war auch die einzige Möglichkeit, aus meinen Spurrillen ›Schlagen oder geschlagen werden‹ herauszukommen. Es war meine ganz persönliche Mitte. Dieser Weg ist einerseits ein Seiltanz auf einem dünnen Bindfaden, andererseits ist es die breiteste Straße, die ich mir vorstellen kann. Es war die einzige Möglichkeit, bei der ich beides, auf den Schultern anderer zu stehen oder sie auf meinen stehen zu lassen, ausschließen konnte.

Ich hatte das Gefühl, eine riesige Energie zum Handeln in einer völlig verfahrenen Situation geschenkt bekommen zu haben. Innerhalb von Stunden änderte sich meine ganze Welt: Zwei Stunden später rief die Frau an, die mein Atelier gemietet hatte und mit der ich deshalb den Ärger hatte, und erzählte, daß sie die Wohnung aufgeben wolle. Wir fanden eine geeignete Lösung.

Ein paar Tage später verdiente ich soviel Geld, daß die nötigsten Schulden angegangen werden konnten.

Dieses Ereignis wirkte eine längere Zeit nach und brachte vieles in Bewegung. Es hat auch das nächste, für mich enorm wichtige Erlebnis angeschoben.«

Dieses nächste Erlebnis war für Lilianes Leben, aus ihrer persönlichen Sicht, von zentraler Bedeutung.

»An diesem Abend war ich allein zu Hause, ohne meinen Mann. Ich hatte etwas Haschisch geraucht und schaute im Fernsehen einen Film an: ›Der Untergang der Titanic‹. Ich geriet in eine totale Panik. Mein ganzes Gefühlsleben war auf diesem Schiff, ich bin in dieser Nacht mit diesem Schiff untergegangen. Ich hatte absolut reale Todesangst. Ich war mir jederzeit bewußt, daß ich vor einem Fernsehgerät sitze und daß da ein Film läuft. Ich hätte jederzeit ausschalten können. Und trotzdem konnte ich es auch wieder nicht.

Später hatte ich ein Meditationserlebnis, bei dem es mir noch einmal ganz deutlich wurde, daß ich damals tatsächlich mit der Titanic untergegangen bin. Die Todesangst, die ich damals bei diesem Untergang hatte, ist an jenem Abend durch den Film noch einmal ausgelöst worden. Für mich war das so real, daß ich daran keinen Zweifel hatte.

In dieser Nacht änderte sich für mich sehr viel. Aus meiner heutigen Sicht würde ich sagen, daß ich ein Todeserlebnis auf einer Gefühlsebene wieder aktiviert habe. Es war für mich wie Sterben. Vielleicht kann man sagen, daß alte Teile in mir gestorben sind.

Für mich waren einige Erlebnisse aus diesem Film real erlebbar. Obwohl dieser Film heroisch verkitscht war, hatte er die Gefühlsqualität dieser Situation auf dem Schiff, so wie ich sie auch empfunden hatte, genau getroffen. Das war es, was bei mir den ganzen Prozeß ausgelöst hatte. Konkret weiß ich auch noch, daß ich auf einem Rettungsboot war, so lange es noch oben hing, und wieder auf das Schiff zurückging, um jemanden zu holen. Zum Beispiel wurde im Film gezeigt, daß die Menschen beim Untergang gesungen hätten. Für mich weiß ich, daß das stimmt: Ich habe damals mitgesungen, voller Panik. Neben mir standen Menschen, die aus voller Inbrunst sangen und mich dabei stützten, rein körperlich. Ich hatte Momente, in denen auch etwas von ihrer inneren Ruhe auf mich überging. Ich wußte, daß es die richtige Art ist, in den Tod zu gehen, war aber nicht in der Lage, es so selbst zu tun. Als das Schiff unterging, rutschten wir und wurden praktisch voneinander getrennt. Da war ich wieder völlig allein.

In späteren Meditationen sah ich nur noch die Elemente und Details, die mir die Sache so weit verständllich machten, daß ich damit leben und mich von einigem befreien konnte, z. B. meine bis dahin panische Angst vor Wasser. Ich hatte bis dahin immer Angst davor gehabt, auf dem Wasser zu sein, vor allem, wenn ich nicht bis auf den Grund schauen konnte. In dieser Nacht begann generell meine Auseinandersetzung mit dem Thema ›Angst‹.

Meine körperlichen Reaktionen in dieser Nacht waren die, daß ich mich stundenlang erbrechen mußte – vor Angst. In diesem Zustand hing ich sehr lange über der Toilettenschüssel, und als ich mich ziemlich entkräftet wieder hochzog, hatte ich eine andere Wahrnehmung. Die Gegenstände, die um mich waren, hatten eine völlig andere Bedeutung. Sie waren irgendwie klar. Annähernd kann ich das nur so beschreiben, daß ich die Realität erst einmal überhaupt als Realität wahrnahm. Irgendwie war ein Schleier weg. Es hatte auch eine Qualität wie: aus dem Spiel war Ernst geworden. Gleichzeitig wurde aber auch alles nichtiger und unwichtiger. Die Dinge wurden gegensätzlich, und in dieser Gegensätzlichkeit hoben sie sich aber gleich wieder auf. Es ist ein Bereich, den man nicht mit Worten beschreiben kann, denn, wenn man es könnte, wäre er es schon nicht mehr.

Es hatte nichts mehr seinen Stellenwert wie vorher. Meine Werteskala ist total durcheinandergerüttelt worden. Dinge, die mir bis dahin unwichtig waren, rückten in ihrer Wertigkeit weit nach vorne und vorne liegende weiter nach hinten.

Wenn früher Menschen sagten, daß ihnen die Decke auf den Kopf fiele, wußte ich nicht, was sie damit meinten. Seit dieser

Nacht kenne ich dieses Gefühl und hatte es etwa noch ein halbes Jahr lang.

Diese Nacht war auch der Punkt, an dem mir meine Sterblichkeit ganz deutlich erlebbar wurde. Es wurde mir bewußt, daß der Tod beinahe die einzige Tatsache ist, auf deren Geschehen ich mich verlassen kann. Es war auch ein tiefes Erlebnis von: im Moment des Sterbens bin ich letztlich allein. In dieser Situation sind keine Ausweichmöglichkeiten mehr vorhanden, ich kann keine Schuld mehr abschieben, es gibt nichts und niemanden, dem man etwas anlasten könnte. Daran war für mich unausweichlich gekoppelt, jetzt für mein Leben Verantwortung zu übernehmen. Mein jetziges Leben sah ich von da an sozusagen als eine Vorbereitung für den Tod, weil daraus entsteht, ob ich, für meine subjektive Einschätzung, ›gut‹ oder ›nicht gut‹ sterben kann.

Die Panik in der Nacht, als ich den Titanic-Untergang erlebte, war furchtbar. Der Tod kam ja nicht innerhalb von Sekunden, sondern diese Stunden waren die Hölle selbst. Ich kann mir nichts Schlimmeres vorstellen. So etwas will ich nie wieder erleben!

Aus diesem nächtlichen Erlebnis bin ich nur sehr langsam herausgekommen. Es dauerte Monate, bis ich wieder eine neue ›Normalität‹ und Alltäglichkeit in meinem Leben hatte. Ich habe immer wieder versucht, von anderen Menschen Hilfe und seelischen Beistand zu erhalten. Aber da war nichts, außer blankem Unverständnis. Die Menschen wußten nicht, wovon ich sprach. Ich hätte einen Menschen gebraucht, der mich in meiner Angst aushalten konnte.

Darin sehe ich im übrigen auch heute meine Aufgabe in bezug auf andere Menschen: In dieser Beziehung habe ich etwas überwunden, was ich heute weitergeben kann.

Was mir seit dieser Nacht geblieben ist und auch in meinen Alltag hineinreicht, ist eine bestimmte Wachheit. Diese nahm im Laufe der Zeit sogar zu. Wo ich vorher nur vordergründig geschaut hatte, konnte ich nun tiefer schauen. Ich konnte Zusammenhänge anders erkennen, ich konnte üblich gebrauchte Worte oder Definitionen aus anderen Blickwinkeln verstehen. Bei äußeren Erscheinungen, seien es Gegenstände oder auch Menschen, konnte ich von da an das ›Wesen‹ sehen, das hinter der sichtbaren Form lebt, sozusagen die ›neutrale Energie‹, die hinter allen Erscheinungen ist. Das ›Sehen‹ bezieht sich aber nicht auf die sinnlichen Augen, sondern ich sehe es in meinem Inneren, manchmal kommen mir dazu auch Bilder. Insgesamt hat sich dieses Erlebnis bei mir besonders auf die Sprache, das sprachliche Verständnis und auch auf das Schauen ausgewirkt.«

Nach diesem inneren Erlebnis, bei dem hier nicht überprüft wird, ob es real stattgefunden hat, sondern welche seelisch-geistige Bedeutung daraus entstand, seien nur noch einige äußerliche Ereignisse zum vollständigen Verständnis der weiteren Biographie kurz berichtet:

1987 gründete Liliane von Rönn die »Solidarität Hamburger Huren«, die sich für eine offizielle Anerkennung der Prostitution als Beruf einsetzte. Diese Gründung brachte ihr sehr viel öffentliches Interesse in Presse, Funk und Fernsehen entgegen (Hamburger Regionalpolitiker rühmten sich zur Aufpolierung ihres Images damit, daß sie Liliane von Rönn persönlich kannten.)

Auch bei diesem Engagement erlebte sich Liliane wieder als Einzelkämpferin, weil die meisten ihrer Kolleginnen gar nicht das Interesse hatten, daß ihr Berufsstand anders betrachtet und behandelt würde. Liliane engagierte sich in dieser Zeit insofern nicht für ihre persönlichen Interessen, als sie selbst wegen ihrem Beruf nie Diskriminierung erfahren hatte. Sie setzte sich sozusagen für andere ein, die – was Liliane dann nach einiger Zeit einsehen mußte – nicht den Wunsch nach Änderung hatten. Es waren nur wenige, die engagiert mitarbeiteten, und so zerlief sich die Initiative wieder.

Durch die Gründung und zeitaufwendige Arbeit in der »Solidarität Hamburger Huren« kam Liliane von ihrer täglichen Arbeit als Domina immer mehr weg. Das war ihr sehr willkommen, weil sie sich schon länger in diesem Beruf, dessen Erfordernisse sie in- und auswendig konnte, langweilte. Sie sagte dazu: »Ich war einfach nicht mehr wütend auf die Männer. In all den Jahren hatte ich meinen Ärger ausgelebt, und ich hatte meine Rechnung, was immer sie auch für mich bedeutete, beglichen. Ab diesem Zeitpunkt hätte ich mich zwingen müssen, die Männer schlecht zu behandeln, und das wollte ich nicht.«

Liliane arbeitete nicht mehr als Domina, nahm aber kurz darauf noch einmal für ein weiteres Jahr die Tätigkeit als Prostituierte auf – dieses Mal jedoch unter ganz anderen Gesichtspunkten: »Ich hatte technisches Können und Wissen umgesetzt und dadurch viel gegeben, habe aber immer einen Teil der Aufmerksamkeit vorenthalten. Es war mir ein Bedürfnis, noch einmal mit voller menschlicher Aufmerksamkeit in den Beruf zurückzugehen. Das, was ich dann anbot, waren Streichelmassagen. Das war nach meinen Erfahrungen die Quintessenz alles dessen, was die Menschen eigentlich wollen: Hautkontakt. Das ist das wesentliche, was hinter allen sexuellen Wünschen steht.«

Nach diesem einen weiteren Jahr war für Liliane dann endgültig die Prostitution innerlich und damit auch äußerlich abgeschlossen.

Mit vierzig Jahren trennte sich Liliane von ihrem zweiten Mann, mit dem sie vierzehn Jahre zusammengelebt hatte. Als Grund nannte sie, daß sie ihrerseits in sexueller Hinsicht den dominanten Part aufgegeben hatte und ihr Mann diese Entwicklung nicht mitvollziehen wollte. Lilianes eigene Sexualität hatte sich in den letzten Jahren dahin entwickelt, was man allgemein als »normal« bezeichnet. Des weiteren wurden ihre geistigen Interessen, die ihr allmählich immer wichtiger geworden waren, in dieser Partnerschaft nicht erwidert. Liliane hatte sich deshalb für das Alleinleben entschieden, weil es ihr »sinnvoller erschien als eine nichtausgefüllte Gemeinsamkeit, in der beide sich allmählich in ihrer Lebensweise behindert hätten«. So konnte die Trennung in Freundschaft geschehen, bevor es zu Frustrationen und Ärger gekommen wäre.

Heute lebt sie in ihrer Hamburger Wohnung und beschäftigt sich intensiv mit der Aufarbeitung ihres Lebens. Eine spezielle berufliche Perspektive hat sich noch nicht aufgetan. Ihren Lebensunterhalt bestreitet sie neben gelegentlichen Jobs durch Kinderhüten und Lebensberatung. Ansonsten schreibt sie Märchen, kümmert sich um die Pflanzen in ihrem Garten, malt und bastelt und ist in ihrer Wohnung ein Zentrum für viele Menschen.

Auswertung der Biographie
unter dem besonderen Aspekt der »Schwelle«

Grenzüberschreitungen

Jedes Kind kommt bei seiner Geburt von jenseits der Schwelle und hat auch noch Wahrnehmungsfähigkeiten für diesen Bereich. Wenn eine Erziehung ideal verläuft, lernt das Kind im Laufe der Jahre, sich in die materiellen und sinnlichen Grenzen dieser Erde und damit in seinen eigenen Körper einzuleben. Die übersinnlichen Wahrnehmungen verblassen dadurch immer mehr. Die Erziehung sollte durch deutliche Regeln und Grenzen, Rhythmus, das Eingebettetsein in einen familiären Rahmen mit sozialen Ordnungen und einen klaren Umgang mit Sprache und Begriffen geprägt sein. Ist dieser feste Boden nicht vorhanden, wird ein Kind auf dieser Erde und damit in seinem Körper schwer oder nicht richtig ankommen.

Diese positiven »Inkarnationsbedingungen« sind bei Liliane von Rönn in der Kindheit nicht vorhanden gewesen. Die familiären Verhältnisse waren ungeordnet. Vater und Mutter waren nicht da, der Ersatz durch Großeltern bzw. erwachsene Onkel und Tanten war auch nicht festgelegt. Die nächste Bezugsperson, Tante Liese, war aufgrund ihrer geistigen Behinderung weder eindeutig erwachsen, noch kindlich. Das soziale Ausgestoßensein setzt sich dann im erweiterten Umfeld, in der Schule, fort: Dort ist Liliane als »Moksche« eine Fremde. Außerdem fällt sie, bedingt durch wirtschaftliche Verhältnisse, durch ihre Kleidung, z. B. ihre Sandalen im Winter, das Fehlen von Zahnbürste und Zahnpasta, aus der üblichen Norm. Ihr Anderssein bezieht sich sowohl auf den familiären, sozialen, wirtschaftlichen Rahmen als auch auf die Volkszugehörigkeit. Durch ihren negroiden Einschlag ist sie bis ins Physische hinein anders.

Rudolf Steiner beschreibt, wie der Mensch von den Geistern der Familie, des Volkes und der Rasse getragen und geformt wird und daß er auf einer bestimmten Stufe der Einweihung von ihnen verlassen wird. »Er (der Mensch) blickt, ... wie man auf ein Haus blicken müßte, das in seinen einzelnen Ziegelsteinen auseinanderbröckelt und das man nun in neuer Form wieder aufbauen muß.«[1]

Und genau damit *beginnt* das Leben Lilianes.

Diese Verunsicherung setzt sich fort im Fehlen von klaren Grenzen und Verboten. Liliane weiß nie, was erlaubt und verboten ist, kann also ihr Verhalten an nichts orientieren.

Die »Grenzenlosigkeit« bezieht sich weiter auf die menschliche Sprache: mit den Großeltern und ihrer Familie konnte sie nicht viel sprechen, weil sie sich nicht mit ihr beschäftigen wollten und konnten. Daher fehlten ihr klare Begriffe und Bedeutungen, z. B. weiß sie nicht, was Masern sind, daß man damit üblicherweise im Bett bleibt. Als der Lehrer sie wegen der Masern dann wegschickte, war das Mißverständnis noch größer.

Auch die Auseinandersetzung mit den verschiedenen Abtreibungen der Großmutter geht vom intellektuellen und seelischen Verständnis über das Fassungsvermögen eines sechsjährigen Kindes hinaus.

Vieles, auf das Liliane in der Welt diesseits der Schwelle stieß, verstand sie nicht, und es wurde ihr auch nicht verständlich gemacht. Warum ein »Moksche« anders sei als andere Kinder, warum die Klassenkameraden sie wegen ihrer Sandalen im Winter auslachten, warum sie für bestimmte Handlungen verprügelt wurde, was genau bei dem sexuellen Mißbrauch stattfand – das war für sie nicht einzuordnen.

Auf der »anderen Seite«, also nicht auf der sozialen und menschlichen, verständigte sie sich mit Elementarwesen, Tieren, dem Zaunkönig, eine innere Stimme sprach zu ihr, und sie betete auch zu Gott und erhielt von ihm Antworten (obwohl man ihr Religion nie nahegebracht hatte).

Neben dem Motiv der Grenzüberschreitung zeigt sich hier auch schon das Thema »Verständigung«. Einerseits war sie häufig in einer Situation des Nichtverstehens in sozialen Zusammenhängen, andererseits schien sie, vielleicht sogar deshalb, einen ungeheuren Willen zur Verständigung zu entwickeln. Wenn Oma und Opa sich stritten, bemühte sie sich, die Mißverständnisse zu bereinigen, und wurde, als die beiden dann gar nicht mehr miteinander sprachen, von ihnen als Vermittler eingesetzt, wenn es auch keinen Erfolg brachte.

Das Initialerlebnis zu ihrer späteren Tätigkeit als Prostituierte war ebenfalls eine Situation von Unverständnis und Streit: Der Freier auf der Straße beschimpfte die Prostituierte, und Lilianes innere Reaktion darauf war: »So dürfen Menschen nicht miteinander umgehen.« Auch speziell als Domina war sie gezwungen, ohne Hilfe der Sprache zu verstehen, was die Kunden wollten, da diese ihre Wünsche nicht mit Worten ausdrücken konnten. Besonders in dem Erlebnis mit dem Staatsanwalt wird sichtbar, daß die entscheidende Verständigung hinter der Mauer einer schwarzmalenden Erzählung stattfand.

So zeichnet sich auch hinsichtlich des Verstehens ein Überschreiten der Grenzen ab. Dieses Motiv begann in der Kindheit und setzte sich in ihrem späteren Leben fort. Es scheint, daß Liliane sogar speziell in der Prostitution ihren Willen zum Verstehen bis hin zu hellsichtigen Wahrnehmungen weiterentwickelt hat.

Neben diesen sind auch andere Motive in ihrem Schicksal für einen Schwellenübergang charakteristisch: Einsamkeit und die Auseinandersetzung mit den Schattenseiten, d. h. mit den verdrängten und nicht bearbeiteten Seiten des Menschlichen. Die Einsamkeit und Fremdheit ergibt sich aus allen anderen genannten Umständen. In dieser Einsamkeit war Liliane bereits als Kind gezwungen, sich auf sich selbst zu stellen bzw. auf Kräfte, die nicht aus einem sozialen Umfeld kamen.

Das, was ihr an menschlichen Schattenseiten wie Gewalt, Alkoholismus, der nazistischen Einstellung von Onkel Edwin, den vielfachen Abtreibungen ihrer Großmutter entgegenkam, waren nicht die Schattenseiten von Liliane selbst. Beim Schwellenübergang begegnet man den eigenen, bis zum Wesenhaften verdichteten Schatten, d. h. den eigenen unverwandelten Eigenschaften. In Lilianes Biographie verhält es sich so, daß sie in ihrer Familie wie ein Zentralpunkt mit den Schattenseiten der anderen konfrontiert wurde und jeder sie auf ihr ablud.

Betrachtet man die Umstände dieser Kindheit, so ist es fast zwingend einsichtig, daß sich ein Mensch unter diesen Bedingungen nicht richtig inkarniert, d. h. an der Grenze zur Schwelle bleibt. Mehr als andere Kinder hatte Liliane daher die Fähigkeit zu übersinnlichen Wahrnehmungen. Es scheint sogar so, als hätte sie von dort ihre Impulse zur Lebensbejahung bekommen, was man an ihrer inneren Stimme oder dem Gespräch mit dem Zaunkönig sehen kann. Um welche Kräfte und Wesen es sich dabei handelt, ist nicht eindeutig festzulegen. Möglicherweise ist es ihr Engel, der ihr in Form der inneren Stimme Unterstützung gab. Möglicherweise wirkten auch Kräfte der Elementarwelt, von denen Liliane zeitlebens Wahrnehmungen hatte.

Fixierung an der Schwelle

Von Anfang an sind in diesem Leben die Umstände so, daß Liliane wie fixiert wird an der Grenze von der sinnlichen zur übersinnlichen Welt. Ein sexueller Mißbrauch bedeutet dann eine Fortsetzung dieses Motivs, weil dadurch die Wesensglieder noch mehr gelockert werden (vgl. den Artikel von Mathias Wais, S. 93). Sie kam also nie richtig »auf dieser Erde an« und behielt so Kontakt zur geistigen Welt, wie auch immer sich dieser gestaltet hat.

Andererseits war ein Impuls zur Inkarnierung immer wieder da. Als Liliane in das Internat kam, erfuhr sie zum ersten Mal pädagogisch klare Grenzen und ein geregeltes Leben, was ihr beides imponierte und gut tat. (Die jugendlichen Frechheiten darf man bestimmt so verstehen, daß sie dieses Grenzen-gesetzt-Bekommen eigentlich gesucht hatte.)

Es stellt sich auch die Frage, ob die Prügelei, mit der sie passiv oder aktiv den größten Teil ihres Lebens zu tun hatte, ein unbewußter, ersatzweise Inkarnationsversuch war. Wenn sich Ausschreitungen zwischen Oma und Opa anbahnten, hätte Liliane ganz einfach, wie alle anderen, aus dem Zimmer gehen können. Aber sie blieb wie fixiert stehen, obwohl sie wußte, daß die Prügel dann auch auf sie gerichtet würde. Und bekanntermaßen bewirkt jeder Schmerz, daß man seinen Körper mehr spürt und dadurch mehr bei sich ankommt.

Auch das Dickwerden nach dem sexuellen Mißbrauch ist nach Lilianes eigener Beschreibung der (unbewußte) Versuch, »das, was ich innerlich nicht anfüllen konnte, ersatzweise als Masse um mich außen herum anzusetzen«.

Übersinnliche Wahrnehmungen

Wenn die menschlichen Wesensglieder in einem gelockerten Zustand sind, hat das zur Folge, daß man Wahrnehmungen hat, die über das Sinnliche hinausgehen. Diese Wahrnehmungen können unterschiedlicher Art sein; sie können sich auf die menschliche Aura beziehen, man kann geistige Wesen wahrnehmen, Ereignisse im voraus wissen. Auch hierzu gibt es von Rudolf Steiner Hinweise, auf welchem Stand der geistigen Schulung bzw. der Einweihung bestimmte Hellsichtigkeiten entstehen. Weiterhin beschreibt er auch, daß die konstitutionelle Veränderung durch den menschheitlichen Schwellenübergang bewirken kann, daß übersinnliche Wahrnehmungen von allein auftreten. Auf welche Bereiche sich diese dann beziehen, hängt nach meiner bisherigen Erfahrung davon ab, wozu der jeweilige Mensch eine besondere

Neigung hat. Liliane hat diesen persönlichen Bezug zur Elementarwelt. Über ihre Erlebnisse mit den Elementarwesen erzählte sie folgendes:

»Ich war mit meinem Mann auf einer Seereise im eigenen Segelboot in Dänemark, wo es viele kleine Inseln gibt. Aus Wettergründen mußten wir auf einer kleinen Insel vor Anker gehen, was wir nicht geplant hatten. Wir kletterten die Steilküste hoch und machten einen Rundgang. Die Insel war voll mit Gnomen, Elfen, Wichteln. Dazu kam noch ein Rudel Rehe, das merkwürdigerweise nicht vor uns davonlief, sondern uns in einem bestimmten Abstand begleitete. Als ich diese vielen Gnome und Wichteln sah, konnte ich meine Begeisterung nicht für mich behalten, obwohl ich wieder mal eine Abfuhr befürchtete, und sagte zu meinem Mann: ›Du, hier sind ja Hunderte von Gnomen und Wichteln.‹ Er schaut mich mit großen Augen an und erwiderte: ›Danke, daß Du das sagst – ich sehe sie auch.‹ Es war für mich ein sensationelles Erlebnis, daß er solche Aussagen von mir nicht plattbügelte. Der zweite Teil der Sensation passierte am folgenden Tag: Wir kamen an unserem nächsten Ziel an und erzählen dort, daß wir auf dieser Insel waren. ›Ach‹, sagte der Mann am Pier, ›auf der Kobold-Insel wart ihr.‹ Mein Mann schaute mich an und wurde um die Nase herum ein wenig blaß. Wir erfuhren dann, daß in dieser Gegend diese Insel allgemein als Kobold-Insel bekannt war.«

Liliane beschrieb dann allgemein, welche Elementarwesen sie wahrnimmt. Die begriffliche Zuordnung als Kobold, Gnom, Elfe entstand in diesem Gespräch rein subjektiv. »Die Wesen, die ich als Elfen bezeichnen würde, halten sich um Baumstämme herum auf. Die Kobolde befinden sich überwiegend im Gras, die Gnome haben immer einen direkten Bezug zur Erde, manchmal verschmelzen sie sich mit einem Baumstamm, aber nur im Wurzelbereich. Bei den Gnomen habe ich immer das Gefühl, daß sie etwas reparieren. Auf etwas unwirsche Art und vor-sich-hinbrummelnd sind sie sehr geschäftig. Gleichzeitig habe ich aber den Eindruck, wenn etwas nicht kaputt wäre, das sie sozusagen reparieren, wäre es ihnen auch nicht recht. Diese Miesepetrigkeit ist einfach die Gnomenart. Die Kobolde sind in erster Linie ironisch und machen sich über alles lustig. Ich glaube, sie leiden darunter, daß sie nicht ernst genommen werden. Sie können richtig zornig und ärgerlich werden. Vor ihnen habe ich immer ein wenig Angst – ich traue ihnen zu, daß sie einem in den Hintern kneifen.

Elfen sind für mich persönlich schwer zu erfassen. Sie sind ganz fein und edel, haben aber etwas, was ich als hinterlistig erlebe. Vielleicht wirkt es aber nur deshalb hinterlistig, weil sie für mich nicht kalkulierbar sind. Der Gnom ist durchschaubar, weil er eindeutige Wesenszüge hat. Der Kobold kann ärgerlich, wütend und zornig werden, aber weil man damit rechnet, ist er auch durchschaubar. Das Wesen der Elfen ist aber weder aus ihrem Erscheinungsbild, noch aus dem ersten Verhalten erkennbar.«

Lebensmotive werden im Äußeren abgebildet

Liliane schien für die schwierigen Bedingungen ihres Lebens eine gewisse Robustheit mitgebracht zu haben, die es ihr ermöglichte, an der Schwelle standzuhalten und in diesen ganzen Anfechtungen nicht zu verkommen. Auch wenn ihr Hilfen aus der geistigen Welt durch die innere Stimme, das Gebet oder die Elementarwesen entgegenkamen, ist es andererseits für ein Kind unmöglich, solche negativen Kindheitserlebnisse zu verstehen, zu verarbeiten und mit ihnen willentlich umzugehen. Bis zu einem bewußten Umgang mit dem eigenen Leben ist es so – und insofern bei Kindern generell –, daß biographische Motive auf den Menschen zukommen und er passiv von ihnen betroffen ist. Als Erwachsener ist man dann der Aktive, der sich diese Situationen, durch oftmals unbewußte Handlungsweisen oder Mechanismen, immer wieder schafft, auch wenn man es subjektiv so erlebt, als sei man nur Betroffener. Man bildet sozusagen ein biographisches Motiv so lange im Äußeren ab, bis die darin liegende Botschaft sichtbar und damit bearbeitbar geworden ist.

Die extremen Situationen, die Liliane als Kind passiv erfahren hatte und nicht verstehen konnte, griff sie als Domina später wieder auf: Die Freier lebten ihre dunklen Seiten an ihr aus. Nun war sie aber in der Position, diese Situation vollständig zu inszenieren und damit zu beherrschen.

Durch die Prostitution begegnete sie dem Dunklen aber nicht nur in der Auseinandersetzung mit einzelnen Menschen. Sie lebte sozusagen auf der, wie die Statistiken zeigen, nicht wegzudenkenden Schattenseite der ganzen Gesellschaft. Ihr Lebensthema »Verstehen und Verständnis schaffen« weitete sie auf einen großen Rahmen aus, als sie dann in der Öffentlichkeit über die Bedeutung und Umstände der Prostitution sprach und damit die gesellschaftlichen Schattenseiten integrieren wollte.

In ihrem fünfunddreißigsten Lebensjahr hatte sie dann ein Erlebnis der inneren Mitte: In einer Krisensituation erkannte sie, daß sie alles, was sie passiv erlebt hatte, anderen aktiv angetan hatte: »prügeln oder verprügelt werden«. Erst nachdem sie im Äußeren in das andere Extrem gegangen war, war es in ihrer Biographie möglich, daß nun ein Verstehen und dadurch ein Verwandlungsprozeß einsetzen konnten. Das Thema Gewalt war für sie dann nach einiger Zeit beendet.

Das Doppelantlitz an der Schwelle

Da Liliane bereits als Kind, d. h. nicht bewußt und vorbereitet, Schwellenerlebnisse hatte, stand sie in gewisser Weise allem, was sich an der Grenze ereignet und »aufhält« – seien es (Elementar)-Wesen, Engel und Dämonen, schöpferische und zerstörende Kräfte – passiv und nicht-unterscheidend zur Verfügung. Dieses Doppelantlitz der Schwelle, das, wo sich »das Nein vom Ja nicht scheidet«, gibt ihrem Leben durchwegs etwas schillerndes.

Deutlich wird das beispielsweise an der Tatsache, daß Liliane als Prostituierte den Wünschen ihrer Kunden entgegenkam, zunächst also nicht davon ausging, daß diese sich ändern wollten. Auch hier stand sie weiter zur Verfügung, und zwar für die seelisch-körperlichen Fixierungen und damit Unfreiheiten ihrer

Kunden. Andererseits geschah gerade durch die Akzeptanz und das Interesse, das sie allen entgegenbrachte, manchmal eine Wandlung, vielleicht sogar eine Heilung bei den Menschen, wie man an den Beispielen des Kaufmanns und Staatsanwaltes und auch der anderen Kunden sehen kann. Einerseits stand sie also passiv zur Verfügung, und als Domina besonders extremen und finsteren Kräften, andererseits hatte sie gerade gegenüber Abgründen und Destruktivitäten ein großes Standvermögen und setzte dem menschliches Interesse und Liebe gegenüber.

Im Sinne dieses Doppelantlitzes ist es konsequent, daß sie als das Hauptthema ihres Lebens die Sexualität gewählt hat. (Es wäre angesichts dieser Kindheitsgeschichte ebenso naheliegend gewesen, wenn Liliane es in ihrem späteren Leben mit Kriminalität, Sucht oder ähnlichem zu tun bekommen hätte.) Rudolf Steiner beschreibt, daß es das »Widerspruchvollste im Wesen des Menschen sei«, daß er »gerade in den Organen, die man gewöhnlich die Organe seiner niederen Natur nennt, das Ebenbild der Götter ist. Nur ist dieses Ebenbild der Götter, so wie der Mensch auf der Erde ist, verdorben.«[2]

Es läßt sich hier die Frage stellen, ob in der Sexualität sozusagen beides möglich ist: einmal die niedere, triebhafte und unfreie Natur, zum anderen das Höhere und Geistige am Menschen. Bezeichnenderweise ist es ja das Medium der Sexualität, über das Liliane Menschen in ihrem Persönlichsten, Innersten und oft auch Schmerzhaftesten versteht und wahrnimmt: Im Kontakt und Gespräch mit den Freiern hat sie innere Bilder von dem, was er meint (wenn er z. B. von »gefesselt werden« spricht) und weiterhin davon, welche Szenen in der Kindheit ihn zu diesen Fixierungen geführt haben. Weiterhin scheint es bei manchen der Fall zu sein, daß gerade dann, wenn sie ihrer schwärzesten Seite deutlich gegenüber stehen, eine Auflösung möglich ist, wie zum Beispiel beim Staatsanwalt und Kaufmann. (Was nicht zu generalisieren ist bzw. nicht heißt, daß man seine schwarzen Seiten ausleben sollte.)

Für Liliane persönlich und subjektiv ist ihr »Titanic-Erlebnis« das zentrale Lebensereignis. Es kann hier nicht darum gehen, zu überprüfen, ob es stimmt, daß sie in ihrer letzten Inkarnation tatsächlich auf der Titanic untergegangen ist, sondern die persönliche Bedeutung scheint viel wichtiger zu sein. Nach ihren eigenen Aussagen war diese Nacht das Schrecklichste, was sie je in ihrem Leben durchlitten hat. Alles andere davor sei dagegen harmlos gewesen. (Zu der Bedeutung des Haschischs sei folgendes erwähnt: Haschisch ruft nicht wie LSD oder andere Drogen Halluzinationen hervor, es verstärkt lediglich momentane Empfindungen und Erlebnisse.) Für Lilianes Erleben war es die Auseinandersetzung mit Tod, und zwar einem unvorbereiteten, der größte Panik ausgelöst hatte. Für sie war die Essenz dieser Geschichte, daß sie »so« nicht wieder sterben wollte und ihr weiteres Leben von da an eine Vorbereitung auf das Sterben war und noch immer ist.

Auch bei diesem Erlebnis wird wieder deutlich, wie ein Element, das zu allen Einweihungswegen dazugehört, plötzlich und unvorbereitet in Lilianes Leben hereinbricht. Todesprozesse werden auf dem anthroposophischen Schulungsweg miteinbezogen, d h. immer wieder und in kleinen Schritten geübt. Das ist in bestimmten Meditationen – z. B. der Rosenkreuzmeditation und überhaupt allen christlichen Übungen und Verrichtungen – durch das Element des Sterbens und Wiederauferstehens gegeben. Erst durch diesen Umgang mit Todeskräften sind geistige Erkenntnisse möglich. Durch das Heraustreten (oder -fallen) aus dem Leib und dem damit verbundenen Erlebnis, ausschließlich auf den eigenen, ewigen Wesenskern gestellt zu sein, ist es erst möglich, sich allem gegenüberzustellen. In dieser Situation kann dann alles in seinem eigentlichen Wesen und Eigensein erkannt werden. Darum handelt es sich wahrscheinlich auch, was Liliane als die Folgen ihres nächtlichen Erlebnisses bzw. als ihre veränderte Wahrnehmung beschreibt.

Rudolf Steiner bemerkt dazu: »Den Tod in seiner Wesenheit muß eben derjenige kennenlernen, der diese Schwelle wirklich überschreiben will. Den Tod in seiner Bedeutung für das gesamte Leben des Menschen muß er erkennen.«[3]

Wenn es »beim Tode lebendig wird«, ist sozusagen Diesseits und Jenseits vereint und die Grenze zwischen irdischer und geistiger Welt aufgehoben.

Die Tat an der Schwelle

Die Zeitenwende:
Der Menschensohn an der Schwelle

»Ein Feuer bin ich gekommen
Zu werfen über die Erde
Und wie wollte ich, es brennte schon.«

(Lukas 12,49)

Jeder kennt das Erlebnis beim Aufwachen nach schwerem Schlaf: nicht zu wissen, wo man ist und in welcher Tageszeit! Das »Wo« läßt sich dann meist schnell beantworten, einfach durch den Blick in den Raum. Aber das Wann – etliche Sekunden können verstreichen, in denen man in innere Bewegung gerät, die nichts anderes ist als der Versuch, die Zeit zu tasten, zu greifen. Und dann endlich rastet die Bewegung ein – man ist fündig geworden, Zeit und Raum haben sich wieder zusammengetan: Jetzt kann man ans Aufstehen denken. Ein Blick auf die Uhr präzisiert die Lage, und man ist wieder da.

Es ist lohnend, sich einmal auszudenken, wie es wäre, wenn eines Morgens alle Kalender nicht mehr da wären und auch niemand weder Tag noch Jahr wüßte. Die Krise, in die wir da kämen, wäre groß. Unser ganzes Lebensgefühl wäre zutiefst irritiert. Eine echte Schwellensituation.

Im Jahre 1912 erschien ein Kalender im Philosophisch-Theosophischen Verlag in Berlin. Auf dem Deckblatt war aber nicht 1912 zu lesen, sondern: »Im Jahre 1879 nach des ICH Geburt«.

1912 bezieht sich auf die Geburt des Jesus von Nazareth. So sind wir es gewöhnt. Aber das Jahr 1879 (und wiederum kommen wir in Bewegung, werden vielleicht sogar ärgerlich über die Zumutung, sich umstellen zu sollen) bezieht sich auf die Geburt des

ICH. »Gezeugt« wurde es in Jesus von Nazareth, durch die Taufe des Johannes im Jordan, »geboren« wurde es auf Golgatha, im Augenblick der Todesüberwindung – der Auferstehung.

Dieser Kalender rückt die Zeitenwende um 33 Jahre nach hinten. Er will die Empfindung stärken: Das Mysterium von Golgotha ist der Anfang, der Urbeginn unserer Zeit. Sie gründet sich auf die Auferstehung, auf die Geburt des Ich Bin. Und wenn Zeit sich wendet, hat daran auch der Raum Anteil: »Siehe, der Vorhang im Tempel zerriß von oben bis unten in zwei Stücke und die Erde erbebte und die Felsen spalteten sich, und die Gräber taten sich auf« (Matthäus 27, 51–52). Die Geburtswehen erschütterten den Erdenleib, und selbst die Sonne verdunkelte sich: »Und als die sechste Stunde gekommen war, entstand über die ganze Erde hin ein Finsternis bis zur neunten Stunde.«

Die alte Schöpfung, die gewordene Vaterwelt bricht auf, der Vorhang im Tempel zerreißt. Hier beginnt Apokalypse, der Christus begegnet dem Tod. Wie kein Mensch zuvor dringt er in ihn ein. Die Evolution kommt an ihre größte *Schwelle, die* Zeit hält den Atem an: Karfreitag. Karsamstag: Christus steigt hinunter bis ins Mark der Erde, er dringt vor bis zum Quellpunkt der Finsternis. Ostersonntag: die Erdenmutter gebiert den Menschensohn. Auferstehung, Urbeginn, die Zeit ist gewendet.

Seither ist eine neue Kraft in der Welt, die mit der alten Schöpfung und den Naturgesetzen nichts zu tun hat, sie sogar überwindet: die Auferstehungskraft. Die ganzen Erdenaura ist davon infiziert, eine Potenz ist uns und der Erde mit der »neuen Schöpfung« gegeben. Was ist nun aber die Situation von uns Menschen? Sie ist eine doppelte: Durch die Abstammung, durch die Vererbung können wir uns zurückführen auf den Leib Adams, den Stammvater der alten Schöpfung. Das ist das Prinzip: Vermehrung von Eizellen, irdischer Stammbaum.

Durch die Auferstehung aber ist die Möglichkeit eines spirituellen Stammbaums entstanden, der uns abstammen läßt von Christus. Das ist das Prinzip: Vermehrung von geistigen Zellen, geistigen Stammbaum – *wenn* wir uns diesem neuen Stammvater zuwenden, aus freiem Willen, so in der Kommunion.[1] Paulus sagt es einfach: »Die Auferstehungskraft ist da – überall. Aber ihr müßt sie anziehen.« Anziehen wie ein Magnet, herbeiziehen. Und anziehen wie ein Kleid. Das des zweiten Adam!

Die Vergegenwärtigung der Zeitenwende: Wir an der Schwelle

Wir haben die Schwelle betrachtet, die mit dem Anfang der Christ-Zeit überschritten worden ist. Das Leben des Christus-Jesus selbst war das Zugehen auf die Schwelle. Und die »Geburt des ICH« ist dann das Ereignis, auf das wir alle hinschauen können als auf die erste Verwirklichung des vollen Mensch-Seins. Pontius Pilatus hat das ausgesprochen: Ecce homo. Äußerlich gesehen sagte er das zum Christus-Jesus *vor* der Kreuzigung, aber der Qualität nach waren das Kreuz und der zu Kreuzigende bereits eins. Die Kreuzigung machte es dann sichtbar. Das Kreuz ist deshalb nicht nur Symbol, sondern reales Geist-Zeichen für den Schwellenüberschritt. Bekreuzigen wir uns im Kultus der Christengemeinschaft, der Menschenweihehandlung, so stellen wir uns selbst an die Schwelle, dann vergegenwärtigen wir jene Wende.

Und nun ist das Stichwort gefallen: vergegenwärtigen! Religion ist nicht Rückschau, sondern Vergegenwärtigung. Vergegenwärtigen des Christus-Schicksals: Zeuge sein. Und da wird sich in jedem einzelnen eine »Zeiten-Wende« ereignen mit all ihren umwälzenden und aufbrechenden Erscheinungen. In der Ölberg-Apokalypse hören wir davon: »Ihr beachtet nur, was ihr mit Augen schaut.« Ihr seht hin ausschließlich auf die gewordene, fest gefügte Welt des irdischen Seins. »Es werden aber Zeiten kommen, da wird kein Stein mehr auf dem anderen sein; alles fällt der Zerstörung anheim« (Lukas 21, 6). Menschen werden erleben müssen, daß diese Welt nicht ewige Dauer besitzt, daß das Fundament, auf dem sie all ihre Sicherheit gegründet haben, ins Schwanken gerät. Die Erde wird erbeben. »Und es werden Zeichen erscheinen an Sonne, Mond und Sternen. Auf Erden aber werden die Völker in Bedrängnis geraten und ratlos sein vor dem

Heranbrausen des Meeres.« Die Ufer werden nicht mehr als Grenzen bestehen bleiben. »Die Menschen werden ihre innere Haltekraft verlieren in Furcht und Erwartung dessen, was über die Erde hereinbricht. Denn selbst die Kräfte des Erdumkreises und des Himmels werden in Erschütterung geraten.« Die alten ehernen Bahnen werden irritiert. Was fest war, wird locker: *Bewegung* ergreift die Welt! Und endlich mündet der ganze Katastrophenbericht in eine gänzlich unerwartete Prophezeiung: »Dann aber werden sie schauen den Menschensohn, kommend in den Wolken des Ätherreiches« (Lukas 21, 25–27).

Ist es nicht dieselbe Erschütterung, die auch auf Golgotha über Mensch und Erde hereingebrochen war? Was damals die ICH-Geburt begleitete, wird nicht nur an dem Orte Jerusalem, sondern überall und auch in der menschlichen Innenwelt geschehen. Und wann wird das sein? Wenn Er wiederkommt.

Die zunehmenden Lockerungserscheinungen in der Leiblichkeit der gegenwärtigen Menschheit sind in den vorangehenden Beiträgen mehrfach beschrieben worden. Auch ihre seelischen Folgen wie Angst oder Depression. Was wir bei Lukas im 21. Kapitel in äußeren Bildern beschrieben finden, ist für viele Menschen in ihrer inneren »Landschaft« Realität geworden.

Erdbeben und ein Meer, das die alten Ufer übertritt, sind exakte Bilder für den physischen Leib, der die bisherige Festigkeit und Dichtigkeit einbüßt, und für den Ätherleib, der seine bisherigen engbegrenzten Wirkensbereiche verläßt und sich weitet, z.T. verselbständigt. Das alles könnte als Katastrophe erlebt werden, als großes Unglück, als totale Überforderung der Ärzte, Therapeuten und der Seelsorger – wenn nicht der Ursprung dieser apokalyptischen Bewegung der Christus selbst wäre in seinem Wiederkommen, wenn nicht die Lockerung das Schauen des Menschensohnes zur Folge haben kann, der das zukünftige Ur-Bild des Menschen ist: Ecce homo! Das soll auf die Menschheit zukommen, soll sich in ihr verwirklichen.[2]

Und so ist mit jener Bewegung, mit jenem »Weltenbrand« ein göttlich-warmer Wille verbunden, den der Christus so aussprach: »Ich bin gekommen, um ein Feuer auf die Erde zu werfen, ich habe keinen anderen Wunsch, als es entflammt zu sehen.« Das Bild der Flamme ist auch das Bild der Umwandlung des finsteren Stoffes in Licht und Wärme. Nicht Vernichtung des Lebewesens Erde, nicht ihr Wärmetod ist gemeint, sondern ihre Verwandlung zum »Planeten der Liebe«, wie Rudolf Steiner das Erdenziel benannt hat. Man kann auch an die Flammen denken, die sich an Pfingsten auf die Jünger niederließen. Jeder Mensch wird zur Flamme: Die Geburt des ICH im Menschen, die Ver-Gegenwärtigung von Golgotha ist der Sinn des Schwellenübertrittes.

Der heilige Sturm

Jeden Abend und jeden Morgen überschreiten wir Schwellen, die zum Alltag gehören und dennoch die größten Geheimnisse für uns bergen: Einschlafen und Aufwachen. Jeder Tag ist von diesen Schellenübertritten umrahmt.

Wie selbstverständlich vertrauen wir uns der Nacht an. Der Übergang wird in der Regel nicht bewußt erlebt. Es geschieht von selbst. Die bewegte Welt der Träume jedoch am Morgen zeugt von einer »schaukelnden Überfahrt« oder vom »ruckartigen Anlegen« oder anderen Turbulenzen bei der Ankunft.

Der große Bruder des Schlafens ist der Tod. Er ist anerkannt als die Schwelle schlechthin. Wer kann sagen, daß er sich ihm ebenso selbstverständlich anvertraut wie der Nacht? Seine Größe muß düster und schwer bleiben, wenn er ohne sein Gegenbild, die Geburt, betrachtet wird.

> »Sollte es nicht auch drüben einen Tod geben,
> dessen Resultat irdische Geburt wäre?
> Wenn ein Geist stirbt, wird er Mensch.
> Wenn ein Mensch stirbt, wird er Geist.«
>
> Novalis

Sofort kommen Licht und Leichte in das Erleben dieses größten Schwellenüberganges. Menschen, die wie Novalis durch den Tod eines geliebten Menschen selbst nahe an die Schwelle treten oder durch Krankheit oder Unfall schon »halb drüben« waren tragen in ihr Leben jene Leichte und jenes Licht, das ausgeht von dem erweiterten Blickfeld. Sie haben erlebt: Tod ist Geburt, Geburt ist auch Tod. Im Werden ist ein Sterben, im Sterben ein Werden. Und was da so doppelsinnig unser Erdenleben einrahmt, durchzieht unser ganzes Leben; Schritte unserer Biographie, alle Krisen sind immer ein Gemisch aus beidem: ein wenig sterben – ein wenig geboren werden.

Hölderlin, der durch schwere Krankheit sein halbes Leben an der Schwelle verbringen mußte, war in seiner geistigen Umnachtung aufgewacht für dieses Schwellengeheimnis. Er hatte erlebt, daß große Bewegung, ja heiliger Sturm den Übergang begleiten. Von ihm stammen diese wissenden Worte über den Tod:

> »Im heiligsten der Stürme falle
> Zusammen meine Kerkerwand,
> Und herrlicher und freier walle
> Mein Geist ins unbekannte Land!«

Für dieses Geheimnis aufwachen bedeutete für Hölderlin, Geburtswehen haben: jene Wehen, die die Apokalypse meint, wenn sie von den umwälzenden Veränderungen spricht, die mit der Offenbarung einhergehen.

Grenzgänger sind wir, Brückenbauer

Doch kehren wir zurück in uns bereits erreichbares Gelände. Grenzgänger sind wir in jedem Augenblick, weil wir nach zwei Seiten hin organisiert sind. Als Sinnesbegabte nehmen wir die um uns gebreitete Welt wahr, einen nie faßbaren, nicht auszuschöpfenden Reichtum. Als Denkende erleben wir eine nichtsinnliche Ideen- und Begriffswelt.

Sinneswelt – Gedankenwelt

Menschsein heißt, immer auf der Schwelle dazwischen, immer in dieser Spannung leben. Das bedeutet fortwährende Auseinandersetzung. Und damit ist die Herausforderung verbunden, die

Brücke zu bauen zwischen den Ufern. Denn erst wenn diese Brücke gebaut wird, können wir alles Wahrgenommene in einen sinnvollen Zusammenhang bringen. Sonst bleibt es ein »Aggregat zusammenhangsloser Einzelheiten«.[3]

> »Es drängt sich in den Menschensinn
> Aus Weltentiefen rätselvoll
> Des Stoffes reiche Fülle.
> Es strömet in der Seele Gründe
> Aus Weltenhöhen inhaltvoll
> Des Geistes klärend Licht.
> Sie finden sich im Menschen-Innern
> Zu weisheitsvoller Wirklichkeit.«
>
> R. Steiner

Daß das so ist, müssen wir uns erst zu Bewußtsein bringen. Unbewußt ist es uns deshalb, weil wir als Neugeborene bereits mit dem Brückenbau beginnen. Da ist die ganze Welt noch ein »Aggregat zusammenhangloser Einzelheiten«, ein Sinnesteppich, in dem alles ohne Beziehung nebeneinander steht. Wenn das Kleinkind hinzeigt auf etwas und »Da!« sagt, ist bereits der Anfang gemacht. Unterscheidung hat begonnen.

Als Erwachsener können wir die Alltagswelt nicht nur mit »Da!« be-deuten, wir können auch alles benennen und begrifflich bestimmen. Wir haben in der Schule begonnen zu lernen, wie alles in der Welt zusammenhängt.

Heißt das nun aber schon, daß der Brückenbau ausgeführt ist und Sinnes- und Gedankenwelt sich »im Menscheninnern zu weisheitsvoller Wirklichkeit« bereits gefunden haben?

Ein Brückenbauer kennt genau die beiden Ufer, die er verbinden will, ja bevor er die Brücke plant, muß er sich zuerst von der Beschaffenheit der beiden Orte, die er verbinden will, genauestens in Kenntnis setzen. Unsere Alltagserkenntnis jedoch hat die beiden Ufer, die sie ständig verbindet, gar nicht mehr im Bewußtsein!

Wir meinen, »Stein« und »Baum« zu *sehen*! Unsere Augen aber können – und da unterscheiden wir uns vom Säugling nicht – nur

Farben sehen, ohne logischen Zusammenhang, ohne Bewußtsein von Ding und Name. Wer »Stein« sagt, denkt bereits, geht weit übers bloße Sehen hinaus, er erkennt und nennt einen Begriff: »Stein«.

Sowohl unsere Wahrnehmung als auch unser Denken sind in der Regel vermischt: Wir können gar nicht mehr schauen, ohne den Begriff »dazuzudenken«, wir können aber auch nicht denken, ohne Bilder der Sinneswelt »dazuzusehen«! Die Pendelbewegung zwischen reiner Sinneswelt- und reiner Ideenwelt-Wahrnehmung ist sehr eingeschränkt.

Darum haben wir es auch so schwer zu staunen. Kinder können staunen, weil ihre Begriffsschubladen noch leer sind. Sie haben reine, unvermischte Wahrnehmung. Wir leiden heute zunehmend darunter, daß wir nicht mehr staunen können, daß die Empfindungswelt kalt und flach geworden ist. Parallel dazu geht eine erstarrte Innenwelt, die keine eigenen und belebenden Gedanken hervorbringen kann. Denn auch unser Denken – unsere Ideenwahrnehmung ist nicht rein. Sie wiederum ist durchsetzt mit Bildern der Sinneswelt, ist zur bloßen Vorstellung »herabgekommen«, hat die Beweglichkeit, die dem Geistbereich zu eigen ist, eingebüßt.

Wir bekleiden unsere Gedanken stets mit Kleidern der Sinneswelt. So denken wir in sinnesschwer gewordenen Begriffen. Der reine Gedanke, die reine Idee würde uns unmittelbar erfahren lassen: wir sind Geister unter Geistern.[4]

Wir haben nun diejenige Schwelle betrachtet, an der wir uns ständig befinden. Dabei haben wir das Problem aufgedeckt, das mit dieser Schwelle die Erstarrung des freien Pendelschlages zwischen der äußeren und inneren Welt, der Sinnes- und Gedankenwelt verbunden ist. Die Brücke, die wir täglich spannen, hängt in der Luft, sie berührt nicht wirklich die Ufer.

Die moderne Kunst ist auf dieses Problem aufmerksam geworden, längst bevor die Welt ein Bewußtsein von dem Problem hatte. Maler wie Kandinsky, Klee, Marc und Jawlensky erlebten an diesem Schwellenkonflikt regelrecht die Wurzel und Motivation zu ihrem Schaffen. Nicht abbilden, was wir sehen, sondern sichtbar machen, was sonst unsichtbar bliebe – das war ihr Vorhaben. Sie wollten uns wieder in Staunen versetzen, jenes Staunen, das wir verlernt haben. Und sie haben es geschafft! Stehen wir vor einer »Komposition« (ohne Titel) von Kandinsky, dann fehlen uns die Begriffe. Der eine reagiert vielleicht mit Unbehagen, einer unbewußten Angst, denn er hält es nicht aus, tiefer und reiner zu schauen, als es sein üblicher Pendelausschlag erlaubt; ein anderer erlebt eine Erfrischung und Anregung seiner Innenwelt bis hin zur Inspiration neuer Ideen. Dann wird es solche geben, die nicht eher ruhen, als bis sie dem Bild einen begrifflichen Inhalt hinzugefügt haben, bis sie also wissen, »was« sie da sehen – und andere, die vor dem »Sündenfall« eines solchen Erkennens stehenbleiben wollen und das Erlebnis der reinen Wahrnehmung geradezu kultivieren, weil sie das belebt und erlöst aus der Enge und Armut ihrer sonstigen Empfindungen. Formen der uns bekannten Welt sind auf diesen Bildern stark verwandelt, aufgelöst, aufgebrochen, in Bewegung befindlich oder überhaupt nicht vorhanden. Wir können da einerseits das Chaos des Urbeginnes erleben, bevor die Welt vom »Vater« geschaffen war, und gleichzeitig auch den apokalyptischen Sturm, der ihre geschaffene Form wiederum in neue Bewegung bringt, Geburtswehen der »Sohneswelt«.

Die moderne Kunst legt Zeugnis ab von der Zeiten-Wende, die in unserer Gegenwart begonnen hat, von der neuen Offenbarung, die auf uns zukommt, d. h. auf die wir in Wirklichkeit selbst zugehen, weil unsere Konstitution eine andere, lockere wird. Diese Lockerung ist den Werken vieler Künstler unseres Jahrhunderts direkt abzulesen, begonnen hat sie in diesen Künstlern selbst. Begonnen hat sie in uns, sonst würden wir nach einem Buch wie diesem nicht greifen.

Der bekannteste Schwellenkünstler der Gegenwart ist Josef Beuys. Durch seine Aktionen wollte er die Menschen an die Ufer führen. »Jeder Mensch ist Künstler« – mit diesem Ausruf forderte er auf zum wirklichen Brückenbau. Und da stellte er uns vor die Materie, da wagte er es, unsere Wahrnehmung wieder zu öffnen für den Stoff; sei es Fett, Filz oder Metall, Pappe oder Holz, da

mutete er uns zu, einmal keine Begriffe bereitzuhaben. Empörung und Spott war vielfach die Antwort auf sein provozierendes
Tun.

Wer sich aber auf sein Werk einläßt, kann nicht bleiben wie
und wo er ist, er fühlt die freie Kraft der Gedankenbewegung und
gerät selbst in Bewegung. Sein Werk ist Provokation, das heißt
aber, es ist die ungewöhnliche Aufforderung zum Brückenbau,
zum Schaffen von Wirklichkeit.

Beuys selbst war durchdrungen von der Gewißheit, daß dies die
Aufgabe des Menschen ist und daß der Christus, wie er heute
wirkt, mit dieser spezifischen Menschen-Aufgabe wesenhaft verbunden ist: »Die Christuskraft, das Evolutionsprinzip, kann aus
dem Menschen hervorbrechen, denn die alte Evolution ist bis
heute abgeschlossen. Das ist der Grund der Krise. Alles, was an
Neuem sich auf der Erde vollzieht, muß sich durch den Menschen vollziehen ...

Wer mit dem inneren Auge zu sehen sucht, der sieht, daß der
Christus längst wieder da ist. Nicht mehr in einer physischen
Form, aber in der bewegten Form einer für das äußere Auge un-
sichtbaren Substanz. Das heißt, er durchweht jeden einzelnen
Raum und jedes einzelne Zeitelement substantiell.

Also ist er ganz nah da ... Und die Schwelle zum Einbruch in
den Menschen ist so gewaltig wie nie in der Geschichte. Nur fehlt
noch die offene Zuwendung, das zu erleben und sich dann als
Mensch von Grund auf zu verändern.

Die Form, wie diese Verkörperung Christi sich in unsere Zeit
vollzieht, ist das Bewegungselement schlechthin. Der sich Bewegende ...

Es ist also das Auferstehungsprinzip: die alte Gestalt, die stirbt
oder erstarrt ist, in eine lebendige, durchpulste, lebensfördernde,
seelenfordernde, geistesfördernde Gestalt umzugestalten. Das ist
der erweiterte Kunstbegriff« (Josef Beuys).[5]

Kunst – Computer – Kultus

»Das Jahr ernährt sich nur von den Bewegungen, die es selbst macht.«

Jacques Lusseyran

Wenn Beuys die These aufstellt, daß jeder Mensch ein Künstler sei, so gibt er damit eine Antwort auf die Frage, was angesichts der immer näher rückenden Schwelle bzw. der sich verändernden Konstitution vieler Menschen unserer Zeit zu tun ist. Wir sprachen von der »Lockerung«, die mit der Geburt des ICH in uns einhergeht. Der Verlust der Festgefügtheit im Leiblichen und die Freiheit gegenüber äußeren Lebensformen, Traditionen und gegebener Moral rufen eine gesteigerte Sensibilität, aber auch Orientierungslosigkeit hervor, bis hin zur Haltlosigkeit.

»Künstler« sein heißt nun, die neuen inneren Möglichkeiten selbst ergreifen, das Ich in die Lage versetzen, damit schöpferisch-formend umzugehen: »Alles, was sich an Neuem auf der Erde vollzieht, muß sich durch den Menschen vollziehen …«

In ihm sitzt die Quelle derjenigen Kräfte, die die Krise überwinden, auch wenn er selbst in die Krise gerät. Ja, nur wenn wir die Krise in uns erleben, finden wir Zugang zur Christuskraft, die uns begabt, an der Welt zu schaffen.

Der »erweiterte Kunstbegriff« rechnet mit der neuen Gegenwart Christi im Bewegungselement, das zunächst unsichtbar ist. Vor 2000 Jahren lebte Er in der äußeren Form eines Menschenleibes, jetzt »durchweht« er Zeit und Raum; oder in der Sprache des Neuen Testamentes ausgedrückt: »Er kommt im Wolkensein.« Rudolf Steiner spricht von der Wiederkunft des Christus im Ätherischen.

Im Urbeginne war das Wort, war Bewegung, und sie war bei Gott, und ein Gott war dieses bewegende Wort. Alles ist durch dasselbe geworden. Das Wort ist Fleisch geworden, es ist in uns »eingesargt« und erwartet die Auferstehung, die Wiederbelebung (vergl. Johannes 1).

Im Urbeginne war das Wort bei Gott, jetzt ist es bei den Menschen. Die Schöpferkraft ist uns anvertraut. Es geht darum, Wirklichkeit zu schaffen. So hat Beuys sein Werk verstanden. Und der Zeitgenosse wundert sich und fragt: Ja, ist denn nicht überall Wirklichkeit, wie kann denn die Rede davon sein, daß sie erst geschaffen werden soll?

Im vorangegangenen haben wir kurz skizziert, daß unser Alltagsbewußtsein nur einen reduzierten Ausschnitt von dem erfaßt, was wirklich ist. Wir gleichen einem Brückenbauer, der die Ufer – reine Wahrnehmung und reines Denken – nicht kennt. Wirklich Brückenbauer werden wir erst, wenn wir unser Wahrnehmungspendel in Bewegung setzen. Dann finden sich in uns beide Welten zu »weisheitsvoller Wirklichkeit«.

Heute wird uns ein ganz anderes Wirklichkeitsempfinden nahegelegt. Die Bilderwelt der Medien präsentiert uns eine scheinbar gesteigerte Wirklichkeit.[6, 7] Unser eigenes, initiatives und selbstgewolltes Schauen, die Intention im Betrachten, wird uns abgenommen. Es ist alles schon gesehen worden, denn der Filmemacher zeigt uns sein Gesehenes, seine Intention. Wir erleben seinen Seh-Willen. Und wenn der Regisseur oder der Kameramann ein Künstler ist, verleiht er uns sogar seinen Künstler-Blick.

Television ist nur die Durchgangsstation einer Entwicklung, die im Bereich des Computerspieles ganz andere Formen annimmt. Raffinierte Technik absorbiert unsere ganze Aufmerksamkeit. Der Gesichtsausdruck und die ganze Haltung der Kinder, die mit erstaunlicher Geschicklichkeit ins Computerspiel eingetaucht sind, machen offenbar, daß dieses Gerät stärker ist als der Mensch, der es »bedient«, der muß vielmehr funktionieren. Und je besser er mit seiner Seele in die Funktion des Computers hineingeht, desto mehr wird er belohnt und befriedigt. Und bald wird diese künstliche Welt lebendiger als alles andere, magische Anziehungskraft geht von ihr aus und erzeugt das Bedürfnis, weiter und weiter in sie einzutauchen, selbst in ihr als Figur aufzutreten. Spiele können Stunden, aber auch Tage dauern.

»Jeder kann per Tastendruck zum Schwarzenegger werden. Simulation total! Die Propandisten sprechen neckisch von einer kybernetischen virtuellen Welt, vom Cyberspace, der das unbehaglich werdende wirkliche Leben bald vollständig ersetzen werde. Kopfgeburten, aber sinnestäuschend echt. Das Auge ist von ausgefuchsten Graphiken gefesselt. Die Hand setzt Bilder in Bewegung. Interaktion! Und der Leib, der atavistische Trottel, vertraut dem Auge und fällt in die Grube, sobald der digitale Held abstürzt. Das geht bis in den Magen. Die Zehen, die Zunge, die Nerven zucken mit, wo doch eigentlich nichts passiert ist. Das Ohr wird allerdings noch unterfordert mit eintönigem Gedudel.« So erfaßt ein Artikel aus dem Zeitmagazin (Nr. 48, 20. Nov. 92) die neue Situation, in der wir uns befinden. Es ist ja nicht einfach, darüber zu sprechen oder gar zu schreiben, ohne ins Verurteilen zu kommen. Plötzlich ist deutlich geworden, daß die Wahrnehmungssphäre zu unserem eigenen inneren Bereich gehört, und wer ist da nicht empfindlich?

Vergleichen wir die Forderungen der Kunst unserer Zeit mit dem Angebot der virtuellen Bilderwelt, so können wir sagen: Beide sind wach für den Menschen an der Schwelle, beide rechnen mit einer neuen Offenheit, setzen genau da an, wo uns mit der »Lockerung« neue Aufgaben gestellt sind. Und beide sagen: Jetzt ist es am Menschen, eine Wirklichkeit zu schaffen!

Doch zu welch unterschiedlichen Methoden greifen sie, um dem scheinbar gleichen Ziel nachzukommen.

Die Schilderungen der Apokalypse – Bilder der Umbrüche in unserer Zeit – sind vor dem einen großen Hintergrund zu sehen, der alle Verwandlungen erst ermöglicht und mit Sinn erfüllt: Dem Kommen des Menschensohnes. Ohne dieses Hintergrundereignis wäre die Schwellennähe bedrohlich und leer. Und so ist die berechtigte Sehnsucht in uns, den Menschensohn zu schauen, für sein »Bild« das Auge zu öffnen.

Es ist kein Zufall, daß die durch Kunst und Technik heute ganz neu angesprochen werden. Es ist dieselbe Sphäre, die empfindlich ist für das Kommen des Menschensohnes, die sich verfeinern und erheben kann zur Imagination, zum inneren Schauen seiner Wirklichkeit.

Diese Verfeinerung aber wird Ergebnis sein müssen eines Weges, den jeder einzelne selbst zurücklegt. Die Mittel der Kunst appellieren an die schöpferischen, schaffenden Kräfte im Menschen, der muß sein Wahrnehmungspendel in Bewegung setzen und als Ich die Welt aktiv suchen: Ich sucht Welt. Das ist dann der Brückenbau, von dem Josef Beuys sagt: Der Mensch ist Künstler und schafft erst Wirklichkeit. Dieses Schaffen ist Arbeit an der Wahrnehmungssphäre, wobei Sinnliches *und* Gedankliches als Gegenstand der Wahrnehmung gelten.

Television, Video- und Computerspiele sind das Ergebnis hochintelligenter Konstruktion, wer ihnen seine Aufmerksamkeit, die Gabe der menschlichen Wahrnehmung schenkt, muß sich zumindest im klaren darüber sein, daß er einen Teil seiner eigenen schaffenden Kräfte verschenkt, die zur Fähigkeit der Imagination hinarbeiten könnten und im umfassendsten Sinne Welt-heilende Bedeutung haben. Medienbilder sind technisch erzeugte »Imaginationen«, die unsere erwachte Sehnsucht und Schauung zunächst befriedigen können und uns in Wirklichkeit aber bei aller Aufregung und Faszination in Passivität drängen und jede Sehnsucht lähmen. Da sucht nicht mehr das Ich die Welt, sondern der Mensch wird aufgesucht von einer künstlichen Welt. Er selbst kann schließlich süchtig nach ihr werden, weil er Anregung und Befriedigung gleichzeitig von ihr empfängt und das eigene schöpferische Ich sich zurückzieht, ohne daß dies etwa gleich bemerkt würde.

Die virtuelle Bilderwelt rechnet einerseits mit der Sehnsucht nach Imagination, andererseits umgehen diese Bilder als technische Geschöpfe die Schwelle, an der wir Menschen immer stehen. Sie sind Kinder des Materialismus und manifestieren notgedrungen das materialistische Weltbild, indem sie uns vor eine Sinneswelt stellen, die nun tatsächlich und ausschließlich aus materiellen Prozessen besteht in dem Augenblick, wo wir sie wahrnehmen.

Man ist so leicht dabei, dieses Phänomen zu verurteilen und mit dem Finger darauf zu weisen und vergißt dabei, daß man selbst als Zeitgenosse Anteil hat an den Erscheinungen unserer Kultur, auch wenn man nicht selbst Hersteller oder Konsument ist etwa eines Computerspieles.

Darum sollte der kritische Blick zugleich auch ein fragender sein: Liegt ein Sinn darin, daß unser eigener Materialismus uns auf diese Weise von außen wieder begegnet? Ist es ein Appell, aufzuwachen für die eigene Haltung als Mensch in bezug auf die Welt der Sinne und die Welt des Geistes? Sind diese künstlichen Welten vielleicht ein die Entwicklung herausfordernder Widerstand oder sind sie doch eine überwältigende Hinderung und Ablenkung? Entscheidend wird sein, ob unser Bewußtsein und unser eigener, freier Wille Anteil wird nehmen können an den Herausforderungen der Techno-Kultur, oder ob ohne unsere »Eigenbewegung« etwas mit uns geschieht. Letzteres ist allerdings, wie wir bisher beschreiben konnten, die Tendenz.

Wir sprachen von dem Weg, den jeder einzelne selbst wird gehen müssen, um zu einer Verwandlung der Wahrnehmung zu kommen, und blickten auf die Arbeit an der Wahrnehmungssphäre, die bereits von seiten der modernen Kunst geleistet wird. Anthroposophie beschreibt eine Möglichkeit, wie ein solcher Weg gegangen werden kann. Es ist ein Weg der Übung als Erkenntnisweg, ein Schulungsweg.

Was ist aber das Angebot der Religion heute hinsichtlich des Weges zur Schwelle? Rudolf Steiner wurde von Theologiestudenten, die von ihrem Studium enttäuscht waren, gefragt, ob nicht auch die Religion durch Anthroposophie befruchtet und erneuert werden könne. Rudolf Steiner bejahte, aber zum großen Erstaunen der evangelischen Studenten fügte er hinzu: »Durch Kultus.«

Er wurde dann zum Geburtshelfer dieses Kultus, den er in der geistigen Welt wahrgenommen hatte und dem er dann »Menschengestalt« verlieh, so daß wir heute diesen Kultus verrichten können in Worten und Handlungen: die Menschenweihehandlung.

Kultus – die Tat an der Schwelle

Drei Jahre nach Gründung der Christengemeinschaft erschien 1925 ein Büchlein von Rudolf Frieling über die Menschenweihehandlung mit dem Titel: »Das heilige Spiel«.

Schiller verdanken wir einen »erweiterten Spielbegriff«, Beuys erarbeitete einen »erweiterten Kunstbegriff« – beiden lag daran, uns auf unsere spezifisch menschlichen Aufgaben und Möglichkeiten aufmerksam zu machen. Beide berührten sie damit als Künstler und Denker die Sphäre des Kultischen.

Das »heilige Spiel« ist gar nichts, wenn wir es nicht spielen in Freiheit, wenn wir nicht das Opfer bringen, das in der Kraft des Glaubens lebt: »Glaube ist die Liebe zum Unsichtbaren.« Goethe regt damit nicht an, die Augen zu schließen, sondern sie verstärkt zu gebrauchen, unsere ganze Aufmerksamkeit durch sie in die Welt strömen zu lassen, um am Sichtbaren aufzuwachen für das Unsichtbare, das in allem wirkt.

Die tiefsten Aussagen über das Sehen – und sogleich über das Wesen aller Wahrnehmung – sind uns von einem Blinden übermittelt worden, von Jacques Lusseyran. Er fand, daß Lieben Sehen bedeutet. Als Blinder stieß er vor bis zur innersten Sehkraft, die er auch Aufmerksamkeit oder liebendes Interesse nannte.

Diese aktive Glaubenskraft, dieses liebende Sehen zu entwickeln, ist Aufgabe derjenigen, die den Kultus pflegen wollen.

Kultus ist eine Angelegenheit für die Sinne. Das mag den verwundern, der Religion nur kennt als einen Weg ins Innere, also mit »geschlossenen Augen«. Nun soll aber gerade die Sinneswelt nicht ausgeschlossen werden, es soll dem, der Bewußtsein vom Göttlichen erlangen will, verstärkt erlebbar werden: Wir sind als Menschen Bürger zweier Welten, wir stehen zwischen Himmel und Erde, Geist und Materie, Ideen- und Sinneswelt, Ewigkeit und Zeitlichkeit, Leben und Tod. Dazwischen stehen wir als Grenzgänger in ständiger Schwellennähe: immer – und auch dann, wenn wir Religion pflegen.

Woraus besteht die Sinneswelt des Kultus? Wir hören Worte, sehen Farben und Formen: den Altar mit Kerzen und Bild, Gewänder, Geräte, Substanzen, den Priester in Ruhe und Bewegung, handelnd, sprechend, wir riechen Weihrauch, schmecken Brot und den Saft der Traube, wir werden berührt. Wir bewegen uns selbst kultisch, in dem wir uns bekreuzigen, wir werden aufmerksam für die Anwesenheit und Wirksamkeit derjenigen Wesenheit, die immer mit dem Ereignis des Abendmahles verbunden ist.

Nun haben wir aber schon für die alltägliche Sinneswelt erkannt: Wenn wir ihr ausschließlich als Sinnesbegabte gegenübertreten würden, wäre sie zwar groß und rein in unserer Wahrnehmung vorhanden, aber auch vollkommen rätselvoll und in ihren Teilen beziehungslos.

> »Es drängt sich in den Menschensinn
> Aus Weltentiefen rätselvoll
> Des Stoffes reiche Fülle.«

Diese Fülle ist zwar reich, aber inhaltlos. Das Denken, die andere Wahrnehmungsseite, wo aus Weltenhöhen »des Geistes klärend Licht« in uns strömt, muß hinzukommen:

> »Es strömet in der Seele Gründe
> Aus Weltenhöhen inhaltsvoll
> Des Geistes klärend Licht.«

Dann kann das Rätsel Sinneswelt gelöst werden, Stoff und Geist vermählen sich:

> »Sie finden sich im Menschen-Innern
> Zu weisheitvoller Wirklichkeit.«

Was so für unsere tägliche Wahr-Nehmung gilt, gilt ebenso und noch in einem gesteigerten Maße für den Kultus.

In seiner »Hymne« berührt Novalis diesen Tatbestand:

> »Des Abendmahls göttliche Bedeutung
> Ist den irdischen Sinnen Rätsel.«

Die sichtbare, hörbare, mit allen zwölf Sinnen »tastbare« Seite des Kultus ist geradezu eine provozierende Herausforderung:

Löse das heiligste Rätsel, schaffe mit an der Verwirklichung des Altargeschehens, indem du selbst die Brücke baust an der Schwelle, denn du, o Mensch, stehst zwischen Himmel und Erde, du bist die Baustelle der Welt.

Für den modernen Zeitgenossen ist ein solcher Kultus eine echte Zumutung: schlichte Sinneswelt, ohne Faszination, ohne Attraktion, ganz durchschaubare äußere Handlungen wie Kelch mit Wein und Wasser füllen, Brot brechen, – und gleichzeitig der höchste Anspruch, nämlich daß das Heiligste sich dabei ereignen soll! Kann man das aushalten, wird man sich nicht erst recht seiner Blindheit bewußt, weckt nicht solche Herausforderung den Zweifler in uns?

Wer sich darauf einläßt, setzt sich bewußt der Spannung aus, in der wir sonst unbewußt stehen: der Spannung zwischen Geist und Materie, Idee und Stoff, Auferstehungskraft und Naturgesetzlichkeit. So gesehen ist der Kultus eine provozierte Krise, aber er ist gleichzeitig ein Weg zur Überwindung dieser Spaltung.

Worin besteht nun aber jener nichtsinnliche, hinzuzufügende »Inhalt«, die Geist-Seite, Ideen-Seite des Kultus, all das, von dem ja der Anspruch ausgeht, daß hier eine heilige Handlung vollzogen wird? Es ist die christliche Lehre. Die jedoch ist mehr als eine bloße Lehre, sie ist alles, was wir gedanklich fassen können von dem Leben, Sterben, Auferstehen und Offenbarwerden des Christus. Es ist letztlich sein Wesen selbst, wie es in uns als Gedanke, mehr noch, als Bekenntnis lebendig ist, als mit unserem Willen geeinte Erkenntnis des Mysteriums von Golgotha. Davon erlangen wir Kunde durch Evangelium, Credo, Predigt und durch jedes Wort der Weihehandlung. Sie selbst ist die Quelle einer Christus-Wesen-Erkenntnis

Und jetzt noch einmal umgekehrt gefragt: Warum ist es nicht genug, diesen Inhalt mit geschlossenen Augen als Wortidee einfach aufzunehmen? Wozu der sinnliche Handlungsanteil des Kultus und nicht nur der gedankliche? Damit der Gedanke *Tat* werden kann im Augenblick seiner Anwesenheit, damit das Mysterium der Heilung in unserer Gegenwart zusammenfügt, was getrennt ist in »Himmel und Erde«. Das kann geschehen, wenn wir die Anstrengung auf uns nehmen, den Sinnes- und Gedankenanteil der Handlung gefühls- und willensgetragen zu vereinen.

Einer der verblüffendsten Versuche im Physikunterricht ist das Erzeugen von Chladnischen Klangfiguren: eine dünne Metallplatte wird mit Sand gleichmäßig bestreut. Nun wird die Platte durch einen Ton in Schwingung versetzt und siehe da! – der Sand wirbelt zuerst durcheinander, ordnet sich dann aber zu einer geometrischen Figur. Und jeder neue Ton erzeugt so ein neues, zu ihm gehörendes, spezifisches Muster. Wir wissen, wie Töne, Geräusche und erst recht Worte ein Stimmungsbild in unserer Seele erzeugen, die ja eine weit sensiblere Membran ist als jene Versuchsanordnung im Physikunterricht.

Die Altarsphäre, und dazu gehört auch der Priester, ist ein »Vorhang« an der Schwelle, aber durchlässig, schwingungsfähig. Auf der einen Seite, von uns aus gesehen davor, der Mensch, die Gemeinde mit ihrer Aufmerksamkeit, ihrer Wahrnehmung, die sie befähigt, in das Altargeschehen mit Denken, Fühlen und Wollen und mit allen Sinnen einzusteigen. Auf der anderen Seite, dahinter, die Gnaden-Tat des Christus, der mit seinem Denken, Fühlen und Wollen in dasselbe Geschehen einsteigt. Christus-Ich, Menschen-Ich, und dazwischen die Altar-Membran.

Jetzt könnte der Eindruck entstehen, als sei der Kultus ein passiv aufzunehmendes göttlich-sinnliches Schwingungsbild. Das ist nur halb richtig, das ist sozusagen die geheime Voraussetzung. Aber es bedarf diese Membran der menschlichen Mit-Schwingung, sonst bleibt sie stumm und reglos wie eine Wand. Wer am Kultus teilnimmt, arbeitet mit und kann Zeuge werden von der apokalyptischen Bewegung, dem Beben, das vom Kultus aus Mensch und Erde ergreift und den »Vorhang im Tempel« zerreißt.

Werfen wir noch einmal einen Blick auf diesen »Vorhang«, den wir auch Membran nannten. Er umfaßt alles Sinnliche, vom Priester im Gewand bis hin zum Altar selbst. Wir sprachen auch davon, daß im Verlaufe der Weihehandlung zwischen dem Wahrnehmenden und allem Wahrnehmbaren eine Spannung aufgebaut wird. Im Wahrnehmen der Hostie und des gefüllten Kelches, des Brotes und des Weines, findet dies eine Konzentration, und Brot und Wein erfahren in der fortschreitenden kultischen Handlung die größte geistige Bewegung. Sie sind als Repräsentanten des Altarbereiches zunächst einfache mineralische Stoffe, ganz den Wirkungen der Naturgesetze und der Vergänglichkeit unterworfen. Aber ausgesetzt der spezifischen kultischen Schwellensituation werden sie über ihr Kreatur-Sein hinausgehoben, bewegt und erwärmt durch unseren Willen, beseelt durch unsere Empfindungen und durchlichtet von unseren Gedanken, – wenn diese drei Seelenkräfte dem Altargeschehen hingegeben sind. Da wird das apokalyptische Feuer entfacht, dem die Kraft der Wandlung innewohnt. »Ein Feuer bin ich gekommen zu werfen über die Erde, wie wollte ich, es brennete schon« (Lukas 12, 49).

In seiner »Hymne« bringt Novalis diesen heilenden Weltenbrand ins Bild der Erde, die als Lebewesen einst selbst durchchristet sein wird:

»Oh, daß das Weltmeer schon errötete
Und in duftiges Fleisch
Aufquölle der Fels ...«

und

»Einst ist alles Leib
Ein Leib ...«

Dieses Gedicht ist nichts anderes als eine gebetete Apokalypse, hymnisch gesungen. Im Ton der Dichtkunst erfahren wir vom größten Zielgeheimnis der Erde, die Mensch wird.

Bevor wir an den Altar zurückkehren, soll dieses Geheimnis noch mit neutestamentlichem Licht beleuchtet werden, damit uns bewußt werden kann, in welchem Maße uns die Tat an der Schwelle mit Urbeginn und Zukunft verbindet, wie sie die Brücke schlägt. »Rings um uns her wartet alle Kreatur mit großer Sehnsucht darauf, daß in der Menschheit die Söhne Gottes zu leuchten beginnen. Die Kreatur ist der Vergänglichkeit unterworfen, nicht um ihrer selbst willen, sondern um dessentwillen, der sie in die Vergänglichkeit mit hinein gerissen hat, und so ist in ihr alles von Zukunftssehnsucht erfüllt. Denn auch durch die Kreaturreiche soll der Atem der Freiheit hindurchgehen; die Tyrannei der Vergänglichkeit soll aufhören. Im Hellwerden der Geistessphäre wird die Unfreiheit abgelöst von der Freiheit, die allen Gottentsprossenen zugedacht ist. Wir wissen, daß die gesamte Kreatur in den Wehen einer Neugeburt leidet und seufzt, bis auf den heutigen Tag. Sie tut es nicht allein, sie tut es mit uns, die wir die Erstlingsgaben des neuen Geistes empfangen haben und doch schmerzvoll dem Geheimnis der Sohnschaft entgegenharren, die für uns, bis in unsere Leiblichkeit hinein, die Erlösung mit sich bringen wird.« Aus dem Brief des Paulus an die Römer (8, 19–23).

Die Sündenkrankheit ist das Ergebnis der Evolution, der Weg zum Menschwerden war ein Fallen aus der Gottheit heraus ins Vergängliche, eine Absonderung, und dabei wurde auch das mit uns verbundene Erdenwesen mit hinabgerissen. So wie der Abstieg um des Menschen willen geschah, so wird der Aufstieg durch den Menschen, *mit* der Erde geschehen können, wenn »in der Menschheit die Söhne Gottes zu leuchten beginnen«, die die Erstlingsgaben des neuen Geistes empfangen haben. Das Markusevangelium enthält in seinem letzten Kapitel den Auftrag hierzu: »Zieht hinaus in die Welt und verkündet die neue Botschaft der Engelreiche (die Erstlingsgaben des neuen Geistes) aller Kreatur« (Markus 16, 15). Denn, so können wir fortfahren, Erlösung gibt es nur *mit* der Erde, mit der Kreatur.

Kehren wir nun wieder zurück zum Altargeschehen. In Brot und Wein haben wir als Konzentrationspunkte dieses Altargeschehens zwei Repräsentanten der mit uns gefallenen Stoffeswelt. Wir hatten davon gesprochen, wie sie an der Schwelle erhoben werden ins Durchseeltsein, ins Licht unserer Gedanken, die das gegenwärtige Christusleben be-kennen, und wie von der anderen Seite der Schwelle die Gottheit ebenso tätig auf diesen Vorgang blickt.

Sprechen und Hören sind auf beiden Seiten der Schwelle. Die Membran, die Altarsphäre einschließlich des Priesters, wird durchlässig, wird Ort der Verwandlung von Brot und Leib in Wein und Blut Christi, wenn »davor« menschliche und »dahinter« göttliche Bemühung vorhanden ist.

Was so als Bemühung, als Tat an der Schwelle hinströmt, sich bündelt in Brot und Wein, verbindet unsere Seelen, eint unsere religiöse Substanz mit der Brot- und Wein-Substanz. Und die Wandlung, die sich dort ereignet, wirkt unmittelbar zurück auf unsere Seelen; sie werden von der Wandlung am Altar wiederum ergriffen und haben Anteil an dem Mysterium. Wir schaffen und werden umgeschaffen.

Ebenso wirkt die Wandlung am Altar aber auch zurück auf die Gottheit. Mensch und Gott berühren sich in dem einen Geschehen, vereinen sich in der Kommunion, ver-söhnen sich.

Was wir menschliche und göttliche Bemühung nannten, ist im christlichen Kultus immer Opfer genannt worden, anknüpfend an das Christenopfer am Kreuz von Golgotha.

Indem wir ein Gemeindeleben entwickeln, das aus der Vorbereitung auf ein solches Opfern-Können besteht, bildet sich eine ganz neue Art der Gemeinschaft: die Gemeinschaft der Tat an der Schwelle.

Wir haben bisher ausschließlich auf das zentrale Sakrament der Menschenweihehandlung geschaut. Es soll nun nur noch erwähnt werden, daß sie das Herzstück ist einer Siebenheit von Sakramenten, die alle zusammen einen Organismus bilden, der die Auferstehungskraft siebenfach zur Offenbarung bringt:

Taufe
Konfirmation
Sakramentales Gespräch (Beichte)
Die Menschenweihehandlung
Trauung
Priesterweihe
Letzte Ölung

Siebenfach begleiten diese Sakramente die Stationen unserer Biographie, von der Geburt bis zum Tode. Stationen, die alle selbst

Schwellensituationen sind. Wobei deutlich wird, daß es einmalig zu empfangende und wiederholt zu pflegende Sakramente gibt. Letztere sind das sakramentale Gespräch und die Menschenweihehandlung. Hier setzt das Gemeindeleben an, die Gemeinde übernimmt selbst-tätig die Pflege des ihr anvertrauten Kultus. Von dieser Arbeit am Herzstück des sakramentalen Organismus geht dann die Kraft aus, die den »Gliedern« dieses Organismus: Taufe, Konfirmation, sakramentales Gespräch, Trauung, Priesterweihe und letzte Ölung, ihre Lebenskraft verleiht. So ist diese Kultus-Gemeinschaft eine übende, pflegende, schaffende. Sie holt durch ihre Taten Zukunftskräfte in die Gegenwart, zunächst in den Schoß der Gemeinde, aber von dort aus können diese Kräfte geburtsartig in die Welt entlassen werden, wo sie auch hingehören. Diese Kräfte sind eine im voraus gewährte Gabe, der wir alle dann im täglichen Leben entgegenwachsen.

LORENZO RAVAGLI

Schwellenerlebnisse
der Seele

Der doppelgesichtige Gott

Die alten Römer kannten eine merkwürdige Gottheit. Sie trug
zwei Antlitze, die in entgegengesetzter Richtung blickten. Dem
Ankommenden sah die Gottheit entgegen, dem Weggehenden
blickte sie nach. So war der sich auf Erden Bewegende stets von
den Augen des Gottes begleitet. Die Römer pflegten die Bildnisse
des Janus, so hieß dieser Gott, an Schwellen und Stadttoren anzu-
bringen. Nach ihm hießen die Türen »janua« und die Tore der
Stadtmauer »jani«. Nicht selten trug er als Schwellengott einen
Schlüssel in der Hand. Doch stand er auch bei allen zeitlichen
Anfängen als Hüter und Schirmer, an dessen Segen man sich beim
Beginn einer Unternehmung vor allen anderen Göttern wandte.
Ihm war der erste Monat des Jahres gewidmet (deswegen der
Name »Januar«), aber auch der erste Tag des Monats und der Beginn des Tages. Die Priester riefen ihn als den Eröffner des Tages
bei Sonnenaufgang an, und in jedem Gebet wurde seiner als er-
stem gedacht. Die Römer hatten offenbar ein Bewußtsein davon,
daß Schwellenübergänge für den Menschen allgegenwärtig sind
und daß der Mensch, der eine Schwelle überschreitet, stets mit
der Gegenwart des Göttlichen rechnen muß. Das Göttliche kann
aber auch ein Dämonisches sein, das sich des Menschen bemäch-
tigt, wenn er nicht auf der Hut ist.

Für den Menschen des zwanzigsten Jahrhunderts sind die
Schwellen allgegenwärtig, auch wenn er kaum ein Bewußtsein
davon hat. Und erst recht wird es uns wohl schwerfallen, uns
spontan mit der Vorstellung anzufreunden, daß an jeder Schwelle

eine Gottheit steht, deren Auge auf uns ruht, wenn wir diese Schwelle überschreiten. Daß wir aber von etwas kein Bewußtsein haben, bedeutet noch lange nicht, daß es nicht existiert. Im Gegenteil: die Bewußtlosigkeit der modernen Menschheit für die Bedeutung der alltäglichen Schwellenübergänge ist ein Symptom der vielfach geradezu pathologischen Einengung des Bewußtseins, die nicht selten auch pathologische Konsequenzen hat. Eine Grundauffassung C. G. Jungs bestand in der Überzeugung, daß die Verdrängung des Religiösen und Numinosen, das er in den unbewußten Seelenregionen ansiedelte, für die meisten psychischen Krankheiten, aber auch für viele körperliche Krankheiten verantwortlich zu machen ist. Und seine Auffassung besitzt erhebliche Plausibilität.

So scheint es sinnvoll, sich als moderner Mensch auf die Schwellen zu besinnen, mit denen man täglich zu tun hat. Die Besinnung auf die Schwelle bedeutet zugleich ein Wachwerden für das, was jenseits der Schwelle steht und nur darauf wartet, daß der Mensch sich wieder dafür zu interessieren beginnt.

Räumliche Schwellen

In unserem Alltag haben wir es mit einer Vielzahl von Schwellen zu tun. Diese Schwellen sind sowohl räumlicher als auch zeitlicher Natur. Betrachten wir zunächst einige räumliche Schwellen.

Wer ein Zuhause besitzt, wohnt darin. Die unmittelbare Behausung eines jeden ist seine Wohnung. In seiner Wohnung ist die Außenwelt ausgeschlossen. Die Wohnung ist ein Ort, in den der einzelne sich zurückzieht, wenn er sich in der Außenwelt unter den Mitmenschen betätigt hat. Er verläßt sie, wenn die Pflicht ruft oder wenn er mit seinen Zeitgenossen bestimmte Absichten verfolgt, die er in die Tat umsetzen will. Es spielt keine Rolle, ob der einzelne sich die Wohnung mit anderen teilt oder ob er sie allein bewohnt. Das Hineintreten ins Innere ist einem Zu-sich-selber-Kommen vergleichbar. Wenn wir unsere Wohnung, in der wir uns zu Hause fühlen, verlassen, dann überschreiten wir eine Schwelle, ebenso, wenn wir von unserer Tätigkeit unter den Mitmenschen zurückkehren.

Unsere seelische Einstellung verändert sich, wenn wir nach »draußen« gehen. »Drinnen« sind wir nur uns selbst oder den mit uns vertrauten Familienmitgliedern ausgesetzt, »draußen« aber dem Fremden, Unvertrauten, Ungewissen. Jedes Hinausgehen über die Schwelle bedeutet einen Schritt ins Ungewisse, ins Unvertraute. Dem Unvertrauten gegenüber sind wir in einer merkwürdigen Lage. Wir wissen nicht, ob wir ihm Vertrauen oder Mißtrauen entgegenbringen sollen. Wir wollen uns sowohl vor Blauäugigkeit als auch vor Menschenfeindlichkeit hüten und müssen deswegen eine offene Haltung entwickeln, die bereit ist, sich auf das Unvorhersehbare einzulassen. Wir können zwar unseren »Ausgang« planen und dessen Verlauf durch Überlegung oder Phantasie vorwegnehmen, was sich dann aber tatsächlich ereignen wird, was uns widerfährt und was uns begegnet, das müssen wir dem Geschick überlassen. Wir befinden uns, sobald wir die Schwelle unseres Hauses übertreten haben, wie auf einer Wanderung, die mannigfaltige Prüfungen mit sich bringen kann. Diese Prüfungen können wir annehmen oder verweigern. Wir können uns auf das Unvorhersehbare einlassen oder uns von ihm abwenden. Je mehr wir in uns selber ruhen, um so mehr werden wir auch bereit sein, das Neue und Unvertraute in seiner Eigenart wahrzunehmen. Je unsicherer wir sind, je weniger von uns selbst überzeugt, um so weniger werden wir dazu neigen, unsere Vorstellungen zu vergessen, durch die wir uns vor unserem Aufbruch in die Welt der Ungewißheiten vorausblickend orientiert haben. Dadurch verschließen wir uns aber auch seelisch vor der Außenwelt.

Innerhalb des alltäglichen Lebens kommt dem Zuhause eine große Bedeutung zu. Hier ruhen wir aus, hier entspannen wir uns, hier schlafen wir und sammeln neue Kraft für die tägliche Auseinandersetzung mit den Anforderungen der Welt. Die Unverletzlichkeit der Wohnung ist ein gesetzlicher Ausdruck für diese Sphäre der Privatheit, in der sich der einzelne ganz bei sich weiß. Der Innenraum, den wir heimkehrend betreten, ist ein Stützpunkt, in dem sich auch die Einkehr vollziehen kann, ohne die wir im Äußeren nicht wirken könnten. So ergänzen sich die Weltzugewandtheit des außerhäuslichen und die Seelenzugewandtheit des häuslichen Lebens.

Besäßen wir keine Außenwelt, in die wir eintreten könnten, verlören wir uns in unserer Innerlichkeit. Wir isolierten uns immer mehr, um schließlich alle Verbindung mit der Welt einzubüßen. Besäßen wir keine Innenwelt, in die wir uns vor dem Getriebe der Welt zurückziehen könnten, gingen wir völlig in ihr auf, um endlich wie von Leviathan von ihr verschlungen zu werden. Dem Wechsel von häuslichem Innenraum und außerhäuslichem Außenraum kommt von daher eine große Bedeutung für das Leben des einzelnen zu. Und dieser Wechsel ist nur über die Schwelle zu vollziehen, die wir überschreiten. Wenn wir sie überschreiten, dann müssen wir unsere Einstellung ändern, sonst geraten wir in Schwierigkeiten.

Tragen wir die weltorientierte Einstellung in den Innenraum unserer Häuslichkeit, dann kommen wir zu Hause gar nicht an. Es ist dann, als verfolgten uns die Belange und Interessen der Außenwelt und überschritten die Schwelle zur Innenwelt, ohne vor dem geheiligten Raum unserer Innerlichkeit die gebührende Scheu zu entwickeln. Unerledigte Aufgaben, Fragen des Berufes und des äußeren Lebens bedrängen uns und treiben uns um, sie lassen uns nicht los und verhindern die Einkehr der Stille und des Friedens, deren wir um des kraftvollen Handelns willen bedürfen. In der von Unruhe umgetriebenen Seele wollen sich keine guten Gedanken, keine fruchtbaren Ideen einstellen, die Sorge zerfrißt uns, die Bedrohung beängstigt uns, die Unruhe raubt uns den Schlaf.

Wenn wir aber nicht realisieren, daß die Welt jenseits unserer häuslichen Schwelle eine andere Einstellung verlangt, dann behandeln wir die Menschen und Dinge, denen wir begegnen, so, als gehörten sie uns, so, als wären sie ein Teil unserer Habe. Es fehlt uns an Distanz, wir bringen die nötige Sachlichkeit nicht auf, die erforderlich ist, um sich in der äußeren Welt zu bewegen.

Unsere Neigungen und Abneigungen verfälschen das Bild unserer Umgebung, unsere Stimmungen vergiften die Atmosphäre, der Realitätsverlust bedroht uns. Das subjektive Interesse mischt sich fortwährend störend in den Arbeitsprozeß, in den Verlauf der Begegnung ein und bedroht das Vollbringen des beabsichtigten Werks.

Das hier gezeichnete Bild der Beziehung von Innenwelt und Außenwelt, die durch die Schwelle des Hauses klar und erkennbar geschieden sind, ist heute, dank der Entwicklung der modernen Nachrichtentechnologie getrübt. Die Schwelle unseres Hauses ist keine wirkliche Schwelle mehr. Die Außenwelt ragt in einer geradezu obszönen Aufdringlichkeit in unsere Innenwelt hinein. Und ebenso erstreckt sich unsere Innenwelt in einer obszönen Aufdringlichkeit in die Außenwelt und in die Privatsphäre anderer Menschen hinein. Das Auge und das Gehör der Medien ist allsehend und allhörend. Was früher das Auge Gottes war, ist heute die Mattscheibe; das Ohr Gottes, das jedes Gebet vernahm, ist zum Telefonhörer geworden.

Wenn wir fernsehen, dann sind wir zu Hause und doch nicht zu Hause. Dann haben wir zwar die Schwelle zu unserem Innenraum übertreten, in dem wir zur Ruhe kommen und uns selbst finden könnten. Die Zeit, in der wir von den Bedürfnissen der anderen befreit sind, hätten wir. Aber wir finden uns zu Hause nicht. Womöglich fürchten wir uns vor der Selbstbegegnung, oder es gibt niemanden und nichts, dem wir begegnen könnten. So schalten wir den Fernseher an und sind wieder dort, wo wir vorher waren, bevor wir die Schwelle übertraten. Aber wir haben es jetzt mit einer merkwürdig gezähmten und bezähmbaren Außenwelt zu tun. Was vorher spröde und widerspenstig war, ist jetzt von unserem Willen abhängig und unserer Willkür ausgeliefert. Ein Knopfdruck und ein anderer Teil der Welt flimmert vor unseren Augen. Die Wirklichkeit, der wir doch fortwährend unterliegen, wenn wir uns wirklich in ihr bewegen, die mächtiger ist als wir und die uns ihren Willen aufzwingt, liegt uns jetzt zu Füßen und willfährt all unseren Wünschen. So holen wir nach, was uns in der wirklichen Außenwelt nicht gelingen wollte: Wir unterwerfen sie unserem Willen. Wir wiegen uns in einem grenzenlosen Allmachtsgefühl, indem wir die Bilder der Welt beherrschen, die kommen und gehen, und deren Kommen und Gehen ganz von unserem Wohlwollen abhängig ist. Doch das infantile Allmachtsbedürfnis, das wir vor der Mattscheibe befriedigen, schöpft seine Befriedigung aus lauter Illusionen. Der Fernseher spiegelt keine Wirklichkeit, sondern vermittelt Unterhaltung. Auch die Bestandstücke der Wirklichkeit, die als Information über die Welt in unseren Innenraum eindringen, sind zur Unterhaltung aufbereitet. Sie werden durch das Medium zur Unterhaltung, auch wenn sie ursprünglich anders beabsichtigt waren.

Auch das Telefon ist ein solches Mittel, der Leere, die wir bei uns zu Hause vorfinden, zu entfliehen. Die gesichtslose Stimme, mit der wir ins Gespräch treten, hat etwas merkwürdig Irreales. Sie ist nicht leibhaftig, sie hat eine geradezu übersinnliche Unpersönlichkeit. Auch der bekannte und vertraute Mensch ist gänzlich körperlos geworden. Wir sehen sein Gesicht nicht, sehen seine Gebärden nicht. Wir wissen nicht wirklich, was der andere denkt und fühlt. Am Telefon lügt sich's viel leichter als von Angesicht zu Angesicht.

Auch das Telefon ist ein Mittel, Intimität zu zerstören. Aufgeschreckt rennen wir zum Apparat, wenn es klingelt, ob wir beim Essen sitzen oder gerade meditieren. Der Tyrannei der anonymen Zudringlichkeit entgeht nichts. Zu jeder Tages- und Nachtzeit können Fremde uns erreichen, sind wir ihrem Zugriff ausgesetzt, es sei denn, wir entschließen uns, das Telefon nur abzuheben, wann wir wollen. Aber können und dürfen wir das? Es könnte doch ein wichtiger Anruf sein! Und welche Stille breitet sich in unserer Wohnung aus, wenn zwei, drei Tage niemand anruft! Hat uns die Welt vergessen? Sind wir für sie nicht mehr existent? Schnell greifen wir zum Hörer und rufen jemanden an, um zu hören, wie es ihm geht. Auch wenn wir uns gar nichts mitzuteilen haben, nehmen wir doch teil.

Diese Schwellenüberschreitungen tragen den deutlichen Charakter einer Innenweltverschmutzung (Lusseyran). Sie sind Ergebnisse der neuzeitlichen Technomagie, die an die Stelle der mittelalterlichen Dämonomagie getreten ist. Statt den Incubi und Succubi des Mittelalters geben wir uns heute in unserer häuslichen Intimität den Incubi und Succubi der Unterhaltungselektronik hin, um unsere innere Leere auszufüllen.

Zeitliche Schwellen

Die eben beschriebene räumliche Schwelle zwischen Innenwelt und Außenwelt kehrt in vielem wieder. Auch wenn wir in ein fremdes Haus als Gast eintreten, überschreiten wir eine Schwelle. Wenn wir in ein öffentliches Gebäude eintreten, überschreiten wir die Schwelle zur Institution. All diese Übergänge sind mit unterschwelligen seelischen Erlebnissen verbunden, die dem beschriebenen des Schwellenübertritts zwischen Innenwelt und Außenwelt verwandt sind.

Anders verhält es sich mit den zeitlichen Schwellen. Diese befinden sich nicht zwischen sichtbaren, sondern zwischen unsichtbaren Räumen. Es sind Räume des seelischen Lebens und Erlebens. Denn die Schwellen der Zeit können wir nur seelisch überschreiten, nicht körperlich. Und solche gibt es mehrere.

So gibt es die Schwelle zwischen Gegenwart und Vergangenheit, die wir im Erinnern überschreiten, die Schwelle zwischen Gegenwart und Zukunft, die im Phantasieren von uns überbrückt wird. Darüber hinaus schreiten wir über Entwicklungsschwellen, die sich selbst in der Zeit erstrecken und die einen bedeutenden Bestandteil unserer Biographie darstellen. Sind wir uns immer im klaren, daß an diesen Schwellen Götter stehen, die unser seelisches Erleben mit ihren Blicken begleiten?

Unser gewöhnliches Vorstellungsleben verläuft in der Gegenwart. Auf sie sind wir durch unser Wahrnehmen fortwährend bezogen. Auf sie beziehen wir uns fortwährend mit unseren Vorstellungen. Wir können uns in der Gegenwart nur bewegen, weil wir uns mit Hilfe unserer Vorstellungen, die einen begrifflichen Anteil enthalten, in ihr zurechtfinden. Könnten wir uns keine Vorstellungen bilden, wären wir vom Wechsel der Erscheinungen vollkommen abhängig. Wir lebten nur in der Gegenwart und hätten weder einen Bezug zur Vergangenheit noch zur Zukunft. In unserem Vorstellen bilden sich aber unter unserer Mitwirkung unablässig Repräsentanzen der Gegenwart und bleiben in ihnen erhalten, auch wenn diese schon vergangen ist. Während unseres wachen Tageslebens bilden sich so ständig Repräsentationen der verstreichenden Gegenwart in unseren Vorstellungen. Die Vorstellungen der vergangenen Gegenwart begründen in uns ein Bewußtsein der Dauer. Wir hätten auch von uns selbst kein Dauerbewußtsein, wenn wir uns nicht an unsere früheren Zustände vorstellend erinnern könnten. Einerseits bilden wir uns also fortwährend neue Vorstellungen, andererseits greifen wir auf den Fundus der schon gebildeten Vorstellungen zurück und verknüpfen sie mit unseren gegenwärtigen Erlebnissen.

Der Moment, in dem wir vom Wahrnehmen der Gegenwart zum Erinnern der Vergangenheit übergehen, ist subtil und dennoch wahrnehmbar, wenn wir unsere Aufmerksamkeit darauf lenken. Versuchen wir, diesen Vorgang zu verdeutlichen. Wenn wir eine blühende Linde betrachten, dann ist das Geschehen des Betrachtens ein Vorgang, der sich in den jeweils gegenwärtigen Momenten abspielt, die sich in der Zeit aneinanderschließen. Mit unseren Augen überstreichen wir den Baum, ertasten wir die Fülle seiner Krone, die Gestalt der Blüten, die sich gegeneinander und gegen den Hintergrund des blauen Himmels in unendlicher Vielfalt abheben. Im Wahrnehmen leben wir ganz im gegenwärtigen Prozeß, der sich mit uns und dem von uns Wahrgenommenen abspielt. Indem sich aber durch den Wahrnehmungsverlauf in uns das Gesamtbild der blühenden Linde gestaltet, beziehen wir die vergangenen Wahrnehmungseindrücke, mit denen wir uns geistig verbunden haben, unablässig in die neu hinzutretenden ein. So reichert sich unsere Vorstellung von der blühenden Linde an und wird zu einem plastischen Gebilde, das wir im wahrnehmenden und erinnernden Erleben selbst gewoben haben. Die blühende Linde als vor uns stehender, in die Höhe ragender Baum wird zu einer individuellen Gesamtgestalt, die wir wahrnehmend-erinnernd als Ganzheit umgreifen. Ohne das unablässige Ineinanderspiel von

Wahrnehmen und Erinnern wäre das Erfassen der Gesamtgestalt des Wahrnehmungsgebildes gar nicht möglich.

Wir können aber versuchen, vom gerade vor uns sich ausbreitenden Wahrnehmungsfeld ein Vorstellungsbild abzulösen, in dem alle von uns schon vollzogenen Wahrnehmungen enthalten sind. Bei geöffneten Augen ist das schwierig. Wenn wir sie aber schließen und versuchen, uns die wahrgenommene Linde vorzustellen, dann breitet sich die Vorstellungsgestalt der Linde vor unserem inneren Auge aus. Wir leben dann zwar, insofern wir uns der vorstellenden Tätigkeit hingeben, in der Gegenwart, der Inhalt unserer Vorstellung besteht aber aus lauter vergangenen Wahrnehmungsinhalten. So treten wir aus der Gegenwart der erlebten Wahrnehmung in die Vergangenheit der erinnerten Wahrnehmung über, ohne in unserer Seelentätigkeit die Gegenwart zu verlassen. Zwischen der Gegenwart der Wahrnehmungen und der Erinnerung der Wahrnehmung befindet sich eine Schwelle, die wir überschreiten, ohne es für gewöhnlich zu bemerken. Die Wahrnehmung ist uns von außen gegeben, die Erinnerung taucht aus unserem Inneren auf. Woher sie kommt, können wir nicht sagen. Wir können nicht beobachten, wo das Erinnerungsbild in unserem Innern herkommt. Wir wissen nur, daß wir die Augen geschlossen und die Absicht gefaßt haben, das Bild des wahrgenommenen Baumes zu erinnern. Mit dieser Absicht tauchen wir in die Finsternis unseres inneren Beobachtungsraums unter, und aus dieser taucht das Bild des wahrgenommenen Baumes auf. Wir haben es, wenn wir genauer beobachten, sogar mit zwei Schwellen zu tun. Die erste Schwelle überschreiten wir, wenn wir die Augen schließen. Damit verlassen wir den Zustand des Wahrnehmens, und die gesamte Welt unserer Augenwahrnehmungen hört für uns im Moment auf zu existieren. Wie ein unendlicher Abgrund der Finsternis eröffnet sich vor unserem inneren Blick der Horizont der Innenwelt. Durch die Finsternis schießen Vorstellungen und Gedanken, die wir beobachten können, als hätten wir an ihrem Erscheinen keinen Anteil. Fassen wir aber den Entschluß, einen bestimmten Wahrnehmungsinhalt zu erinnern, dann beobachten wir sogleich eine innere Aktivität, die von dieser

Absicht ausgeht. Sie schiebt gleichsam die Vorstellungsbilder und Gedankenfragmente beiseite, die durch unser Bewußtsein wandern, und schafft Raum für den gesuchten Inhalt. Wie ein Taucher versinkt unser suchender Blick in den Tiefen der Seele, und aus ihnen kommt ihm das Bild entgegen, das wir gesucht haben. Bei vielen Vorstellungen gelingt es leicht, sie in Erinnerung zu rufen. Bei anderen gelingt dies nur schwer und erst nach wiederholten Anläufen. Bei manchen ist es völlig unmöglich. So können wir uns nicht real an unsere eigene Geburt erinnern. Wir können aber Phantasievorstellungen über unsere Geburt hervorbringen. Diese Fähigkeit machen sich manche Psychotherapeuten zunutze. Dabei werden mitunter Phantasien mit tatsächlichen Erinnerungen verwechselt. So glaubt man, wenn man dieser Verwechslung erliegt, man könne sich an vorgeburtliche Erlebnisse, ja sogar an frühere Inkarnationen erinnern. In Wirklichkeit handelt es sich lediglich um intensive Phantasieerlebnisse, die mit Hilfe einer gewissen Psychotechnik erzeugt werden.

Wir stellen fest, daß der Erinnerungsvorgang bis zu einem gewissen Maß unserer Erfahrung entzogen ist. Wir wissen von der Absicht, etwas zu erinnern, wir wissen von unserer Suchbemühung, die sich dem dunklen Horizont des Vergessenen zuwendet, und wir wissen vom Auftauchen der gesuchten Erinnerungsinhalte. Wie es uns aber gelingt, die Erinnerungsvorstellungen aus dem dunklen Abgrund unserer Seele emporzuheben, darüber wissen wir nichts. Wir stehen also beim Erinnerungsvorgang einer Schwelle gegenüber, die wir überschreiten, bei deren Überschreiten aber zugleich unser Bewußtsein erlischt. Oder anders ausgedrückt, bewußt ist uns nur der Anfang und das Ende des Erinnerungsvorgangs, nicht dessen Mitte. Der Anfang ist die Absicht, etwas zu erinnern, das Ende ist das Eintreten des Erinnerungsbildes in unser Bewußtsein, die Mitte ist das tatsächliche Auffinden des jeweils gesuchten Erinnerungsinhalts in den Tiefen unserer Seele. Damit ist aber zugleich gesagt, daß die Tiefen unserer Seele jenseits unseres Alltagsbewußtseins liegen.

In diesen Tiefen ruhen die Vorstellungen, bis sie durch unser Erinnerungsbemühen wieder wachgerufen werden. Nun beobachten wir auch, daß manche Vorstellungen dem Erinnertwerden einen großen Widerstand entgegenbringen, andere nicht. Es spielt sich mitunter geradezu ein Kampf zwischen unserem um Erinnerung bemühten Ich und den zu erinnernden Vorstellungen ab, ein Kampf, aus dem, wie bereits bemerkt, das Ich nicht immer siegreich hervorgeht. Es hat etwas Betrübliches, ja, Beunruhigendes, sich an bestimmte Vorstellungen nicht mehr erinnern zu können. Ebenso ruft es eine nicht geringe Befriedigung hervor, wenn es nach langem Bemühen gelungen ist, eine vergessene Vorstellung wieder ins Bewußtsein zu rufen. Dabei können wir auch beobachten, daß es unter Umständen besser gelingt, eine gesuchte Vorstellung zu fassen, wenn wir nach vergeblicher Anstrengung loslassen, als wenn wir uns innerlich verkrampfen.

Zwischen der Welt unserer erinnerten Bewußtseinsinhalte und den vergessenen Vorstellungen klafft ein Abgrund, den unser Bewußtsein nicht zu überbrücken vermag. Die vergessenen Vorstellungen sind unserer Willkür entzogen. Sie leben in der Tiefe unserer Seele fort, bis wir sie wieder zurückrufen. Oder sie leben in ihr fort, bis wir sterben, ohne daß wir sie je wieder erinnert hätten. Wir werden auf diese Schwelle, die sich im Innern unserer Seele ausbreitet, noch zurückkommmen.

Das Phantasieren spielt sich ähnlich ab wie das Erinnern. Hier ist das Moment des Ungewissen sogar noch stärker vorhanden als beim Erinnern. Denn im Erinnern suchen wir nach einem tatsächlichen Inhalt, nach einem wirklich Dagewesenen, während wir in der Phantasie etwas innerlich erschauen, was für unser Wahrnehmen nie dagewesen ist. Wie ist es dann überhaupt möglich, daß Phantasievorstellungen zustande kommen? Wir können sie nirgendwo auffinden, denn sie waren noch nie da. Zwar formen wir sie aus dem Material unserer Erinnerungen, aber in ihre Gestaltung spielt etwas hinein, was mit der Wahrnehmungswelt nichts zu tun hat. Wir können die kompliziertesten Märchen erphantasieren, mit geflügelten Pferden, sprechenden Tieren, beseelten Pflanzen und denkenden Steinen, ohne im Grunde zu wissen, nach welchem Gesetz sich im einzelnen die Phantasiegestalten formen.

Auch hier grenzt das Bewußtseinsgeschehen, sogar noch mehr als im Erinnerungsvorgang, an eine Schwelle, jenseits welcher sich eine Wirklichkeit verbirgt, die unserem Beobachten entzogen ist. Es ist eine Wirklichkeit, weil sie wirkt. Niemand kann behaupten, unsere Phantasien seien vollständig aus unseren Erinnerungen geschöpft, sonst könnten wir stets nur Erlebtes erphantasieren. Niemand wird aber auch behaupten, daß die Phantasien vollständig vom Ich hervorgebracht werden. Es wirkt zwar im Bilden von Phantasievorstellungen durch eine ähnliche suchende Einstellung mit wie im Erinnern, aber das Geschehen verläuft sich im seelisch Unbestimmten, aus dem die Phantasien dem wachen Ich entgegenkommen.

Die anderen, sich in der Zeit erstreckenden Schwellen sind die Entwicklungsschwellen. Entwicklungsschwellen sind Übergänge des Seelenlebens von einem Zustand der Reife zu einem anderen. Weil wir diese Schwellen selbst in kontinuierlichem Erleben überschreiten, bemerken wir nichts davon. Doch sind sie trotzdem vorhanden. Erst im erinnernden Rückblick, wenn wir auf unsere seelische Entwicklung zurückschauen, stellen wir fest, daß wir uns nicht nur geringfügig, sondern erheblich verändert haben. Wir waren Kind, wir waren Jugendlicher, wir waren junger Erwachsener. Immer empfanden wir eine unverwechselbare Identität mit unserem jeweiligen Entwicklungszustand, der auch im Erlebnis des Gebrochenseins bestehen konnte, und doch stellen wir im Rückblick fest, daß zwischen dem vorschulischen Kindsein und der Pubertät, zwischen Pubertät und der Erwachsenheit Welten liegen. Welten, die wir durchwandert haben, Grenzen, die wir überschritten haben, ohne daß wir es realisierten.

Diese Schwellenübergänge hängen mit unserem leiblichen und seelischen Wachstum zusammen. Sie sind in der Zeit ausgedehnt, obwohl es auch markante Erlebnisse geben mag, in denen die seelische Reifung geradezu greifbar konzentriert ist. Doch besteht der Schwellenübergang nicht in diesen Erlebnissen, sondern in dem, was sie vorbereitet und was ihnen nachfolgt. So tief unbewußt wie uns die Wachstumsprozesse sind, verlaufen auch diese Schwellenübergänge der seelischen Entwicklung.

Eine Schwelle bedarf hier noch der Erwähnung, die zu den markantesten des täglichen Lebens gehört und sich dennoch radikal der Beobachtung entzieht. Es ist die zu den zeitlichen Schwellen gehörende Doppelschwelle des Einschlafens und Aufwachens.

Wir alle wissen, daß wir schlafen. Aber woher eigentlich? Sind wir denn während des Schlafs bei Bewußtsein, so daß wir uns selbst als Schlafende beobachten könnten? Der Schlaf besteht doch gerade darin, daß unser Bewußtsein in einer für unsere Alltagserfahrung einmaligen Weise erlischt. Deshalb wissen wir gar nicht *aus eigener Erfahrung, daß wir schlafen!* So grotesk dieser Satz klingt, er trifft den Sachverhalt genau: Wenn wir einschlafen, erlischt unser Bewußtsein, und wenn wir aufwachen, kommen wir wieder zu uns selbst. Wo aber waren wir während des Schlafs? Leidet denn unsere Identität unter den regelmäßigen nächtlichen Unterbrechungen unseres Selbstbewußtseins? Im Gegenteil, diese Unterbrechungen sind notwendige Bedingungen für unser Identitätsbewußtsein. Wird uns der Schlaf entzogen, zerrüttet sich diese Identität bis zum psychischen und körperlichen Zerfall. Das wissen alle totalitären Regime, die sich der Folter bedienen, um ihre Gegner auszuschalten. Wir stellen die merkwürdige Tatsache fest, daß die Diskontinuität unseres Bewußtseins unabdingbare Voraussetzung unseres Identitätsbewußtseins ist.

Wir stellen auch fest, daß wir selbst zur Bewältigung dieser beiden Schwellen überhaupt nichts beitragen. Wir können weder das Einschlafen, noch das Aufwachen willkürlich herbeizwingen. Wer im Bett liegt und keinen Schlaf findet, weil die Gedanken in seinem Bewußtsein kreisen, kann davon reden. Aber der Schlaf kann uns auch gegen unseren Willen überwältigen. Wir wollen wach bleiben, werden aber von einem Willen ergriffen und weggetragen, der mächtiger ist als der unsere. Noch viel weniger können wir durch eigenen bewußten Entschluß aufwachen. Wir können einen Wecker stellen, aber dann kommt der Anlaß des Aufwachens von außen. Auch gibt es Menschen, die zu einem bestimmten Zeitpunkt, den sie sich beim Einschlafen vorgenommen haben, aufwachen können, aber wie sie dies vollbringen, wissen sie auch nicht. Das Aufwachen geschieht mit uns ebenso wie das Einschlafen.

Daß wir aber durch den Schlaf unsere Identität nicht verlieren, ist der beste Beweis für das Vorhandensein eines Etwas, das diese Identität aufrechterhält. Es ist zugleich das, was diese Identität mit uns selbst bewirkt. Da wir während des Schlafs nichts von uns wissen, muß dieser Identitätsträger beim Einschlafen von uns weichen und beim Aufwachen wieder zurückkehren. Das Einschlafen ist dem Sterben, das Aufwachen dem Geborenwerden vergleichbar. Auch beim Sterben weicht der Träger und Bewirker unserer Identität von uns, aber endgültig. Bei der Geburt stellt er den Leib ins sinnliche Dasein, um im Lauf der ersten Entwicklungsjahre allmählich aus ihm das irdische Ichbewußtsein hervorzurufen. Wenn das menschliche Ich um das dritte Lebensjahr erwacht, dann hat sich der Träger unserer Identität mit dem Leib und der Seele verbunden. Das irdische Ich ist aus dem schon vorher anwesenden höheren Ich oder Selbst hervorgewachsen. Dieses Selbst ist der wahre Träger unserer Identität, der auch während des Schlafs den Zusammenhang unseres gestrigen Seins mit unserem morgigen wahrt, der uns aus der Bewußtlosigkeit wieder heraufhebt und zu unserem Leib zurückführt. Hier wirkt ein höheres Bewußtsein, das uns überlegen ist und das unser an den Leib gebundenes Ichbewußtsein umgreift, an uns und in uns. Auf dieses Selbst sind wir unausgesetzt bezogen, so wie dieses auf uns. Aus dem Wirken dieses Selbstes ergeben sich auch die in der Zeit ausgedehnten Entwicklungsschwellen, die wir während des Lebens überschreiten.

Warum erquickt uns der Schlaf, warum zerrüttet der Mangel an Schlaf unsere Gesundheit? Offenbar sind die Zustände der Bewußtlosigkeit, in denen unser höheres Selbst nicht im Leib an der Aufrechterhaltung des leiblich gebundenen Ichbewußtseins wirksam ist, ein Quell der Erneuerung unserer Lebenskräfte. In dieses höhere Selbst ist nicht nur unser irdisches Ichbewußtsein eingebettet, dieses höhere Selbst stellt auch einen Quell von Lebenskraft dar. So wie wir am Tage durch das Leben des wachen Tagesbewußtseins Lebenskräfte verbrauchen, so schöpfen wir aus dem höheren Selbst während des Schlafes neue Lebenskraft.

An der Erscheinung des Schlafes kann uns klar werden, woraus unser alltägliches Seelenleben seine Kraft und seinen Inhalt schöpft. Wir haben schon beim Erinnern und Phantasieren gesehen, daß unser Ichbewußtsein in einen umfassenden, aber dunklen Hintergrund abtaucht, aus dem ihm das Vergessene und noch nie Gedachte entgegenkommt. In diesem dunklen Hintergrund wirkt das höhere Selbst, das offenbar auch mit dem Leben der Vorstellungen, bevor sie ins Bewußtsein eintreten, verbunden ist. Während das wache Vorstellungsleben mit einem Abbau der körperlichen Lebenskräfte erkauft ist, der den nächtlichen Schlaf erforderlich macht, führen unsere Vorstellungen, wenn sie mit dem höheren Selbst verknüpft sind, offenbar ein Leben, aus dem sich körperliche Lebenskraft schöpfen läßt. Denn aus derselben Welt, in der wir uns während des Schlafs aufhalten, tauchen auch die vergessenen Vorstellungen wieder auf, wenn wir uns an sie erinnern. Diese Beobachtung führt uns zur Entdeckung weiterer Schwellen des seelischen Lebens, nämlich den eigentlichen Bewußtseinsschwellen.

Bewußtseinsschwellen

Unser seelisches Leben ist komplizierter, als ein oberflächlicher Blick vermuten läßt. Das was uns bei ungenauem Hinsehen als Einheit erscheint, ist in Wahrheit ein komplexes Gebilde, an dessen Zustandekommen sehr unterschiedliche Kräfte beteiligt sind. Das scheinbar einheitliche Ichbewußtsein unserer Alltagspersönlichkeit ist in Wahrheit ein fließender, labiler Gleichgewichtszustand. Wir können in dem einheitlichen Erscheinungsfeld unseres Alltagsbewußtseins Erlebnisinhalte unterscheiden, die gegenüber dem Willen unseres bewußten Ich, das das Zentrum des Erlebnisfeldes darstellt, eine erhebliche Autonomie besitzen. Ein nicht unbedeutender Teil unseres alltäglichen Bewußtseinslebens besteht darin, die auseinanderstrebenden Kräfte unserer Seele zusammenzuhalten.

Wir haben bereits bei der Betrachtung des Vorstellungslebens gesehen, daß die Vorstellungen, wenn sie einmal vergessen sind, in den Tiefen unseres Unterbewußten ein Eigenleben entwickeln. Aus der Kraft dieses Eigenlebens vermögen sie ihrer Wiedererweckung im Erinnerungsgeschehen zu widerstehen. Wir haben bei der Betrachtung des Schlafs gesehen, daß die vergessenen Vorstellungen offenbar zu einem Bestandteil des Lebensstroms geworden sind, aus dem unser Körper allnächtlich neue Kraft schöpft. Die vergessenen Vorstellungen werden zu einem Teil der Lebensvorgänge unseres Organismus und verbinden sich mit diesen in größerem oder geringerem Maß bis hin zur Unerinnerbarkeit. Fortwährend wirken in unserem lebendigen Organismus diese vergessenen Vorstellungen in Ernährungsvorgängen, in Wachstumsprozessen, in Atmung und Blutkreislauf. Im Horizont des Wachbewußtseins sind wir den gerade bewußten Vorstellungen zugewandt. Während wir im bewußten Vorstellen vollwach sind, vergessen wir die Lebensprozesse ebenso, wie wir die Vorstellungen vergessen, die während des Tagesverlaufs unablässig in uns entstehen. Doch während wir die von uns gebildeten Vorstellungen mit etwas Mühe wieder erinnern können, bleiben die Vorgänge des Lebens unserem Bewußtsein auf immer entzogen. Zwar nehmen wir wahr, daß wir atmen, wir können unseren Pulsschlag fühlen, aber das geschieht gleichsam nur von außen. Die inneren Prozesse, die wirkenden Kräfte, die all diesen Vorgängen schöpferisch innewohnen, sind unserem Bewußtsein und unserer Willkür gewöhnlich nicht zugänglich.

Wir haben es hier mit einer Bewußtseinsschwelle zu tun, die durch Gleichzeitigkeit zweier verschiedener Erlebnisströme innerhalb des einen, einheitlichen Seelenlebens gekennzeichnet ist. Auf der einen Seite entfaltet unser Ich im jeweils gegenwärtigen Moment seine Tätigkeit in den gerade jetzt bewußten Vorstellungen, an deren Bildung und Verknüpfung es beteiligt ist. Auf der anderen Seite verläuft der Strom unserer Erinnerungen, der in den Strom des Lebens unseres Organismus eingebettet ist. Während uns im Lebensstrom die Gesamtheit unserer Erinnerungen aus der Vergangenheit nachströmt, haben wir durch unsere Ichtätigkeit, die gleichsam aus dem höheren Selbst gegenwärtig hervorquillt, teil an der stets neu entstehenden Gegenwart.

Der Antagonismus zwischen dem in der Vorstellungsbildung tätigen Ich und dem Strom der vergessenen Vorstellungen ist aber nicht der einzige innerhalb der Seele. Es gibt einen zweiten, ebenso bedeutsamen. Wir werden seiner angesichts des Widerstreits zwischen unserer Vernunft und unseren Begierden gewahr. Unsere Begierden tauchen aus dem Dunkel der Wahrnehmungslosigkeit im Inneren unserer Seele auf und werden an der Grenze unseres Vorstellungslebens bewußt. Die Kraft der Begierden nehmen wir wahr. Bewußt werden sie, indem sie sich in Begierdenvorstellungen kleiden, die in der Regel Erinnerungen an begehrte Wahrnehmungserlebnisse oder Phantasievorstellungen über solche darstellen. Wir dürfen aber die Begierde nicht mit der Vorstellung des begehrten Objekts verwechseln. Die Begierde ist eine wahrnehmbare Kraft, die sich in alle möglichen Vorstellungen kleiden kann, in denen sie sich repräsentiert. Im Auftauchen dieser Begierdenvorstellungen wirkt die Kraft der Begierde, die völlig selbständig die Vorstellungen sucht, in denen sie sich dem Bewußtsein repräsentieren will. Sigmund Freud hat diesen Vorgang als das Eintreten von Triebregungen und ihren Vorstellungsrepräsentanzen ins Ichbewußtsein bezeichnet.

Die Begierde hat mit dem bewußten, in der Vorstellungsbildung wirkenden Ich so wenig zu tun, daß dieses sich sogar im Gegensatz zur Begierde erlebt. Das periodische Auftauchen von Begierdenregungen in der Seele hat seinen Grund in den periodisch verlaufenden Lebensprozessen. Hunger und Durst, aber auch die Regungen des Geschlechtstriebes hängen von regelmäßigen Zustandsänderungen des Lebensorganismus ab. Aber der Strom der Begierden kann mit dem Strom des Lebens nicht gleichgesetzt werden. Er ist eine Tatsache des seelischen Lebens, kann sich von der organischen Grundlage vollständig emanzipieren und sogar gegen deren Interessen wirken. Das zeigt sich dann, wenn Begierden, die zwar ursprünglich durch Lebensvorgänge angeregt sind, sich soweit verselbständigen, daß sie den Lebenskräften feindlich entgegenwirken, wenn also bestimmte Formen der Triebbefriedigung zu Ursachen der Gesundheitsschädigung werden.

In der Gesamtheit der seelisch erlebbaren Begierden haben wir den zweiten großen, autonomen Komplex vor uns, mit dem sich das in der Seele wirkende Ich ins Benehmen setzen muß. Entweder, es wird von den Begierden überschwemmt, oder es versucht sie vollständig zu unterdrücken. In beiden Fällen leidet die seelische Gesundheit, und nicht nur diese. Es kommt darauf an, daß das Ich das der seelischen und leiblichen Gesundheit zuträgliche Maß der Emanzipation und Unterwerfung gegenüber den selbständigen Kräften der Begierde findet.

Während das in der Gegenwart lebende Ich den Strom der vergessenen Vorstellungen wie einen Kometenschweif hinter sich herzieht, steht es dem Strom der Begierden als einem Kräftegeschiebe gegenüber, das ihm aus der Zukunft entgegenkommt. In den Begierden meldet sich stets das noch nicht Realisierte, das der Zukunft und zukünftigen Befriedigungen angehört. Aus der Zukunft strömt dem Gegenwarts-Ich gleichsam ein unerschöpflicher Fluß von Daseinsmöglichkeiten entgegen, aus denen nur jeweils einzelne Wirklichkeit werden können. Der Strom des Begierdenlebens verläuft aus der Zukunft über die Gegenwart in die Vergangenheit. Indem eine einzelne Begierde bewußt wird, wird sie auch zum Vorstellungsinhalt. Sie hat sich in diesem Augenblick von einem Bestandteil der noch nicht gelebten Zukunft zu einem Inhalt des gegenwärtigen Bewußtseins metamorphisiert, um im nächsten Moment bereits zu den vergessenen Inhalten des Erinnerungsstroms zu werden. Auch wenn Begierden zu Handlungen werden, erleben sie dieselbe Metamorphose: in den Strom der Erinnerungen versinken die Vorstellungen über die vollzogenen Handlungen und bilden dort einen Bestandteil des individuellen Lebens.

Auch hier steht das wachbewußte Gegenwarts-Ich an einer Schwelle, die es nicht bewußt zu überbrücken vermag. So wie das Erinnerungs-Ich einen autonomen Inhalt des seelischen Lebens darstellt, so auch das Begierden-Ich. Wir können also aufgrund unserer bisherigen Betrachtungen vier Faktoren unterscheiden, die für das Seelenleben des Alltagsmenschen von unübersehbarer Bedeutung sind: das höhere Selbst, das in die Seele hineinwirkt und der Entstehung der Ichvorstellung zugrunde liegt, das Erinnerungs-Ich, das in den vergessenen und erinnerbaren Vorstellungen lebt, die Ichvorstellung, die das Zentrum des Bewußtseinsfeldes umgibt, zu den Erinnerungsvorstellungen gehört, sich aber durch ihren Bezug auf das höhere Selbst von allen anderen unterscheidet, und das Begierden-Ich, in dem die Gesamtheit der zukünftigen Handlungen verborgen ist, die dereinst durch den Menschen Wirklichkeit werden oder auch nicht.

Wir müssen aber, um die Schwellensituation des gegenwärtigen Menschen zu verstehen, noch etwas genauer beobachten und unsere Einsichten an der Beobachtung weiter vertiefen.

Zunächst fällt uns in unserer Seele ein weiterer Faktor ins Auge, der mit den periodisch (eigentlich kontinuierlich) auftretenden Begierdenwahrnehmungen verknüpft ist: das Gefühlsleben. Am deutlichsten ist an der Befriedigung oder Nichtbefriedigung von Begierden beobachtbar, daß das Auftreten von Gefühlswahrnehmungen mit dem Begierdenleben verbunden ist. Die Befriedigung von Begierden bereitet Lust, die Nichtbefriedigung Unlust. Lust und Unlust sind seelische Erlebnisse, die von körperlichen Erfahrungen ausgehen können, aber nicht an diese gebunden sind. Ein Erkenntniserlebnis kann uns ebenso Lust bereiten wie ein gutes Essen. Dabei ist die Lust oder der Genuß, die wir empfinden, an das Erreichen, Erlangen und Verzehren des Erstrebten gebunden. Auch wenn die Begierde nach Wahrnehmungen geht, ist doch die Befriedigung, die wir beim Eintreten dieser Wahrnehmungen empfinden, ein seelisches Erlebnis eigener Art, das sich von der Begierdenwahrnehmung unterscheidet. Es hat nicht denselben intentionalen, auf ein Ziel hin gerichteten Charakter wie die Begierde. Vielmehr ist das Gefühlserlebnis einer Begierdenregung vergleichbar, der ihre Spitze abgebrochen ist. Wenn die Begierde auf das von ihr Erstrebte auftrifft, dann wird sie gleichsam auf ihren Ausgangspunkt zurückgeworfen und wandelt sich zum Erlebnis der Befriedigung. Es ist, als ob die in der

Begierde ausströmende seelische Energie (die man durchaus als libidinöse Energie im Sinne Jungs bezeichnen könnte) in sich selbst zurückflösse und dadurch zu einer Selbstwahrnehmung gelangte. Die Selbstwahrnehmung der Seele, die wir im Gefühl der Befriedigung haben, ist anders als die seelische Selbstwahrnehmung, die uns die Begierde vermittelt. Die Lust oder Zufriedenheit, die wir empfinden, genügt sich selbst, ist nur auf sich bezogen, strebt nicht über sich hinaus. Wir erleben in der Lust einen intensiven, aber nicht vorstellungshaften Bezug auf uns selbst. Wir genießen gleichsam unser seelisches Sein, indem wir die Welle des in sich selbst zurückfließenden Begierdenstroms mit dem seelischen Auge verfolgen und dabei einen Zustand der Sättigung mit seelischer Kraft empfinden. In der Unzufriedenheit nehmen wir die sich steigernde Spannung der Begierde wahr, die vergeblich nach einer sie befriedigenden Erfahrung sucht. Die Unlust hat etwas von uns Fortströmendes, während die Lust in uns selbst zurückfließt. Die Geste der Lust ist Selbstbezogenheit, die Geste der Unlust Wegschieben des anderen.

In das Auf und Ab der Gefühle, die in ihrer Grundstruktur Modifikationen von Begierdenerlebnissen sind, mischen sich in der vielfältigsten Art Vorstellungsinhalte. Es gibt kaum ein Gefühlserlebnis, das nicht mit bestimmten Vorstellungen vermischt ist, die den Inhalt der jeweiligen Gefühlserfahrung gestalthaft artikulieren. Nehmen wir Furcht und Hoffnung als Beispiele. In der Furcht artikuliert sich die wegschiebende Unlust besonders stark. Der seelische Begierdenstrom trifft auf eine Wahrnehmung, die ihn gewaltsam und stetig in sich zurückdrängt, ohne daß dieser zu einer Befriedigung durch die betreffende Wahrnehmung gelänge. In diesen zurückflutenden Begierdenstrom mischen sich die Vorstellungen über das furchterregende Objekt. Die entstehende affekthafte Unlust möchte das furchterregende Objekt von sich wegschieben. Da dies mitunter nicht geht, schlägt sie in eine Fluchtbewegung um. In der Hoffnung empfindet die Seele durch die Vorstellung eines bestimmten Objektes ausgelöste Vorlust, die mit der Begierde nach dem Objekt vermischt ist.

Während die Begierdenwahrnehmung besonders dumpf ist und sich erst durch die Verbindung mit bestimmten Vorstellungsrepräsentanten deutlich ins Bewußtsein hebt, haben die Gefühlswahrnehmungen schon einen höheren Grad von gestalthafter Wahrnehmbarkeit. Sie stehen dem Vorstellen bereits näher, auch wenn das Bewußtsein, das ihnen hingegeben ist, nicht den hohen Grad von Wachheit besitzt, wie im Erleben von Vorstellungen. Deswegen ist unsere Begrifflichkeit für die Welt der Gefühle auch weitaus differenzierter ausgebildet, als die Begrifflichkeit für die Begierdenerlebnisse. Während wir in bezug auf die Begehrungen stets von den Objektvorstellungen sprechen, die die Begierdenwahrnehmungen artikulieren, und ansonsten höchstens starke und schwache Begierden unterscheiden, entfalten sich die Gefühle in großer Mannigfaltigkeit vor dem Erlebnisblick. Schwermut, Trauer, Niedergeschlagenheit, Betrübnis, Wehmut, Trübsinn, Bekümmernis sind verwandte, aber doch unterschiedliche Gefühlserlebnisse, deren feiner Abstufung auf seiten der Begierdenwahrnehmung nichts vergleichbar ist. So steht das Gefühl der Vorstellung oder dem Begriff näher als die Begierde, aber immer noch weit von ihm entfernt.

Während wir im Bilden und Verknüpfen von Vorstellungen das Geschehen, das sich durch uns vollzieht, vollwach begleiten, leben wir im Gefühl eher träumend, während das Erlebnis bei der Wahrnehmung von Begierden mit dem Bewußtsein des Schlafs vergleichbar ist.

Die unterschiedlichen Grade der Wachheit kann man sich auch durch die Beziehung verdeutlichen, die das tätige Ich zu den jeweiligen Inhalten des seelischen Erlebens hat. Die Vorstellungen rufen wir selbst hervor, wir sind an ihrer Entstehung vollbewußt beteiligt.

Wir wissen, daß wir denken und was wir denken. Auch wenn uns nicht klar ist, woher die Vorstellungen kommen, wenn sie in unser Bewußtsein eintreten, so ist uns doch klar, daß unsere Absicht, unser bewußtes Streben für deren Auftreten in unserem Aufmerksamkeitskreis verantwortlich ist.

Den Gefühlen gegenüber empfinden wir nicht so. Wir können

Gefühle nicht durch unseren Willen direkt erzeugen, wie das bei den Vorstellungen möglich ist. Gefühle treten auf dem Schauplatz unseres Bewußtseins in Erscheinung, sie kommen und gehen, wie es ihnen gefällt, oft sind wir ihnen ausgeliefert. Wir verfallen bestimmten Launen, sie ergreifen von uns Besitz, wir wissen nicht, wie uns geschieht, wir sind ihnen gegenüber machtlos. Wir können zwar versuchen, unsere Aufmerksamkeit anderen Gegenständen des Bewußtseins zuzuwenden, aber früher oder später drängen sich dieselben Empfindungen nur um so heftiger wieder auf. Wenn wir Gefühle hervorrufen wollen, dann geht dies nur über den Umweg von Tätigkeiten, von denen wir wissen, daß sie in der Regel bestimmte Gefühle (z. B. der Lust) zur Folge haben, oder über den Umweg von Vorstellungen, die wir ins Bewußtsein rücken, von denen wir wissen, daß sie in der Regel von bestimmten Gefühlen (z. B. der Freude) begleitet sind. Die Gefühlswahrnehmungen treten dann als Folgeerscheinungen von Wahrnehmungen oder von Vorstellungserlebnissen auf. Wie aber die Wahrnehmungen oder die Vorstellungen Gefühle verursachen und ob sie sie überhaupt verursachen, können wir nicht sagen. Der Übergang von der Wahrnehmung zum Gefühl ist uns ebenso dunkel wie der Übergang von der Vorstellung zum Gefühl. Das heißt, in unserer Seele klafft zwischen der Vorstellungswelt und der Gefühlswelt ein Abgrund. Wir müssen eine Schwelle überschreiten, um vom Gefühl zur Vorstellung und von der Vorstellung zum Gefühl zu gelangen. Wie dies aber geschieht, wissen wir nicht.

Noch mehr gilt das eben Gesagte von unseren Begierden. Das Bewußtsein von der Begierde ist so dumpf, daß es schon Psychologen gegeben hat, die behaupteten, es gebe gar keinen Willen als Seelenkraft, dieser bestehe lediglich in gewissen Begierdenvorstellungen (Herbart, Brentano). Die Versuchung ist tatsächlich groß, die Begierde mit der Vorstellung vom begehrten Objekt oder mit der Wahrnehmung gewisser körperlicher Zustände gleichzusetzen. Doch genauere Seelenbeobachtung zeigt, daß zwischen der Vorstellung, in der sich die Begierde artikuliert, und der Begierde als seelischer Wahrnehmung ein Unterschied besteht. Das zeigt sich unter anderem darin, daß ein und dieselbe Begierde sich in einer Vielzahl verschiedener Vorstellungen artikulieren kann. Bestünde die Begierde in nichts als der Vorstellung vom begehrten Objekt, dann gäbe es so viele Begierden, als es Vorstellungen von begehrten Objekten gibt. Das ist aber offenkundig nicht der Fall. Wir müssen also die Begierde als seelische Wahrnehmung von der Vorstellung, in der sie sich artikuliert, unterscheiden. Gerade diese Schwierigkeit der Beobachtung zeigt aber, daß die Begierde als Wahrnehmung ein noch dumpferes Erlebnis ist als die Gefühlswahrnehmung. So wie wir die Bewußtlosigkeit, in die wir beim Einschlafen versinken, gleichsam nur am Rande, beim Einschlafen und beim Aufwachen gerade noch wahrnehmen können, so können wir auch die Begierde gerade noch wahrnehmen, bevor sie in die Gestalt einer bestimmten Vorstellung schlüpft, von der sie repräsentiert wird. Einfluß auf die Begierden können wir nur auf dem Umweg über unser Vorstellungsleben nehmen. Wir können versuchen, an die Stelle der von selbst auftretenden Begierdenvorstellungen andere zu setzen, die keine Begierden repräsentieren. Wir können uns auch Vorstellungen hingeben, die unsere Begierde erregen oder zusätzlich anstacheln, wenn sie schon erregt ist. Wie sich aber die Begierde in die Vorstellung verkleidet und wie die Vorstellung auf die Begierde einwirkt, entzieht sich vollständig unserer Beobachtung. Selbstbeherrschung bedeutet in erster Linie Beherrschung des Vorstellungslebens.

Vor unserem Blick tut sich eine weitere Schwelle des Bewußtseins auf: die Schwelle zwischen dem Vorstellen und der Begierdenwelt. Auch hier haben wir von der Überbrückung des Abgrunds keine Kenntnis.

Wir dürfen nach unseren Untersuchungen von folgenden Bewußtseinsschwellen innerhalb des gewöhnlichen Seelenlebens sprechen, die alle gleichzeitig vorhanden sind und verschiedene Ströme des seelischen Gesamtlebens voneinander scheiden: zwischen unserer Ichvorstellung und dem höheren Selbst, aus dem die Ichvorstellung entsteht, befindet sich eine Schwelle. Eine weitere Schwelle befindet sich zwischen unserem Vorstellungsleben und unserem Gefühlsleben. Eine weitere zwischen unserem Vorstellungsleben und unserem Begierdenleben. Darüber hinaus haben wir gesehen, daß zwischen unseren gegenwärtigen und den vergessenen Vorstellungen sich auch eine Schwelle befindet. An all diesen Schwellen aber steht ein Gott, der für uns die jeweilige Schwelle überbrückt.

Die vielen Götter der Seele

Betrachten wir zunächst unser waches Vorstellungsleben. Wir haben gesehen, daß wir zwei verschiedene Formen von Vorstellungen unterscheiden müssen. Die Vorstellungen, die unser gegenwärtiges Wachbewußtsein erfüllen, und die vergessenen Vorstellungen, die als Bestandteil unseres Lebensorganismus an dessen Wirkenskraft beteiligt sind. Wenn die Vorstellungen in unserem Bewußtsein auftauchen, dann können wir ihnen keine Wirkenskraft zusprechen. Vielmehr ist ihre Wirkenskraft durch die Kraft unseres Ich gebannt, das sie aus der Vergessenheit ins Bewußtsein gehoben oder aus der Ungedachtheit heraufgerufen hat. So, wie die Vorstellungen unser Bewußtsein erfüllen, haben sie einen kraftlosen, wirkungslosen Bildcharakter. Dadurch können wir ihnen gegenüber unser Wachbewußtsein erhalten und unsere Tätigkeit entfalten. Wir spiegeln uns gleichsam mit unserer Ichtätigkeit in den Vorstellungen, die unser Bewußtsein erfüllen, und erlangen dadurch das Wissen von uns selbst und vom Weltinhalt.

Die Vorstellungen selbst sind aber relativ blaß, leblos und unbeweglich im Vergleich zu den Wahrnehmungen, die in ihnen repräsentiert sind. Die Vorstellungen besitzen auch keinerlei Kraft. Unsere Vorstellung der Rose ruft keine wahrnehmbare Rose hervor, mit unserer Vorstellung können wir nicht auf das Wachstum und die Gestalt der Rose Einfluß nehmen. Anders verhalten sich aber die Vorstellungen, wenn sie ein Teil unseres Lebensorganismus sind. Denn unser Lebensorganismus ist ein Kraftorganismus, der das Wachstum unseres Körpers gesetzmäßig bewirkt, der sich in der Verarbeitung unserer Nahrungsmittel betätigt, der den sichtbaren Leib in seiner Gestalt erhält und mit Leben erfüllt.

Als Bestandteile dieses Lebensorganismus besitzen unsere Vorstellungen belebende und organisierende Kraft im Zusammenhang mit den Lebenskräften der Natur, an denen unser Organismus teilhat. Dieser wirkende Anteil des Lebens wird aber in dem Moment zurückgedrängt und abgelähmt, wenn die Vorstellungen von uns aus dem Lebensorganismus emporgehoben und erinnert werden. Ihren schöpferischen Gehalt lassen sie gleichsam an der Schwelle unseres Tagesbewußtseins zurück und lassen ihren Schatten in dieses Tagesbewußtsein hereinfallen. Hinter den Vorstellungsschatten, die unser waches Tagesbewußtsein erfüllen, verbergen sich die Götter des Lebens, jene geistigen Wirkensmächte, die in den Lebensprozessen unseres Organismus und der gesamten Natur wirksam sind.

In der anthroposophisch orientierten Geisteswissenschaft werden diese Götter, die den Schatten ihres Lebens in das Alltagsbewußtsein des Menschen hereinfallen lassen, als Engel, Erzengel und Zeitgeister bezeichnet. Durch den Engel besitzen wir als Menschen ein Bewußtsein unserer persönlichen Identität. Er ist es, der den Zusammenhang zwischen unseren einzelnen Tagen, die vom Schlaf unterbrochen werden, stiftet, in dessen Wirken unser diskontinuierliches Bewußtsein eingebettet ist.

In einer ähnlichen Art wie in dem Zusammenhang unserer Erinnerungen sind wir durch den Erzengel mit unserem Vorstellungsleben in den Zusammenhang des Raumes einverwoben. Dem Zeitgeist schließlich verdanken wir unser Stehen im Strom zeitlichen Geschehens, unser Verwobensein in den Ablauf der Ereignisse und unseren Anteil an der werdenden Geschichte.

Vom Wirken dieser geistigen Wesen haben wir kein Bewußtsein, weil sie an der Schwelle unseres Tagesbewußtseins stehenbleiben und unser Ich an ihrer Stelle wirken lassen. Diese Zurückhaltung üben sie aber nur in dem Maß, als sie uns die Freiheit lassen, unsere Vorstellungen nach unserer eigenen Willkür zu verknüpfen. Sie nehmen uns allerdings eine Arbeit ab, die wir selbst gar nicht leisten können. So weben sie im Hintergrund unseres vorstellenden Bewußtseins den Zusammenhang unseres Erinnerungs-Ichs, unserer einzelnen Wahrnehmungseindrücke, mit den von uns vorgefundenen Gestalten und Raumgebilden sowie den Zusammenhang der einzelnen, in der Zeit aufeinanderfolgenden Wahrnehmungseindrücke mit dem von uns erlebten Gesamtgeschehen.

Durch diesen Zusammenhang unseres Vorstellungslebens mit den Göttern des Lebens hellt sich das Rätsel jener Schwelle auf, die unser Ich von unseren vergessenen Vorstellungen trennt. Wir sehen, daß wir in das Wirken dieser Götter eingebettet sind und daß wir ohne sie den gesamten Zusammenhang unseres Vorstellungslebens nicht besäßen. Sie sind es, die uns zu den von uns gesuchten vergessenen Vorstellungen verhelfen und die im Weben unserer Phantasie wirken. Unser Blick in die Vergangenheit verlöre sich im Wesenlosen, wenn er nicht im Bewußtsein des Engels seinen Halt fände, der uns die von uns gesuchten Vorstellungen aus unserem Lebensorganismus entgegenträgt.

In einer tieferen Schicht des seelischen Lebens, von unserem wachen Ich-Bewußtsein weiter entfernt, breiten sich die Wogen der Gefühle aus. Welche Mächte sind es, die sich in der Welt unserer Gefühle verbergen, die nur in einem undeutlichen, träumerischen Abglanz an unser Bewußtsein dringen und von ihrem wahren Gehalt nur einen sehr entstellten Nachklang vermitteln? Man kann diese geistigen Mächte die Götter des Schicksals nennen. Im Hin- und Herwogen der Gefühle, in denen wir uns selbst und unsere Beziehung zu den Weltinhalten empfinden, leben verborgen die Wesen der zweiten Hierarchie, die Geister der Form, die Geister der Bewegung und die Geister der Weisheit. Sie tragen die Wirksamkeit der im Kosmos ausgebreiteten Seelenkräfte in unsere fühlende Innerlichkeit und vermitteln uns die Möglichkeit, uns mit allem Seienden durch unsere eigenen Seelenkräfte zu verbinden. Ihr Wirken ist noch verborgener als das Wirken der zuvor genannten Wesen. Es offenbart sich aber doch in den Gefühlserlebnissen, zu denen wir fähig sind. Während des Schlafs tauchen wir seelisch in die Welt dieser Wesen und den Bereich ihres Wirkens unter und werden von ihrer kosmischen Moralität durchdrungen. Die Seelenstimmung, mit der wir erwachen, ist ein Nachklang der kosmisch-moralischen Bewertung, die wir während der Nacht durch diese kosmischen Schicksalsmächte erfahren. Sie weben in unser Fühlen die Inspiration unserer Schicksalsbegegnungen, sie weiten unser Herz, wenn wir uns im Schlaf erlebend mit ihnen verbinden und die Scham über unsere moralischen Verfehlungen, die uns daran hindert, während des Schlafs ihre Gaben zu empfangen, führt zu unserer seelischen Verstocktheit dem Wahren und Guten gegenüber, die wir während des Tages zeigen.

Wenn die Gefühle der Lust und Unlust, die Wellen der Sympathie und der Antipathie in unserem Inneren auftauchen, dann schlagen in ihnen die letzten Ausläufer der kosmischen Seelenwogen an unser waches Tagesbewußtsein und berühren uns mit ihrer Macht. Sie besitzen die Kraft, unser Ich zu überwältigen und in den Flammen der Begeisterung auf die höchsten Höhen zu tragen oder es in den Eisgefilden der Verzweiflung zu zerschmettern.

Schließlich drängt sich in unseren Begierden der kosmische Wille, der die Zukunft unseres individuellen Lebens wie auch des gesamten irdischen Daseins in sich trägt, in unsere Seele. Durch die Verbindung mit dem Leib, in dessen Tiefen die kosmischen Willenskräfte untertauchen, verhüllen sie ihre weltumfassende, intuitive, alles durchdringende Klarheit und werden zu der dumpfen Macht unseres Begehrens. Doch in diesen Kräften des Begehrens, die aus dem belebten Grund unserer Seele auftauchen, verbergen sich die höchsten Mächte der Hierarchienwelt: die Geister des Willens, die Geister der Harmonien und die Geister der Liebe. Wie eine ferne Erinnerung an ihre weltschöpferische Macht keimt in unserem Willen die Zukunft unseres eigenen Seins heran, das sich aus dem Opfer dieser hierarchischen Wesen in jedem Augenblick, in dem aus der Zukunft Gegenwart wird, gebiert. Aus dem Weisheitsgehalt ihres Wesens schöpfen wir den ideellen Reichtum, der unserem Wollen innewohnt, schöpfen wir aber ebenso die zerstörerische Gewalt, die unsere Willenshandlungen entfalten können. Denn nur was erbauen kann, kann auch zerstören.

So wird deutlich, daß sich in unserem alltäglichen Seelenleben eine kosmische Dimension verbirgt, ja, daß dieses in die kosmischen Weiten verwoben ist, auch wenn das gewöhnliche Bewußtsein davon nichts weiß. Aber daß wir von etwas nichts wissen, besagt, wie wir bereits bemerkten, nicht, daß es nicht existiert und wirkt.

Durch die Aufklärung des Zusammenhangs unserer Seelenkräfte mit der Hierarchienwelt wird deutlich, was sich hinter den Schwellen verbirgt, die unser gewöhnliches Seelenleben durchziehen. Der Abgrund, der zwischen unserem bewußten Vorstellen und den in unserem Inneren auftauchenden Gefühlswahrnehmungen liegt, wird durch die Wirksamkeit der Wesenheiten der zweiten Hierarchie überbrückt. Ihnen verdanken wir das Gewoge der Empfindungen. Sie weben den Zusammenhang unserer Vorstellungswelt mit den Gefühlen. Indem sich die Gefühlswelt mit unseren Vorstellungen verbindet und durchdringt, ist diese Durchdringung ein Abbild der Durchdrungenheit des Engelwirkens von den Offenbarungen der Angehörigen der zweiten Hierarchie. So wie wir in unser Vorstellen die Gefühlswahrnehmungen aufnehmen, so nehmen die Engel die Offenbarungen der Geister der Bewegung auf. So wie sich unsere Vorstellungen mit unseren Gefühlserlebnissen vermischen, so strahlen die Taten der Engel im Bewußtsein der Geister der Weisheit aus. Daß wir von dieser Welt der Hierarchien im Alltagsleben kein Bewußtsein haben, ist darauf zurückzuführen, daß deren Wirken in die Tiefen unseres Leibes abtaucht, aus dem uns nur diejenigen Erlebnisse zurückgespielt werden, die wir als Inhalt unseres gewöhnlichen Seelenlebens kennen.

Ebenso wie mit dem Verhältnis der Vorstellungen zu den Gefühlen verhält es sich mit der Beziehung zwischen den Begierden und den Vorstellungen. Noch weiter liegt diese Schwelle von unserem Tagesbewußtsein entfernt, noch tiefer wirken die Angehörigen der ersten Hierarchie in die Organisation unseres Leibes hinein, noch unähnlicher als dem der anderen hierarchischen Mächte ist die Offenbarung ihres Wirkens in unserem Alltagsbewußtsein. Aber dennoch stehen sie an der Schwelle unseres seelischen Lebens, aus der die Zukunftskeime unseres Wollens hervorquellen, und stellen den Zusammenhang dieser Zukunftskeime mit unserer eigenen Vergangenheit her, indem sich unser Begehren in den Inhalt unserer Erinnerung verwandelt. Ja, man kann wohl sagen, daß sie den Inhalt ihres eigenen Wesens in unser seelisches Sein einfließen lassen, diesen gleichsam hinopfern, wenn sich unser Begehren zur Erinnerung an das von uns Gewollte und Vollbrachte wandelt. So strömen die Fluten des kosmischen Werdens durch unsere Seele, ob wir davon wissen oder nicht.

Die Dämonen der Seele

Nun ist noch ein weiteres Problem zu erörtern, das mit der Schwellensituation im Seelenleben des Menschen zu tun hat.

Die gesunde Beziehung des menschlichen Ich zu den Seelenkräften schließt eine weitgehende Herrschaft dieses Ich über die innere Welt ein. Das Ich, durch das der Mensch am Geiste teilhat, stellt im Idealfall eine Harmonie zwischen den Erlebnissen des Vorstellens, Fühlens und Begehrens her. Es ist kraftvoll genug, die inneren Erfahrungen gegeneinander abzuwägen und das seelische Gleichmaß im Aufblick zu den ewigen Werten der Sittlichkeit, mit denen es sich liebend verbindet, aufrechtzuerhalten. Doch kann diese Herrschaft des Ich nach verschiedenen Seiten eingeschränkt sein.

Die Begierden können so mächtig vom Menschen Besitz ergreifen, daß sie das Ich, das der innere Souverän der Seele sein sollte, überwältigen. Der Mensch unterliegt seinen Leidenschaften, wird ihr Sklave, der nicht mehr seinen Willen erfüllt, sondern zum Willfahrer seiner Triebe wird. Die Triebe schwemmen das Ich beiseite, verdrängen es zeitweise oder gänzlich. Tritt ein solcher Zustand in der Beziehung des Ich zu den Begehrenskräften ein, dann hat sich das Begierden-Ich an die Stelle des souveränen geistigen Ich gestellt. Sich verselbständigende Triebe, Begierden, Leidenschaften stellen seelische Energien dar, die zu ichfremden

Handlungen führen. Schlimmstenfalls wird das Opfer verselbständigter Begierden zum jenseits des Gesetzes wandelnden Triebtäter. In den ichfremd, also autonom sich auswirkenden Triebhandlungen manifestiert sich aber nicht nur die Dynamik jener hierarchischen Mächte, die oben beschrieben wurden, sondern vor allem eine dämonische Geistigkeit, die in der anthroposophischen Geisteswissenschaft als luziferischer Doppelgänger bezeichnet wird. Im luziferischen Doppelgänger verbirgt sich das verselbständigte Begierden-Ich, das den geistigen Souverän der Seele aus der menschlichen Innenwelt vertreiben und sich selbst an dessen Stelle setzen möchte. Der luziferische Doppelgänger strebt eine Usurpation des Thrones an, der dem höheren Selbst des Menschen in der Seele gebührt. Die mit der Verselbständigung der Triebe und Begierden einhergehende Depersonalisation oder Desintegration geht auf das Wirken des luziferischen Doppelgängers zurück. Er nutzt das subjektive Beseligungsbedürfnis des Menschen, um die Seele gegen den Geist aufzustacheln. Die aus solcher Besessenheit hervorgehenden Handlungen sind aber gerade deswegen der Person zurechenbar, weil das Gegenwarts-Ich der Dynamik der Triebe und Wunschvorstellungen erliegt. Es hätte ihnen auch widerstehen könne. Der Hinweis auf das Dämonische ist also keine Entschuldigung vor dem moralischen Gewissen.

Der luziferische Doppelgänger wirkt aber nicht nur, indem er Teile des Begierden-Ichs mit einer das geistige Ich bezwingenden Macht versieht, sein Wirken setzt sich auch in die seelischen Modifikationen des Begehrens, in das Gefühlsleben hinein fort. Die ekstatische Entfesselung von Lust und Leidenschaft, die asketische Fesselung und Unterdrückung alles Empfindens sind beide auf die Wirksamkeit Luzifers in der Seele zurückführen. Ob die Seele sich in den Lusterlebnissen genießt, die ihr körperliche Genußexzesse verschaffen, oder ob sie in ihrer leibentfremdeten Gefühlsreinheit selbstgenießend schwelgt: hier wie dort verfällt sie jenem von Luzifer in sie gepflanzten Narzißmus, der die Seele in ihrem selbstischen Eigensein zum begehrtesten Objekt der libidinösen Zielstrebung erhebt.

Die verschiedenen hierarchischen Rängen angehörenden Widersacher, die sich in der fühlenden und begehrenden Seele des Menschen parasitär festsetzen, schlüpfen in die Substanz jener geistigen Mächte, die das Fühlen und Begehren in die Seele fließen lassen, um die dem menschlichen Ich zum Dienst bestimmten Kräfte an sich zu reißen. Der bedeutende Empiriker der Individuation, C. G. Jung, wies auf die Wirksamkeit dieser luziferischen Mächte in der Seele mit dem Namen Anima. Er schrieb den sogenannten Archetypen des kollektiven Unbewußten, denen die Anima angehört, Numinosität und mächtige energetische Ladungen zu. Die Inhalte des kollektiven Unbewußten sind für Jung solange auf äußere Objekte (Menschen) als ihre Träger projiziert, als sie nicht bewußt gemacht werden. In der von Jung durch phänomenologische Beobachtungen entdeckten minderwertigen Auswirkung der gegengeschlechtlichen Eigenschaften von Mann und Frau sieht die anthroposophische Seelenkunde eine Manifestation des luziferischen und des ahrimanischen Doppelgängers in der Lebensorganisation des Menschen.

Den luziferischen Doppelgänger haben wir betrachtet. Für dessen Wirken ist besonders der Mann in den Tiefen seiner Lebensorganisation empfänglich. Luzifer kompensiert mit nur minderwertig ausgebildeten weiblichen Eigenschaften die einseitige Rationalität und Extravertiertheit des Mannes. Die Eitelkeit, Launenhaftigkeit und Ichbezogenheit des Mannes, die dieser als von ihm selbst nicht wahrgenommene Wesenszüge an sich trägt, zeugen vom Wirken Luzifers in seiner Seele.

Neben dem luziferischen Doppelgänger, dessen Wirken allen hysterischen und neurotischen Erkrankungen zugrunde liegt, die aus der Nichtbefriedigung des menschlichen Beseligungsbedürfnisses hervorgehen, müssen wir aber noch den ahrimanischen Doppelgänger unterscheiden, der, genauso wie der luziferische, sowohl in der Frau als auch im Mann wirksam ist. Erwähnt sei, daß die in der Darstellung Jungs als Persona bezeichnete seelische Außenhaut des Menschen, die er als seine gesellschaftlichen Beziehungen regelnde Maske an sich trägt, bei der Frau eine luziferische Manifestation darstellt und beim Mann eine ahrimanische.

Die physische Erscheinung des Mannes ist mit all ihren sozialen Rollenimplikationen ahrimanisch geprägt, die der Frau luziferisch. Betrachten wir, um das Wirken des ahrimanischen Doppelgängers zu verstehen, das Verhältnis des menschlichen Ich zum Strom der in der Seele dahinflutenden Vorstellungen. Wir kennen nicht nur ein Ich, das die Vorstellungen beherrscht und deren Verbindungen nach seinem zielgerichteten Wollen herstellt. Wir kennen auch ein Ich, das gleichsam ermüdet und in den Fluten des Vorstellungsstromes untergeht, der in der tagträumerischen Trübung des Bewußtseins die Schleusen der Konzentration durchbricht. Wir kennen aber auch ein Ich, das von wenigen zementierten, unbeweglich gewordenen Vorstellungen fasziniert ist wie das Kaninchen von der Schlange. Das Ich ist von diesen Vorstellungen geradezu besessen, sie haben von ihm Besitz ergriffen, es ist einer Vorstellungsobsession verfallen. Alle Zwangsvorstellungen, um deren dominierende Macht die Gedanken und Gefühle der Zwangsneurotiker kreisen, alle Handlungsautomatismen, die auf zwingend wirkenden Vorstellungen beruhen, haben ihren Ursprung in einer solchen Verselbständigung des Vorstellungslebens gegenüber der Herrschaft des menschlichen Ich. Auch die Phobien wurzeln in der Übermacht isolierter Vorstellungen, die sich mit der Energie dämonischer Mächte vollgesogen haben. Wenn sich Teile des Erinnerungs-Ich, das Träger des menschlichen Vorstellungslebens ist, gegenüber dem Ich verselbständigen und es nicht zum Zuge kommen lassen, dann wirkt in dieser Verselbständigung geistig Wesenhaftes, das den Vorstellungen ihre dämonische Macht verleiht. Es ist der ahrimanische Doppelgänger beziehungsweise die ahrimanischen Geistwesen, die sich der isolierten Teile des Erinnerungs-Ich bemächtigen, um sie dem Besitz der irdischen Persönlichkeit zu entreißen.

So wie der luziferische Doppelgänger Bestandstücke aus dem Begierden-Ich des Menschen verselbständigt und mit seiner dämonischen Eigenkraft beseelt, um sie mit magischer Macht über das in der Seele wirkende Ich auszustatten, so verfährt der ahrimanische Doppelgänger mit Teilen aus dem menschlichen Erinnerungs-Ich. Was das Unbewußte der Frau nach der Auffassung C. G. Jungs dominiert, sind die minderwertig ausgebildeten männlichen Eigenschaften, nämlich die Logosfunktion der Rationalität, deren Träger der weibliche Animus ist. Der Animus ist aber gerade eine Versammlung von Urteilen und Urteilsfragmenten, von isolierten Vorstellungen über sittliche, ästhetische und ethische Fragen, die mit gewaltigem Machtanspruch aus der dunklen Seite der weiblichen Seele wirken. Dieser Animus trägt in der Schilderung Jungs eindeutig ahrimanische Züge. Die Frau ist in den Tiefen ihrer Lebensorganisation für das Wirken des ahrimanischen Doppelgängers empfänglicher.

Wenn wir aber jene verdrängten Eigenschaften betrachten, die dem Bewußtsein näherstehen, die Jung als den menschlichen Schatten bezeichnet hat, dann finden wir in ihnen vergessene und verdrängte Manifestationen sowohl der luziferischen als auch der ahrimanischen Wesen, die sich bei Mann und Frau ein Betätigungsfeld suchen, mögen diese auch für deren Wirken in verschiedener Weise empfänglich sein.

So droht der Seele des Menschen von zwei Seiten der Zerfall ihres schwankenden Gleichgewichts und ihrer zerbrechlichen Einheit. Der Bedrohung ist allein durch eine Stärkung der Kraft des höheren Ich zu begegnen. Diese besteht darin, daß das Ich die Seele einer Selbsterziehung unterzieht, in deren Verfolg es ihre Urteilskraft schärft und die Liebe des Menschen zu moralischen Idealen wie Wahrhaftigkeit, Selbstlosigkeit, Ehrfurcht und Bescheidenheit vertieft. Denn das einzige Mittel gegen die Wirksamkeit Ahrimans ist die Ausbildung eines sicheren Urteilsvermögens. Luzifer wird durch die moralische Integrität bezwungen, der er aufgrund seiner narzißtischen Grundstrebung zutiefst feindlich gesonnen ist.

Anmerkungen

Vorwort

1 Rudolf Steiner:»Geisteswissenschaftliche Behandlung sozialer und pädagogischer Fragen«, GA 192, Dornach 1964.

Martin Straube · Anatomie der Schwelle

1 Rudolf Steiner:»Theosophie«, GA 9, Dornach 1973.
2 –:»Die psychologischen Grundlagen und die erkenntnistheoretische Stellung der Anthroposophie«, in:»Philosophie und Anthroposophie« (1904–1918), GA 35, Dornach 1964 und »Die Schwelle der geistigen Welt«, GA 17, Dornach 1972.
3 Wolfgang Goebel/Michaela Glöckler:»Kindersprechstunde. Ein medizinisch-pädagogischer Ratgeber«, Stuttgart, 11. Aufl. 1994.
4 Rudolf Steiner:»Wie erlangt man Erkenntnis der höheren Welten?«, GA 10 Dornach 1975.
–:»Die Geheimwissenschaft im Umriß«, GA 13, Dornach 1977.
5 Dem Gedächtnis nach zitiert von Christoph Boy aus einem Gespräch mit Rudolf Steiner, aus:»Mitteilungen aus der Anthroposophischen Gesellschaft«, Nr. 91, Ostern 1976.
6 Rudolf Steiner:»Der innere Aspekt des sozialen Rätsels. Luziferische Vergangenheit und ahrimanische Zukunft«, GA 193, Dornach 1977. Vortrag v. 12. 9. 1919.
7 GA 10, Dornach 1975, und Vortrag v. 11. 11. 1917 in GA 178.
8 Rudolf Steiner:»Individuelle Geistwesen und ihr Wirken in der Seele des Menschen«, GA 178, Dornach 1974.
9 In:»Geistige Wirkenskräfte im Zusammenleben von alter und junger Generation«, GA 217, Dornach 1964.
10 Kopenhagen 1844.
11 Martin Heidegger:»Sein und Zeit«, Halle 1927.
12 »L'existentialisme est un humanisme«, Paris 1946.
13 Karl Jaspers:»Philosophie«, 3. Bd., Heidelberg 1932.
14 Rainer Maria Rilke:»Duineser Elegien«, Werke, Frankfurt 1956.
15 Die nun folgenden Zitate aus »Wie erlangt man Erkenntnisse«, a. a. O., Kapitel »Der Hüter der Schwelle«, a. a. O.
16 Das Zitat wird Rudolf Steiner zwar zugeschrieben, ist aber nicht nachweisbar.
17 »Grenzen der Naturerkenntnis«, GA 322, Dornach 1969, Vortrag v. 2. 10. 19

18 Rudolf Steiner: »Grundlagen für eine Erweiterung der Heilkunst«, GA 27, Dornach 1977.
19 Aus dem Jahre 1910. GA 45, Dornach 1970.
20 Siehe auch Christof Lindenau: »Der übende Mensch«, Stuttgart 1976.
21 »Die Erziehung des Kindes vom Gesichtspunkt der Geisteswissenschaft«, in: »Lucifer-Gnosis«, GA 34, Dornach 1978.
22 Hanno Matthiolius: »Das Schulkind und seine schulärztliche Förderung«, in: Husemann/Woff: »Das Bild des Menschen als Grundlage der Heilkunst«, Stuttgart 1974.
23 Stuttgart 1991.
24 Weimar 1798.
25 Rudolf Steiner: »Geschichtliche Symptomatologie«, GA 185, Dornach 1962.
26 –: »Die soziale Frage als Bewußtseinsfrage«, GA 189, Dornach 1957.
27 –: »Die Geheimnisse der Schwelle«, GA 147, Dornach 1969.
28 –: »Zeitgeschichtliche Betrachtungen. Das Karma der Unwahrhaftigkeit«, GA 174, Vortrag v. 14. 1. 1917, sog. »Entfesselungsvortrag«, Dornach 1978.
29 Felicitas Vogt: »Drogen, Sekten, New Age«, Dornach 1992.
30 Aus: »Sprüche und Prosa«, v. J. W. Goethe.
31 Rudolf Steiner: »Die Verbindung zwischen Lebenden und Toten«, GA 168, Vortrag v. 10. 10. 1916, Dornach 1976.
32 –: »Geschichtliche Symptomatologie«, a. a. O.

Mathias Wais
Sexueller Mißbrauch – Biographie an der Schwelle

1 Rudolf Steiner: »Die Theosophie des Rosenkreuzers«, GA 99, Dornach 1962; »Die spirituellen Hintergründe der äußeren Welt. Der Sturz der Geister der Finsternis«, GA 177, Dornach 1977.
2 J. G. Frazer: »The Golden Bough – A Study in Magic and Religion«, London 1963.
3 H. P. Duerr: »Traumzeit – über die Grenze zwischen Wildnis und Zivilisation«, Frankfurt 1978.
4 J. van den Brock: »Verschwiegene Not. Sexueller Mißbrauch an Jungen«, Zürich 1993.
5 Rudolf Steiner: »Die Geheimnisse der Schwelle«, GA 147, Dornach 1969.

Weitere Literatur:

C. Adams, J. Fay: »Ohne falsche Scham«. Hamburg 1989.
U. Endres (Hrsg.): »Zart war ich – bitter war's«, Köln 1990.
G. Parrinder: »Sexualität in den Religionen der Welt«, Olten 1991.

P. Petersen, J. Rosenhag: »Dieser kleine Funken Hoffnung«, Stuttgart 1993.
R. Steinhage: »Sexueller Mißbrauch an Mädchen«, Hamburg 1989.

Renate Hasselberg
Zur Problematik von Ehe und Partnerschaft

1 Vgl. Rudolf Steiner: »Die Philosophie der Freiheit«, GA 4, Dornach 1978.
2 Rudolf Steiner: »Die Polarität von Dauer und Entwicklung im Menschenleben«, GA 184, Dornach 1968.
3 R. M. Rilke: »Duineser Elegien. Achte Elegie«, aus »Werke«, Frankfurt 1956.
4 Friedrich Schiller: »Das Lied von der Glocke«, aus: »Werke« I–III, München/Wien 1980.
Zitiert nach Goethe.
7 C. G. Jung: »Die Probleme der modernen Psychotherapie«, »Grundwerk«, a. a. O.
8 Vgl. C. G. Jung: »Die Problematik der modernen Psychotherapie«, »Grundwerk«, a. a. O.
9 ebenda.
10 Rudolf Steiner: »Das Tor des Mondes und das Tor der Sonne«, 1.Vortrag, Dornach 1970.
11 Wortschöpfung von Martin Buber.
12 C. G. Jung: »Das Gewissen in psychologischer Sicht«, »Grundwerk«, a. a. O.
13 Erich Kästner: »Deutsche Gedichte«, München 1954.
14 Friedrich Nietzsche: »Menschliches, Allzumenschliches«, a. a. O.
15 ebenda.
16 Friedrich Hölderlin: »Patmos«, in: »Gedichte«, »Werke«.
17 C. G.J ung: »Mensch und Kultur«, a. a. O.
18 Rudolf Steiner: »Theosophie«, GA 9, Dornach 1973
19 –: »Wie erlangt man Erkenntnisse der höheren Welten?«, GA 10, Dornach 1975.
20 C. G. Jung: »Die Frau in Europa«, in: »Grundwerke«, a. a. O.
21 R. M. Rilke: »Sonette an Orpheus«, in »Werke«, a. a. O.
22 Vgl. Eberhard Richter, »Flüchten oder Standhalten«.
23 C. G. Jung: »Archetyp und Unbewußtes«, in »Grundwerk«, a. a. O.
24 Siehe R. M. Rilke: »Briefe an einen jungen Dichter«, in: »Werke«, a. a. O.
25 Rudolf Steiner: »Theosophie«, a. a. O.
26 –: »Soziale und antisoziale Triebe des Menschen«, Dornach 1984

Irene Wroblewsky
Biographie und Alltag einer Alleinerziehenden
im Hinblick auf die Schwellensituation

1 Rudolf Steiner: »Nervosität und Ichheit«, Dornach 1979.

Weitere Literatur:

Rudolf Steiner: »Die Geheimwissenschaft im Umriß«, GA 13, Dornach 1977.
Wolfgang Gädeke: »Partnerschaft und Ehe«. Sonderheft Nr. 1, Flensburger Hefte.
Dorothea Rapp: »Die Alchemie der Nähe. Die Begegnung von Mann und Frau«,
Stuttgart 1992.

Christine Pflug
»Sprich auch du ...« Ein Leben an der Grenze

1 Rudolf Steiner: »Wie erlangt man Erkenntnisse der höheren Welten?«, GA 10,
Dornach 1975, Kapitel »Der Hüter der Schwelle«.
2 –: »Die spirituellen Hintergründe der äußeren Welt. Der Sturz der Geister der
Finsternis«, GA 177, Dornach 1977.
3 –: »Geisteswissenschaftliche Behandlung der sozialen und pädagogischen Fragen«, GA 192, Dornach 1964.

Norbert Schaaf
Die Tat an der Schwelle

1 Rudolf Steiner: »Von Jesus zu Christus«, GA 131, 7. Vortrag.
2 Hans-Werner Schroeder: »Von der Wiederkunft Christi heute«, Stuttgart 1991,
und Rolf Tschanz (Hrsg.): »Das ätherische Christuswirken«, Bd. I – III, Verlag
am Goetheanum, Dornach.
3 Rudolf Steiner: »Grundlinien einer Erkenntnistheorie der Goetheschen Weltanschauung«, GA 2, Dornach 1960.
4 –: »Die Philosophie der Freiheit«, GA4, Dornach 1978.
5 Friedhelm Mennekes: »Beuys zu Christus – Beuys on Christ«, »Aufzeichnung
eines Interviews«, Verlag Kath. Bibelwerk.
6 Heinz Buddemeier: »Illusion und Manipulation. Die Wirkung von Film und
Fernsehen auf Individuum und Gesellschaft«, Stuttgart 1991.
7 Rainer Patzlaff: »Medienmagie oder Herrschaft über die Sinne«, Stuttgart 1992.

Die Autoren

Martin Straube, geb. 1955 in Bremen, Besuch der Freien Waldorf-schule, Studium der Medizin in Freiburg und Kiel. Als Arzt in der Filderklinik bei Stuttgart (Kinderheilkunde, Anästhesie), Städt. Krankenhaus Pforzheim (Transfusionsmedizin) und Klinik Öschelbronn (Innere Medizin) tätig. Seit 1989 niedergelassen als anthroposophischer Kassenarzt in Pforzheim mit Schwerpunkt AIDS im Rahmen der Amfor-tasgesellschaft e.V.

Mathias Wais, geb. 1948, Studium der Psychologie, Judaistik und Tibetologie; Abschluß als Diplom-Psychologe. Danach psycho-analytische Ausbildung. Forschungen auf dem Gebiet der Neuro-Psychologie. Anthroposophische Erkenntnisarbeit zur Biogra-phieberatung. Leiter einer Beratungsstelle für Kinder, Jugendli-che und Erwachsene in Dortmung. Verheiratet, zwei Kinder.

Renate Hasselberg, geb. 1946 in Rendsburg, wohnhaft in Pforz-heim. Ausbildung zur Krankenschwester, dreijähriges Studium zur Sozialtherapeutin in Stuttgart. Zweijähriges Studium der Waldorfpädagogik in Dornach/Schweiz. Arbeitsbereiche Sozial-therapie, Biographiearbeit in Form von Einzelberatung und Gruppenarbeit.

Irene Wroblewsky, geb. 1953, alleinerziehend seit 1983. Mutter von drei Kindern im Alter von 12,14 und 16 Jahren. Von Beruf dipl. Sozialpädagogin, tätig in einem Waldorfkindergarten mit z.Zt. Weiterbildung am Waldorfkindergartenseminar Hannover.

Christine Pflug, geb. 1956 in Mannheim, wohnhaft in Hamburg. Langjährige Arbeit in der Waldorfpädagogik, dann in der Sozial-arbeit und Erwachsenenbildung. Ausbildung am »Centre for

Social Development«, Emerson-College (Institut für Erwachsenenbildung und Biographiearbeit auf anthroposophischer Grundlage) und in verschiedenen Methoden der humanistischen Psychologie. Seit 1988 Biographiearbeit in Form von Einzelberatung und Gruppenarbeit, gemeinsam mit Kollegen.

Norbert Schaaf, geb. 1958 in Altenburg (Waldshut). Gymnasium in Meersburg am Bodensee. Studium der Eurythmie in Wien, Eurythmielehrer an der Waldorfschule Kassel. Studium an der Freien Hochschule der Christengemeinschaft, Priesterseminar, Stuttgart. 1991 Priesterweihe. Seidem Pfarrer in Pforzheim und Unterlengenhardt. Verheiratet, zwei Kinder.

Lorenzo Ravagli, geb. 1957 in Basel: Gymnasium in Basel und Münchenstein, Studium der Sprachgestaltung und der Philosophie, autodidaktisches Studium der Psychologie und Theologie, 12 Jahre Arbeit als Waldorflehrer, Tätigkeit in der Erwachsenenbildung, seit 1992 freier Schriftsteller, Redakteur bei der Zeitschrift »Novalis«, Herausgeber des »Jahrbuchs für anthroposophische Kritik«. Verheiratet, 3 Kinder. Publikationen: »Waldorfpädagogik in der Diskussion«« (1990), »Pädagogik und Erkenntnistheorie« (1993), »Meditationsphilosophie« (1993), »Das Evangelium der Bewußtseins-Seele« (in Vorbereitung.).

MATHIAS WAIS
Biographiearbeit und Lebensberatung
Krisen und Entwicklungschancen des Erwachsenen
2. Auflage, 392 Seiten, gebunden

Als Mitarbeiter einer Beratungsstelle für Kinder, Jugendliche und Erwachsene schöpft Mathias Wais aus einem reichen Erfahrungsschatz. Anhand von Fallbeispielen läßt er den Leser an der Aufarbeitung von Lebensproblemen teilhaben, wie sie täglich und überall auftauchen. Schmerzliche Erlebnisse, äußere Widerstände, Erschütterungen und Schicksalsschläge wie auch innere Lebenskrisen: alles das wird in diesem Ratgeber behandelt. Er gibt dadurch Hilfen, sich im anschauenden Denken zu üben und dieses auf die eigene Biographie mit ihren Problemen und Krisen anzuwenden.

Aus dem Inhalt:
DER ERWACHSENE IN DER ENTWICKLUNG.
Was ist heute eine Biographie? Biographiearbeit oder Psychotherapie? Wege zum Ich. Der »Sinn« des Lebens. Begegnung, Trennung. Wenn die Kinder größer werden. Die Suche nach dem Spirituellen.
GESETZMÄSSIGKEITEN DER ENTWICKLUNG.
Biographische Rhythmen. Die Mondknoten. Die Jahrsiebte. Die Lebensmitte. Entwicklung – Veränderung – Wachstum – Reifung.
WEGE DES FRAUSEINS, WEGE DES MANNSEINS.
Die Chancen der körperlichen Begegnung. Zur biographischen Situation der Frauen. Probleme und Chancen des Alleinerziehens.
EHE.
Vor der Ehe. Ehe heute – ein Übungsfeld. Der überpersönliche Aspekt der Ehe. Der biographische Zusammenhang des Ehebruchs.
INDIVIDUUM UND FAMILIE.
Spannungsfeld Familie – Beruf. Wie kann die Zukunft der Familie aussehen?
FRAGEN ÜBER DIE GRENZEN DES MENSCHLICHEN LEBENS HINAUS.
Gesichtspunkte zu Karma und Wiedergeburt. Der Engel in der Biographie. Die Begegnung mit dem Tode.

Verlag Urachhaus

PETER PETERSEN UND JEANNE ROSENHAG
Dieser kleine Funken Hoffnung
Therapiegeschichte eines sexuellen Mißbrauchs
120 Seiten, kartoniert

Eine Frau macht sich auf den Weg: Im Rahmen einer psychoanalytischen Therapie durchmißt sie noch einmal ihre Kindheit und Jugend. Prägendes Erlebnis dieser Jahre war der sexuelle Mißbrauch durch den Adoptivvater. Nun beginnt sie die bedrängenden Erlebnisse in Gedichte zu fassen. Sie sind ein Kernstück des Buches und kennzeichnen ihre Wende zum »Licht«. Diesen »Funken Hoffnung« möchte Jeanne Rosenhag (Pseudonym für eine heute 37jährige, verheiratete und berufstätige Frau mit zwei Kindern) zusammen mit ihrem Therapeuten, der aus seinen Erfahrungen wesentliche Gesichtspunkte zur gesamten Thematik beiträgt, an andere Betroffene weiterreichen.

HEINZ BUDDEMEIER
Leben in künstlichen Welten
Cyberspace, Videoclips und das tägliche Fernsehen
120 Seiten, kartoniert

Diese Darstellung eines kompetenten Medienwissenschaftlers verfolgt die Entwicklungslinie, die vom Fernsehen über die Videoclips jetzt zu Cyberspace führt, einer Koppelung von Bildmedium und Computer, die eine Steuerung des Bildes durch den Betrachter ermöglicht. Damit wird die totale Illusion, aber auch Isolation des Benutzers erreicht.

Durch einen Datenhelm wird mit technischen Mitteln ein Raum geschaffen, mit dem der Betrachter auf dem Weg der Rückkoppelung durch Sensoren verbunden ist. Cyberspace ist von allen technischen Medien, die bis jetzt erfunden wurden, am geeignetsten, der Flucht vor dem Alltag mit seinen Problemen zu dienen. Spätestens bis zum Ende des Jahrzehnts wird es Geräte geben, die Cyberspace im privaten Bereich möglich machen. Ausblicke auf die Zukunft zeigen die Möglichkeit auf, sich Atome und Moleküle so zu vergegenwärtigen, daß man in ihnen herumgehen und mit ihnen hantieren kann. Eines Tages soll die Welt dann durch einen »Tele-Roboter« begriffen werden. Diese Entwicklung wird kommen und nicht zu verhindern sein. Um so wichtiger ist es, sich damit auseinanderzusetzen, sich selbst ein Urteil zu bilden und zu sehen, was ihr entgegengesetzt werden kann.

Verlag Urachhaus

MARKUS TREICHLER
Sprechstunde Psychotherapie
Krisen – Krankheiten an Leib und Seele – Wege zur Bewältigung
480 Seiten, gebunden

Seelische Belastungen, Krisen und sich daraus entwickelnde psychosomatische Krankheiten nehmen von Jahr zu Jahr zu. Eine umfassende Orientierung und Überschau in diesem breiten Spektrum von alltäglichen Problemen bis hin zu schweren Krankheitsbildern wird deshalb dringend gesucht. Markus Treichlers »Sprechstunde Psychotherapie« erfüllt diese Aufgabe. In einem ersten Teil werden die menschenkundlichen Grundlagen, insbesondere die leiblichen und seelischen Entwicklungsstufen, zum besseren Verständnis von Störungen und Risikofaktoren dargestellt und die Frage nach dem biographischen Sinn von Krankheit behandelt; die wichtigsten Krankheitsformen werden charakterisiert. Im zweiten Teil werden spezielle Krankheitsbilder aus Psychosomatik und Psychiatrie betrachtet, wobei der Zusammenhang von Psyche und Organen ausführlich zur Darstellung kommt. Sodann werden die psychiatrischen Krankheitsbilder in systematischer Gliederung dargestellt. Im dritten Teil werden spezielle psychotherapeutische Themen behandelt wie z. B. die Frage des Unbewußten, die Stufen der psychotherapeutischen Beziehung, Chancen und Grenzen des Mitleids in der Psychotherapie und Seelsorge.

Das Buch wendet sich an Betroffene und Mitbetroffene, an Patienten, Angehörige, Pflegende und Ärzte. Es ist die erste umfassende Darstellung von Psychosomatik und Psychotherapie aus anthroposophischer Sicht.

Aus dem Inhalt (Auswahl):
Seelische Risikofaktoren. Was ist Krankheit? Der Mensch und seine Beziehungen. Das Menschenbild der anthroposophischen Medizin. Biographie und Entwicklung.
Psychosomatische Aspekte zu Krankheiten der Atmung (Asthma), des Herzens, des Darms. Rheuma. Krebs. Magersucht. Sexualität. Neurosen. Psychosen. Depressionen, Halluzinationen. Schizophrenie. Psychopharmaka. Phobien und Zwänge. Morbus Alzheimer.
Psychotherapie und Anthroposophie. Anthroposophie und Psychoanalyse. Kunsttherapie. Über das Unbewußte. Das Traumleben. Selbsterziehung.

Verlag Urachhaus